U0142913

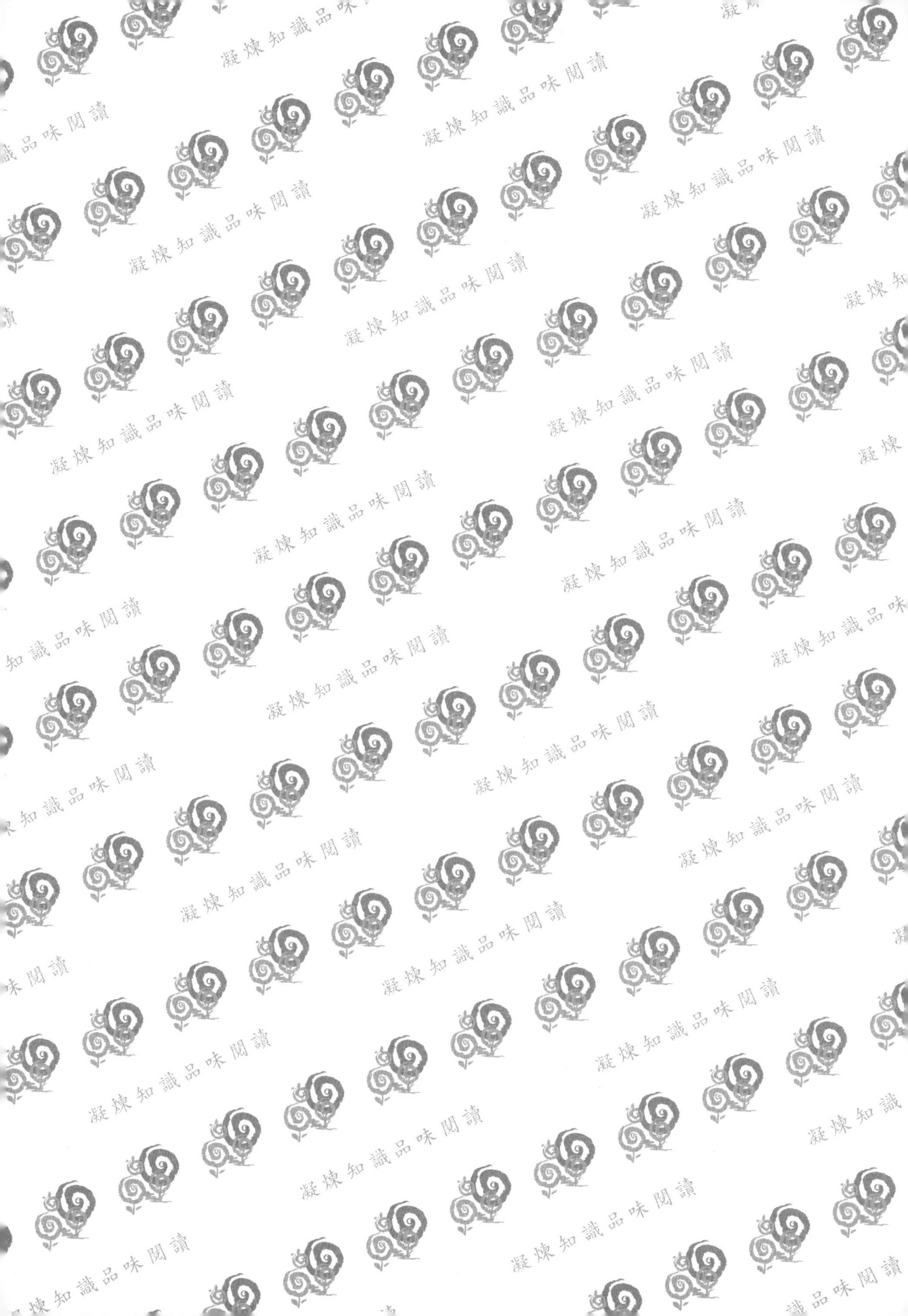

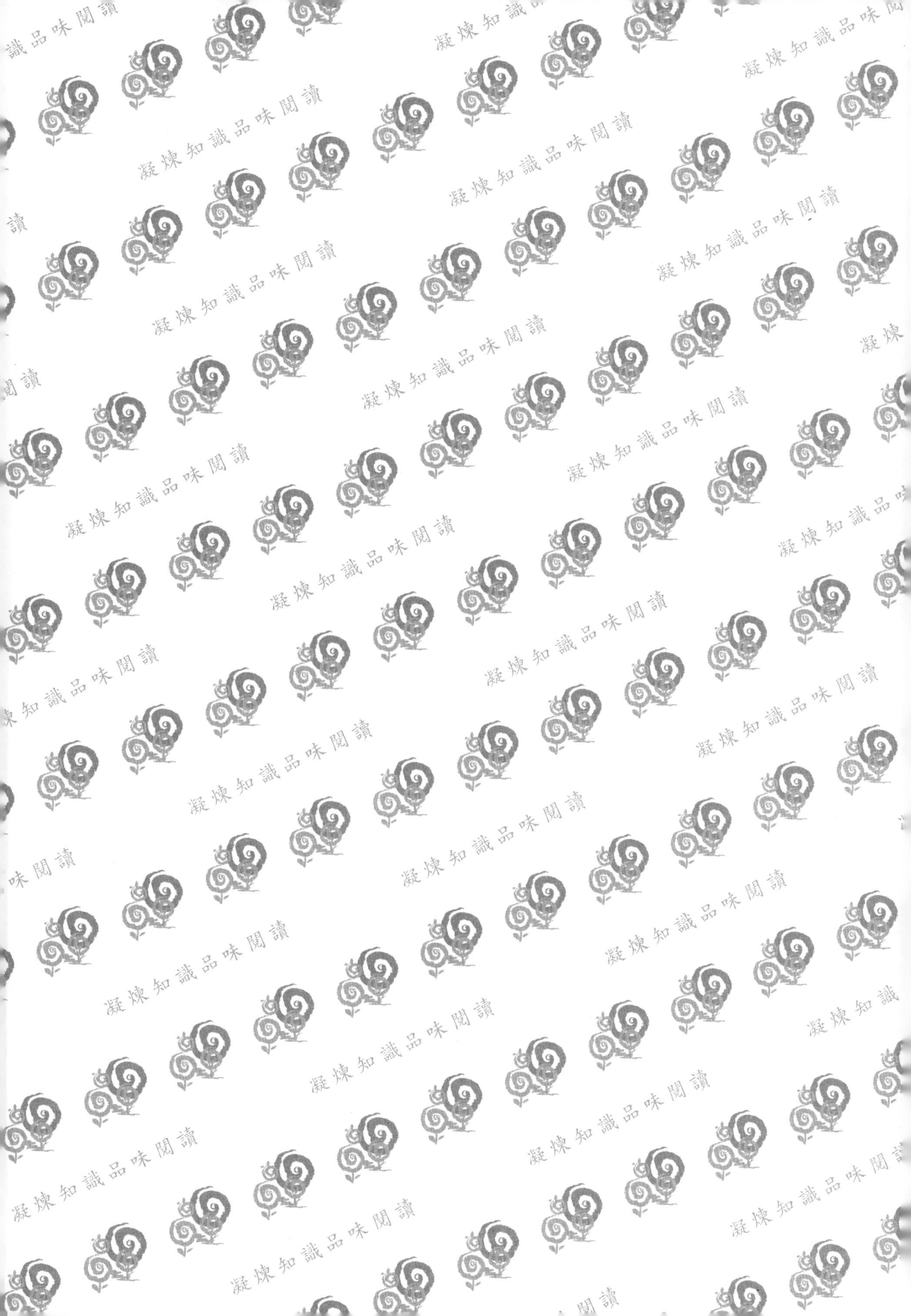
凝煉知識品味閱讀

統計學：使用Python語言

林進益 著

五南圖書出版公司 印行

序言

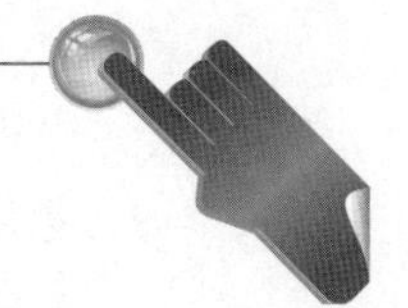

拜科技與網路普及之賜，現在學習專業學科似乎較爲簡易。例如：許多專業上的盲點或困惑，透過網路搜尋如 Google 的幫助，應該比過去無網路時代能迅速蒐集到更多的資訊；換言之，若我們願意付出，應該皆能從網路上得到想要的答案。就筆者而言，透過網路上的學習，的確已快速降低以往躲在圖書館內影印參考資料所耗掉的成本了。

另一個能幫助筆者迅速學習專業學科的（輔助）工具竟然就是電腦語言的使用。由於個人電腦性能的提升以及自由軟體的普遍使用，使得我們於學習過程中不再憑空想像而是可以透過電腦的模擬與計算，以較爲實際的方式學習專業學科。例如：筆者已寫出一系列用 R 語言思考的專業書籍（可以參考本書的封面的作者著作）。其實，筆者只是想要找出「爲何過去皆看不大懂專業學科」的答案以及「經驗傳承」而已。如今，有可能已經出現答案了。原來，過去沒有網路資訊可使用（即無法知道不同的人如何解釋上述專業學科）以及不知如何使用電腦語言。

上述的驗證又再一次在本書出現。其實，筆者於寫《財時》一書時，已經頗訝異 Python 語言（底下簡稱 Python）的「異軍突起」；也就是說，網路上竟然已經有那麼多人在使用 Python 了。或者說，Python 的使用竄升速度相當快。筆者應該也來試試使用 Python。根據筆者的經驗，學習一種新的電腦語言如 Python 的最好方式就是先設定一個目標，全部用 Python 來思考與操作。因此，本書的目的其實頗爲簡單，即全部用 Python 來解釋「統計學」；換句話說，本書仍維持筆者過去書籍的特色，即書內只要有牽涉到例如讀存資料、計算、模擬、估計、製表或甚至於繪圖等動作，筆者皆有提供對應的 Python 程式碼供讀者參考。當然，讀者若是初學者，可以先參考本書的第 12 章。

爲何選擇寫統計學？倒也有下列理由：

(1) 想學 Python 又毫無頭緒，看了 Python 的使用手冊或介紹 Python 的書籍又一頭霧水，更諷刺的是，上述手冊或書籍卻又強調 Python 是一種簡單易懂的電腦語言。

此時不妨學習筆者的方式。於商科的專業學科內，微積分與統計學是最容易學習 Python 應用的二門基本專業學科，本書是挑選統計學；換句話說，讀者亦可以思考：「若用 Python 來學習微積分，其結果會如何？或者說，用微積分來發現 Python 的使用方式」。不要忘記，隨時可以上網查詢不懂的部分。

(2) 老實說，筆者之前的著作，除了《財數》之外，其餘書籍較適合高年級（或研究所）的學生使用。筆者當然希望大一或大二的學生能儘早接觸程式語言如 Python 的練習與使用。因此，本書是挑統計學，就是統計學的內容不僅可以簡單化同時應用的層面也較廣。

(3) 筆者已不知多久沒有「用手按計算機」或「用手繪製圖形」了；也就是說，筆者皆用程式語言取代。於統計學內，有關於資料的計算、整理、估計、編表、模擬或甚至於圖形繪製的操作例子應是「層出不窮、比比皆是」，即統計學可以讓我們熟悉上述操作。

(4) 換個角度思考，我們要學 Python，若簡單如統計學就無法利用 Python 來處理，不是有些奇怪嗎？筆者每次重讀統計學，皆有不同的收穫；換句話說，不要輕忽重新念微積分與《財統》或《財數》等科的用處，即我們是用 Python（或 R 語言）來思考並取代過去用手計算或繪圖的方式，其目的自然就是要熟悉電腦語言的操作。若是連簡單的都無法勝任愉快，那複雜的呢？

(5) 目前「大數據」的使用已成爲一個趨勢，而最能接近大數據方法的學科，當然就是統計學。

(6) 當然學習統計學亦可使用 Excel、SPSS 或 SAS 等商業套裝軟體。老實說，使用上述套裝軟體實在無法引起筆者學習上的興趣，因爲每次使用筆者總會想到該函數指令如何撰寫？找不到來源出處，實在勾不起筆者繼續學習的動力。Python（或 R 語言）就不同了，不僅其是免費軟體，同時於網路上可以找到原始的程式碼，因此若讀者願意繼續探索源頭，不就可以知道如何設計 Python 內的函數指令嗎？

(7) 筆者於網路上曾看過 Python 函數指令的解釋（中文），總覺得「怪怪的」，有可能是「翻譯者」沒有接觸過（或不熟悉）統計學，那時筆者就知應該用 Python 來寫統計學了。

如前所述，筆者希望本書的讀者是大學部的新鮮人（大一或大二生），是故本書的內容並無抽象或複雜的數學式；不過，因受限於篇幅，反而例子或習題較少，因此讀者可能需要多自行補充一些例子上的應用。換句話說，本書的內容脫離不了例如 Moore et al.（2011）或 Anderson et al.（2017）等書的範圍；或者說，上述書籍倒是提供許多統計上的例子可供讀者練習（上述書籍皆屬於舊版，故可能可以於網路上下載）。

比較不習慣的應該還是 Python 程式語言碼的撰寫，其實只要想到如何用 Python 計算、模擬、估計或甚至於繪圖，尤其是後者，讀者應該就不會太意外有太多的程式碼，還好筆者皆有對應的程式碼可供參考，故讀者首先應學習如何撰寫才不會構成負擔（可以參考本書第12章）。也許，從另外一個角度思考心裡可能會比較舒服：「想到寫程式就有點興奮，特別是有人先寫給你看」。

筆者的舊讀者應該不用太氣餒，若R語言已熟悉了，再學Python的確阻礙較低。雖說 Python 的功用較全面性而 R 則較集中於統計分析方面；不過，二者的思考邏輯方式卻是相通的，即相同一件事情或情況，不僅可以用 Python 來表示，當然也可以用 R 語言來分析或詮釋。例如：於《財統》內，我們強調 rnorm、pnorm、qnorm 與 dnorm 等四種函數指令的意義與用法，而 Python 呢？相同的函數指令爲何？讀者於本書內應將其找出來（norm.rvs、norm.cdf、norm.ppf 與 norm.pdf）。

由於是初次用 Python 來詮釋，故書內有提供部分的 Python 程式碼，完整的部分則附於隨書所附的光碟內。由於當初認知不足，以致於筆者還是無法維持當初的構想：「用 R 語言寫一系列統計與計量書籍」；也就是說，筆者當初還眞的沒有想過最後會介紹 Python，也許以後筆者的書籍會是 R 語言與 Python 並用。有關於筆者未來的規劃，可以參考筆者的簡易網站 c12yih.webnode.tw，內有筆者的聯絡方式，即筆者的 Email 爲 c12yih@gmail.com。很抱歉，筆者屬於「古代人」，還是非常不習慣用臉書或 LINE（如此筆者反而較能專心做自己的事）。

本書當然歡迎教師採用（本書內容屬於基礎統計學的範圍）。於目前的環境下，讓學生及早接觸程式語言的確不是一件壞事；或者說，現在讓學生「辛苦點」，反而對其有益。程式語言並沒有像接觸前「想像的那麼恐怖」；其實，倒有點像開車上路，剛得到駕照恐懼上路，但是一上路應該就能馬上進入狀況，而且愈開愈順。由於受到篇幅的限制，教師若採用本書，可能要另外再多舉一些例子或習題供學生練習，此應該不是一件困難的事（畢竟只是基礎統計學的介紹）。利用 Python 來學習，最起碼可以不需要再用「查表」的方式；另一方面，其實教師亦可以按照原本的上課內容授課（可能需重新調整一下順序或增減一些內容），因爲網路上有太多資訊，Python 讓學生自行練習或參考本書內容即可。如前所述，隨書所附的光碟內有各章完整的 Python 程式碼，除了簡答題外（答案於書內），光碟內亦附有各章習題的 Python 程式碼解答。因此，本書亦可用於「自修」或作爲統計學的補充教材。內人是學統計出身的（統計系畢業），有些時候談到過去學統計學的經驗過程，我們皆會認爲好像現在的統計學比較簡單，而過去的統計學比較難？其實答案馬上就知，即本書若少了 Python，讀起來應是枯燥乏味且不知如何是好。

隨書仍提供兒子的一些作品，筆者當然也好奇最後兒子的實力會如何？好像我們二人在「競賽」，不過筆者已嘗試 R 語言與 Python 並用了，那兒子呢？筆者當然希望兒子也能找出自己的路。感謝內人的幫助以及提供一些意見。筆者才疏識淺，倉促成書，錯誤難免，望各界先進指正。最後，祝操作順利。

林進益

寫於屏東三地門

2020/8/3

Contents

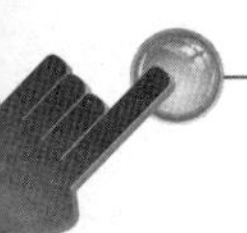

Chapter 1 數據資料的顯示

我們經常遇到不同型態的數據資料（data），究竟這些數據資料隱含何訊息？爲了回答上述問題，我們當然需要有蒐集、整理、解釋以及顯示數據資料的能力，而統計學（Statistics）正是提供上述能力方法的學科；換言之，統計學是一門研究數據資料的科學。本書嘗試以 Python 程式語言（簡稱 Python）當作學習統計學的輔助工具①。爲了提高讀者的興趣以及輸入方便起見，部分的 Python 程式碼將直接顯示於書內（完整的部分則置於隨書所附的光碟內）。本章將介紹如何顯示數據資料。

表 1-1　鐵達尼號的部分乘客名單

PassengerId	Survived	Pclass	Name	Age	Sex
1	0	3	Braund	22	Male (1)
2	1	1	Cumings	38	Female (0)
3	1	3	Heikkinen	26	Female (0)
4	1	1	Futrelle	35	Female (0)
5	0	3	Allen	35	Male (1)

於尚未介紹前我們先檢視表 1-1 的內容。表 1-1 係抽取鐵達尼號（Titanic）的 5 位乘客名單。從表 1-1 中，可看出數據資料大致可以分成二種型態，其一是類別

① Python 的使用可以參考本書的第 12 章。爲了節省空間，有關於統計學的意義與介紹，讀者亦可以參考筆者另一著作《財統》（本書封面作者的簡介內）。

變數（categorical variables）與定量變數（quantitative variables）資料。

類別變數：其亦稱爲定性變數（qualitative variables）或虛擬變數（dummy variables）。類別變數的實現值亦可以用數據表示，只不過若沒有事先定義清楚，我們並不知該實現值代表何意思。例如：表 1-1 內的 PassengerId、Survived 與 Pclass 等皆屬於類別變數。當然，Sex 變數亦屬於類別變數，我們可以進一步令 1 與 0 分別表示 Male 與 Female。

定量變數：即該變數的實現值可以用數值或被測量出來；或者說，用數值表示定量變數的實現值本身就有意義。例如：表 1-1 內的 Age（年齡）變數就是一種定量變數。

是故，透過類別變數與定量變數的使用，許多情況或事件幾乎皆可以用數據資料表示。底下我們介紹如何顯示數據資料的方式。換句話說，我們會使用圖形或列表來表示數據資料，其特色是即使存在元素眾多的數據資料（大數據，big data），透過圖或表立即可瞭解上述數據資料的特徵。

1.1 類別性資料

有關於類別性資料的顯示，底下介紹二種方式，其一是圓形圖或稱爲派圖（pie chart），另一則是長條圖（bar chart）。

1.1.1 圓形圖

圓形圖是按照比重將整體（以一個圓形表示）分成幾個扇形表示，例如：於圖 1-1 內「某整體」可以分成 a～e 的 5 個區塊，然後再按照對應的相對比重繪製而成。透過圖 1-1，的確讓人一目瞭然。換言之，a～e 的比重也許是根據數千筆數據資料計算而得，結果只用圖 1-1 內的圓形圖就能明瞭上述數據資料的特徵，的確相當省事。

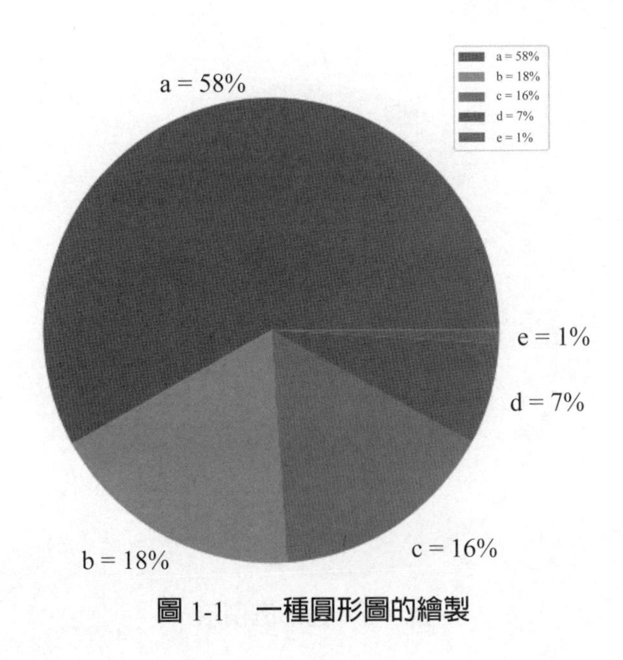

圖 1-1　一種圓形圖的繪製

圖 1-1 的繪製可參考下列的 Python 指令，即：

```
import pandas as pd
import matplotlib.pyplot as plt
# dataset1
df = pd.DataFrame([0.58,0.18,0.16,0.07,0.01],
                    index=['a=58%','b=18%','c=16%','d=7%','e=1%'],columns=[''])
# 繪圖
df.plot(kind='pie',subplots=True,figsize=(8,8))
plt.savefig(r'F:\Stat\ch1\python\Figure1-1.png', dpi=200)
```

上述指令有使用 pandas 與 matplotlib 二個模組（module）（或稱爲程式套件），而前者簡稱爲 pd 與後者則簡稱爲 plt。利用 pd 內的 DataFrame.plot() 函數指令，即圖 1-1 亦可用 df.plot.pie() 函數指令繪製。最後，圖 1-1 的儲存指令則來自於 plt。本書屬於單色印刷，若圖形不清晰，可找出所附的程式碼，執行後應可看到「彩色版」。

我們舉一個例子說明圓形圖的應用。針對 A、B、C 與 D 候選人，某民意調查機構做一次抽樣調查。於 1800 個的有效樣本下，A～D 的支持票數分別爲 1000、400、300 與 100；因此，根據上述票數可以繪製圓形圖如圖 1-2 所示。從圖 1-2 內可以發現 1800 個資料以一個圓形圖表示，的確相當簡易。

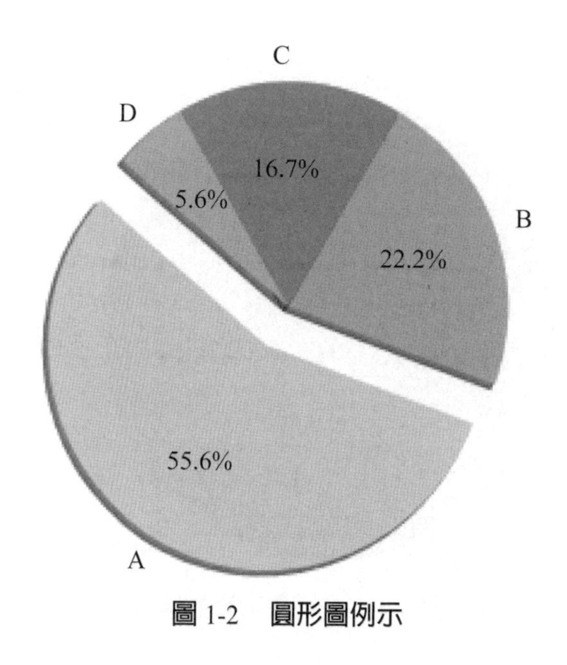

圖 1-2　圓形圖例示

至於圖 1-2 的繪製，則可以參考下列的 Python 指令：

```
import matplotlib.pyplot as plt
labels = 'A', 'B', 'C', 'D'
sizes = [1000, 400, 300, 100]
colors = ['gold', 'yellowgreen', 'lightcoral', 'lightskyblue']
explode = (0.2, 0, 0, 0)    # explode 1st slice
# Plot
plt.pie(sizes, explode=explode, labels=labels, colors=colors,
        autopct='%1.1f%%', shadow=True, startangle=140)
plt.savefig(r'F:\Stat\ch1\python\Figure1-2.png', dpi=200)
plt.axis('equal')
plt.show()
```

圓形圖的繪製亦可以使用 plt 模組，即使用 plt.pie() 函數指令。

面對上述二個 Python 程式，讀者除了可上網查詢函數指令外，亦可嘗試更改程式內的設定方式，自然可以更瞭解各函數指令的用法。

1.1.2 長條圖

除了圓形圖之外，我們亦可以使用長條圖表示類別性資料。例如：圖 1-3 與 1-4 分別繪製出二種長條圖，而上述二圖是描述消費者對 A、B、C、D、E 與 F 品牌的喜愛程度。換言之，針對 A～F 品牌的市場調查結果，發現 A～F 品牌的喜愛比重分別爲 51%、19%、9%、12%、6% 與 3%，因此透過圖 1-3 與 1-4 內的長條圖，倒也可以迅速地掌握市場消費者的偏好。

圖 1-3 的 Python 指令爲：

```
objects = ('A', 'B', 'C', 'D', 'E', 'F')
x_pos = np.arange(len(objects))
Rfrequency = [0.51,0.19,0.09,0.12,0.06,0.03]
plt.bar(x_pos, Rfrequency, align='center', alpha=0.5,color='red')
plt.xticks(x_pos, objects)
plt.ylabel('Relative frequency')
plt.title('Bar chart')
```

即可以使用上述的 plt 模組。至於繪製圖 1-4 的 Python 指令則可參考光碟。

最後，我們再來檢視圖 1-5 的內容。圖 1-5 係同時比較三個不同時段 A、B、C 與 D 政黨的支持率。例如：就 A 政黨而言，三個時段的支持率分別爲 33%、45% 與 55%，而 B 政黨的支持率則分別爲 47%、35% 與 25%；至於 C 與 D 政黨的支持率則可參考所附的 Python 程式檔（光碟）。

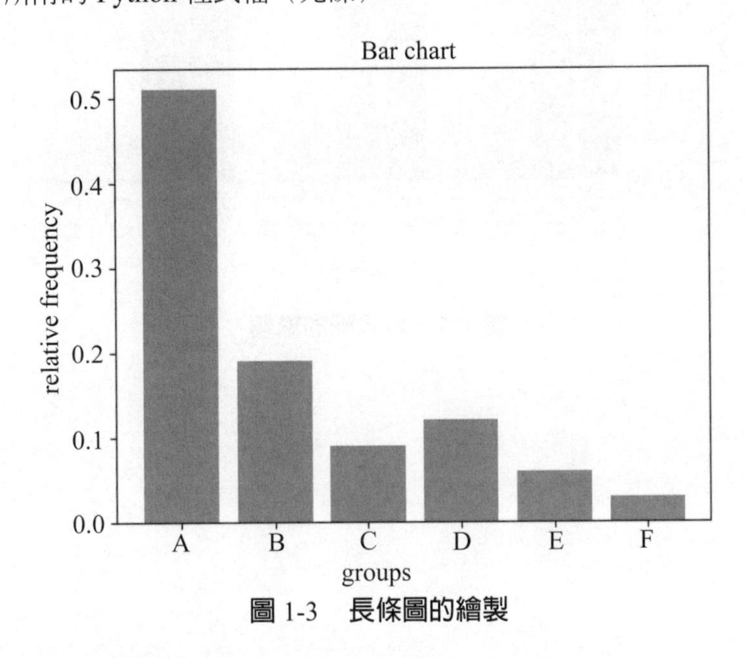

圖 1-3　長條圖的繪製

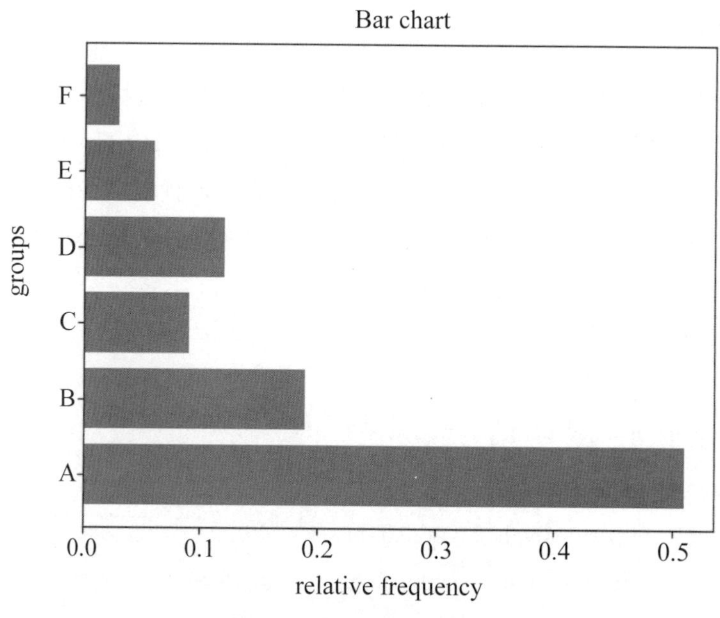

圖 1-4　長條圖的繪製

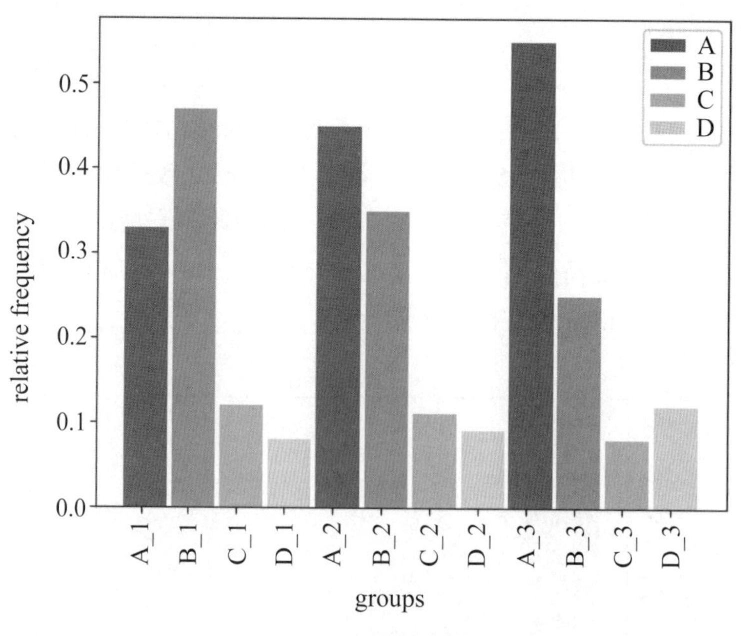

圖 1-5　長條圖的繪製

1.2 雙向表

類別性資料之間的關係可用雙向表（two-way table）表示。雙向表亦可稱爲列聯表（contingency table）或交叉表（cross tabulation table）。雙向表是一種常見的分類表，可以參考表 1-2。表 1-2 是針對 5942 位學生所做的一份抽菸的調查，我們懷疑學生抽菸與父母是否抽菸有關。我們從表內自然可看出相關的資訊（於後面的章節內會進一步分析）。

表 1-2　一種雙向表

P	S_1	S_2	
0	398	1840	2238
1	425	1513	1938
2	498	1268	1766
	1321	4621	5942

說明：1. P 表示父母抽菸的人數。

2. S_1 表示學生抽菸的人數，而 S_2 表示學生不抽菸的人數。

我們再舉一個例子說明雙向表的應用。至英文 Yahoo 網站下載臺灣加權股價指數（TWI）的日收盤價資料（2000/1/4～2019/7/31），我們不難將其轉換成日對數報酬率資料。令 1 年有 252 個交易日，我們可以進一步得到日波動率（volatility）資料[②]。因此，日對數報酬率與日波動率各皆有 4567 個資料。利用上述日波動率資料，可得對應的平均數約爲 19.63%。是故，若實際的日波動率小於等於 19.63%，可定義爲「低波動」；同理，若實際的日波動率大於 19.63%，則屬於「高波動」的情況。現在，我們有興趣想要知道於低波動與高波動的環境下，究竟日對數報酬率爲正或負值？爲了回答上述問題，我們可以編製一個雙向表如表 1-3 所示。透過表 1-3，讀者的結論爲何？

② 有關於對數報酬率與波動率的計算可以參考第 2 章或《財統》。

表 1-3　日對數報酬率與波動率的雙向表

	x_1	x_2
y_1	1245	1446
y_2	922	954

	x_1	x_2	
y_1	1245	1446	2691
y_2	922	954	1876
	2167	2400	4567

說明：(1) x_1 與 x_2 分別表示 TWI 的日對數報酬率小於等於 0 與大於 0。
(2) y_1 與 y_2 分別表示低波動與高波動。

考慮下列的 Python 指令：

```
logretvol = pd.read_excel('F:/Stat/ch1/data/logretvol.xlsx')
x = logretvol['logret']*100 # log returns
y = logretvol['volatility']*100 # volatility
x1 = x <= 0 # true or false
x1a = x1*1 # convert true/false to 1/0
n1 = np.sum(x1a) # 總計
y_mean = np.average(y) # 平均數
y1 = y <= y_mean # true or false
y1a = y1*1 # convert true/false to 1/0
n2 = np.sum(y1a)
xy1 = (x <= 0) & (y <= y_mean)
xy1a = xy1*1
n1a = np.sum(xy1a)
```

上述指令是讀取存於第 1 章資料檔內的 logretvol.xlsx 檔案（底下自然會說明該檔案如何建立），該檔案內有日對數報酬率與日波動率資料，資料名稱分別爲 logret 與 volatility，我們將其分別稱爲 x 與 y。比較 $x1$ 與 $x1a$ 二資料，前者是以 True 或 False 表示，而後者則以 1 或 0 表示。可以注意如何將 $x1$ 改成 $x1a$。其次，$xy1$ 表示日對數報酬率小於 0 且日波動率小於其平均數事件資料。完整的 Python 指令，可參考 Table1-3.py。

1.3 直方圖

直方圖（histograms）的繪製非常類似於長條圖，不過後者通常用於類別性資料，但是前者則普遍用於定量變數資料；換言之，於定量變數資料內我們倒是容易遇到龐大的數據資料，而直方圖的繪製的確提供一種簡易的目測方式。以表 1-3 內的資料爲例，我們繪製對應的直方圖如圖 1-6 所示。從該圖內可以看出已經將 TWI 的日對數報酬率與波動率序列資料轉換成一種次數分配（frequency distribution）。利用 Python，我們倒是可以容易地編製一種次數分配，可以參考表 1-4。

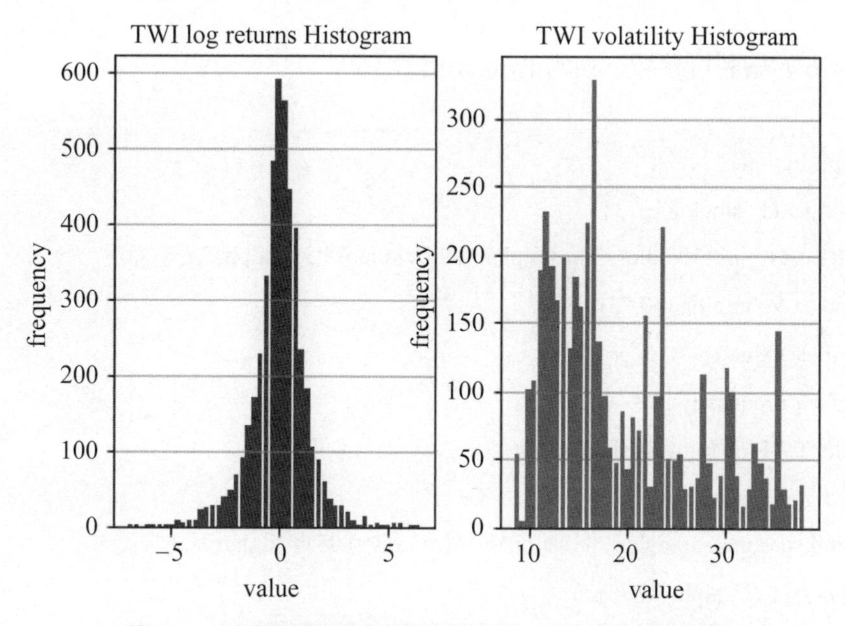

圖 1-6　日對數報酬率與日波動率（TWI）的直方圖

表 1-4 繪製出前述 TWI 日對數報酬率序列資料的次數分配，即該序列總共有 4567 個資料，其中最大值與最小值分別約爲 6.5246% 與 −6.9123%。我們希望將上述序列資料分成 5 組（由小至大）排列，則每組對應的次數則列如表 1-4 所示。讀者倒是可以練習看看，若欲分成 20 組，則對應的次數分配爲何？

表 1-4　TWI 日對數報酬率的次數與相對次數分配

x（%）	次數	相對次數
$-6.9123 \le x < -4.225$	28	28/4567
$-4.225 \le x < -1.5376$	366	366/4567
$-1.5376 \le x < 1.1498$	3577	3577/4567
$1.1498 \le x < 3.8372$	558	558/4567
$3.8372 \le x < 6.5246$	38	38/4567
	4567	1

圖 1-6 的繪製可參考下列的 Python 指令：

```
fig = plt.figure()
ax1 = fig.add_subplot(1, 2, 1)
a = plt.hist(x,bins=50,color='blue',alpha=0.9,rwidth=0.85) # alpha:深淺程度
plt.grid(axis='y', alpha=0.75)
plt.xlabel('Value')
plt.ylabel('Frequency')
plt.title('TWI log returns Histogram')
ax2 = fig.add_subplot(1, 2, 2)
b = plt.hist(y,bins=50,color='red',alpha=0.9,rwidth=0.85) # alpha:深淺程度
plt.grid(axis='y', alpha=0.75)
plt.xlabel('Value')
plt.ylabel('Frequency')
plt.title('TWI volatility Histogram')
```

因此，直方圖的繪製可使用 plt.hist() 函數指令。值得注意的是，考慮下列二個 Python 指令：

```
a = plt.hist(x,bins=5,color='blue',alpha=0.9,rwidth=0.85)
b = plt.hist(x,bins=10,color='blue',alpha=0.9,rwidth=0.85)
```

其中 a 將 x 分成 5 組而 b 則有 10 組。讀者可檢視 a 與 b 內爲何？

1.4 散佈圖與時間圖

於表 1-3 內我們懷疑 TWI 的日對數報酬率與日波動率之間可能有關係；事實上，通常欲判斷二變數之間是否存在著關係，最簡單的方式是繪製上述二變數的散佈圖（scatter plot）。換句話說，利用表 1-3 內的資料，圖 1-7 繪製出 TWI 的日對數報酬率與日波動率之間的散佈圖，而從圖內可看出日對數報酬率與日波動率之間並不存在關係，即從圖內的直線可看出端倪。

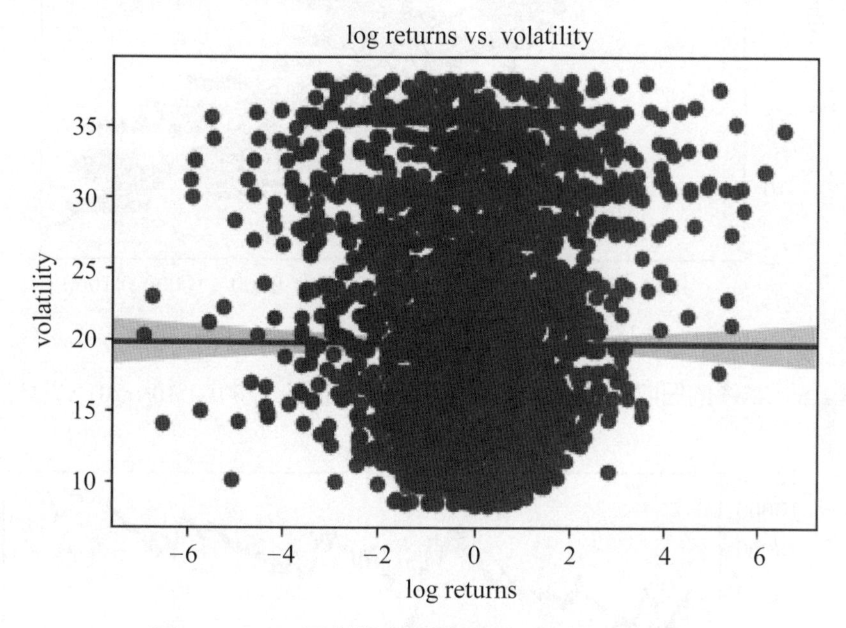

圖 1-7　TWI 日對數報酬率與日波動率之散佈圖

散佈圖的繪製可考慮下列的 Python 指令：

```
import seaborn as sns
sns.regplot(x,y,scatter=True,color='blue',scatter_kws={"s": 40})
```

即可利用 seaborn 模組內的 regplot() 函數指令。另外，亦可使用下列的 Python 指令：

```
# 另一個視窗
plt.figure() #另外一個繪圖視窗
plt.plot(x,y,marker='o',c='black')
```

取得散佈圖。

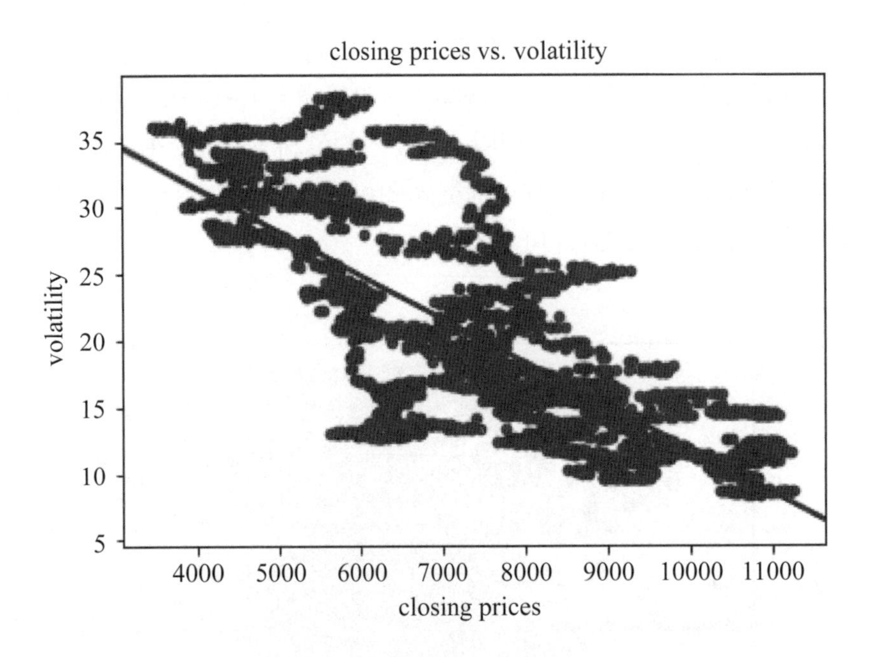

圖 1-8　TWI 的日收盤價與日波動率之間的散佈圖（2001/1/10～2019/7/31）

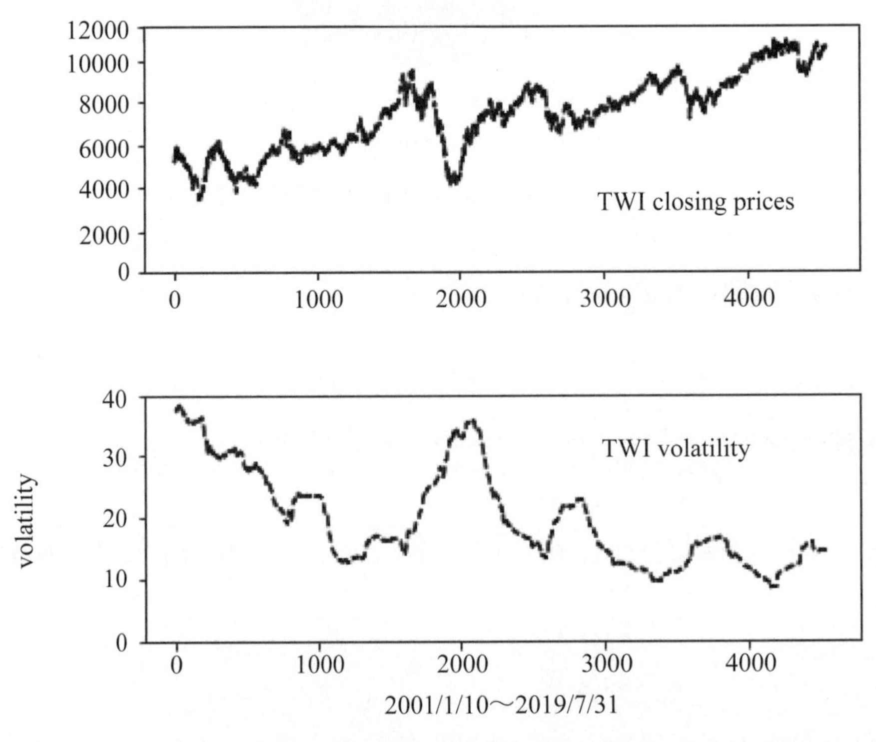

圖 1-9　TWI 日收盤價與日波動率的時間走勢圖（2011/1/10～2019/7/31）

其實，TWI 的日波動率可能與日收盤價有關，可以參考圖 1-8。利用相同的期間，圖 1-8 繪製出 TWI 日收盤股價指數與日波動率之間的散佈圖，從圖內可看出上述二變數之間可能存在著負關係。讀者可嘗試解釋爲何會如此。

也許讀者不是很清楚散佈圖的意思，可以想像一種情況。因日收盤價資料的個數爲 $n = 4567$，若分別於圖內標出 $(1, x_1), (2, x_2), ..., (n, x_n)$ 的位置，其中 x_i 表示日收盤價的第 i 個觀察值，而其結果則繪製於圖 1-9 內的上圖；同理，下圖則繪製出日波動率資料 (i, y_i) 的位置圖。因此，散佈圖相當於逐一繪製出 (x_i, y_i) 的位置圖。有意思的是，若將圖 1-9 內的橫軸轉換成時間，則圖 1-9 亦分別繪製出日收盤價與日波動率資料的時間走勢圖（time plot）。Python 的繪圖功能不如 R 語言，圖 1-9 的上圖縱軸無法顯示名稱。圖 1-9 的繪製方法，只是筆者的一個小嘗試，底下未再使用該方法。本書全部的時間序列資料並未標示時間，故橫軸加上時間，以提醒讀者注意其爲時間序列資料。於 Python 內，繪製或編製時間序列資料是麻煩的，畢竟 Python 並不清楚臺灣的國定假日或休市日，故容易產生不一致的情況。通常我們可將資料存於 Excel 檔如圖 1-9 內的檔案資料，再依資料的次序找出對應的時間。

若重新檢視圖 1-9 應該可以發現日收盤價資料的走勢大致與日波動率資料的走勢呈現相反的關係，此隱含著多頭（空頭）行情可對應至波動率下跌（上升）。

1.5 實證 PDF 與 CDF

重新檢視表 1-4，即 TWI 日對數報酬率資料除了可以用次數分配表示外，亦可以用相對次數分配（relative frequency distribution），其中後者亦可視爲一種機率分配（probability distribution）。例如：表 1-4 內第 3 組的相對次數爲 3577/4567，我們可以解釋成總共有 4567 個資料，其中有 3577 個資料落於第 3 組，故 TWI 日對數報酬率落於第 3 組的可能性約爲 78.32%（3577/4567），其他組的解釋類似。若將所有的可能結果與對應的機率（可能性）皆列於同一表內，該表即構成一種機率分配。

表 1-4 的內容是可以擴充的，畢竟其只是將 TWI 日對數報酬率資料分成 5 組而已；換言之，若將 TWI 日對數報酬率資料分成例如 $k = 50$ 組後再編製相對次數分配表，然後再繪製對應的直方圖，該結果就繪製如圖 1-10 所示。可以留意圖 1-6 與 1-10 二圖縱軸座標的差異，前者是用「次數」而後者則是用「相對次數」表示。讀者可以參考所附的 Python 程式碼，若改成 $k = 100$，則結果會如何？

圖 1-10 內的直方圖有不少缺點，即其屬於非連續且該圖的形狀受限於所選

組別的寬度。通常我們會使用核密度估計（kernel density estimation, KDE）技巧[3]，而以圓滑的曲線取代直方圖；當然，使用 KDE 技巧的目的就是希望能估計出接近於一種已知的機率密度分配（probability density function, PDF）曲線。例如：圖 1-10 內除了繪製出利用 KDE 技巧所繪的曲線外，亦繪製出常態分配（normal distribution）的 PDF 曲線，後者是統計學內一種最基本的參數型機率分配（後面章節會介紹）。顧名思義，從圖 1-10 內可看出 KDE 曲線與常態分配曲線存在著差異，因此可知 TWI 日對數報酬率所形成的實證分配（empirical distribution）並非屬於常態。

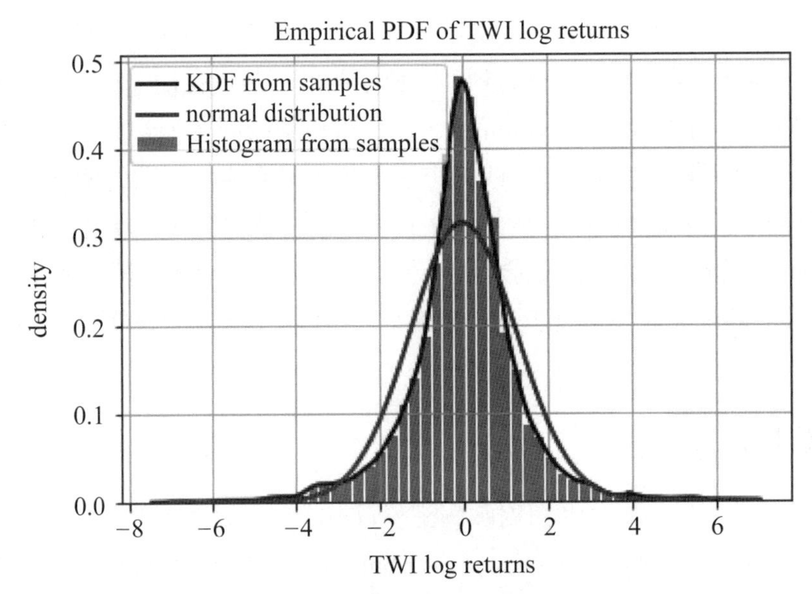

圖 1-10　TWI 日對數報酬率之實證 PDF 分配

有關於 KDE 技巧，可使用下列的 Python 指令：

```
import statsmodels.api as sm
kde = sm.nonparametric.KDEUnivariate(logret)
kde.fit() # Estimate the densities
x = kde.support # x 軸
y = kde.density # y 軸
```

[3] 有關於 KDE 技巧的介紹，有興趣的讀者可以參考 Wand 與 Jones（1995）或上網查詢。

```
plt.hist(logret,bins=100,color='red',density=True,rwidth=0.85,label='Histogram from samples')
plt.plot(x, y, lw=2,label='KDE from samples',color='black')
```

即我們可以使用 statsmodels.api 模組內的 nonparametric.KDEUnivariate() 的函數指令繪製出 KDE 曲線；另一方面，爲了與 KDE 曲線比較，應注意 plt.hist() 函數指令的用法。

與實證 PDF 對應的是實證累積分配函數（empirical cumulative distribution function, ECDF）。令 n_x 表示小於等於 x 的觀察值個數，而 n 表示總觀察值個數，則可定義一種 ECDF 爲：

$$F_n(x) = \frac{n_x}{n} \tag{1-1}$$

即根據表 1-4 可得：

$$F_{4567}(-4.225) = 28/4567 \text{、} F_{4567}(-1.5376) = 28/4567 + 366/4567 \text{、} \cdots$$

不過，畢竟表 1-4 只是一種簡化的方式（即其只是將總觀察值個數 n 分成 5 組），若將總觀察值個數 n 分成 n 組呢？即若不分組，則類似於表 1-4，首先將 TWI 日對數報酬率由小至大排列成 $x_1, x_2, \cdots, x_n$，故根據（1-1）式可得：

$$F_n(x_1) = \frac{1}{n}, F_n(x_2) = \frac{1}{n} + \frac{1}{n}, \cdots, F_n(x_k) = \frac{k}{n}$$

因此，簡單地說，ECDF 的計算，相當於將每一觀察值出現的可能性皆視爲 $1/n$。圖 1-11 繪製出 TWI 日對數報酬率的 ECDF，當然爲了比較起見，圖內亦繪製出一種常態分配觀察值的 ECDF，故圖 1-11 亦再次說明了 TWI 日對數報酬率並不屬於常態分配。

計算一組觀察值資料的 ECDF 的用處是顯而易見。例如：就上述 TWI 日對數報酬率資料而言，可得 $F_{4567}(-2.0966) = 0.05$、即 TWI 日對數報酬率小於等於 -2.0966% 的可能性約爲 5%；同理，讀者可以嘗試解釋 $F_{4567}(0.0548) = 0.5$ 與 $F_{4567}(1.9277) = 0.95$ 的意義。

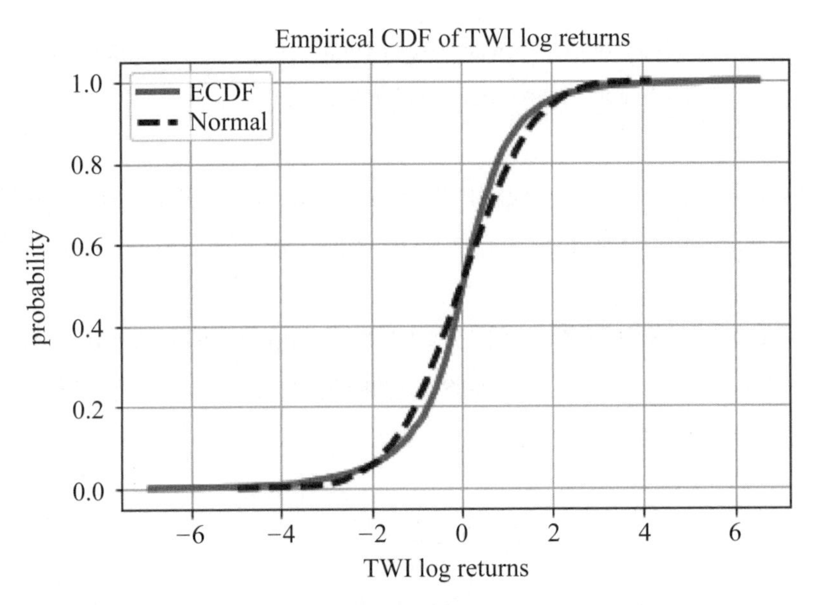

圖 1-11　TWI 日對數報酬率之 ECDF 曲線

圖 1-11 的繪製可參考下列的 Python 指令：

```
from statsmodels.distributions.empirical_distribution import ECDF
logretvol = pd.read_excel('F:/Stat/ch1/data/logretvol.xlsx')
logret = logretvol['logret']*100 # log returns
ecdf = ECDF(logret)
x = ecdf.x
y = ecdf.y
plt.plot(ecdf.x, ecdf.y,lw=3,color='red',label='ECDF')
```

讀者應該不難瞭解 ECDF 的計算與繪製。

習題

(1) 何謂類別性資料？何謂定量性資料？試解釋之。

(2) 試敘述實證的 PDF 與 CDF 之間的差異。

(3) 何謂 KDE 技巧所繪的曲線？試解釋之。

(4) 表 1-1 只列出部分資料，較完整的部分可以參考光碟內所附的 titanic.xlsx 檔案，該檔案是取自 Mckinney（2018）。試於 Python 內讀取該檔案。底下皆使用該檔案。

(5) 將 male 與 female 分別改爲 1 與 0。

(6) 於 Age 變數內存在遺失的資料，總共有多少 Nans？試於 Age 變數內移除遺失的資料後，再分別繪製次數直方圖與相對次數直方圖。

(7) 試分別計算 Pclass 變數內「1」、「2」與「3」的個數。

(8) 試分別列出 Survived、Sex 與 Pclass 變數的次數分配表。

(9) 試列出 Survived 與 Sex 的雙向表。

(10) 試列出 Survived 與 Pclass 的雙向相對次數表。

敘述統計

本章將介紹定量資料的特徵。圖 1-10 的結果是讓人印象深刻的，因爲將總個數爲 4567 的 TWI 日對數報酬率資料整理後竟然形成一種分配；因此，若欲檢視定量資料的特徵，相當於欲檢視分配的特徵。通常我們是以常態分配作爲評估的標準；換言之，圖 1-10 已指出 TWI 日對數報酬率資料並非屬於常態，那該資料究竟有何特徵使得其與常態分配不同？此當然值得我們進一步探索。

是故，我們倒是可以先檢視常態分配的特徵。通常一種分配的特徵可以分成四個部分檢視，其分別爲：

(1) 中心程度，此相當於欲檢視分配的重心爲何。
(2) 離散程度，此相當於欲檢視分配的分佈程度。
(3) 對稱程度，此相當於欲檢視分配是否對稱、左偏或右偏。
(4) 峰度程度，此相當於欲檢視分配屬於正常峰（常態峰）、高狹峰或低闊峰。

換言之，欲瞭解分配的特徵，當然必須先知道上述四個部分如何衡量。

其實第 1 章亦透露一個訊息，那就是單一變數無法獨立於其他變數之外，例如圖 1-8 顯示出 TWI 日收盤價與日波動率之間有關係的；因此，本章可以分成二部分說明：第一部分是介紹如何衡量分配的特徵，而第二部分則介紹如何衡量變數之間的關係。

2.1 分配特徵的衡量

如前所述，我們可以從中心、離散、對稱與峰度程度檢視定量變數（即分配）的特徵。爲了說明起見，底下大多使用 TWI 日收盤價（2000/1/4～2019/7/31）與其對應的對數報酬率資料爲例，讀者除了可以留意 Python 的函數指令外，當然亦可以使用其他的資料取代。

2.1.1 中心程度的衡量

我們先使用一個簡單的資料。取 TWI 日收盤價資料的前 10 個交易日資料，其分別爲：

8756.55, 8849.87, 8922.03, 8849.87, 9102.6, 8927.03, 9144.65, 9107.19, 9023.24, 9315.43

令上述資料爲 z；另一方面，令所有的 TWI 日收盤價資料爲 y。值得注意的是，z 與 y 的個數分別是 10 與 4819；理所當然，z 與 y 的特徵並不相同。

2.1.1.1 平均數

首先介紹算術平均數（arithmetic mean），其亦可簡稱爲平均數（mean）。平均數的計算頗爲簡易，其可寫成：

$$\overline{x} = \frac{\sum_{i=1}^{n} x_i}{n}$$

以上述 z 資料爲例，10 個資料分別可用 $z_1, z_2, \cdots, z_{10}$ 表示可得：

$$\overline{z} = \frac{\sum_{i=1}^{10} z_i}{10} = \frac{\sum z}{10} = 8999.846$$

同理，可得 $\overline{y} = \frac{\sum y}{4819} = 7621.9$。$\overline{z}$ 與 $\overline{y}$ 的差距頗大。理所當然，$\overline{z}$ 與 $\overline{y}$ 的意義並不難理解（平均股價）。底下考慮一些情況。

例 1 轉成報酬率

上述 z 與 y 皆是日收盤價，若有多種資產可以選擇，單獨只檢視（絕對）價格當然不適當，此時可將注意力轉至報酬率。令 P_t 表示 t 期資產價格，簡單的報酬率 sr_t 可寫成：

$$sr_t = \frac{P_t}{P_{t-1}} - 1$$

以上述 z 爲例，可得簡單報酬率分別爲（單位 %）：

Nan, 1.0657, 0.8154, −0.8088, 2.8557, −1.9288, 2.4378, −0.4096, −0.9218, 3.2382

雖說簡單報酬率不難計算，不過通常我們以對數報酬率的計算取代。對數報酬率 lr_t 可寫成：

$$lr_t = \log\left(\frac{P_t}{P_{t-1}}\right)$$

仍以 z 爲例，可得對數報酬率分別爲（單位 %）[①]：

Nan, 1.0601, 0.8121, −0.8121, 2.8157, −1.9476, 2.4085, −0.4105, −0.9261, 3.1869

可以注意第一個資料因無法計算故以 Nan 取代。比較上述 sr_t 與 lr_t 值，可發現二者的差距並不大。因此，底下本書的報酬率指的就是對數報酬率。

若讀者有操作所附的 Python 指令，應該會發現對數報酬率比簡單報酬率的計算簡易；另一方面，對數報酬率的計算也容易延伸。例如：若欲計算保有 k 日的報酬率可以寫成 $lr_{kt} = \log(P_t / P_{t-k})$。仍以 z 與 $k = 5$ 爲例，可得保有 5 日的報酬率分別爲（單位 %）：

Nan, Nan, Nan, Nan, Nan, 1.9282, 3.2766, 2.0541, 1.9401, 2.3112

① 此處 $\log(\cdot)$ 是指自然對數。

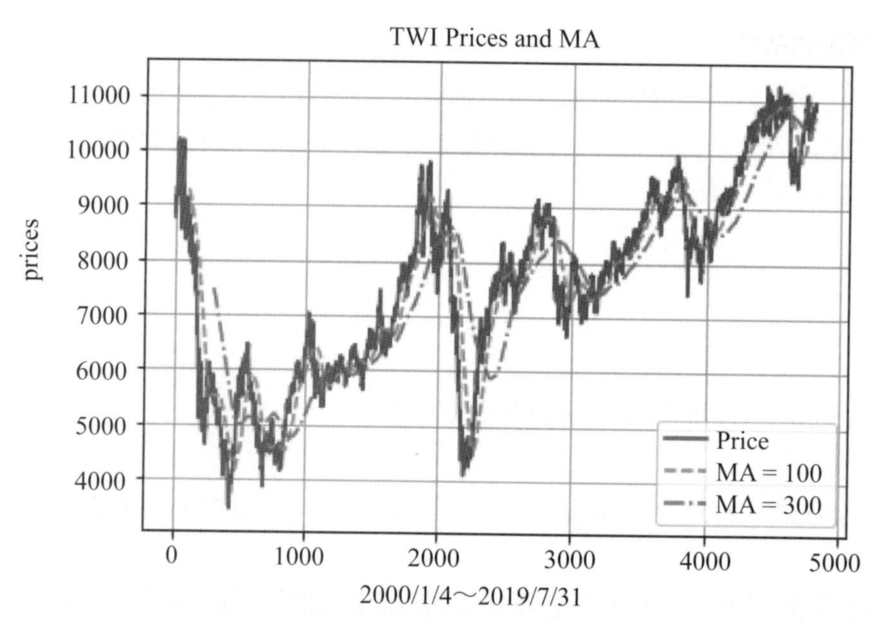

圖 2-1　TWI 日收盤價與移動平均價格的時間走勢（2000/1/4～2019/7/31）

於 Python 內，可用下列指令計算簡單報酬率與對數報酬率，即：

```
price = np.array(Price)
# simple returns
sr = 100*(price[1:]/price[:-1]-1)
print('simple returns:\n',sr[:9])
# lag1
Price_1 = Price.shift(1)
# log returns
lr1 = 100*np.log(Price/Price_1)
print('log return:\n',lr1[:10])
# lag5
Price_5 = Price.shift(5)
lr5 = 100*np.log(Price/Price_5)
print('5 days log returns:\n', lr5[0:10])
```

可以留意 Price.shift(k) 的用法，其中 Price 表示日收盤價資料。

例 2 移動平均股價

若於 y 內每隔 k 個交易日就計算一次平均數，自然就可以得到 $n-k+1$ 個平均數，我們稱上述平均數為滾動平均數（rolling mean）或移動平均數（moving mean, MA），其中 $n=4819$。圖 2-1 繪製出 TWI 日收盤價以及二種 MA 價格（即 $k=100$ 與 $k=300$）的時間走勢。我們可以發現 MA 價格的走勢較平滑且其平滑程度與 k 呈正關係；換言之，可以發現 $k=300$ 的 MA 價格最為平滑。

底下的 Python 指令分別計算 TWI 日收盤價的 100 日與 300 日的移動平均數，即：

```
P100 = Price.rolling(window=100).mean()
P300 = Price.rolling(window=300).mean()
```

2.1.1.2 中位數、衆數、四分位數與分位數

平均數的計算容易受到極端值的影響，因此可以考慮其他的參考值。此處我們先介紹中位數（medians）。中位數就是中間的數值，即將原始資料由小至大排列成：

$$x_{(1)}, x_{(2)}, \cdots, x_{(n)}$$

其中 $x_{(k)}$ 表示第 k 個次序統計量。若 n 為奇數，則中間的位數（即中位數）為 $x_{((n+1)/2)}$；但是，若 n 為偶數，則中間的位數為 $\frac{1}{2}\left(x_{(n/2)}+x_{(n/2+1)}\right)$。以上述 z 為例，由小至大排列為：

$$8756.55, 8849.87, 8849.87 \mid 8922.03, \mathbf{8927.03} \mid \mathbf{9023.24}, 9102.6 \mid 9107.19, 9144.65, 9315.43$$

$$Q_1 \qquad\qquad \text{中位數} \qquad\qquad Q_3$$

顯然中位數為 (8927.03 + 9023.24)/2 = 8975.135，而若除去第 1 個資料，則中位數為 9023.24。於 Python 內可以用 np.median(.) 函數指令（其中 np 是 numpy 的簡稱）計算中位數；換言之，y 的中位數約為 7785.62。

中位數亦可想像成第 50 百分位數（percentile），即資料由小至大排列將其切割成 100 個等分，我們找第 50 個位置；同理，亦可以計算第 25 與 75 百分位數，

其分別以 Q_1 與 Q_3 表示，其中前者稱爲第 1 四分位數（the first quartile）而後者則稱爲第 3 四分位數（the third quartile）。

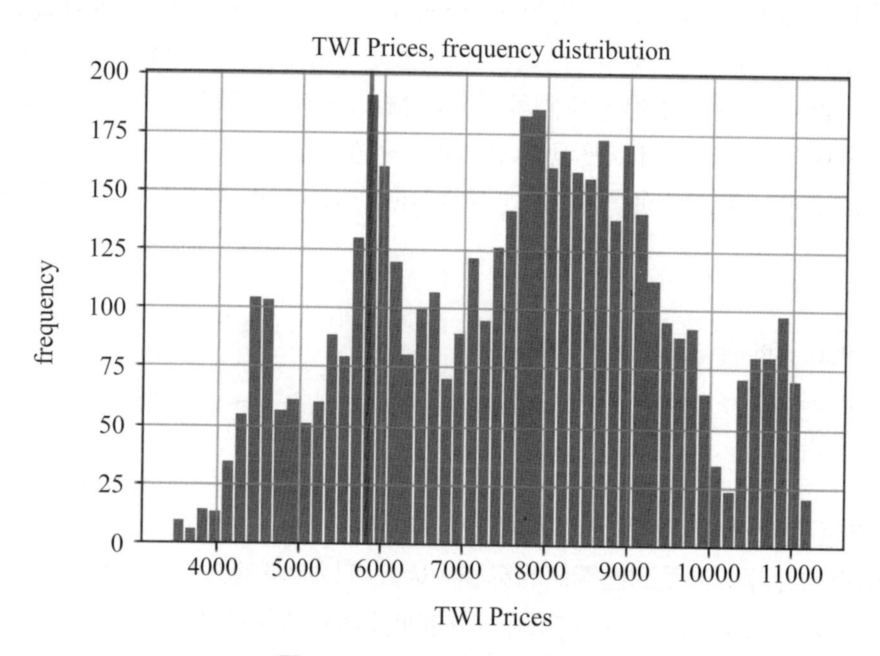

圖 2-2　TWI **收盤價的次數分配**

其實，百分位數亦可以繼續推廣而稱爲分位數（quantile）。於 Python 內可以用 np.quantile(.) 函數指令計算分位數。例如：以上述 y 爲例，計算 25、2.5、0.25、0.0025 的分位數分別約爲 6088.62、4364.83、3699.47 與 3492.44。讀者可以嘗試解釋上述分位數的意義。

除了平均數與中位數之外，有些時候我們亦使用眾數（mode）來表示中心位置。顧名思義，眾數就是出現次數最多的數值。就上述 z 而言，因 8849.87 出現 2 次而其他數值皆只出現 1 次，故眾數爲 8849.87。不過，有些時候可能找不到出現相同的數值，可以參考圖 2-2。於 y 資料內，我們不易找到出現相同的數值，我們嘗試下列的作法。於圖 2-2 內，我們將 y 內的資料分成 50 組，從圖內可看出出現最多的次數組（以垂直線表示），該組的位置接近於 5850，故可知 y 資料的眾數約爲 5850。同理，圖 1-6 內的日對數報酬率的眾數約爲 0。

例 1　分位數曲線

圖 1-11 曾繪製 ECDF 曲線，可以注意該圖內橫軸與縱軸的意義。利用相同於圖 1-11 的資料，亦可以繪製分位數曲線如圖 2-3 所示。比較圖 1-11 與 2-3 二圖，

可以發現後者係前者的「翻轉」；換言之，ECDF 與分位數乃一體兩面。讀者倒可以嘗試解釋二者的關係。值得注意的是，圖 1-10 的橫軸就是表示分位數。例如：我們想要知道 TWI 日對數報酬率小於等於 −2 的機率為何，此時 −2 就是分位數，而上述機率就是所有小於等於 −2 的機率加總。

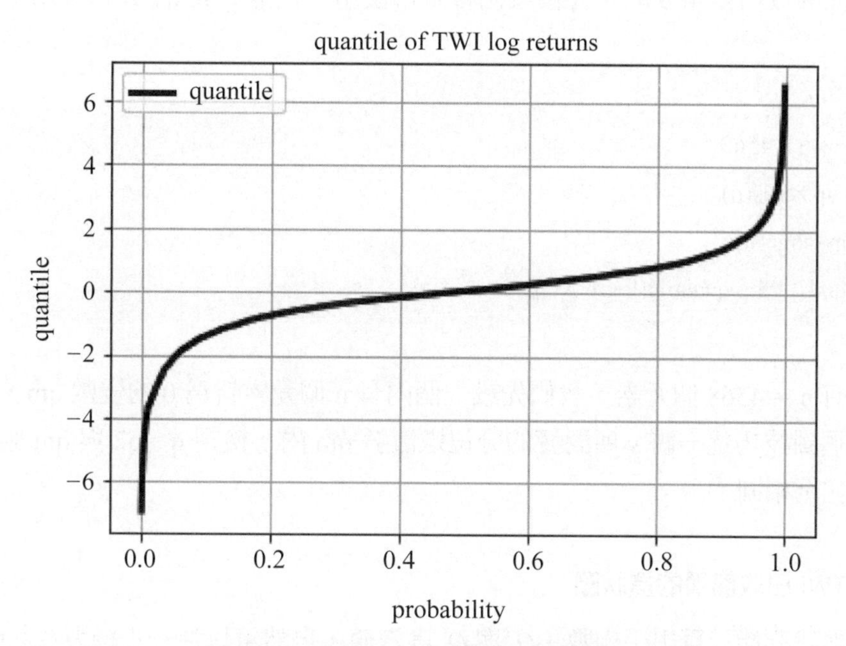

圖 2-3　圖 1-11 內的分位數曲線

若要繪製圖 2-3 內的分位數曲線，首先必須取得累積機率如圖 2-3 內的橫軸資料，接下來再計算對應的分位數。考慮下列的 Python 指令：

```
logret = logretvol['logret']*100 # log returns
ecdf = ECDF(logret)
y = ecdf.y
q = np.quantile(logret,y)
qa = []
for i in range(len(y)):
    q1 = np.quantile(logret,y[i])
    qa.append(q1)
q2 = pd.DataFrame(qa)
```

上述指令先計算 logret 的 ECDF 值並令其爲 y，接著使用 q = np.quantile(logret,y) 指令，即可取得 y 內元素所對應的分位數 q，繪製 q 可得分位數曲線。其實，我們亦可以使用迴圈技巧（for...）取得 q；換言之，上述迴圈取得的 qa 再將其轉成序列資料型態可得 q2。比較 q 與 q2，應可發現二變數內的元素完全相同。

迴圈的技巧是重要的，往後我們會時常使用。上述 q 與 q2 亦可使用下列指令取得：

```
n = len(y) # 4568
qm = np.zeros(n)
for i in range(n):
    qm[i] = np.quantile(logret,y[i])
```

即 y 內有 n = 4568 個元素，我們先設一個內有 n 個元素皆爲 0 的變數 qm，接下來再使用迴圈技巧逐一將 y 所對應的分位數置於 qm 內。檢視 q、q2 與 qm 應可發現三變數完全相同。

例 2 TWI 日收盤價的盒狀圖

既然我們能計算出平均數、Q_1 與 Q_3 等數值，自然可以進一步繪製盒狀圖（box plot）。例如：根據前述 y 資料，圖 2-4 繪製出 TWI 日收盤價的盒狀圖，其中 IQR（interquartile range）稱爲四分位距，即 $Q_3 - Q_1$。透過盒狀圖的繪製，使得我們對 TWI 日收盤價的分配有初步的認識。盒狀圖繪製的 Python 指令爲：

```
plt.boxplot(Price,meanline=True)
```

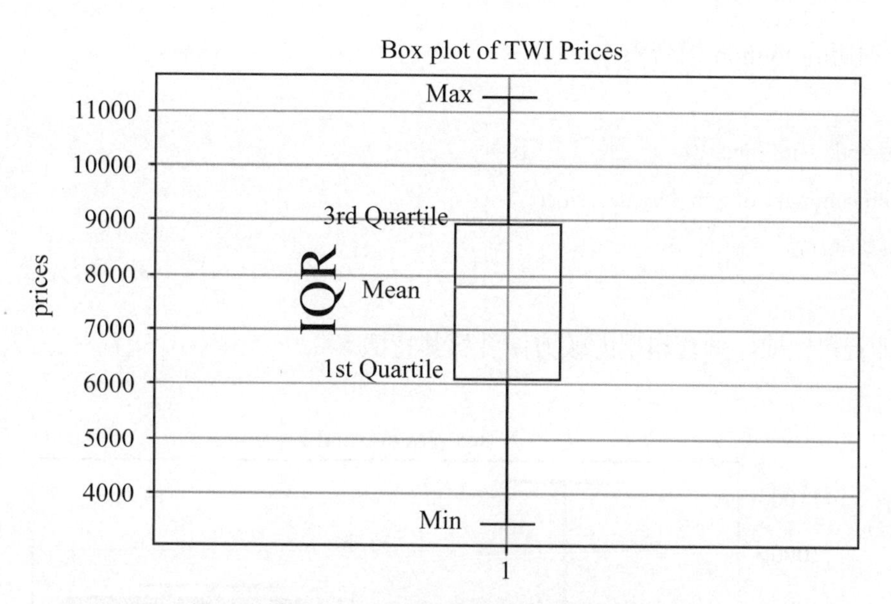

圖 2-4 TWI 日收盤價的盒狀圖

2.1.2 離散程度的衡量

再檢視圖 1-6 或圖 2-4 應會發現數據資料並非全部集中於某一部分。直覺而言，若所面對的數據資料的離散程度不大，則 2.1.1 節所介紹的平均數或中位數等觀念就愈加重要，畢竟用平均數或中位數等數值來代表一堆資料的特徵，的確相當方便；相反地，數據資料若分佈愈分歧，則上述數值的代表性就愈加不足。因此有必要知道如何衡量數據資料的離散程度。

2.1.2.1 全距與四分位距

最簡單衡量數據資料的離散程度莫過於全距（range）。全距是資料的最大値減最小値。以上述 z 與 y 資料爲例，z 與 y 資料的全距分別約爲 558.88 與 7806.85。除了全距之外，前述的四分位距亦可以用於衡量離散程度；換言之，z 與 y 資料的四分位距分別約爲 238.13 與 2852.67。

透過全距與四分位距的計算使得我們大概瞭解數據資料的離散程度。雖說如此，也許透過盒狀圖的繪製會讓我們更加地印象深刻。例如，圖 2-5 繪製出 z 與 y 資料的盒狀圖，而從該圖內可看出 y 資料的離散程度遠大於 z 資料。除了利用盒狀圖外，通常面對龐大的數據資料時，我們亦可以計算該數據資料的敘述統計量（descriptive statistics），藉以瞭解該數據資料的特徵。例如：表 2-1 列出一些 z 與 y 資料的敘述統計量，除了標準差之外，讀者應能解釋表內各統計量的意義。表

2-1 所對應的 Python 指令為：

```
dfz = pd.DataFrame(z)
print('summary of z:\n', dfz.describe())
z.describe()
```

即資料化成序列資料型態較方便計算其特徵。

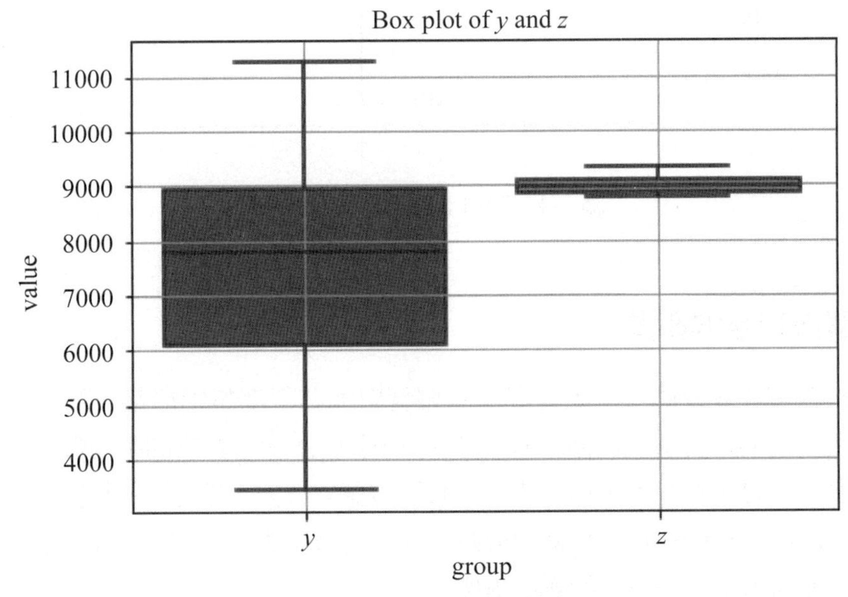

圖 2-5　z 與 y 資料的盒狀圖

表 2-1　z 與 y 資料的敘述統計

	n	mean	std	min	Q_1	median	Q_3	max
z	10	8999.85	169.55	8756.55	8867.91	8975.14	9106.04	9315.43
y	4819	7621.9	1803.15	3446.26	6088.62	7785.62	8941.28	11253.11

註：std 表示標準差。

例 1　四種月股價指數

至英文版的 Yahoo 內分別下載 NASDAQ、N225（日經股價指數）、SSE（上海證券指數）與 TWI（2000/1～2016/2）的月收盤價。圖 2-6 繪製出上述四種月股價指數的時間走勢。

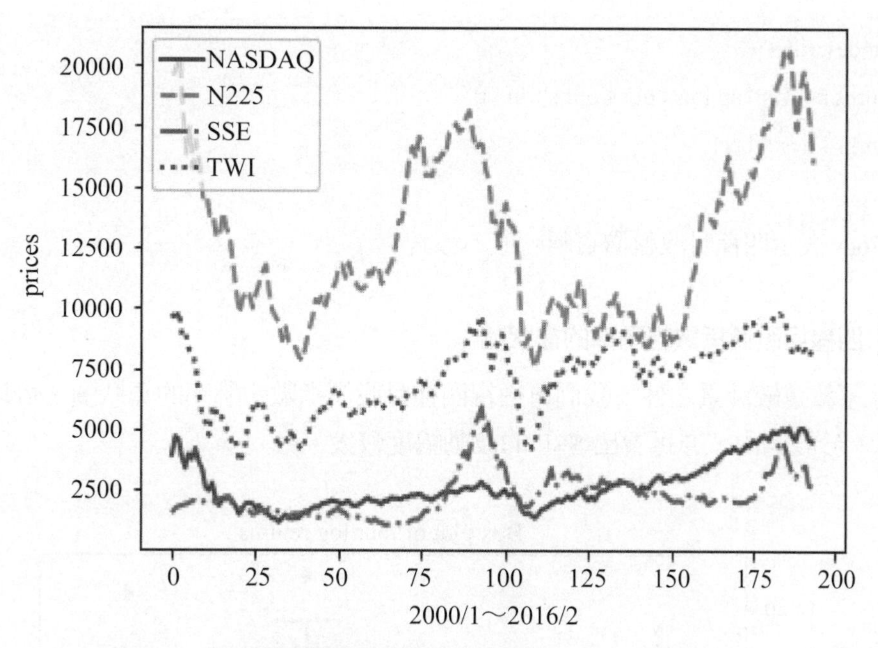

圖 2-6　四種月股價指數的時間走勢（2000/1～2016/2）

例 2　四種月股價指數報酬率的敘述統計量

於圖 2-6 內可看出比較四種月股價指數差距的意義並不大，故可以將注意力轉至四種月股價指數的報酬率。表 2-2 分別列出四種月報酬率的敘述統計量，我們進一步計算 NASDAQ（NAS）、N225、SSE 與 TWI 月報酬率的全距分別約爲 43.5676%、39.305%、52.5305% 與 43.9231%；至於四分位距，則分別約爲 6.7081%、7.4625%、9.8644% 與 7.1531%。是故，似乎 SSE 的離散程度較大。

表 2-2　四種月股價指數報酬率的敘述統計量（單位 %）

	n	mean	std	min	Q_1	median	Q_3	max
NAS	193	0.0754	6.8684	−26.0088	−2.5916	0.5731	4.1165	17.5588
N225	193	−0.1027	5.8579	−27.2162	−3.5223	0.2766	3.9403	12.0888
SSE	193	0.2903	8.2073	−28.2779	−4.7997	0.7079	5.0647	24.2526
TWI	193	−0.0763	6.6786	−21.5030	−3.6219	0.3134	3.5312	22.4201

註：std 表示標準差。

表 2-2 所對應的 Python 指令爲：

```
Four.describe()
Returns4 = 100*np.log(Four/Four.shift(1))
Returns4.describe()
```

其中 Four 表示四種月收盤價資料。

例 3 四種月股價指數報酬率的盒狀圖

除了敘述統計量之外，我們再檢視四種月股價指數報酬率的盒狀圖，可以參考圖 2-7。於該圖內，亦可看出 SSE 的波動幅度較大。

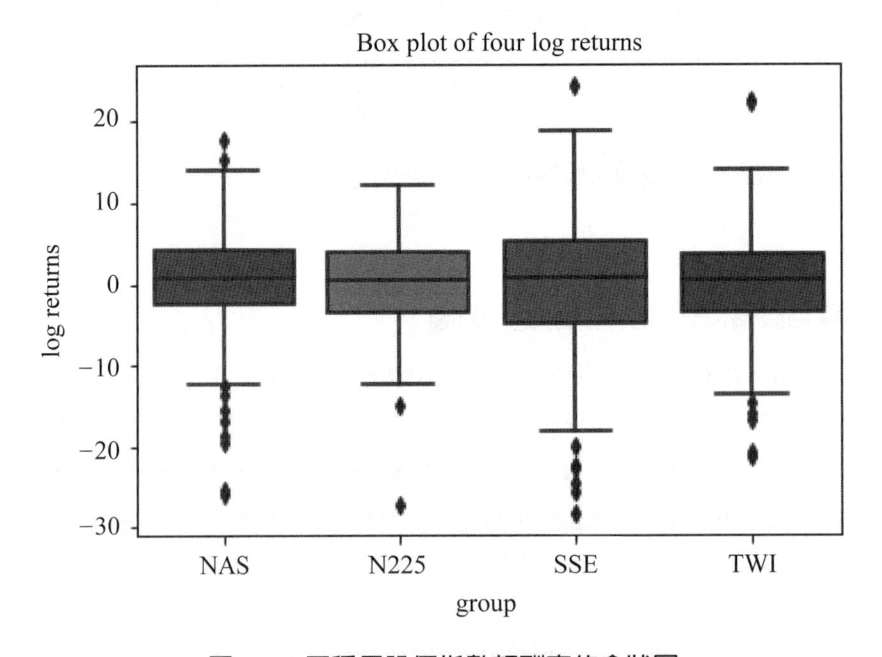

圖 2-7 四種月股價指數報酬率的盒狀圖

2.1.2.2 變異數、標準差與變異係數

前述全距的計算雖說較爲簡易，不過因其只利用到資料內的最大值與最小值二個數值，故全距的計算反而忽略了其他資料所扮演的角色；同理，四分位距的計算亦忽略了介於 Q_3 與最大值以及介於 Q_1 與最小值之間的資料。因此，於統計學內反而較強調變異數（variance）的計算。若有 $x_1, x_2, \cdots, x_n$ 觀察值，變異數的計算可

寫成：

$$s_x^2 = \frac{1}{n-1}\sum_{i-1}^{n}(x_i - \overline{x})^2 \qquad (2\text{-}1)$$

當然，若無其他變數比較，s_x^2 亦可簡寫成 s^2。以前述 z 與 y 資料爲例，可以分別得到 $s_z^2 = 28747.32$ 與 $s_y^2 = 3251347.97$[②]。

事實上，變異數的觀念是來自於「觀察值與其平均數差距平方即 $(x_i - \overline{x})^2$ 的平均數」，於後面的章節內自然會解釋爲何（2-1）式的分母部分是 $n-1$ 而非使用 n；換言之，我們可用平均數的方式解釋變異數，故 $s_z^2 = 28747.32$ 可解釋成「z 的平均差距平方約爲 28747.32」。當然，s_z^2 的意思仍有點模糊，不過若與 s_y^2 比較，就可以知道 y 資料的離散程度大於 z 資料，畢竟 $s_y^2 > s_z^2$。

既然 s^2 可以表示離散程度，當然 s 也行。s 稱爲標準差（standard deviation），有時 s 的使用反而較頻繁。雖說如此，標準差作爲離散程度的判斷依據仍有缺陷，此時可用變異係數（coefficient of variation, CV）取代，即 CV 可寫成：

$$CV_x = \frac{s_x}{\overline{x}}$$

舉例來說，檢視表 2-2 的內容，我們想要知道何資產（即將各指數視爲一種資產）風險較高？若只使用 s 判斷可能會失眞，此時可使用 CV 取代；也就是說，利用表 2-2 的資訊，可以分別計算 NASDAQ、N225、SSE 與 TWI 的 CV 值分別約爲 91.09、57.04、28.27 與 87.53[③]，顯然若以平均報酬率的觀點來看，反而 SSE 的風險較低。

例 1 波動率的計算

於財務分析內，報酬率的標準差常用於計算波動率。波動率是用年率表示，故

---

② 於 Python 內可用 numpy 與 statistics 二個模組計算變異數，不過前者是使用 $s_x^2 = \frac{1}{n}\sum_{i-1}^{n}(x_i - \overline{x})^2$ 而後者則使用（2-1）式。可參考所附的 Python 程式。當然，於大數據下二者的差距是微乎其微。

③ 因 CV 值的計算是以離散比重爲主，故 $\overline{x}$ 值若爲負值可改爲正數值，畢竟離散程度不爲負數；另一方面，$\overline{x}$ 值若爲負值，因對放空者有利，故改爲正數值應不影響 CV 值的計算。

其可寫成 $s_r\sqrt{m}$，其中 s_r 爲日報酬率計算的標準差而 m 則表示 1 年有 m 個交易日。以前述 y 資料爲例，首先將 y 轉成日報酬率序列 r 後再計算 s_r。假定 m = 252，故用 y 資料所計算的波動率約爲 21.32%。

當然，y 資料的使用期間過長無法反映眞實的情況，故可透過 r 序列每隔 m 日計算波動率，此相當於計算 r 序列的移動標準差。仍假定 m = 252，利用 r 序列，可得 m 日的波動率。讀者可以參考所附的 Python 程式，應可以發現第 1 章內的波動率序列就是利用上述方法計算而得。

例 2　四種股價指數的波動率

利用表 2-2 內的資料，我們也可以計算四種股價指數的波動率。假定 m = 12，每隔 m 月計算波動率，該波動率時間走勢則繪製如圖 2-8 所示。從圖 2-8 內可看出似乎 SSE 的波動較大。

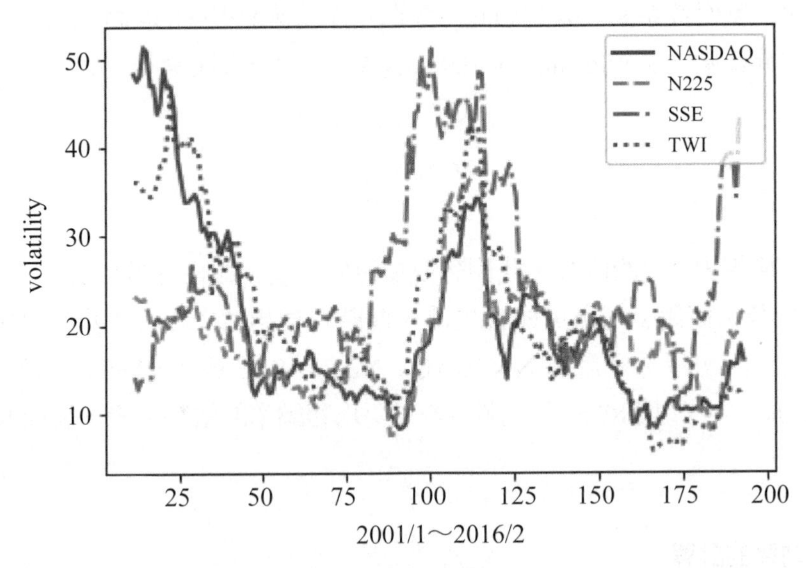

圖 2-8　**四種股價指數的波動率時間走勢**（2001/1～2016/2）

2.1.3 偏度與峰度程度的衡量

習慣上，統計學是分別以平均述與變異數（或標準差）當作衡量資料的中心與離散程度，而平均數與變異數亦可以稱爲分配的第一級與第二級動差（moments），即其分別會牽涉到一次方與二次方的計算。至於分配的偏度與峰度程度亦可稱爲偏態（skewness）與峰態（kurtosis），因會牽涉到三次方與四次方的計算，故其分別屬於分配的第三級與第四級動差。

2.1.3.1 偏度程度的衡量

我們使用偏態係數 sk 以計算數據資料的偏度程度。若有 $x_1, x_2, \cdots, x_n$ 觀察值，sk 可寫成：

$$sk = \frac{\sum_{i=1}^{n}(x_i - \overline{x})^3 / n}{s_1^3} \tag{2-2}$$

其中 $s_1 = \sqrt{\frac{\sum_{i=1}^{n}(x_i - \overline{x})^2}{n}}$。其實，於 Python 內，我們可以使用 pandas 模組內的函數指令計算，不過後者卻是計算（2-2）式的「調整型 sk」，即其可寫成④：

$$ask = \frac{\sqrt{n(n-1)}}{n-2} sk \tag{2-3}$$

利用前述的 z 與 y 資料，根據（2-3）式，可分別計算出對應的偏態係數分別約爲 0.4216 與 −0.0776。通常我們會計算報酬率的偏態係數，故 z 與 y 的日報酬率的偏態係數分別約爲 0.0838 與 −0.2793。偏態係數是用於衡量一個分配的對稱程度，也就是說，一種對稱的分配其對應的偏態係數應爲 0；換言之，若偏態係數不爲 0，則該分配是一種不對稱的分配。通常，若 $sk > 0$（$sk < 0$），則對應的分配屬於右偏（左偏）的分配。

是故，因 y 的日報酬率（用 yr 表示）的偏態係數值小於 0，故可知 yr 的分配屬於左偏的分配。圖 2-9 繪製出 yr 的實證 PDF 曲線，從圖內可看出相對於曲線右邊尾部，左邊的尾部較長（重心在右邊）。同理，若屬於右偏的分配，則 PDF 曲線右邊尾部較長。

利用下列的 Python 指令可計算偏態係數，即：

```
# sk 的計算
zbar = np.mean(z)
```

④（2-2）式可稱爲 Fisher-Pearson 偏態係數，而（2-3）式則稱爲調整的 Fisher-Pearson 偏態係數。

```
nz = len(z)
sz1 = np.std(z)
# sz1a = statistics.stdev(z)
skza = np.sum((z-zbar)**3)/nz
skz = (skza/(sz1**3))*np.sqrt(nz*(nz-1))/(nz-2)
print('skewness of z:\n', skz) # 0.4215999528640164
z.skew() # 0.42159995286397617
```

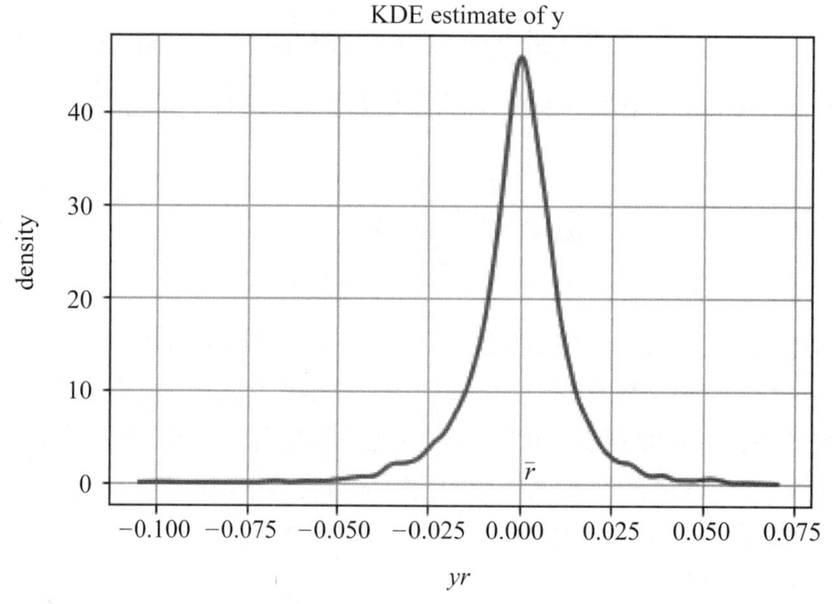

圖 2-9　*yr* 的實證 PDF 曲線

例 1　對稱與不對稱的分配

圖 2-10 分別繪製出對稱、右偏與左偏分配之 PDF 曲線，其中對應的偏態係數分別爲 0、0.7844 與 -0.7844。讀者從圖內自然可以分別出上述三曲線的特徵以及形狀之不同。

圖 2-10 所對應的 Python 指令可爲：

```
from scipy.stats import skewnorm
meana, vara, skewa, kurta = skewnorm.stats(4, moments='mvsk')
xa = np.linspace(skewnorm.ppf(0.0001, 4),skewnorm.ppf(0.999, 4), 100)
```

```
meanb, varb, skewb, kurtb = skewnorm.stats(-4, moments='mvsk')
xb = np.linspace(skewnorm.ppf(0.0001, -4),skewnorm.ppf(0.999, -4), 100)
meanc, varc, skewc, kurtc = skewnorm.stats(0, moments='mvsk')
xc = np.linspace(-3,3, 100)
plt.plot(xa,skewnorm.pdf(xa, 4),'r-', lw=3, alpha=0.6, label='right-skewed pdf')
plt.plot(xb,skewnorm.pdf(xb, -4),'b-', lw=3, alpha=0.6, label='left-skewed pdf')
plt.plot(xc,skewnorm.pdf(xc, 0), lw=3, alpha=0.6, label='normal pdf')
plt.grid()
plt.legend(loc='best')
plt.axhline(y=0)
```

即可從 scipy.stats 模組取得偏常態分配的函數指令 skewnorm()。若改變其內的參數，自可看出其意思。使用 skewnorm.stats(4, moments='mvsk') 指令可得該參數下所對應的前四級動差，例如可檢視 skewa 與 kurta 爲何[5]。

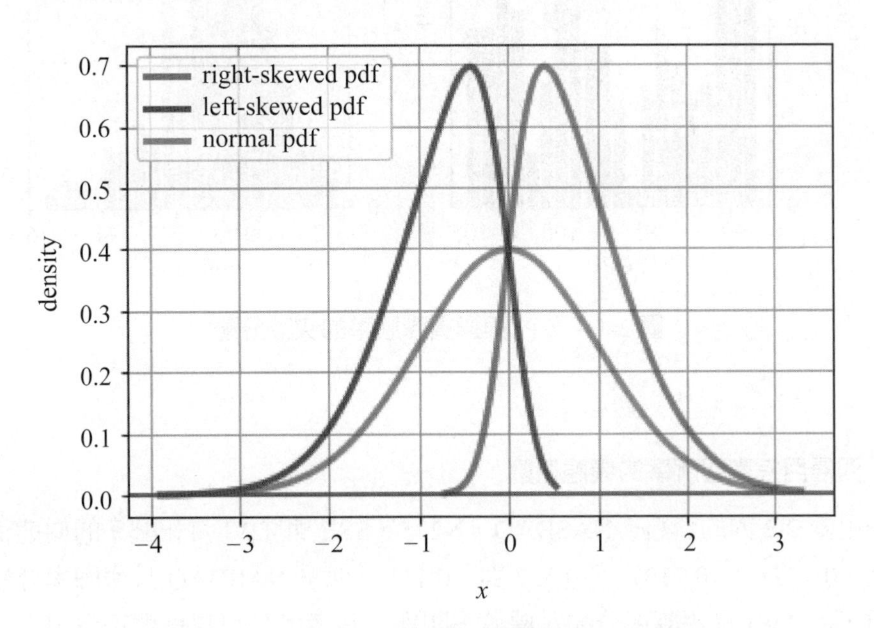

圖 2-10　對稱、右偏與左偏分配之 PDF 曲線

[5] 例如找出 ch213.py，先執行該程式。再以滑鼠的左鍵按住 skewa 直至出現深藍顏色再按右鍵取 run selection 即可得出 skewa 值。

例 2　CPI 與通貨膨脹率

至主計總處下載 CPI 與通貨膨脹率資料（2000/1～2016/12）。圖 2-11 分別繪製出 CPI 與通貨膨脹率資料的次數分配。從圖內可看出通貨膨脹率資料分配右偏較明顯，而 CPI 資料則趨向於對稱的分配。我們進一步計算 CPI 資料的偏態係數約爲 0.0764，而通貨膨脹率資料的偏態係數則約爲 0.4268。讀者可想想看該通貨膨脹資料如何透過 CPI 資料計算。可記得通貨膨脹資料是指 CPI 的年增率，試回答習題 (15)。

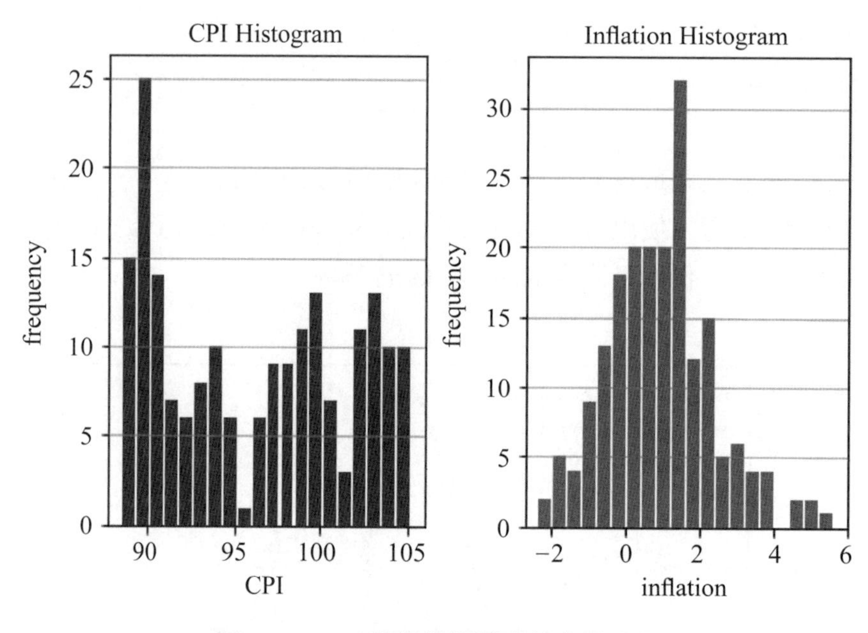

圖 2-11　CPI 與通貨膨脹率的次數分配

例 3　四種月指數報酬率的偏態係數

利用表 2-2 內的資料，NASDAQ、N225、SSE 與 TWI 月報酬率的偏態係數分別約爲 −0.7571、−0.7107、−0.537 與 −0.111。似乎 NASDAQ 月報酬率分配左偏較嚴重，而 TWI 月報酬率分配左偏較不明顯。讀者倒是可以練習繪製出上述四種月報酬率的次數分配與實證 PDF 曲線。

2.1.3.2 峰度程度的衡量

若有 $x_1, x_2, \cdots, x_n$ 觀察值，峰度程度（即峰態係數 kur）可寫成：

$$kur = \frac{\sum_{i=1}^{n}(x_i - \overline{x})^4 / n}{s_1^4} \tag{2-3}$$

即 kur 的計算有牽涉到分配的第四級動差。值得注意的是，$EK = kur - 3$ 稱爲超額（excess）峰態；因此，若有程式套件計算峰態係數，首先要分別的是，其究竟是計算 kur 或 EK？例如，np.kurtosis() 係計算 EK；換言之，使用前述的 z 與 y 資料，可得對應的 EK 分別約爲 −0.7317 與 −0.8173。又若使用表 2-2 內四種月指數報酬率資料，可計算 NASDAQ、N225、SSE 與 TWI 的 EK 分別約爲 1.7353、1.458、1.4999 與 1.3644。

因常態分配的 EK 等於 0，故若視常態分配的 PDF 曲線的峰度爲常態峰，則 z 與 y 資料的（實證）PDF 曲線屬於低闊峰（platkurtosis），而四種月指數報酬率資料的（實證）PDF 曲線則屬於高狹峰（leptokurtosis）。其實，低闊峰的形狀我們曾見過，圖 2-11 內的左圖就屬之，因 CPI 資料的 EK 值約爲 −1.4552。

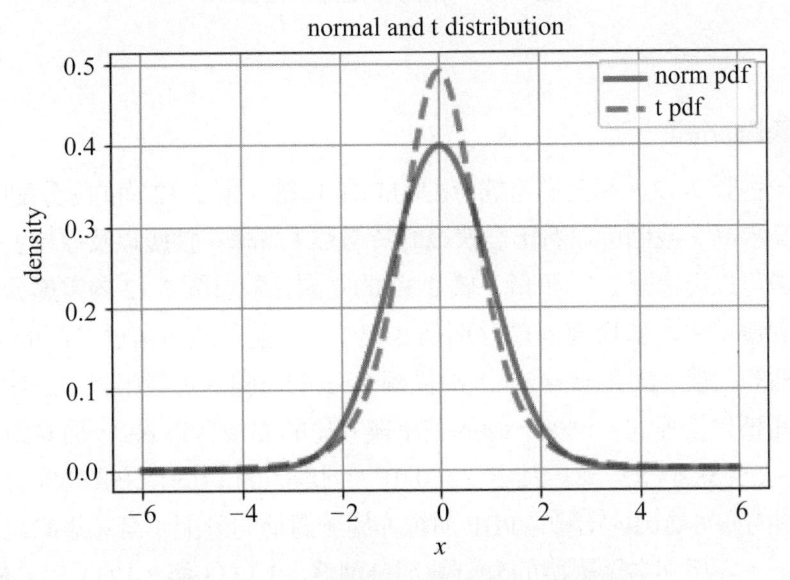

圖 2-12 高狹峰與常態峰的 PDF 曲線

至於高狹峰的形狀，則可以參考圖 2-12。圖 2-12 分別繪製出常態分配與 t 分配的 PDF 曲線形狀（後面的章節會介紹二種分配的性質）。從該圖內可看出 t 分配的 PDF 曲線屬於高狹峰，我們可以進一步計算圖內二分配的前四級動差。就常態分配而言，其對應的平均數、變異數、偏態係數與峰態係數分別爲 0、1、0 與 3；至於圖內的 t 分配則分別約爲 0、1、0 與 9。因此，圖 2-12 內的 t 分配的 EK 值等於 6。

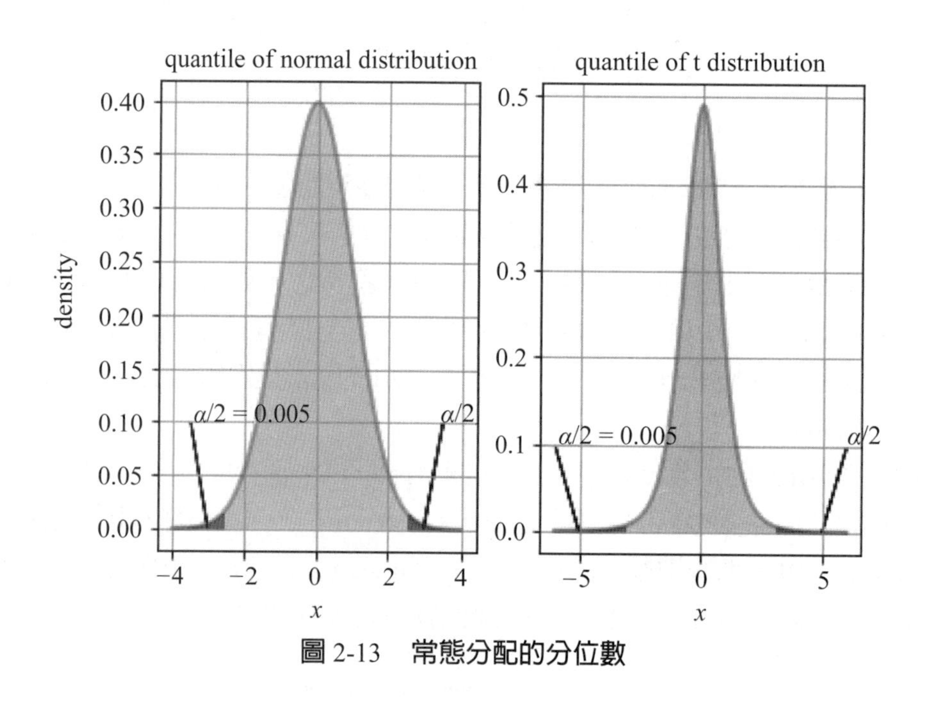

圖 2-13　常態分配的分位數

例 1　高狹峰的特徵

重新檢視圖 2-12。相對於常態分配的 PDF 曲線，圖 2-12 內的 t 分配的 PDF 曲線是屬於高狹峰。我們可以看出高狹峰的特徵爲「高峰、腰瘦以及厚尾」。腰瘦以及厚尾特徵可以透過圖 2-13 瞭解。圖 2-13 的左圖係取自圖 2-12 內常態分配的 PDF 曲線，其對應的平均數與變異數分別爲 0 與 1。如前所述，常態分配的 PDF 曲線是屬於對稱的曲線（即其 $sk = 0$），故從圖 2-13 的左圖內可看出以 0 爲中心，左尾與右尾的面積是相等的。例如，圖內左尾與右尾的面積皆爲 $\alpha/2$，而其對應的分位數分別爲 −2.5758 與 2.5758，其中 $\alpha = 0.01$。同理，圖 2-13 內右圖的 t 分配亦取圖 2-12，從圖內亦可看出 t 分配的 PDF 曲線亦屬於對稱的分配；有意思的是，於相同的 α 值之下，左尾與右尾對應的分位數卻分別爲 −3.1233 與 3.1233。明顯地，t 分配分位數的絕對値大於常態分配的分位數的絕對值。此不是隱含著於相同的分位數下，t 分配的尾部較常態分配的尾部厚嗎？

因此，若改變 α 值，可以分別取得常態與 t 分配的分位數。以 α 值分別爲 0.2、0.1、0.05、0.001 爲例，常態與 t 分配右尾的分位數分別約爲 1.2816 與 1.1432、1.6449 與 1.5609、1.96 與 1.9912 以及 3.2905 與 5.3206[6]。可以留意 $\alpha = 0.2$，此時 t

⑥ 使用 scipy.stats 模組內的 norm.ppf 與 t.ppf 函數指令可以分別取得常態分配與 t 分配的分

分配右尾的分位數小於常態分配右尾的分位數，此不是隱含著「腰瘦」嗎？因此，高峰厚尾的特徵，隱含著出現極端値的可能性大於對應的常態分配。

例 2 CDF 的計算

第 1 章曾檢視實證 PDF 與 CDF 之間的關係，就常態或 t 分配而言，其 PDF 與 CDF 之間亦存在對應的關係；換言之，於常態分配下，若分位數分別爲 1.2816、1.6449、1.96、2.5758 與 3.2905，則對應的累積機率分別爲 0.9、0.95、0.975、0.995 與 0.9995。同理，t 分配的累積機率亦可以計算出，可以參考所附的 Python 指令。

例 3 圖 1-10 內 TWI 日對數報酬率之分位數

我們可以重新檢視圖 1-10 的結果。圖內 TWI 日對數報酬率的偏態與峰態係數分別約爲 −0.2527 與 6.3382，故 TWI 日對數報酬率資料屬於左偏的分配，且其實證 PDF 曲線屬於高狹峰。實證 PDF 曲線左尾部面積若爲 0.1、0.05、0.025 與 0.005，對應的分位數分別約爲 −1.3991、−2.09、−2.9237 與 −4.3578。至於 TWI 日對數報酬率實證 PDF 曲線右尾部面積若爲 0.9、0.95、0.975 與 0.995，則對應的分位數分別約爲 1.3472、1.9269、2.555 與 4.1。

例 4 實證累積機率

續例 3，利用 TWI 日對數報酬率資料我們可以反推對應的實證累積機率。例如：TWI 日對數報酬率若爲 1.3476、1.9277、2.5595 與 4.0854，則對應的實證累積機率分別約爲 0.9002、0.9501、0.975 與 0.995。可以參考所附的 Python 指令。

2.2 共變異數、相關係數與迴歸線

第 1 章曾利用散佈圖以檢視二變數之間的關係，不過散佈圖只提供目測的方式，我們當然需要進一步利用數値來表示變數之間的相關程度。於統計學內，相關係數（correlation coefficient）可用於衡量二變數之間的直線關係，但是欲瞭解相關係數就必須知道共變異數（covariance）的觀念。因此，本節的第一部分將介紹共變異數與相關係數。

相關係數（或共變異數）只能用於衡量變數之間的相關程度，即其無法用於判

位數，有關於常態分配與 t 分配內參數的設定，後面章節自然會說明。

斷變數之間的因果關係。變數之間的因果關係指因變數（dependent variable）與自變數（independent variables）之間的關係。事實上，變數之間的因果關係可透過直覺或理論來幫我們分出自變數與因變數。一旦自變數與因變數的關係確定，我們就可以進一步利用迴歸分析（regression analysis）來檢視自變數影響因變數的程度；換言之，圖 1-8 內的直線就是一條估計的迴歸直線。是故，本節的第二部分將先簡單介紹迴歸線，於後面的章節內會再詳細說明迴歸分析。最後，本節的第三部分將介紹一些應用。

2.2.1 共變異數與相關係數

於尚未介紹前，爲了分析方便起見，我們有必要介紹如何利用電腦產生資料；換言之，使用 Python 作爲輔助工具的優點之一，就是可以模擬出一些資料以提高對統計觀念的認識。因此，本節可以分成二部分介紹。

2.2.1.1 產生資料

我們再重新檢視圖 1-10。圖 1-10 是同時比較常態分配與 TWI 日對數報酬率分配，而實際上我們可以看到後者的觀察值，至於前者的觀察值呢？也就是說，常態分配的觀察值，我們是否可以觀察到？通常一種分配的觀察值可以稱爲該分配隨機變數（random variables）的實現值，透過 Python，我們倒是可以輕易地取得常態分配的觀察值。考慮下列的指令：

```
mu = 0;sigma = 2
np.random.seed(1234)
s = np.random.normal(loc = mu,scale = sigma,size = 5)
np.round(s,4)
```

若執行上述指令可得：0.9429、−2.382、2.8654、−0.6253 與 −1.4412。

上述指令的第 3 行的 s 是一個平均數與標準差分別爲 0 與 2 的常態分配隨機變數，而其實現值就是上述 5 個資料（第 4 行指令提醒 Python 用小數點第 4 位表示）；換句話說，套用統計學的術語，上述指令相當於從常態分配內抽出 5 個資料。爲了每次皆能抽到相同的資料，我們就必須加進第 2 行指令，其中 1234 是任意取的，讀者倒是可以練習若省略第 2行或將 1234 改爲 333，結果會如何？上述第 2 行的指令相當於指使「電腦從 1234 的根部抽取觀察值」。

上述指令倒是可以繼續延伸。考慮 n = 1000, 2000, 3000, 4000。我們分別從平均數與標準差分別為 0 與 2 的常態分配抽取 n 個觀察值，然後再繪製對應的直方圖，其結果就如圖 2-14 所示，其中曲線為對應的常態分配 PDF。我們已經知道圖 2-14 內的直方圖可視為常態分配的實證 PDF；當然，常態分配的 PDF 曲線可視為理論的 PDF（畢竟上述實證 PDF 的觀察值是取自常態分配），故從圖 2-14 各小圖內可看出當 $n = 4000$，實證 PDF 與理論 PDF 曲線已相當接近。

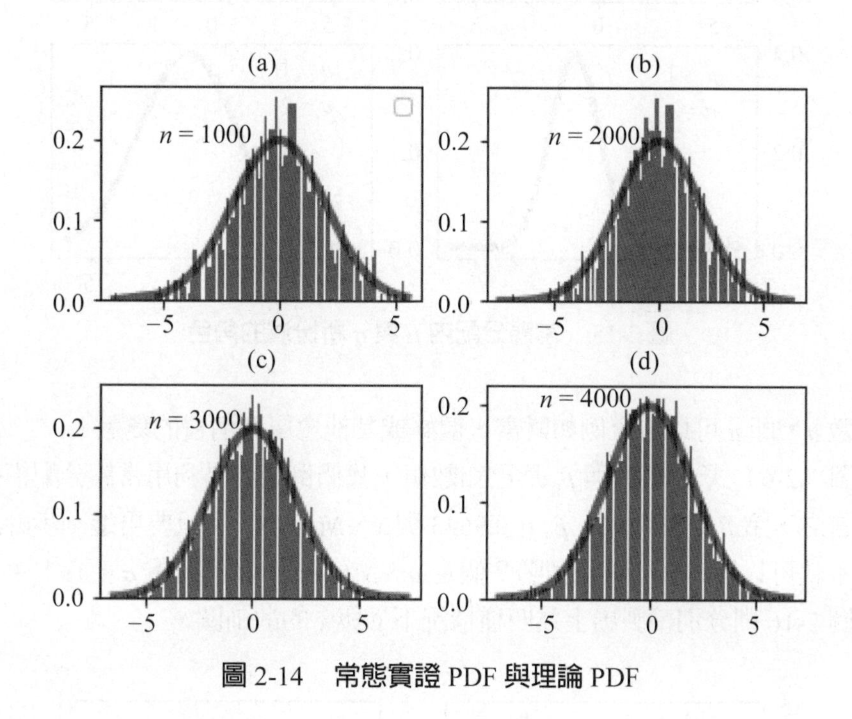

圖 2-14　常態實證 PDF 與理論 PDF

圖 2-14 的例子說明了我們可從常態分配內抽取觀察值。通常我們寫成 $x \sim N(\mu, \sigma^2)$ 表示 x 為平均數與變異數分別為 μ 與 σ^2 常態分配的隨機變數，或簡稱為 x 屬於常態分配。有關於 μ 與 σ^2 所扮演的角色，則可以參考圖 2-15。讀者應記得 μ 與 σ^2 分別表示分配的中心與離散特徵，故應能瞭解圖 2-15 的意思。

考慮下列的式子：

$$y = \beta_1 + \beta_2 x + u \tag{2-6}$$

其中 y 與 x 分別為因變數與自變數，而 β_1 與 β_2 稱為參數（parameters）。（2-6）式內的 $y = \beta_1 + \beta_2 x$ 項我們倒不陌生，因為簡單凱因斯的消費函數不就是屬於此種型態嗎？只是消費函數真的如此簡易嗎？換言之，若 y 與 x 分別表示消費與可支配所得水準，其中消費水準當然不會只受到所得水準的影響，故（2-6）式內包括一

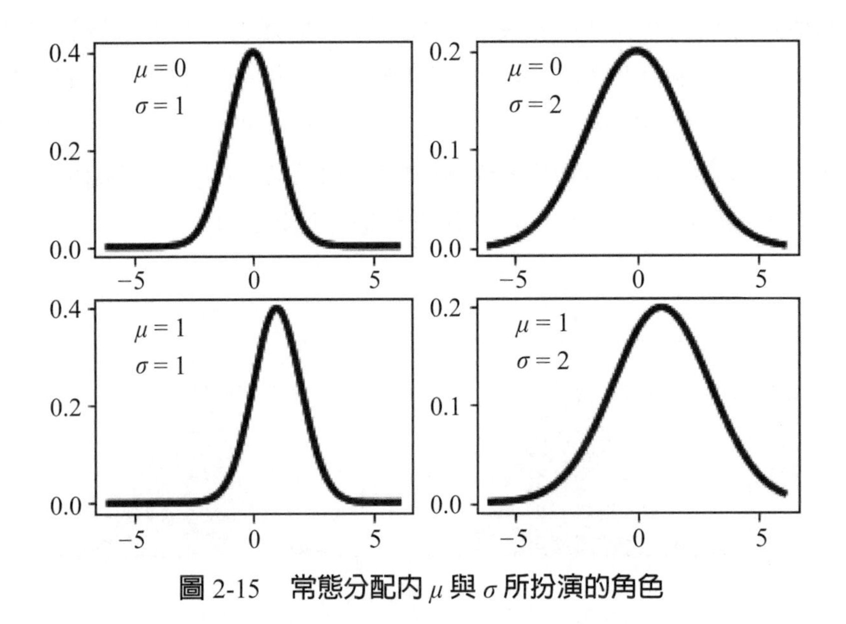

圖 2-15　常態分配內 μ 與 σ 所扮演的角色

個未知數 u，即 u 可以包含例如財富、偏好或其他會影響消費的變數。

面對（2-6）式，若 β_1 與 β_2 爲已知數值，我們倒是容易利用常態分配模擬出資料；換言之，令 $\beta_1 = 0.0196$、$\beta_2 = 0.9643$ 與 $x \sim N(0, 4)$，則只要再進一步針對 u 做假定，不就可以得出 y 的觀察值嗎？假定 $u \sim N(0, \sigma^2)$，我們考慮 $\sigma = 1, 2, 3, 4$ 四種情況，圖 2-16 則分別繪製出上述四種情況下 y 與 x 的散佈圖。

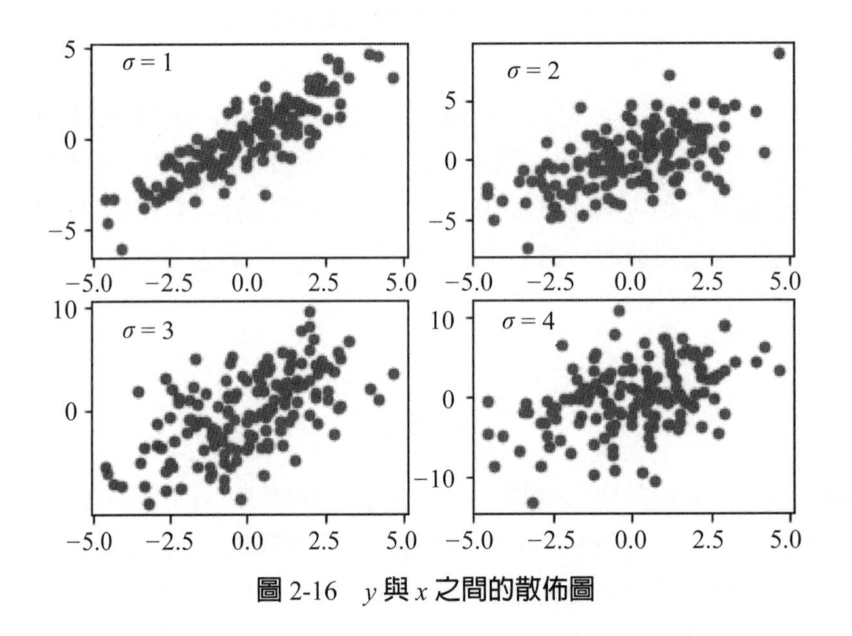

圖 2-16　y 與 x 之間的散佈圖

因 $\beta_2 > 0$，故從圖 2-16 內可看出 x 與 y 呈現出不同程度的正相關關係，而此正相關程度卻與 σ 值有關，即 σ 值愈大相關程度愈低。讀者倒可以想像 $\beta_2 < 0$ 的情況，即 x 與 y 之間爲負相關的關係。

其實，（2-6）式的型態可再更改，即考慮下列式子：

$$y = \beta_1 - \beta_2 x^2 + u \quad (2\text{-}7a)$$

$$y = \beta_1 - \beta_2 x^3 + u \quad (2\text{-}7b)$$

$$y = \beta_1 - \beta_2 x^4 + u \quad (2\text{-}7c)$$

$$y = \beta_1 + \beta_2 x^4 + u \quad (2\text{-}7d)$$

仍利用上述假定以及 $u \sim N(0, 16)$，圖 2-17 繪製出（2-7a）～（2-7d）四式的模擬結果，讀者當然可以再考慮其他的情況。

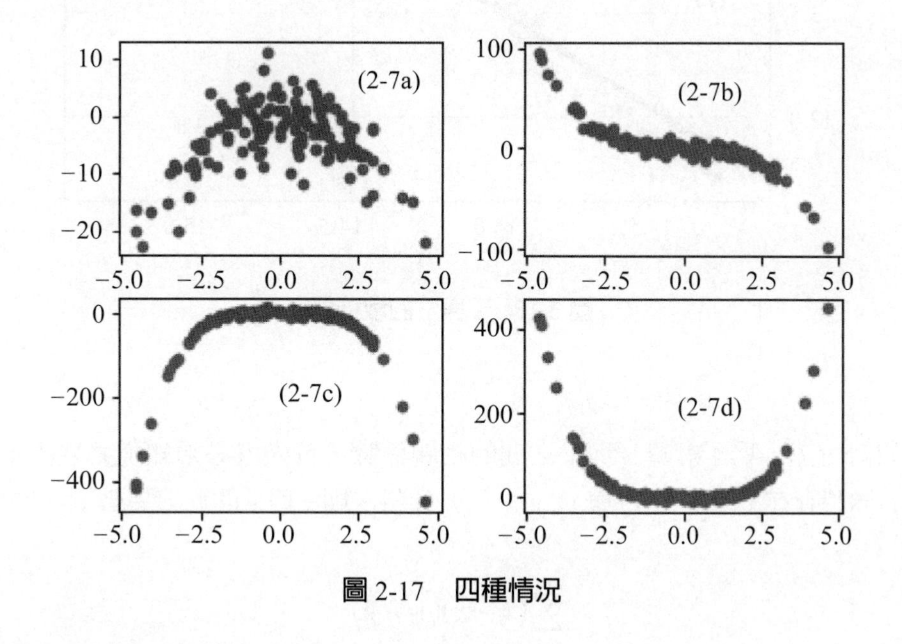

圖 2-17　四種情況

讀者至此應不會再懷疑爲何我們要介紹常態或其他分配了吧！最起碼，我們會懷疑我們的資料是否有可能由常態分配所產生，或者利用常態或其他分配，我們反而可以產生許多資料；也就是說，利用常態或其他分配，我們可以進行模擬分析（simulation analysis）。

2.2.1.2 共變異數與相關係數

至主計總處分別下載臺灣季實質 GDP 與季實質民間消費資料（1981/1～2018/2），先各自取過對數值[7]後再分別令其爲 x 與 y。於經濟學內可知 x 與 y 分別屬於自變數與因變數（例如消費函數，可以參考（2-6）式）。圖 2-18 繪製出上述 x 與 y 的散佈圖。於圖內可看出 x 與 y 的關係相當密切。

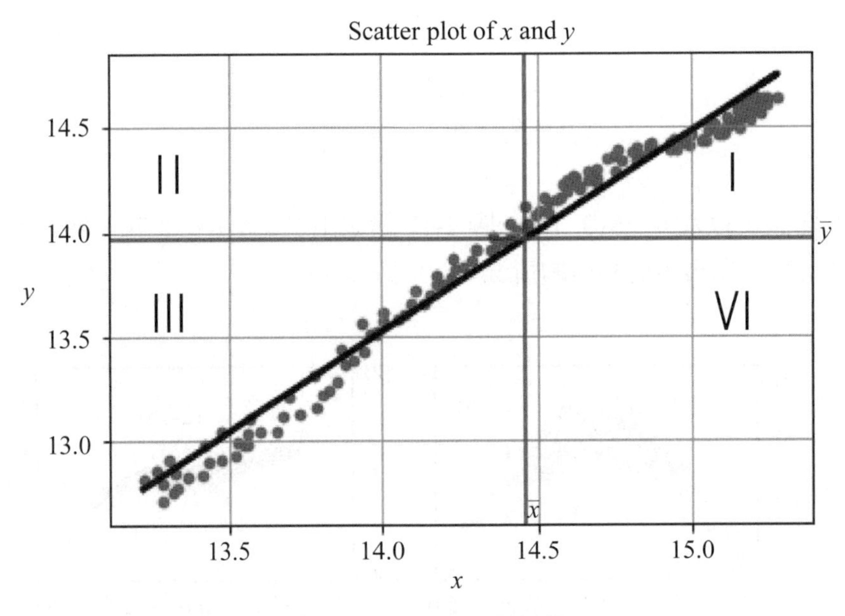

圖 2-18　x 與 y 的散佈圖

如前所述，爲了計算 x 與 y 之間的相關係數，首先就必須知道共變異數的意思。若同時存在 $x_1, x_2, \cdots, x_n$ 與 $y_1, y_2, \cdots, y_n$ 資料，則 x 與 y 的共變異數 s_{xy} 可寫成：

$$s_{xy} = \frac{\sum_{i=1}^{n}(x_i - \overline{x})(y_i - \overline{y})}{n-1} \tag{2-8}$$

比較（2-1）與（2-8）二式，因 s_x^2 可寫成 s_{xx}，故（2-1）式爲（2-8）式的一個特例；或者說，s_{xy} 包含 s_{xx}，故 s_{xy} 有變異數的味道。

[7] 因季實質 GDP 與季實質民間消費值太大，分析反而較不方便。通常原始資料以對數值取代，即以對數值取代原始資料並不會影響後者的性質。

上述 x 與 y 若使用 np.cov() 函數指令，可得到 x 與 y 的共變異數矩陣（covariance matrix）爲：

$$V_{xy} = \begin{bmatrix} s_{xx} & s_{xy} \\ s_{xy} & s_{yy} \end{bmatrix} = \begin{bmatrix} 0.3586 & 0.3458 \\ 0.3458 & 0.3404 \end{bmatrix}$$

因此，$s_{xy} = V_{xy}[0,1] = 0.3458$ [⑧]。其實，根據 V_{xy}，亦可得到 $s_{xx} = V_{xy}[0,0] = 0.3586$ 與 $s_{yy} = V_{xy}[1,1] = 0.3404$。

我們如何解釋 $s_{xy} = 0.3458$？可以參考圖 2-18。根據 $\bar{x}$ 與 $\bar{y}$，圖 2-18 將平面分成四個象限，而從散佈圖可看出 x 與 y 的觀察值大致落於第 I 與 III 象限，故按照（2-8）式可知 $s_{xy} > 0$；同理，若 x 與 y 的觀察值落於第 II 與 VI 象限，則 $s_{xy} < 0$。換句話說，利用 s_{xy} 的計算結果，我們可以知道 x 與 y 的觀察值變動是否一致，即若 $s_{xy} > 0$，則 x 與 y 觀察值同方向變動（x 增加 y 亦增加，或 x 減少 y 亦減少）；相反地，若 $s_{xy} < 0$，則 x 與 y 觀察值反方向變動（x 增加 y 會減少，或 x 減少 y 會增加）。因此，我們只著重於 s_{xy} 的符號。

雖說如此，我們還是想要知道 x 與 y 的相關程度，此時可以計算相關係數。相關係數 r_{xy} 可定義成：

$$r_{xy} = \frac{s_{xy}}{s_x s_y} \tag{2-9}$$

直覺而言，x 與 y 的離散程度可以分別用 s_x 與 s_y 表示，而 s_{xy} 則表示 x 與 y 的共同離散程度，故根據（2-8）式可得 $-1 \le r_{xy} \le 1$。換言之，利用上述 x 與 y 的資料可得對應的相關係數矩陣 R 爲：

$$R = \begin{bmatrix} r_{xx} & r_{xy} \\ r_{xy} & r_{yy} \end{bmatrix} = \begin{bmatrix} 1 & 0.9897 \\ 0.9897 & 1 \end{bmatrix}$$

同理可知 $r_{xx} = r_{yy} = 1$ 與 $r_{xy} = 0.9897$。

---

⑧ $V_{xy}[0,1]$ 表示 V_{xy} 的第 1 列第 2 行元素，其實讀者亦可以根據（2-8）式自行計算 s_{xy} 值。

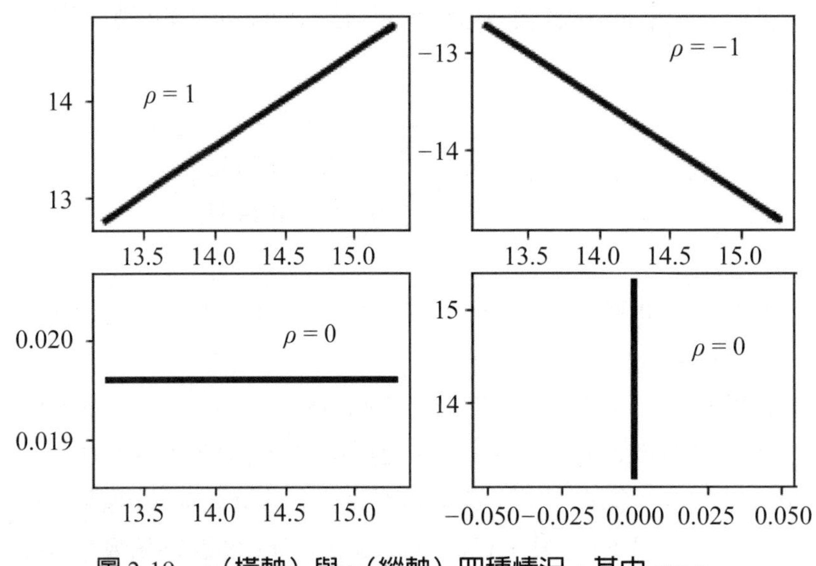

圖 2-19 x（橫軸）與 y（縱軸）四種情況，其中 $\rho = r_{xy}$

我們如何解釋 $r_{xy} = 0.9897$？考慮（2-6）式，若 $u = 0$，則（2-6）式可以改寫成 $y = \beta_1 + \beta_2 x$，即 x 與 y 的資料成一直線，可以參考圖 2-18 內正斜率之直線或圖 2-19 內的左上圖，此時 $r_{xy} = 1$，其可稱爲 x 與 y 之間爲完全正相關；同理，若 $\beta_2 < 0$，則 x 與 y 之間爲完全負相關，隱含著 $r_{xy} = -1$。圖 2-19 內的其餘各圖，可以看出圖內直線所對應的 r_{xy} 值[9]。因此，透過圖 2-19，我們倒是可以解釋上述釋 $r_{xy} = 0.9897$ 是何意思，即 x 與 y 資料的線性相關程度約爲 98.97%。

不過，根據（2-9）式所定義的 r_{xy} 值是有缺陷的，即其只能衡量 x 與 y 資料的線性相關程度；換言之，讀者可計算圖 2-17 內各小圖的相關係數 r_{xy} 值，應會發現該 r_{xy} 值並無法顯示出 x 與 y 之間眞正的關係。例如：圖 2-17 內左上圖的 r_{xy} 值約爲 11.4%，顯然無法代表 x 與 y 之間的非線性關係。值得注意的是，因 r_{xy} 內含 s_{xy}，故 s_{xy} 亦只適用於衡量線性的共變異關係。

雖說如此，r_{xy} 與 s_{xy} 仍是我們經常使用的工具，以前述四指數報酬率爲例，按照 NASDAQ、N225、SSE 與 TWI 的順序，可得共變異數矩陣爲：

---

[9] 從圖 2-19 的下圖可看出 $s_x = 0$ 或 $s_y = 0$，故根據（2-9）式可知 r_{xy} 值並無法定義；不過，依直覺來看，二圖皆顯示出 x 與 y 無關，故令 $r_{xy} = 0$。

$$\begin{bmatrix} 47.17 & 24.49 & 13.74 & 25.34 \\ 24.49 & 34.31 & 15.24 & 18.91 \\ 13.74 & 15.24 & 67.36 & 16.59 \\ 25.34 & 18.91 & 16.59 & 44.6 \end{bmatrix}$$

以及相關係數矩陣爲：

$$\begin{bmatrix} 1 & 0.61 & 0.24 & 0.55 \\ 0.61 & 1 & 0.32 & 0.48 \\ 0.24 & 0.32 & 1 & 0.3 \\ 0.55 & 0.48 & 0.3 & 1 \end{bmatrix}$$

顯然，四指數報酬率資料有相同方向的共變異，即任意二種指數報酬率的相關係數皆大於 0。有意思的是，就 TWI 與其餘三指數之間的相關係數而言，以 TWI 與 NASDAQ 的相關係數最大（約爲 55%），其次爲 TWI 與 N225（約爲 48%），最低爲 TWI 與 SSE（約爲 30%）。

我們可以透過下列指令計算上述共變異數與相關係數矩陣，即：

```
Four = pd.read_excel('F:/Stat/ch2/data/fmindex.xlsx')
yr = 100*np.log(Four/Four.shift(1))
# 除去第 1 列
yr1 = yr[1:]
R1 = np.corrcoef(yr1,rowvar=0)   # 計算行變數
Vyr = np.cov(yr1,rowvar=0)
print('Covariance matrix of four returns:\n', np.round(Vyr,2))
print('Correlation matrix of four returns:\n', np.round(R1,2))
```

讀者應該能瞭解上述指令的意思。

2.2.2 迴歸線

我們現在可以重新檢視（2-6）式。如前所述，迴歸分析可用於因果分析，而後者則可來自依直覺或理論判斷。使用圖 2-18 內的資料，根據最小平方法（least square, LS）（LS 會在後面章節介紹），可得：

$$\hat{y} = b_1 + b_2 x = 0.0196 + 0.9643x \qquad (2\text{-}10)$$

其中 $\hat{y}$ 稱爲 y 的配適值，而 b_1 與 b_2 爲 β_1 與 β_2 的 LS 估計值。比較（2-6）與（2-10）二式可知 $e = y - \hat{y}$ 可稱爲殘差值（residuals）；因此，於迴歸分析內，除了可用 $\hat{y}$ 估計 y 以及用 b_1 與 b_2 估計 β_1 與 β_2 之外，尚可以用 e 估計 u。理所當然，上述估計值與理論值愈接近，迴歸結果愈佳。圖 2-20 分別繪製出 $\hat{y}$ 與 y 以及 e 的走勢，可以注意 $\hat{y}$ 的走勢實際上就是迴歸線。從該圖內可看出其估計結果並不差，最起碼 e 值接近於 0[10]。

於 Python 內，我們可以執行下列指令以得出迴歸估計結果，即：

```
rGDPCONS = pd.read_excel('F:/Stat/ch2/data/rGDPCONS.xlsx')
x = np.log(rGDPCONS['rGDP']) # 取對數值
y = np.log(rGDPCONS['rCons']) # 取對數值
X = sm.add_constant(x)
results = sm.OLS(y,X).fit()
print(results.params)
print(results.summary())
```

可以注意第 4 行的 X 是一個 150×2 的矩陣，其中第 1 行的元素皆爲 1。讀者不用擔心不瞭解整個迴歸的估計結果，畢竟我們尚未完整地介紹。

現在我們來檢視（2-10）式。顯然，該式隱含著 y 可由 x 來表示，或者說 y 的解釋變數是 x，即透過 x 可得 y；因此，迴歸分析的功用之一是預測 y 值，即根據（2-10）式可知，若 x = 14.5 則 y = 14。可以注意的是，x 的最小值與最大值分別約爲 13.221 與 15.276，是故 x 於 [13.221,15.276] 區間內，以 x 來預測 y 值應較準確。除了預測之外，亦可以注意 x 與 y 之間的關係，即根據（2-10）式可得：

$$\frac{\partial \hat{y}}{\partial x} = b_2 = 0.9643$$

[10] 不過，於後面的章節內我們可看出（2-10）式的估計結果並不理想。

因x與y皆爲對數值，故b_2可用彈性解釋，即於其他情況不變下，實質GDP（平均）上升（下降）1%，實質民間消費（平均）上升（下降）0.9643%。最後，如前所述，因e含其他會影響y的變數，故若e值較大，隱含著x的解釋能力較弱。

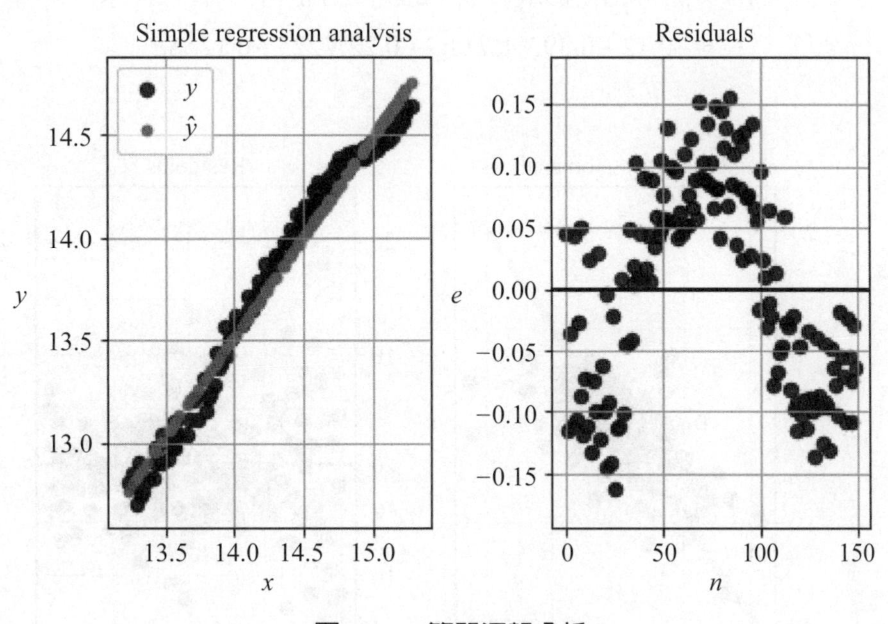

圖 2-20 簡單迴歸分析

上述分析因只有一個解釋變數，故可稱爲簡單的線性迴歸分析，我們當然可以將其擴充至線性的複迴歸分析（multiple linear regression analysis）。考慮下列的複迴歸模型：

$$y = \beta_1 x_1 + \beta_2 x_2 + \beta_3 x_3 + \cdots + \beta_k x_k + u \tag{2-11}$$

其中x_1爲n個1所形成的序列，而n爲y的個數。通常，我們會省略x_1而以1取代。（2-11）式可視爲（2-6）式的擴充，即y有k個解釋變數。同理，利用LS，可得：

$$\hat{y} = b_1 + b_2 x_2 + \cdots + b_k x_k$$

其中$b_i\ (i = 1, 2, \cdots, k)$爲LS的估計值。利用$\hat{y}$，可得$e = y - \hat{y}$。

我們舉一個例子說明。利用前述四種月指數報酬率資料，我們有興趣想要知道TWI月報酬率是否會受到其餘三種月報酬率的影響？令$y = TWI$表示TWI月報酬

率以及令 $x_2 = NASDAQ$、$x_3 = N225$ 與 $x_4 = SSE$ 分別表示對應的月報酬率，故我們的複迴歸模型的 LS 估計可寫成：

$$\begin{aligned} T\hat{W}I &= b_1 + b_2 NASDAQ + b_3 N225 + b_4 SSE \\ &= -0.12 + 0.39 NASDAQ + 0.22 N225 + 0.12 SSE \end{aligned}$$

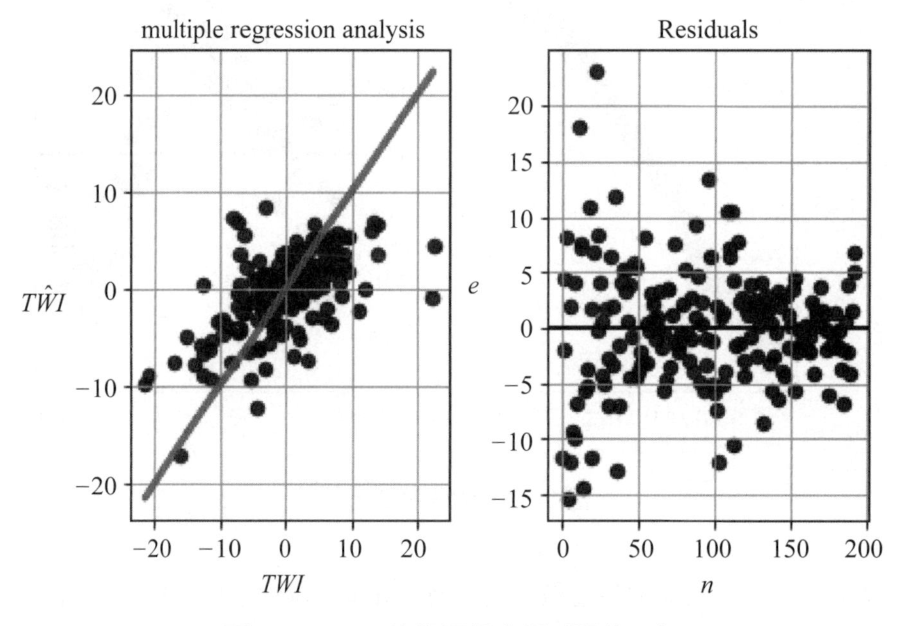

圖 2-21　TWI 的複迴歸分析（單位 %）

圖 2-21 繪製出 TWI 的複迴歸分析結果，其中左圖內的直線爲 $TWI = T\hat{W}I$。圖 2-21 的結果當然不如圖 2-20，不過於後面的章節內我們會檢視上述複迴歸模型約有三成的說服力。同理，$b_i = \partial\hat{y}/\partial x_i$。例如：$b_2 = \partial T\hat{W}I / \partial NASDAQ = 0.39$ 可解釋成：於其他情況不變下，NASDAQ 月報酬率（平均）上升（下降）1%，TWI 月報酬率（平均）上升（下降）0.39%。

圖 2-21 的右圖繪製出上述複迴歸模型的殘差值走勢，我們發現不少殘差數值相當大，此隱含著 u 並非可忽略，故上述複迴歸模型顯然省略了重要的解釋變數。

2.3 應用

上述我們所使用的資料大多屬於時間序列資料（time series data）（即搭配時間排序的資料）。於時間序列資料內，有二種資料型態値得我們注意，其一是資產價格型態，另一則屬於報酬率型態。二種資料的統計特徵並不相同，本節的第一部分將利用自我迴歸（autoregression, AR）模型說明上述二種資料型態的差異。本節的第二部分將利用平均數與標準差的觀念說明資產組合的重要性。

2.3.1 資產價格與報酬率

我們可以使用變數含下標 t 如 x_t 表示第 t 期的時間序列資料。若將（2-6）式內的 y、x 與 u 分別改成 y_t、y_{t-1} 與 u_t，則（2-6）式可改寫成：

$$y_t = \beta_1 + \beta_2 y_{t-1} + u_t \quad (2\text{-}12)$$

其中 $t = 1, 2, \cdots, T$。（2-12）式屬於一階自我迴歸模型，簡寫爲 $AR(1)$ 模型。$AR(1)$ 模型強調 y_t 受到 y_{t-1} 的影響，其中 β_2 可稱爲持續性參數（persistent parameter）；換言之，β_2 的大小會影響到持續性的強弱。

透過 β_2，$AR(1)$ 模型可以分成二種型態，其分別爲：

型態 1：非定態的隨機過程

若 $\beta_2 = 1$ 與 $\beta_1 = 0$，我們稱 y_t 屬於簡單的隨機漫步過程（simple random walk process），而若 $\beta_2 = 1$ 與 $\beta_1 \neq 0$，則稱 y_t 屬於具漂浮的隨機漫步過程（random walk with drift process）。典型的非定態的隨機過程（nonstationary stochastic process）就是隨機漫步過程，前述的資產價格資料就屬於此類型態。

型態 2：定態的隨機過程

若 $|\beta_2| < 1$，則稱上述的 $AR(1)$ 模型屬於定態的隨機過程（stationary stochastic process），前述的報酬率資料則屬之[11]。

利用 Python，我們不難模擬出上述二種型態。就型態 1 而言，可以參考下列

[11] 有關於非定態隨機過程與定態隨機過程的統計特徵差異，可以參考筆者的《財時》一書。

指令：

```
x = np.zeros(201)
y = np.zeros(201)
beta1 = 0.05
np.random.seed(555)
for i in range(1,201):
    x[i] = beta1 + x[i-1] + np.random.normal(loc=0,scale=1,size=1)
    y[i] = y[i-1] + np.random.normal(loc=0,scale=1,size=1)
```

即上述指令分別模擬出具漂浮的隨機漫步過程與簡單的隨機漫步過程的實現值走勢（各皆有 201 個觀察值），其中就前者而言 $\beta_1 = 0.05$，而二者皆假定期初值等於 0（即 $y_0 = 0$ 與 $x_0 = 0$）以及 $u_t \sim N(0, 1)$。

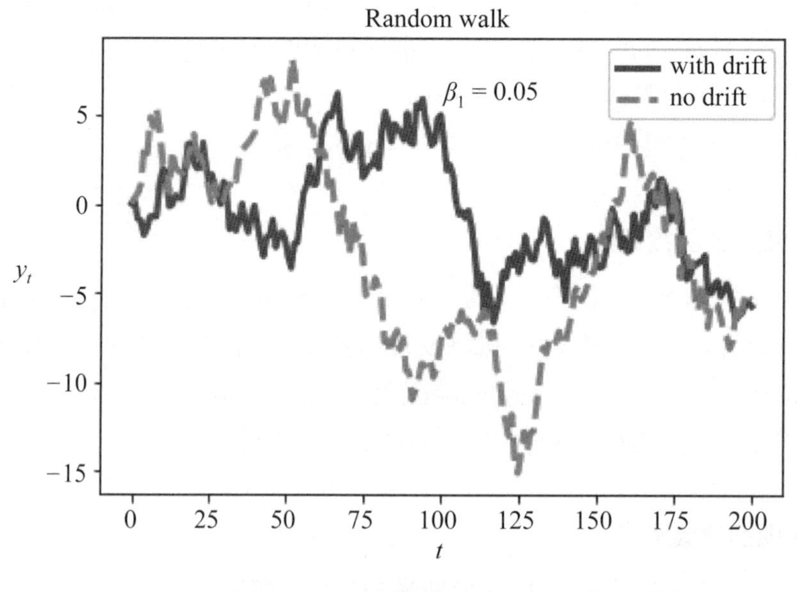

圖 2-22　二種隨機漫步的模擬

利用上述模擬資料，我們進一步繪製其時間走勢圖如圖 2-22 所示，從圖內可看出具漂浮的隨機漫步過程與簡單的隨機漫步過程其實差異不大，二者皆有隨機趨勢（stochastic trend）的走勢（即趨勢的走勢並非一成不變）。如前所述，上述過程屬於隨機過程，顧名思義，「重新再來一次未必相同」是其特色。使用圖 2-22

的假定，圖 2-23 繪製出 20 種具漂浮的隨機漫步過程的實現值時間走勢，我們可以發現 20 種走勢並非重疊。圖 2-23 內的部分 Python 指令可為：

```
n = 201
m = 20
x = np.zeros(n*m).reshape((n,m),order='F')
y = np.zeros(n*m).reshape((n,m),order='F')
beta1 = 0.05
np.random.seed(5555)
for j in range(0,m):
    for i in range(1,n):
        x[i][j] = beta1 + x[i-1][j] + np.random.normal(loc=0,scale=1,size=1)
        y[i][j] = y[i-1][j] + np.random.normal(loc=0,scale=1,size=1)

X = pd.DataFrame(x) # 改成資料結構型態
Y = pd.DataFrame(y)
fig = plt.figure() # 開啟新的繪圖視窗
plt.plot(X)
```

讀者倒是可以練習如何從 x 內找出對應的元素。X 是資料結構（矩陣）型態（來自 pandas 模組），找出其內之元素較為簡易（先行後列）。例如：X[0] 是列出第 1 行元素，而 X[3][2] 是表示找出第 4 行第 3 列的元素。

接下來，圖 2-24 分別繪製出 $\beta_1 = 0.05$、$\beta_2 = 0.6$ 與 $u \sim N(0,1)$ 的 $AR(1)$ 模型的實現值時間走勢，其中不含常數項即改令 $\beta_1 = 0$，其餘不變。比較圖 2-22 與 2-24 二圖內的走勢，可以發現前者似乎有「隨便亂走」的味道，但是後者卻出現向水平線反轉的走勢（即走勢不會脫離水平線）。我們可以從圖 2-22 與 2-24 二圖內的走勢知道非定態與定態隨機過程的差異。有意思的是，若我們隨意繪製出資產價格如圖 2-8 與對應報酬率的時間序列資料，應可以發現前者的走勢類似於圖 2-22 或圖 2-23，而後者的走勢則類似於圖 2-24。

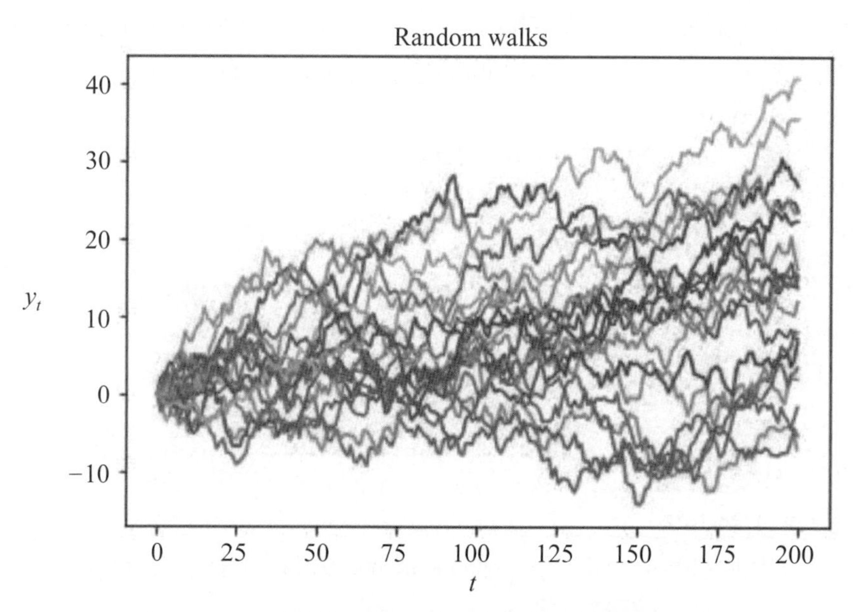

圖 2-23　20 種具漂浮的隨機漫步過程的實現值走勢

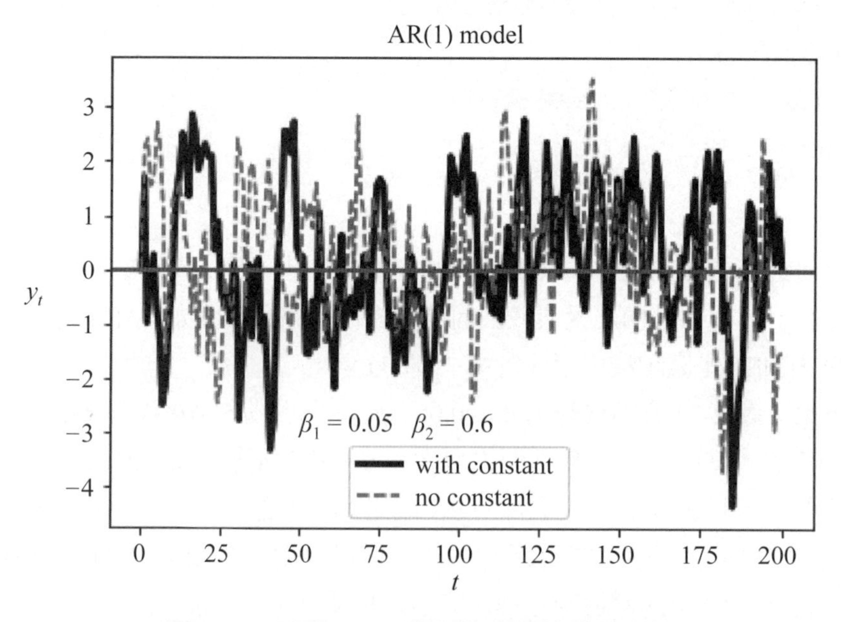

圖 2-24　二種 $AR(1)$ 模型的實現值時間走勢

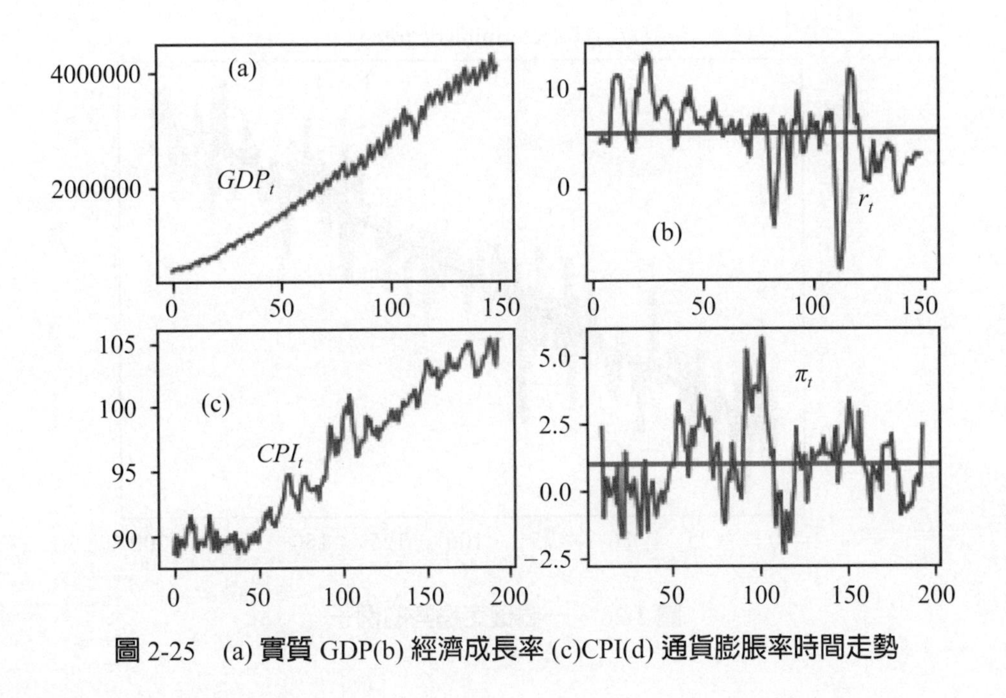

圖 2-25 (a) 實質 GDP(b) 經濟成長率 (c)CPI(d) 通貨膨脹率時間走勢

例 1 經濟成長率與通貨膨脹率的時間走勢

資產價格與報酬率之間的關係猶如實質 GDP 與經濟成長率或 CPI 與通貨膨脹率之間的關係。以圖 2-18 內的實質 GDP 季資料爲例，對應的（年）經濟成長率可寫成 $r_t = 100\log(GDP_t / GDP_{t-4})$，其中 GDP_t 表示季實質 GDP；同理，圖 2-11 內的月 CPI 資料轉換成（年）通貨膨脹率亦可寫成 $\pi_t = 100\log(CPI_t / CPI_{t-12})$。檢視圖 2-25 內的 GDP_t 與 CPI_t 的走勢偏向於可能屬於非定態隨機過程，而 r_t 與 π_t 的走勢則與定態隨機過程的實現值走勢，其中水平直線爲對應的平均數。

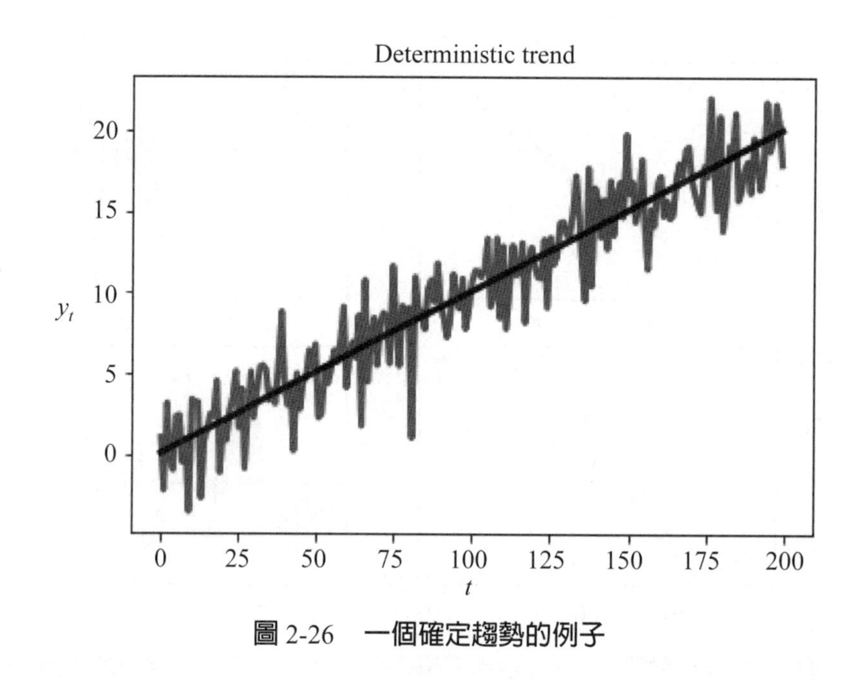

圖 2-26　**一個確定趨勢的例子**

例 2　確定趨勢

若重新檢視圖 2-25 內的 GDP_t 與 CPI_t 的走勢，有可能會懷疑二走勢存在確定趨勢（deterministic trend）。顧名思義，不像隨機趨勢會隨時間呈現不規則的變動，確定趨勢卻會隨時間穩定的變動。例如：考慮下列的式子：

$$y_t = \beta_1 + \beta_2 t + u_t$$

其中 $t = 1, 2, \cdots, T$。令 $\beta_1 = 0.05$、$\beta_2 = 0.1$、$T = 200$ 以及 $u_t \sim N(0,4)$，圖 2-26 繪製出 y_t 的實現值走勢。為何會出現確定趨勢？有點類似「嬰兒一暝大一寸」的味道。

2.3.2 資產組合

我們常聽說過「不要把所有的雞蛋放在同一個籃子裡」，因此要有投資組合的觀念；換言之，大多數的投資人皆屬於風險厭惡者（risk aversion），其對應的效用函數 U 可以簡單寫成：

$$U = E(r) - 0.5 \times A \times \sigma^2 \tag{2-13}$$

其中 $E(r)$ 與 σ^2 分別表示預期報酬率與風險，而 A 表示風險厭惡程度。若（2-13）式可以被接受的話，可知若無風險利率為 0.05，則該投資人的效用為 0.05。假定 $A = 0.5$ 與 $\sigma = 0.1$，若投資人的效用能維持 0.06，則根據（2-13）式可得對應的預期報酬為 $0.06 + 0.5 \times 0.5 \times 0.1^2 = 0.0625$；換言之，增加 10% 的風險，若投資人的預期報酬能提高至 6.25%，畢竟效用有增加 1%，則該投資人是可以接受此種替換的。上述的例子說明了，風險與預期報酬之間是可以替換的，即高風險高報酬，低風險低報酬。事實上，利用（2-13）式亦可導出投資人的無異曲線（indifference curve），其結果就繪製如圖 2-27 所示，其中二圖對應的無異曲線的效用是相同的。於圖 2-27 內，我們可以看出 A 所扮演的角色。

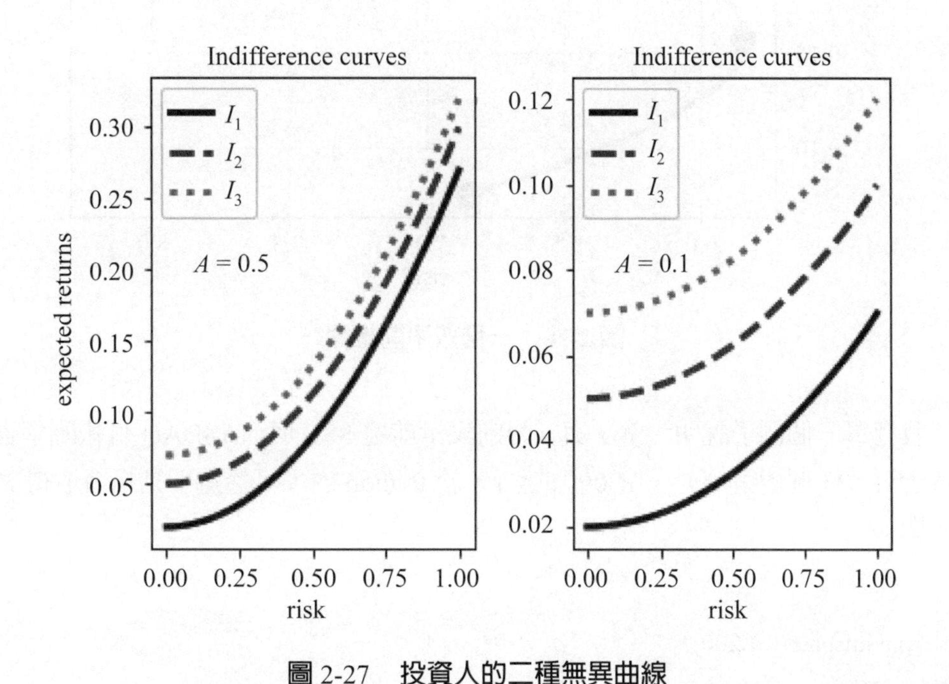

圖 2-27　投資人的二種無異曲線

於風險——預期報酬的平面下，圖 2-27 的無異曲線隱含著上述投資人比較喜歡低風險高報酬的情況，即 $I_1 < I_2 < I_3$；因此，投資人投資策略的方向當然愈往西北角移動愈佳。是否有投資策略能達到上述目標？答案是有的，考慮 x 與 y 二種資產可以形成一個資產組合（portfolio）P，其可寫成：

$$P = wx + (1 - w)y \tag{2-14}$$

其中 w 表示投資於 x 資產的比重。只要 x 與 y 不爲完全正相關，即 $r_{xy} \neq 1$，則 P 應會優於 x 或 y。

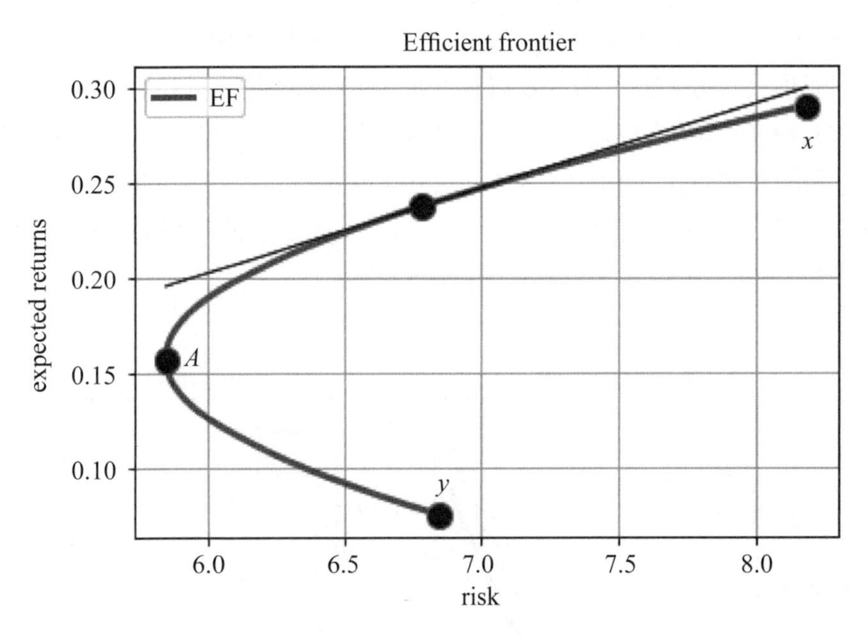

圖 2-28　**一種效率前緣線**

我們舉一個例子說明。令 x 與 y 分別表示前述 SSE 與 NASDAQ 月報酬率資料（各皆有 193 個觀察值），令 $0 \leq w \leq 1$，於 Python 內，可透過下列指令取得 P 資料，即：

```
w = np.linspace(0,1,200)
Port = []
for i in range(0,200):
    p = w[i]*x+(1-w[i])*y
    Port.append(p)
# 改成 DataFrame
Port1 = pd.DataFrame(Port)
Port1m = np.mean(Port1,axis=1) # 計算每列的平均數
Port1s = np.std(Port1,axis=1) ## 計算每列的數標準差
```

上述指令是令 python 於 0 與 1 之間均勻找出 200 個 w 值，然後再按照（2-14）式取得 P，結果 P 爲一個 200×193 的矩陣。我們進一步計算 P 之（列）平均數與標準差。

若預期報酬率與風險分別以平均數與標準差取代，圖 2-28 繪製出 P 之風險與預期報酬率的所有可能組合，該組合也許可以稱爲一種投資組合的效率前緣線（efficient frontier, EF）。直覺而言，效率前緣線可以利用二種方式取得：於相同的風險下取最大的預期報酬以及於固定的預期報酬下取最低的風險，故圖 2-28 內的部分曲線應捨棄掉（即 A 點以下部分）。圖 2-28 內的點 x 與點 y 分別表示單獨只投資 x 與 y 資產的風險——預期報酬組合，而從圖內可看出 EF 曲線的確優於點 x 與點 y（即其可接觸到更高的無異曲線），故資產組合的確較受青睞。

習題

(1) 何謂常態分配？試解釋之。
(2) 於 Python 內，就常態分配而言，試說明如何繪製對應的 PDF 曲線？如何計算分位數與累積機率？如何抽出觀察值？
(3) 續上題，那 t 分配呢？
(4) 續上題，就 TWI 日（對數）報酬率分配而言，試說明如何繪製實證 PDF 與 CDF 曲線？如何取得對應的分位數與累積機率？
(5) 試解釋分位數曲線的意義。
(6) 於 Python 內，對數報酬率如何計算？其與簡單報酬率有何不同？
(7) 何謂「高峰、腰瘦與厚尾」特徵？試解釋之。
(8) 於 Python 內，試解釋如何操作迴歸分析。
(9) 資產價格若屬於隨機漫步過程，爲何該資產價格無法預測？
(10) 若將圖 2-28 內的 w 改成 $-1 \leq w \leq 2$，則 EF 曲線爲何？爲什麼？
(11) 何謂確定趨勢？何謂隨機趨勢？隨機漫步過程內是否存在確定趨勢？
(12) 續上題，試舉一個例子說明。
(13) 試敘述如何計算波動率。
(14) 試計算第 1 章如圖 1-6 內的 TWI 日波動率資料。
(15) 我們如何透過 CPI 資料計算對應的通貨膨脹資料，試利用圖 2-11 內的資料解釋之。
(16) 試敘述如何於 Python 內使用 LS 方法。

(17) 續上題，至於複迴歸呢？試解釋之。

(18) 我們如何利用 Python 模擬資料？試解釋之。

(19) 於本章內，從常態分配內抽取資料的 Python 指令為何？

(20) 續上題，試於 $N(5,100)$ 內抽取 100 個觀察值並繪製其圖形。提示：可以參考下圖。

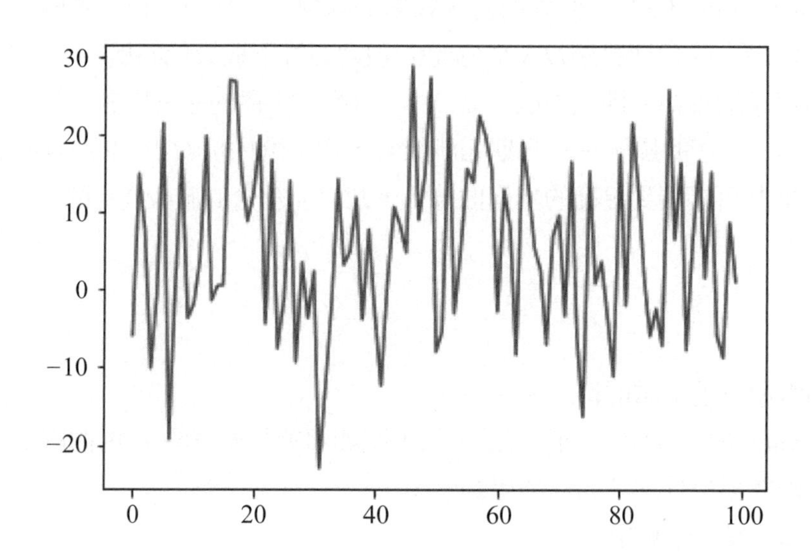

機率與機率分配

前面二章雖然我們有使用資料繪圖或計算該資料的特徵，不過一個自然的疑問是上述資料從何而來？若檢視圖 1-2，顯然該圖內的資料是「抽樣」而來，此時就有必要分別出「母體（population）」與「樣本（sample）」的不同；換言之，母體與樣本的定義可爲：

母體：調查對象的整體部分，其特徵可稱爲參數。
樣本：母體的部分，其特徵可稱爲樣本統計量（sample statistic）。

就圖 1-2 而言，母體與參數就是全體選民與支持率。從全體選民內抽出 1800 個選民並計算各候選人的支持率，就是樣本與樣本統計量。我們的目標是想要知道母體的未知參數，因此抽樣並計算對應的樣本統計量，最後利用樣本統計量估計母體參數。上述過程可稱爲統計推論（statistical inference）。

雖說上述母體與樣本的定義可解釋圖 1-2 的情況，不過要將其推廣似乎仍覺得不足。例如：第 2 章曾取 2000/1/4～2019/7/31 期間 TWI 日收盤價資料爲樣本，此時對應的母體爲何？或者說，我們亦曾使用 1981/1～2018/2 期間臺灣季實質 GDP 資料，我們如何描述對應的母體？也許，用資料產生過程（data generation process, DGP）觀念取代母體可能比較恰當；換言之，母體的特徵也許是一個模型（model）而不再只局限於母體的參數。

因此，看到樣本資料或大數據資料，我們的注意力或目標可能不僅是母體的參數，亦有可能是對應的 DGP；也就是說，看到上述資料，我們的興趣是該資料是如何產生的。

3.1 抽樣分配

不管是使用母體或 DGP 觀念，我們仍需要進行統計推論。於尚未介紹統計推論之前，首先必須瞭解抽樣分配（sampling distribution）的意義。

抽樣分配：於相同母體下，樣本統計量的所有可能結果所形成的分配

於第 2 章內，我們已經知道例如 $\bar{x}$ 與 s^2 是二種重要的樣本統計量；因此，可以先瞭解 $\bar{x}$ 與 s^2 的抽樣分配。爲了要證明或說明上述抽樣分配，通常可以使用模擬方法（simulation methods）。本節將介紹並使用蒙地卡羅（Monte Carlo, MC）方法與拔靴法（Bootstrapping）[①]。

3.1.1 蒙地卡羅方法

使用 DGP 觀念的優點是可以利用電腦模擬出資料。例如：$x \sim N(\mu, \sigma^2)$，我們有興趣想要知道未知參數 μ 與 σ 值。透過第 2 章，理所當然，μ 與 σ 值的「合適」估計式（estimators）爲 $\bar{x}$ 與 s。我們如何知道後者是前者的合理估計式？倒是可以利用蒙地卡羅方法。以 μ 與 σ^2 爲例，蒙地卡羅方法的模擬步驟爲：

(1) 從母體如 $x \sim N(\mu, \sigma^2)$ 內抽取 n 個 x 的實現值；
(2) 計算步驟 (1) 內實現值的 $\bar{x}$ 與 s^2；
(3) 重複步驟 (1) 與 (2) N 次；
(4) 整理 N 個 $\bar{x}$ 與 s^2 並分別計算對應的平均數。

値得注意的是，上述步驟相當於從一種獨立且相同的分配（independent and identically distributed, IID）內抽取樣本。

令 $\mu = 0$ 與 $\sigma = 2$，上述蒙地卡羅方法的 Python 指令爲：

```
mu = 0;sigma = 2;N = 1000;n = [10,30,100,500];k = len(n)
X = pd.DataFrame(np.zeros(N*k).reshape((N,k),order='F'))
Y = pd.DataFrame(np.zeros(N*k).reshape((N,k),order='F'))
```

① 筆者的另一著作《衍商》有較完整介紹 MC 方法；至於拔靴法，《財時》一書亦有較深入的應用。

```
Z = pd.DataFrame(np.zeros(N*k).reshape((N,k),order='F'))
np.random.seed(5678)
for j in range(0,k):
    for i in range(0,N):
        s = np.random.normal(loc = mu,scale = sigma,size = n[j])
        X[j][i] = np.mean(s)
        Y[j][i] = np.var(s)
        Z[j][i] = statistics.variance(s)
```

可以留意 Y 與 Z 變數的不同。上述指令是令 $N = 1000$ 與 $n = 10, 30, 100, 500$。如前所述，樣本資料用資料結構（如 pd.DataFrame）的型態呈現較爲簡易。取得上述樣本資料後，可分別繪製圖 3-1 與 3-2 二圖，其中圖 3-1 的指令爲：

```
fig = plt.figure()
for i in range(0,k):
    fig.add_subplot(2, 2, i+1)
    plt.hist(X[i],bins=50,density=True,rwidth=0.85,label='n = '+str(n[i]))
    plt.legend(loc='best')
```

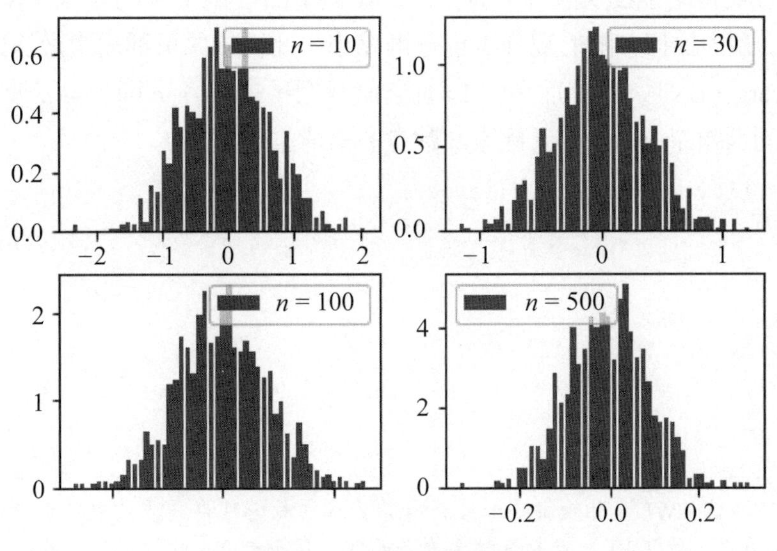

圖 3-1 $\bar{x}$ 的抽樣分配

圖 3-1 繪製出 $\bar{x}$ 的抽樣分配，於固定的 n 之下，當然我們無法得到所有的 $\bar{x}$ 值，讀者可以嘗試提高 N 值；換言之，利用 Python，欲繪製出 $\bar{x}$ 的抽樣分配的確不是一件困難的事。值得注意的事，圖 3-1 內的分配與例如圖 1-10 內的分配並不相同，前者的分位數（橫軸）是 $\bar{x}$ 值，而後者的分位數（橫軸）是 TWI 日對數報酬率，二者所檢視的標的原本就不同[②]。

我們繼續完成上述蒙地卡羅的步驟，即利用圖 3-1 的結果，按照 n = 10, 30, 100, 500 的順序，可得 $\bar{x}$ 值的平均數分別約為 −0.0071、0.005、0.0015 與 −0.0008，我們發現隨著 n 值的提高，$\bar{x}$ 值的平均數竟逐漸接近於 μ 值，即 $\mu = 0$；換言之，只要 N 與 n 值夠大，上述蒙地卡羅方法提醒我們就平均而言，$\bar{x}$ 可以估到 μ。

我們繼續檢視圖 3-2。該圖繪製出 s^2 的抽樣分配，其分析方式類似於圖 3-1；換言之，仍按照 n = 10, 30, 100, 500 的順序，可得 s^2 值的平均數分別約為 3.9458、4.0171、3.9516 與 3.9975。可記得 $\sigma^2 = 4$，故只要 n 值夠大，就平均而言，我們依舊可以利用 s^2 估計到 σ^2。有意思的是，若分別令 $s_1^2 = \frac{\sum_{i=1}^{n}(x_i - \bar{x})^2}{n}$，按照相同的模擬方法可得 s_1^2 的抽樣分配（我們並沒有繪製出該分配，讀者可以嘗試自行繪製），仍按照 n = 10, 30, 100, 500 的順序，可得 s_1^2 值的平均數分別約為 3.5512、3.8832、3.9121 與 3.9895。顯然，於小樣本下 s_1^2 值的平均數與 σ^2 之間有較大的差距。即 $s^2 = \frac{\sum_{i=1}^{n}(x_i - \bar{x})^2}{n-1}$，其中 $n-1$ 可稱為自由度（degree of freedom），我們的模擬結果發現用 $n-1$ 取代 n，於小樣本下估計會較準確。

敏感的讀者應會發現圖 3-1 與 3-2 二圖顯示出一個重要的現象，即隨著 n 值的提高，二圖內抽樣分配的變異數已逐漸縮小，此種現象可稱為大數法則（law of large numbers, LLN）。換句話說，LLN 告訴我們，當 $n \to \infty$ 則 $\bar{x} \to \mu$ 或 $s^2 \to \sigma^2$。LLN 的內涵還頗深遠的，即「觀察次數愈多事情愈明朗」。

---

② 例如抽取 30 個 TWI 日對數報酬率資料計算其平均數，可得該平均數小於 2% 的機率約為 65%；另外，就 TWI 日對數報酬率資料而言，其小於 2% 的機率約為 60%。二者所描述的情況並不相同。

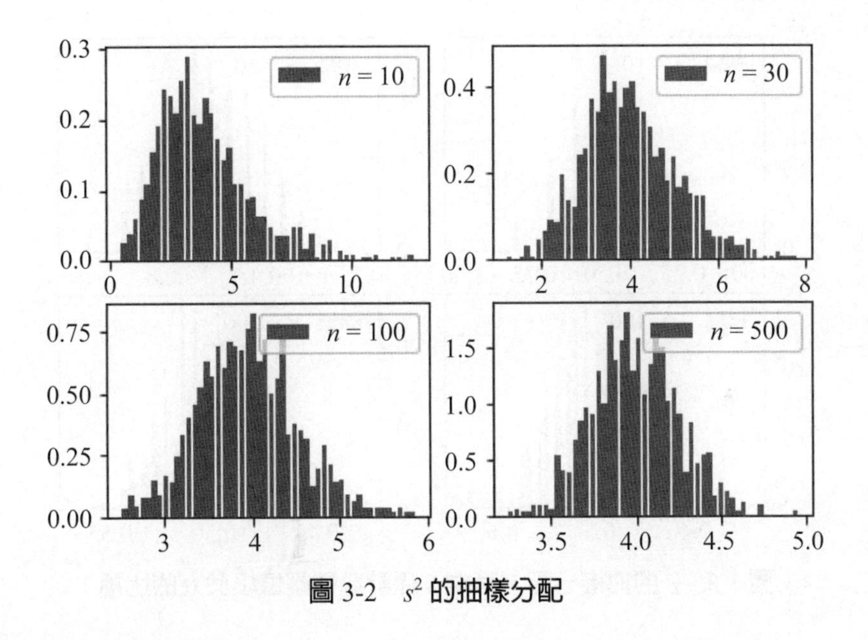

圖 3-2 s^2 的抽樣分配

例 1 $\bar{p}$ **的抽樣分配**

其實圖 3-1 的結果可以延伸。考慮下列的 Python 指令：

```
np.random.seed(5678);x = np.random.normal(loc = mu,scale = sigma,size = 10)
print('x:\n', np.round(x,2))
j = x >= 0 # True 或 False
xj = j*1 # 轉成 1 或 0
pbar = np.mean(xj) # 0.3
```

執行上述指令後可得 x 值（其爲常態分配的觀察值）約爲 −1.42, −0.03, 0.64, −4.53, −2.75, 3.9, −1.13, −1.69, 0.45, −0.78，其中大於等於 0 的個數有 3 個（用 1 表示），小於 0 有 7 個（用 0 表示），故樣本比率 $\bar{p}$ 等於 0.3。換言之，利用圖 3-1 的假定，我們也可繪製出 $\bar{p}$ 的抽樣分配如圖 3-3 所示。按照 n = 10, 30, 100, 500 的順序，可得 $\bar{p}$ 值的平均數分別約爲 0.5012、0.5、0.5005 與 0.5004。因常態分配屬於對稱的分配，故使用 $\bar{p}$ 亦可能估計到對應的 $p = 0.5$。

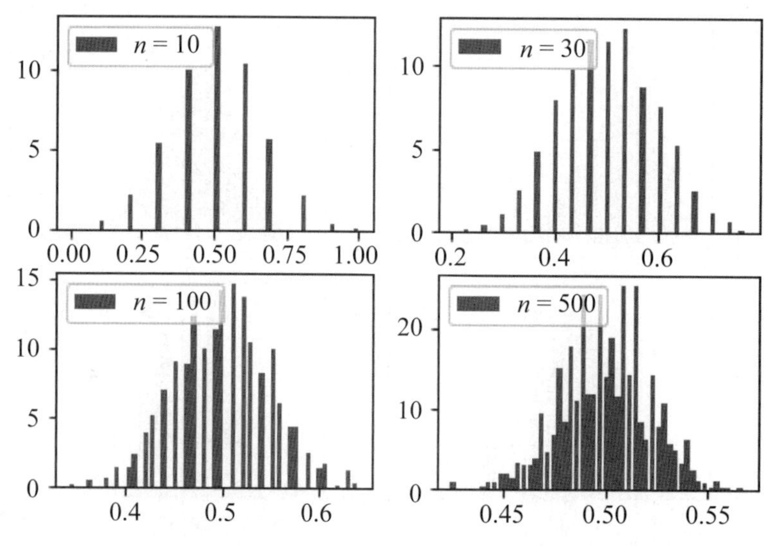

圖 3-3　$\bar{p}$ 的抽樣分配，其中 $\bar{p}$ 係計算觀察值小於 0 的比重

例 2　計算常態分配的機率

續例 1，$p = 0.5$，不就是機率嗎？（常態分配的實現值小於平均數的比重）。考慮圖 3-4 的情況。該圖繪製出平均數與變異數分別為 0 與 4 常態分配的 PDF 曲線。於第 2 章內我們已經知道左尾面積 5% 所對應的分位數約為 −3.2897，該值可藉由 q = norm.ppf（0.05,loc=0,scale=2）求得（該函數指令來自 scipy.stats 模組），即 $q = -3.2897$。因此，類似於例 1 的作法，只要將例 1 內的平均數為 0 改為上述分位數 q，不就可以得到小於 q 的機率嗎？該機率值就是圖 3-4 內的 α 值。

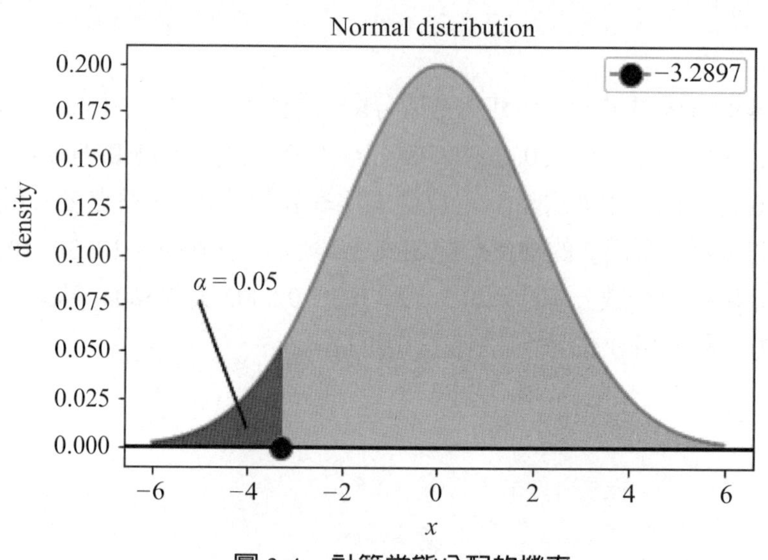

圖 3-4　計算常態分配的機率

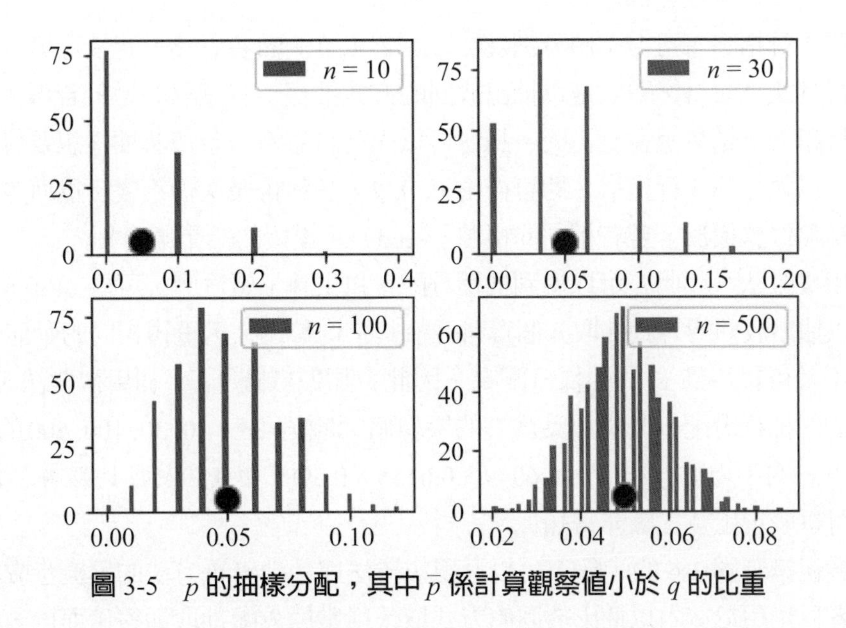

圖 3-5　$\bar{p}$ 的抽樣分配，其中 $\bar{p}$ 係計算觀察值小於 q 的比重

因此，類似於例 1，圖 3-5 繪製出 $\bar{p}$ 的抽樣分配，其中 $\bar{p}$ 係計算觀察值小於 q 的比率，其中黑點就是 $\bar{p}$ 的平均數。從圖內可看出隨著 n 值的提高，以 $\alpha = 0.05$ 爲中的 $\bar{p}$ 的抽樣分配逐漸成形；也就是說，按照 n = 10, 30, 100, 500 的順序，可得 $\bar{p}$ 值的平均數分別約爲 0.0486、0.0503、0.0495 與 0.0498。

3.1.2 拔靴法

於統計學內，拔靴法是指利用已知的樣本（即有限樣本）以「抽出放回」（with replacement）或以「重新取樣」（resampling）的抽樣方法，推導出樣本統計量的抽樣分配。因此，拔靴法亦可稱爲重新取樣法。不過，自 Efron（1979）提出並使用「拔靴法」這個名詞後，拔靴法已成爲統計學內不可或缺的模擬方法[3]。拔靴法是使用抽出放回的方式抽樣，可以先試下列的 Python 指令：

```
np.random.seed(5555);x = np.round(np.random.normal(0,1,5))
np.random.choice(x,4,replace=True)
np.random.seed(1234);np.random.choice(x,4,replace=True)
```

[3]「拔靴法」這個名詞的本意是「靠自己的力量站起來」（pulling oneself up by one's bootstraps）；換言之，Efron 取自 Baron Münchhausen 所講到的：「深陷於湖底中，思考如何拔自己靴後根的拔靴拉環（bootstraps）脫離」。於統計學內，拔靴法所帶來的衝擊或影響是相當深遠的；其實，只要 Google 一下，就可看出它的影響力。

先執行第 1 行指令，可得 x 值分別為 2, 2, −2, 1, 0。顧名思義，若執行第 2 行指令可能會得到 2, 2, 2, 1，顯然是以抽出放回的方式抽樣。有意思的是，若再多執行幾次第 2 行指令，結果應會有不同。讀者可以先嘗試看看。若每次抽樣想要得到相同的結果可以執行第 3 行指令，即可得 1, 0, 0, 2，多執行幾次仍不變。為何會如此，原來抽樣類似於模擬，若有相同的根源（seed），模擬的結果應會相同。

利用拔靴法，我們亦可以得到抽樣分配。以上述 x 值為例，可得 $\bar{x} = 0.6$。我們從 x 內以抽出放回的方式抽取 n 個資料並令其平均數為 $\bar{x}_1$，重複相同的動作 N 次，整理後不就可以得到 $\bar{x}_1$ 的抽樣分配嗎？因此，類似於圖 3-1，利用拔靴法，圖 3-6 繪製出 $\bar{x}_1$ 的抽樣分配，其中黑點為 $\bar{x}_1$ 的平均值；即按照 $n = 10, 30, 100, 500$ 的順序，可得圖內 $\bar{x}_1$ 的平均數分別約為 0.6049、0.6158、0.5989 與 0.5991。比較圖 3-1 與 3-6 二圖，可以發現上述二圖非常類似。

若檢視繪製圖 3-6 的步驟，可以發現拔靴法與蒙地卡羅方法的模擬步驟非常類似，前者只是用於 x 內以抽出放回的方式取代從常態分配抽取觀察值而已，其餘倒是不變；換言之，也許我們對 IID 的抽樣方式感到困惑，不過透過拔靴法可以發現原來那只是使用抽出放回的抽樣方式而已。事實上，使用拔靴法還有另外一個優點，即其不需要假定母體屬於何分配。拔靴法是視 x 為母體，故其並不適用於估計 μ 值，於後面的章節我們多少會用到拔靴法，那時自然可以看出其用處。

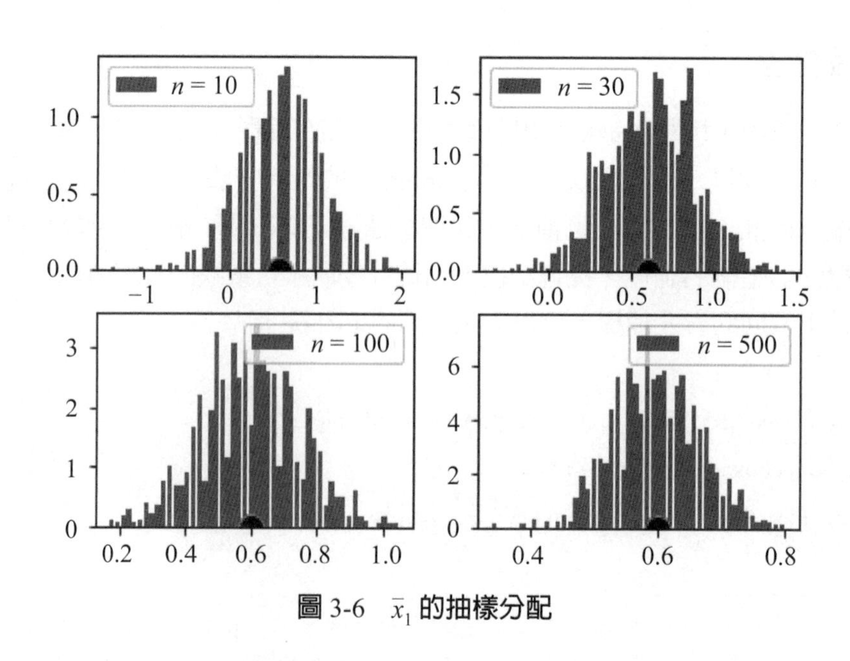

圖 3-6　$\bar{x}_1$ 的抽樣分配

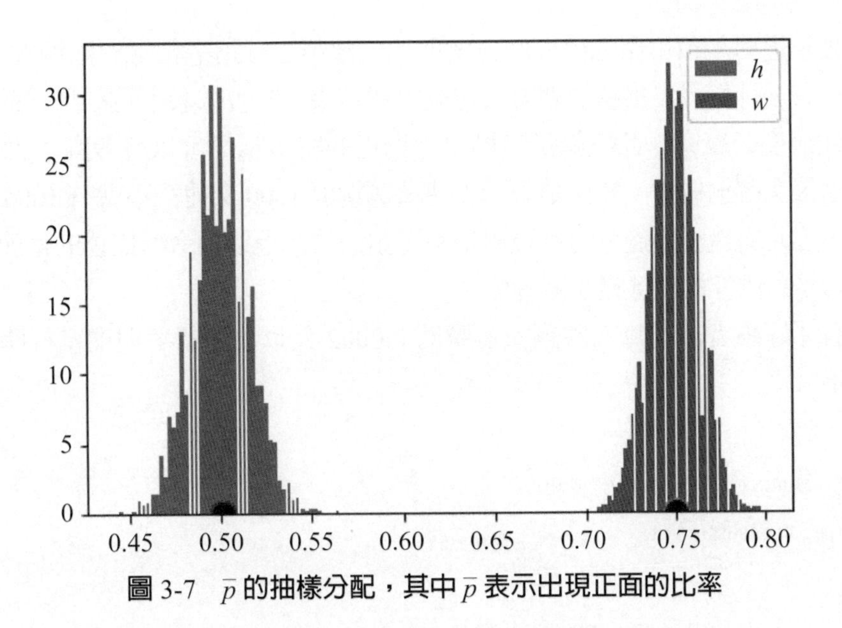

圖 3-7 $\bar{p}$ 的抽樣分配，其中 $\bar{p}$ 表示出現正面的比率

例 1 擲銅板

令 $h = 0, 1$ 與 $w = 1, 1, 1, 0$，其中 1 表示出現正面而 0 表示出現反面。利用抽出放回的方式分別從 h 與 w 內抽取 n 個樣本後再計算對應的平均數 $\bar{p}_h$ 與 $\bar{p}_w$，重複上述動作 N 次，自然可以得到抽樣分配。令 $n = 1000$ 與 $N = 5000$，圖 3-7 分別繪製出 $\bar{p}_h$ 與 $\bar{p}_w$ 的抽樣分配，其中黑點為對應的 $\bar{p}_h$ 與 $\bar{p}_w$ 平均數。上述模擬方式提醒我們從 h 內以抽出放回的方式抽取 n 個樣本，相當於連續擲銅板 n 次，其中每次擲銅板皆相互獨立。類似的解釋方式亦適用於 w，不過圖 3-7 卻顯示出 h 是一個「公正的銅板」而 w 卻是一個「非公正的銅板」，原因就在於就平均而言，前者出現的機率為 0.5，而後者出現的機率卻是 0.75。

例 2 隨機漫步過程

令 $k = -1, 1$。其實 k 與例 1 內的 h 所描述的情境是相同的，即改令出現反面為 -1。其實擲銅板過程頗類似第 2 章的隨機漫步過程。考慮下列的情況。讀者與朋友打賭，出現一次正面讀者得 1 元，出現一次反面朋友得 1 元。若連續擲銅板 1000 次，則讀者總共可得多少元？參考下列的指令：

```
k = [-1,1]
np.random.seed(1111);k1 = np.random.choice(k,1000,replace=True)
k1p = np.cumsum(k1)
```

我們已經知道擲銅板可用抽出放回方式取代，故第 2 行指令相當於擲銅板 1000 次的結果。第 3 行指令以累積加總方式總結上述結果。其實未看上述結果之前，我們的確不知最後的贏家，此不就是隨機漫步過程的特徵嗎？可以參考圖 2-23。直覺而言，因每次擲銅板皆不知何結果，那連續擲銅板 1000 次呢？不就有 1000 個未知的結果，因此隨機漫步過程的實現值是不可預測的。上述指令所描述的是簡單隨機漫步，若是具漂浮的隨機漫步過程呢？

若有「好事者」說每次擲銅板皆贊助 0.0002 元以慫恿讀者與朋友打賭，考慮下列的指令：

```
t = np.linspace(1,1000,1000)* 0.0002
k1pt = np.cumsum(k1+t)
```

即第 1 行指令的結果就是一種確定趨勢，其中斜率值爲 0.0002，而第 2 行指令就是簡單隨機漫步加上確定趨勢。我們可以回想具有漂浮的隨機漫步過程不就頗類似於有「贊助」的擲銅板過程嗎？也就是說，確定趨勢加上簡單隨機漫步過程相當於具有漂浮的隨機漫步過程。圖 3-8 分別繪製出簡單隨機漫步過程與具有漂浮的隨機漫步過程的三種實現值走勢，讀者應該可以解釋該圖。當然，可以參考所附的 Python 指令。

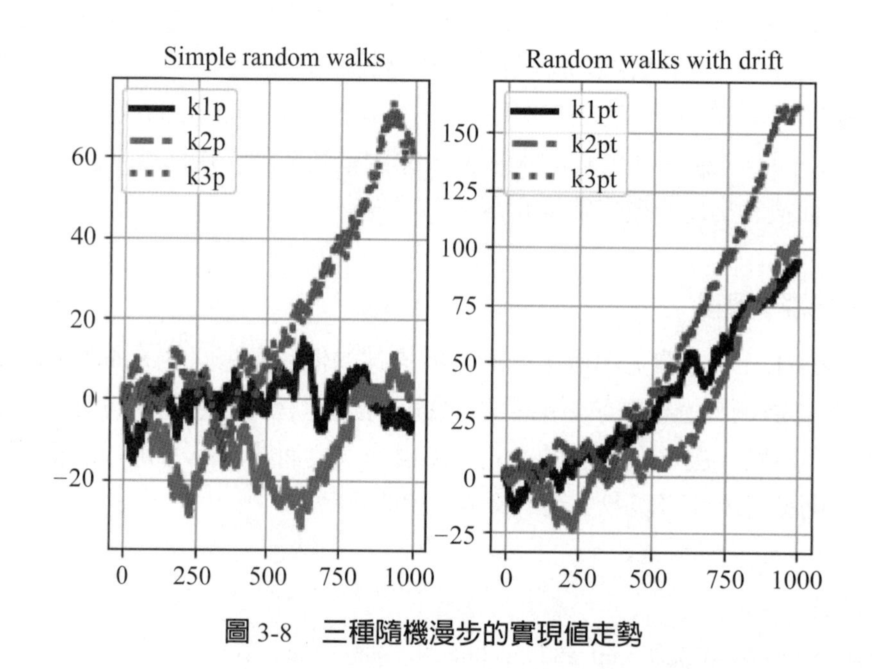

圖 3-8　三種隨機漫步的實現值走勢

3.2 機率概論

於前面的章節內我們是使用相對次數（relative frequency）的觀念以得出機率。考慮前述擲公正銅板的例子。試執行下列的指令：

```
h = [0,1] #  正:1,反:0
np.random.seed(1234);print(np.mean(np.random.choice(h,10,replace=True))) # 0.6
np.random.seed(1234);print(np.mean(np.random.choice(h,100,replace=True))) # 0.49
np.random.seed(1234);print(np.mean(np.random.choice(h,1000,replace=True))) # 0.525
np.random.seed(1234);print(np.mean(np.random.choice(h,10000,replace=True))) # 0.5057
```

即擲一個公正銅板 10、100、1000 與 10000 次，出現正面的相對次數分別爲 0.6、0.49、0.525 與 0.5057。似乎期待的相對次數 0.5 並未出現，不過若繼續擲（銅板）下去呢？可以參考圖 3-9。

於圖 3-9 內，最高的擲銅板次數爲 999901 次，此時對應的正面相對次數爲 0.4993 已離理論值 0.5 不遠；因此，只要擲銅板的次數夠大，我們可以透過相對次數取得對應的機率值，即：

$$\lim_{n \to \infty} \frac{n_A}{n} = P(A) \tag{3-1}$$

其中 n 與 n_A 分別表示擲銅板與出現正面的次數，而稱 n_A / n 爲出現正面的相對次數。$P(A)$ 表示出現正面的機率，其實（3-1）式是前述 LLN 的另外一種表示方式，即可透過後者可以解釋（3-1）式。由於無法取得 $n = \infty$ 的結果，故稱 $P(A)$ 爲理論機率而相對次數則稱爲實證機率，理所當然，我們皆是用實證機率估計理論機率。雖說如此，利用電腦模擬，我們幾乎可以取得理論機率的近似值如圖 3-9 所示④。由於相對上較客觀，本書皆是使用相對次數的觀念來解釋機率⑤。

---

④ 事實上，理論機率亦可用機率分配求得。例如：若確定 x 屬於常態分配，則可透過後者取得前者的機率。

⑤ 於統計學內，機率值用相對次數法取得可稱爲古典法，當然亦可能用個人主觀取得機率值；另外，我們亦可以使用貝式（Bayesian）法取得機率，貝式法可參考《財時》。

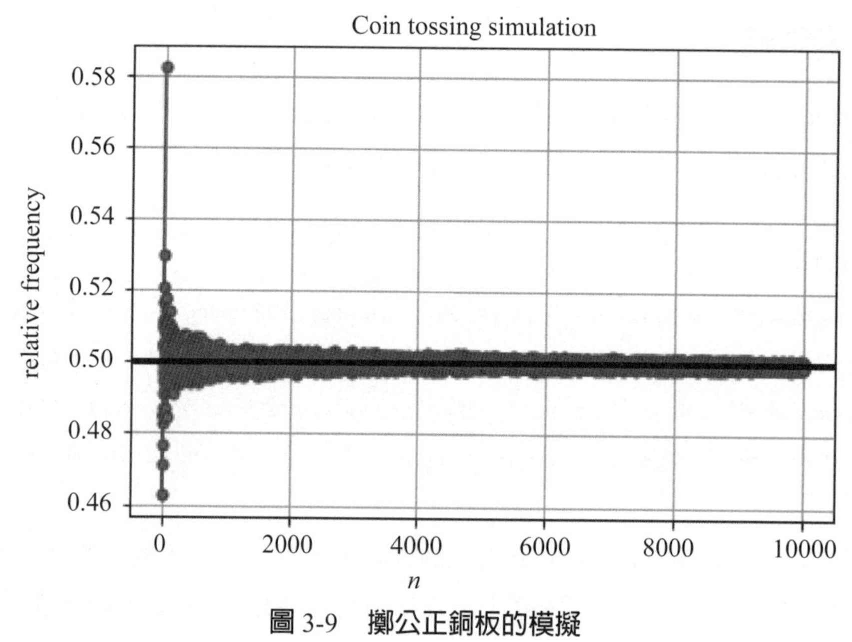

圖 3-9　擲公正銅板的模擬

3.2.1 集合論

我們可以將上述擲銅板的例子一般化。首先我們介紹實驗（experiments）的觀念。

實驗：知道所有可能的結果，但是不知何結果會出現

例如擲銅板一次就是從事一種實驗，即正面與反面皆有可能出現，不過卻不知何者會出現。符合實驗定義的例子倒是容易見到，如股價上升、不變或下跌。或者產品有無瑕疵。抑或是天氣的變化等等皆是屬於實驗的結果。從實驗的定義內，我們可以看到隨機性（randomness）：

隨機性：單一結果出現的不確定性

於此可看出我們的無奈：「原本以為會考卻不考」、「原本下雨卻放晴」、「確定升值卻貶值」或「你的講法時常在變」等等，皆顯出實驗結果的不確定性。

面對隨機的環境，統計學想出解決的方法是使用機率的觀念以及用機率來表示；換言之，於使用機率之前，我們倒是需要思考機率從何而來？或者說如何操作機率？

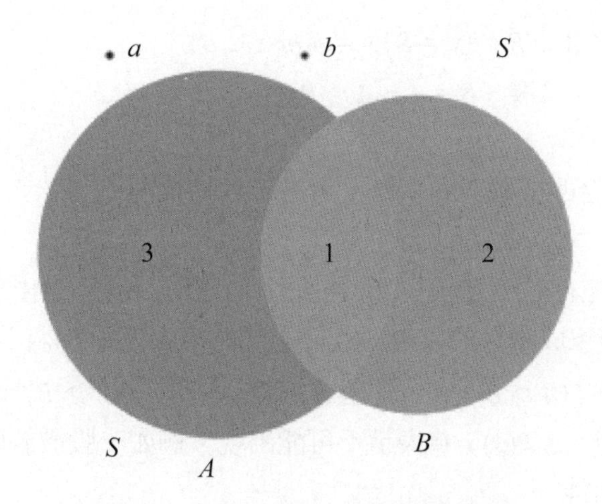

圖 3-10　樣本空間、事件與樣本點

樣本空間與樣本點：所有可能的結果可稱爲樣本空間（sample space, S），而其中一個結果稱爲樣本點（sample point）

樣本空間與樣本點之間的關係可參考圖 3-10[⑥]。於圖 3-10 內，整個（平面）空間爲 S，其中 $a \in S$ 與 $b \in S$；當然，a 與 b 爲樣本空間 S 的二個結果（樣本點）。直覺而言，若 S 內有 n 個樣本點，則 a 與 b 出現的機率不就是 $P(a) = P(b) = 1/n$ 嗎？上述定義機率的方式雖說簡易，不過有其缺陷，尤其是 $n \to \infty$ 或 n 爲不可數如 $n \in R$。此時，可以考慮事件（events）。

事件：S 的部分集合

例如圖 3-10 內的 $A = \{e, f, g, h\}$ 與 $B = \{h, j, k\}$，即 A 內有 4 個元素而 B 內有 3 個元素，其中 $A \subset S$ 與 $B \subset S$。是故，A 與 B 皆是 S 內的二個事件。我們發現用事件來定義機率，即 $P(A)$ 與 $P(B)$ 分別表示 A 與 B 出現的機率，自然可以避免前述用樣本點定義機率的困擾。

利用事件來定義機率尚有另一個優點就是我們可以利用集合論來延伸。即：

(1) 餘集（complement）：寫成 A^c，其可表示 S 內不包含 A 的部分，即 $A^c = S - A$ 隱含著 $\{x \in S \mid x \notin A\}$；
(2) 交集（intersection）：$A \cap B = \{x \in S \mid x \in A, x \in B\}$；

⑥ 圖 3-10 亦可稱爲一種范氏圖（Venn diagram）。

(3) 聯集（union）：$A \cup B = \{x \in S \mid x \in A \; or \; x \in B\}$；

(4) 差集（difference）：$A - B = A - A \cap B$。

我們不難將上述集合改成機率的型態。考慮下列的情況：

(1) $P(A^c) = P(S) - P(A) = 1 - P(A)$，其中 $P(S) = 1$ 表示 100% 會出現於 S 內的機率等於 1；即「統計學成績介於 0 與 100 分之間的機率爲 100%」。

(2) 例如：圖 3-10，$P(A \cap B) \neq 0$，即若 $A \cap B = \phi$，則 $P(A \cap B) = 0$，其中 ϕ 表示空集合（empty set）。$P(\phi) = 0$ 表示不可能出現。例如：股價於同一時間既上升又下降當然是不可能。

(3) 機率的加法：$P(A \cup B) = P(A) + A(B) - P(A \cap B)$。

(4) $P(A - B) = P(A) - P(A \cap B) \Rightarrow P(A) = P(A - B) + P(A \cap B)$。

上述 (3) 與 (4) 的情況，已經屬於機率的操作。我們舉一個例子說明。利用第 2 章內 N225 與 NASDAQ 月報酬率資料（2000/2～2016/2），我們可以編製二個月報酬率的次數分配與相對次數分配表如表 3-1 所示，其中 A 與 B 分別表示 N225 月報酬率大於等於 0 與 NASDAQ 月報酬率大於等於 0 的事件。利用餘集的觀念，自然可得 A^c 與 B^c 分別表示 N225 月報酬率小於 0 與 NASDAQ 月報酬率小於 0 的事件。表 3-1 內的元素可透過下列的 Python 指令取得，即：

```
Four = pd.read_excel('F:/Stat/ch2/data/fmindex.xlsx')
yr = 100*np.log(Four/Four.shift(1))[1:]
N225 = yr['N225'];NAS = yr['NASDAQ']
n1 = len(N225) # 193
n1a = np.sum((N225 >= 0)*1) # 103
n1b = n1-n1a # 90
n2 = len(NAS) # 193
n2a = np.sum((NAS >= 0)*1) # 102
n2b = n2-n2a # 91
napbp = np.sum(((N225 >= 0) & (NAS >=0))*1) # 74
napbn = np.sum(((N225 >=0) & (NAS < 0))*1) # 29
nanbp = np.sum(((N225 < 0) & (NAS >=0))*1) # 28
nanbn = np.sum(((N225 <0) & (NAS <0))*1) # 62
```

表 3-1　N225 與 NASDAQ 月報酬率次數分配與相對次數分配表

	B	B^c	
A	74	29	103
A^c	28	62	90
	102	91	193

	B	B^c	
A	74/193	29/193	103/193
A^c	28/193	62/193	90/193
	102/193	91/193	193/193

說明：A：N225 月報酬率大於等於 0。B：NASDAQ 月報酬率大於等於 0。

於表 3-1 內，N225 與 NASDAQ 月報酬率各皆有 193 個資料，其中月報酬率資料若按照大於等於 0 與小於 0 劃分，則可編成如左表所示的次數分配表。利用左表，自然可以進一步編製右表的相對次數分配表；不過，因樣本數不大，後者的相對次數只能算是一種實證的機率值。若機率可用相對次數表示，則表 3-1 的相對次數分配表內的元素表示一種聯合機率（joint probability）。例如 $P(A \cap B) = 74/193 \approx 0.383$ 表示 N225 與 NASDAQ 月報酬率皆爲正數值的機率約爲 38.3%；換言之，將前述 $A \cap B$ 的觀念轉換成機率表示時，$P(A \cap B)$ 竟表示成 A 與 B 二事件「同時發生」的機率。同理，$P(A \cap B^c)$、$P(A^c \cap B)$ 與 $P(A^c \cap B^c)$ 分別可按照相同方式解釋。是故，利用表 3-1 的相對次數分配表，我們可以得到一種聯合機率分配（joint probability distribution）。

表 3-2　二種邊際機率分配

	機率
A	103/193
A^c	90//193
	1

	機率
B	102/193
B^c	91//193
	1

與聯合機率分配對應的是邊際機率分配（marginal probability distribution），即利用聯合機率分配可得邊際機率分配如表 3-2 所示。邊際機率的觀念是頗直接的，例如：

$$P(A) = P(A \cap B) + P(A \cap B^c) \qquad (3\text{-}2)$$

即單一事件的機率就是邊際機率。（3-2）式可將 A 事件拆成由 $(A \cap B)$ 與 $(A \cap B^c)$ 二事件所構成，其中 $(A \cap B) \cap (A \cap B^c) = \phi$ 隱含著 $P((A \cap B) \cap (A \cap B^c)) = 0$。是故，

我們可以定義互斥事件（exclusive event）爲：

互斥事件：若 C 與 D 爲互斥事件，則 $P(C \cap D) = 0$

換言之，C 與 D 二事件若無法同時存在，則 C 與 D 爲互斥事件。因此，因於表 3-1 內可知 $P(A \cap B) \approx 0.373$，故 A 與 B 不爲互斥事件。

其實，根據表 3-1，我們已經可以計算：

$$P(A \cup B) = P(A) + A(B) - P(A \cap B) \tag{3-3}$$

即：

$$P(A \cup B) = 103/193 + 102/193 - 74/193 \approx 0.679$$

以及

$$P(A - B) = 103/193 - 74/193 \approx 0.15$$

（3-2）與（3-3）的操作可稱爲機率的加法法則。讀者當然可以練習計算 $P(A \cup B^c)$、$P(A^c \cup B)$ 與 $P(A^c \cup B^c)$。

表 3-3　二種邊際機率分配

x	$f(x)$	y	$g(y)$
0	103/193	0	102/193
1	90//193	1	91//193
	1		1

其實，我們也可以用表 3-3 的型態取代表 3-2。即 x 與 y 分別表示負報酬率而 $f(x)$ 與 $g(y)$ 分別表示對應的機率函數（probability function）；同理，令 $W(x, y)$ 表示聯合機率函數，其中 $x, y = 0, 1$。因此，透過機率函數，我們可以得到機率函數的性質：

(1) $0 \le f(x), g(y), f(x,y) \le 1$；

(2) $\sum_{x=0}^{n_x} f(x) = 1$、$\sum_{y=0}^{n_y} g(y) = 1$ 與 $\sum_{x=0}^{n_x}\sum_{y=0}^{n_y} W(x,y) = 1$，其中 n_x 與 n_y 分別表示 x 與 y 的 n 個可能；

(3) $f(x) = \sum_{y=0}^{n_y} \Xi$ 與 $g(y) = \sum_{x=0}^{n_x} \Xi$，其中 $\Xi = W(x,y)$。

性質 (1) 說明了機率值必須介於 0 與 1 之間，我們常聽有人說「他有 120% 的肯定」，實際上對應的機率值仍介於 0 與 1 之間。性質 (2) 則表示「所有可能結果的機率值加總恆等於 1」，當然「TWI 上升的可能性爲 70% 就不可能下跌的可能性爲 60%」。比較表 3-1 與 3-2 二表自然可以瞭解性質 (3)，例如 A 與 A^c 的邊際機率的求得不就是於表 3-1 內使用「橫向加總」嗎？

3.2.2 條件機率

表 3-1 的結果是讓人印象深刻的，原因就在於 $P(A \cap B) \neq 0$，即 A 與 B 二事件可能同時存在。既然可能同時存在，我們倒是可以進一步計算「先後順序」的機率，即條件機率（conditional probability）。考慮 B 事件出現的情況下，A 再出現的機率，其可寫成：

$$P(A \mid B) = \frac{P(A \cap B)}{P(B)} \Leftrightarrow P(A \cap B) = P(A)P(A \mid B) \qquad (3\text{-}4)$$

$P(A \mid B)$ 是 A 事件出現的條件機率，其可解釋成於 B 事件出現的條件下，A 事件出現的機率。與 $P(A \mid B)$ 對應的是非條件機率（unconditional probability）$P(A)$；理所當然，前者應該比較吸引人，畢竟「許多決策或想法是依不同的狀況而定」。同理，讀者可解釋 $P(B \mid A)$。

根據表 3-1 與（3-4）式，可得 $P(A \mid B) = \frac{P(A \cap B)}{P(B)} = \frac{74/193}{91/193} = 74/91 \approx 0.813$。根據上述的計算方式，條件機率豈不是於 B 事件出現的條件下（共有 91 個），再找出 A 事件出現的個數（共 74 個）的次數分配嗎？從條件機率的定義內可看出如何判斷相依事件（dependent event）與獨立事件（independent event）的差異，即後者可定義成：

獨立事件：若 C 與 D 爲獨立事件，則 $P(C \cap D) = P(C)P(D)$

反之，若 $P(C \cap D) \neq P(C)P(D)$，則 C 與 D 爲相依事件。根據（3-4）式，可知若 C 與 D 爲獨立事件，則 $P(C \mid D) = P(C)$，即 C 事件不受 D 事件出現的影響；換言之，於表 3-1 內，因 $P(A \mid B) = 74/91 \approx 0.813 \neq P(A) = 103/193 \approx 0.534$，故 A 與 B 二事件屬於相依事件。

表 3-4　條件機率分配

	$y=0$		$y=1$
x	$f^1(x \mid y)$	x	$f^1(x \mid y)$
0	$\frac{f(x,y)}{g(y)} = \frac{74/193}{102/193} = 74/102$	0	$\frac{f(x,y)}{g(y)} = \frac{29/193}{91/193} = 29/91$
1	$\frac{f(x,y)}{g(y)} = \frac{28/193}{102/193} = 28/102$	1	$\frac{f(x,y)}{g(y)} = \frac{62/193}{91/193} = 62/91$
	1		1

	$x=0$		$x=1$
y	$g^1(y \mid x)$	y	$g^1(y \mid x)$
0	$\frac{g(x,y)}{f(x)} = \frac{74/193}{103/193} = 74/103$	0	$\frac{g(x,y)}{f(x)} = \frac{28/193}{90/193} = 28/90$
1	$\frac{g(x,y)}{f(x)} = \frac{29/193}{103/193} = 29/103$	1	$\frac{g(x,y)}{f(x)} = \frac{62/193}{90/193} = 62/90$
	1		1

其實，相依事件與獨立事件我們並不陌生。考慮 C 內有 10 個球，其中 3 個紅球、2 個黑球與 5 個白球。若從 C 內逐一抽出 2 個白球，則機率爲何？我們可以分成二種情況回答：

情況 1：抽出不放回

若使用抽出不放回的方式逐一於 C 內抽出 2 個白球的機率爲 $\frac{5}{10}\frac{4}{9} = \frac{2}{9}$。

情況 2：抽出放回

若使用抽出放回的方式逐一於 C 內抽出 2 個白球的機率爲 $\frac{5}{10}\frac{5}{10} = \frac{1}{4}$。

上述情況有說明了機率「乘法法則」的使用時機，畢竟連續抽出 2 個白球的機率較只抽出 1 個白球的機率低，因機率值皆介於 0 與 1 之間，故使用乘法才能使機率值變低；或者說，因有連續動作如（3-4）式所示，故機率值應相乘。我們再檢視情況 1。因使用抽出不放回，故第 2 次抽出白球的機率明顯受到第 1 次抽到白球的影響，故第 1 次與的 2 次抽樣之間屬於相依事件。反觀情況 2，因使用抽出放回，故第 1 次與第 2 次抽樣之間屬於獨立事件。

最後，我們來檢視條件機率分配。因條件機率仍屬於機率的一種，故可編製對應的條件機率分配。根據表 3-1 與 3-3 二表，表 3-4 分別編製出於 $y = 0, 1$ 之下的條件機率分配 $f^1(x \mid y)$ 以及於 $x = 0, 1$ 之下的條件機率分配 $g^1(y \mid x)$。讀者可嘗試解釋表 3-4 的意義。

3.2.3 貝氏定理

貝氏定理（Bayesian theorem）提醒我們如何利用所蒐集到的資訊將事前機率（prior probability）修改成事後機率（posterior probability），可以參考圖 3-11。例如表 3-1 是我們所蒐集到的資訊結果。假定事前機率爲 $P(A) = 0.5$（即 N225 月報酬率大於等於 0 的機率爲 50%），而我們認爲 NASDAQ 月報酬率對 N225 月報酬率有顯著的影響力，即前者有助於對後者的預期，因此有興趣想要知道 $P(A \mid B)$ 爲何？此時 $P(A \mid B)$ 爲事後機率。貝氏定理就是教我們如何將事前機率修改成事後機率。

利用表 3-1 的結果，可以分別得出：

$$P(B \mid A) = \frac{P(A \cap B)}{P(A)} = \frac{74}{103} \approx 0.718 \text{ 與 } P(B \mid A^c) = \frac{P(A^c \cap B)}{P(A^c)} = \frac{28}{90} \approx 0.311$$

於我們的例子內，可知 B 事件可拆成由 $A \cap B$ 以及 $A^c \cap B$ 二互斥事件所構成，即：

$$\begin{aligned} P(B) = P(A \cap B) + P(A^c \cap B) &= P(A)P(B \mid A) + P(A^c)P(B \mid A^c) \\ &= 0.5(0.718) + 0.5(0.319) = 0.515 \end{aligned}$$

故可將事前機率 $P(A)$ 修改爲事後機率 $P(A \mid B) = \dfrac{P(A \cap B)}{P(B)} = \dfrac{0.5(0.718)}{0.515} = 0.697$。

圖 3-11　貝氏定理

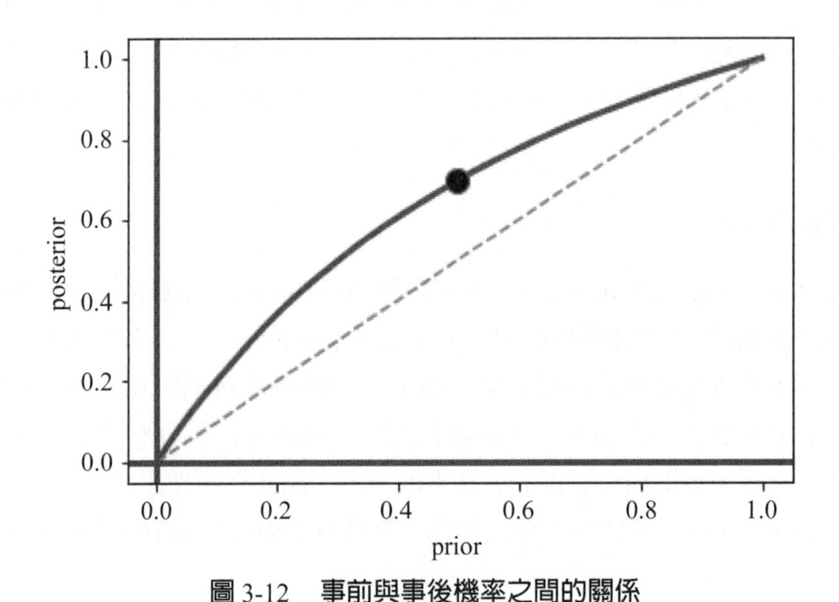

圖 3-12　事前與事後機率之間的關係

同理，若使用不同的事前機率可得出對應的事後機率，二者之間的關係可繪製如圖 3-12 所示，其中斜線爲事前機率等於事後機率，而黑點可對應至事前機率等於 0.5。從圖 3-12 可看出事後機率高於事前機率，顯然 NASDAQ 月報酬率有助於對 N225 月報酬率的預期。

例 1　貝氏定理的應用

某產品可由 A 與 B 二工廠生產，其中前者占 0.3 而後者占 0.7。於 A 工廠內不良品的比重爲 0.09，而 B 工廠不良品的比重則爲 0.05。某日發現一件不良品，其來自 A 工廠的可能性爲何？來自 B 工廠的可能性爲何？何者可能性較大？

欲回答上述問題，可先令 C 表示不良品的事件，而其可拆成 $C \cap A$ 與 $C \cap B$ 二互斥事件，即：

$$P(C) = P(C \cap A) + P(C \cap B) = P(A)P(C \mid A) + P(B)P(C \mid B)$$
$$= 0.3(0.09) + 0.7(0.05) = 0.062$$

故：

$$P(A \mid C) = \frac{P(A \cap C)}{P(C)} = \frac{0.3(0.09)}{0.062} = 0.435$$

與

$$P(B \mid C) = \frac{P(B \cap C)}{P(C)} = \frac{0.7(0.05)}{0.062} = 0.564$$

即該不良品來自 B 工廠的可能性較大。

例 2 貝氏定理的應用

某地區有 10% 的抽菸者。有抽菸得肺癌的機率爲 50%，無抽菸得肺癌的機率爲 10%。現在有一位得肺癌的病人，其有抽菸的可能性爲何？

同理，先分別令 A 與 B 表示抽菸與得肺癌事件。B 事件可拆成 $B \cap A$ 與 $B \cap A^c$ 二互斥事件，即可得：

$$P(B) = P(B \cap A) + P(B \cap A^c) = P(A)P(B \mid A) + P(A^c)P(B \mid A^c)$$
$$= 0.1(0.5) + 0.9(0.1) = 0.14$$

故可得 $P(A \mid B) \approx 0.357$。

3.3 機率分配

3.2.2 節內有使用實證的機率分配，本節將重新介紹機率分配。顧名思義，機率分配是指列出所有可能結果與其對應的機率。例如：擲一個公正的骰子其對應的理論機率分配可以寫成 $f(x) = 1/6$，其中 $x = 1, 2, \cdots, 6$。我們稱 $f(x)$ 與 x 分別爲機率值與隨機變數。此處理論的機率分配是指「眞實的」機率分配，故我們是用實證的機率分配估計理論的機率分配。我們發現即使簡單如擲骰子的遊戲，我們亦無法

確定 x 值為何；因此，於統計學內，變數大多改稱為隨機變數，其隱含的意義為隨機變數成為實現值的機率值是可以衡量的。換句話說，統計學用何種方式來處理現實社會不確定的環境？答案是機率分配。

通常機率分配可以按照 x 的實現值分成間斷的機率分配（discrete probability distribution）與連續的機率分配（continue probability distribution）二種，其中前者 $x \in I$（整數）而後者則 $x \in R$（實數）。顯然，間斷與連續機率分配的機率計算方式並不相同。以累積機率 $F(x)$ 為例，若 $x(x)$ 為間斷的隨機變數，則：

$$F(x = x_0) = \sum_{x=0}^{x_0} f(x) \tag{3-5}$$

其中 $f(x)$ 稱為機率質量函數（probability mass function, PMF），而若 x 為連續的隨機變數，則：

$$F(x = x_0) = \int_{-\infty}^{x_0} f(x)dx \tag{3-6}$$

其中 $f(x)$ 稱為 PDF。

不管 x 為間斷或連續的隨機變數，其對應的 $F(x)$ 則統稱為 CDF。是故，當論及到機率分配時，我們可以用 $f(x)$ 或 $F(x)$ 表示；值得注意的是，若 $f(x)$ 或 $F(x)$ 為理論函數，則 $f(x)$ 或 $F(x)$ 是唯一的。底下，我們分別介紹間斷與連續的機率分配。

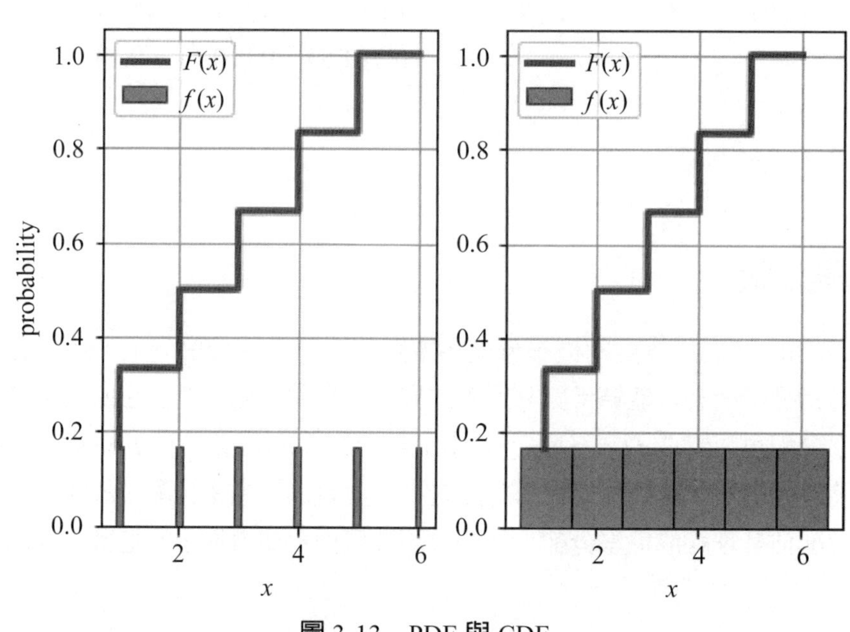

圖 3-13　PDF 與 CDF

3.3.1 間斷的機率分配

仍使用擲一個公正的骰子的例子。如前所述，此時 $f(x) = 1/6$（$x = 1, 2, \cdots, 6$）或對應的 CDF 如 $F(x)$ 是唯一的，即 $F(x) = i/6$（$i = 1, 2, \cdots, 6$）。圖 3-13 分別繪製出 $F(x)$ 與 $f(x)$ 的形狀，其中前者呈「階梯」而後者則爲「長條」狀。（3-5）式描述 $F(x)$ 與 $f(x)$ 之間的關係，例如 $f(3) = F(3) - F(2)$ 或 $F(6) = F(5) + f(4)$。

間斷機率分配的特色是 $f(x)$ 值表示機率值，而機率值有二種表示方式，其一是 $f(x)$ 的「高度」而另一則是 $f(x)$ 的「面積」；換言之，於圖 3-13 的左圖內，長條圖的高度表示機率值，而於右圖內機率值亦可以用面積表示，例如考慮 $f(2)$ 的情況，此時 $1.5 \leq x \leq 2.5$，故 x 的寬度等於 1，故面積值相當於高度值。如前所述，$f(x)$ 稱爲 PMF。

瞭解 $f(x)$ 的意義後，我們可以計算其特徵。如前所述，$f(x)$ 可以視爲理論的機率分配，故其亦有例如平均數、變異數、偏態與峰態係數等參數可以用於描述 $f(x)$ 的特徵，不過通常上述參數是未知的；換言之，第 2 章所介紹的是實證 $f(x)$ 的敘述統計量，其可用於估計 $f(x)$ 的特徵。

$f(x)$ 的平均數稱爲期望值（expected value）$E(x)$，其可寫成：

$$\mu_x = E(x) = \sum_{i=1}^{n} x_i f(x_i) \tag{3-7}$$

另一方面，$f(x)$ 的變異數 $Var(x)$ 可寫成：

$$\sigma_x^2 = Var(x) = \sum_{i=1}^{n} (x_i - \mu_x)^2 f(x_i) \tag{3-8}$$

至於 $f(x)$ 的偏態係數 $SK(x)$ 與峰態係數 $KUR(x)$ 則分別可寫成：

$$SK_x = SK(x) = \frac{\sum_{i=1}^{n} (x_i - \mu_x)^3}{\sigma_x^3} \text{ 與 } KUR_x = KUR(x) = \frac{\sum_{i=1}^{n} (x_i - \mu_x)^4}{\sigma_x^4} \tag{3-9}$$

（3-7）～（3-9）式假定 $f(x)$ 有 n 種結果；若無其他變數，下標 x 可以省略。理所當然，我們分別以 $\bar{x}$、s^2、sk 與 kur 估計對應的 μ、σ^2、SK 以及 KUR。仍以上述擲一個公正的骰子的 $f(x)$ 爲例，可計算 μ 與 σ^2 分別爲：

$$\mu = E(x) = \sum_{x=1}^{6} xf(x) = 3.5 \text{ 與 } \sigma^2 = Var(x) = \sum_{x=1}^{6} (x-\mu)^2 f(x) = 17.5$$

讀者倒是可以練習計算對應的 *SK* 以及 *KUR*。

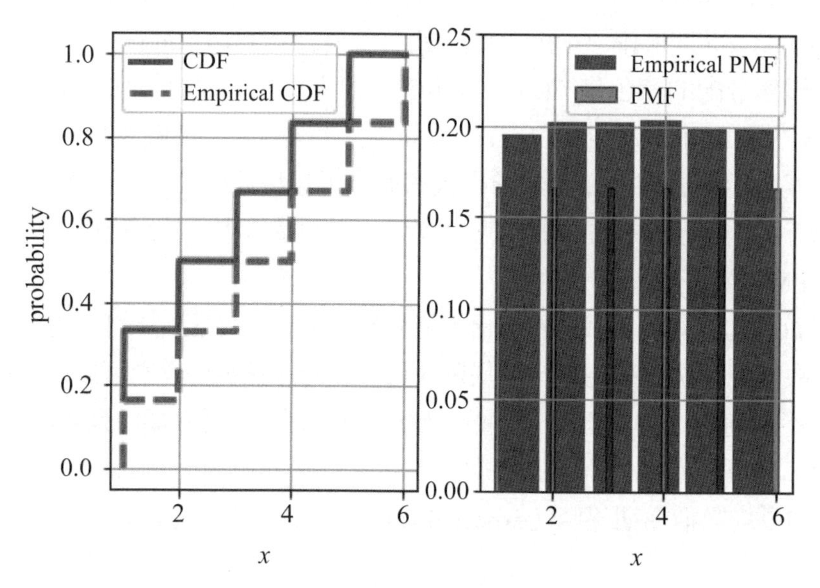

圖 3-14　擲一個公正的骰子的實證分配與理論分配

仍以上述 $f(x) = 1/6$（$x = 1, 2, \cdots, 6$）爲例，我們如何取得對應的實證分配？根據圖 3-13 的結果，我們不難取得對應的實證 CDF 與 PMF。首先檢視實證 CDF。若從 $x = 1, 2, \cdots, 6$ 內以抽出放回的方式抽出 10000 個觀察值，此相當於連續擲一個公正的骰子 10000 次。根據（1-1）式，將上述 10000 個觀察值由小至大排列，且視每個觀察值出現的可能性皆爲 1/10000，累積上述可能性即可得出實證 CDF（即 ECDF）。圖 3-14 的左圖分別繪製出理論 CDF 與實證 CDF 曲線。至於實證 PMF 的取得，則可使用第 1 章直方圖的繪製方法，即圖 3-14 的左圖繪製出上述 10000 個觀察值的實證 PMF；因此，從圖 3-14 內可看出只抽出 10000 個觀察值是不夠的，因爲實證與理論分配之間仍有差距。

例 1　共變異數與相關係數

因 $\bar{x}$ 與 s^2 分別可用於估計 μ 與 σ^2，同理 s_{xy} 與 r_{xy} 可用於估計母體的 σ_{xy} 與 ρ_{xy}。假定存在聯合 PMF $f(x, y)$，其中共變異數 σ_{xy} 可寫成：

$$\sigma_{xy} = Cov(x,y) = E\left[(x-\mu_x)(y-\mu_y)\right] = \sum_{i=1}^{n}(x_i-\mu_x)(y_i-\mu_y)f(x_i,y_i)$$

而對應的相關係數則為 $\rho_{xy} = \dfrac{\sigma_{xy}}{\sigma_x\sigma_y}$。我們思考如何應用 σ_{xy} 與 ρ_{xy}。回想一個資產組合 P 如（2-14）式，P 的期望值與變異數分別可寫成：

$$E(P) = E\left[wx+(1-w)y\right] = wE(x)+(1-w)E(y) = w\mu_x+(1-w)\mu_y \tag{3-10}$$

與

$$Var(P) = w^2\sigma_x^2+(1-w)^2\sigma_y^2+2w(1-w)\rho_{xy}\sigma_x\sigma_y \tag{3-11}$$

其中 w 可視為常數而 x 與 y 則屬於隨機變數[7]。（3-10）與（3-11）二式的取得有牽涉到期望值操作的應用，不過因皆屬於線性的操作，故讀者並不難證明[8]。

利用（3-11）式，我們倒可以看到資產組合的特色，可以參考圖 3-15。圖 3-15 繪製出 x 與 y 資產的 EF 線，我們可以看出該線的形狀取決於 $\rho_{xy} = \rho$ 值。考慮 $\rho_1 = -1$，即 x 與 y 資產屬於完全負相關，我們發現於相同的風險下，該資產組合的預期報酬最大。最差的情況是屬於 $\rho_4 = 0.5$，其對應的資產組合顯示出於相同的報酬下風險最大，故圖 3-15 提醒投資人欲形成一種資產組合，比較理想的是投資標的之間為負相關。

圖 3-15 所對應的部分 Python 指令為：

```
np.random.seed(5678);xa = norm.rvs(0.2,1,1000);ya = -xa
rhoa = np.corrcoef(xa,ya)[0,1] # -1
w = np.linspace(0,1,200)
```

---

[7] 即 w 表示投資人的投資比重（權數），故屬於已知數。x 與 y 皆表示資產報酬率，二者皆屬於未知數。

[8] 例如：考慮：

$E(3x \pm 5) = 3E(x) \pm 5$

以及

$Var(3x + 5y) = 9Var(x) + 25Var(y) + 30Cov(x, y)$

讀者可以嘗試證明或解釋看看。提示：$(a + b) = a^2 + b^2 + 2ab$。

```
Porta = []
for i in range(0,200):
    pa = w[i]*xa+(1-w[i])*ya
    Porta.append(pa)
Port1a = pd.DataFrame(Porta)
Port1ma = np.mean(Port1a,axis=1) # 計算每列的平均數
Port1va = (w**2)*np.var(xa)+((1-w)**2)*np.var(ya)+2*w*(1-w)*rhoa*np.std(xa)*np.std(ya)
Port1sa = np.sqrt(Port1va)
# 假定
rhob = 0
Port1vb = (w**2)*np.var(xa)+((1-w)**2)*np.var(ya)+2*w*(1-w)*rhob*np.std(xa)*np.std(ya)
Port1sb = np.sqrt(Port1vb)
```

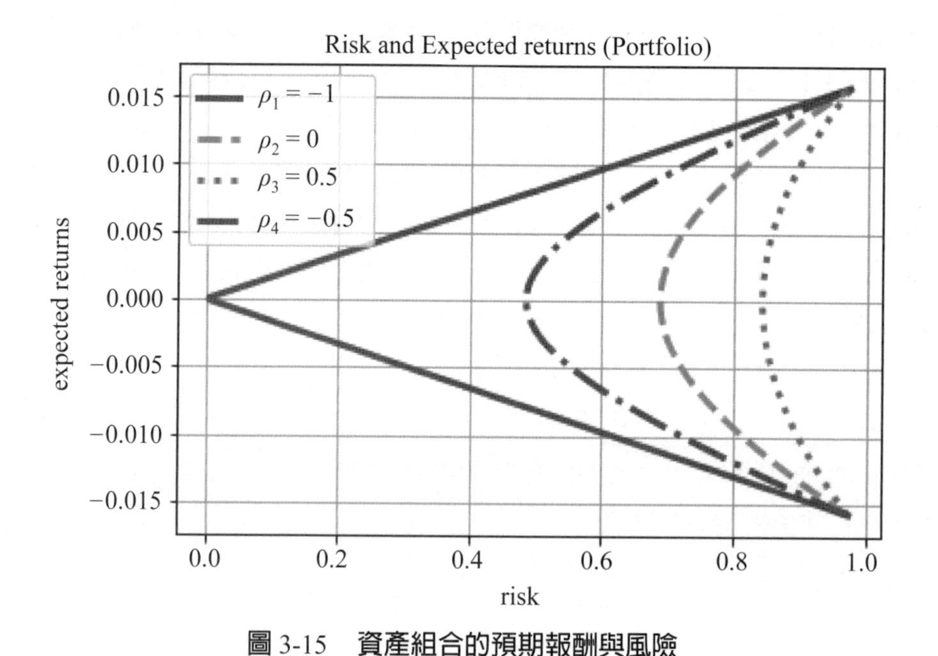

圖 3-15　資產組合的預期報酬與風險

例 2　TWI 日報酬率的次數分配

表 3-5 係取自表 1-4，其中原始資料 TWI 日報酬率的平均數與變異數分別約爲 0.0153% 與 1.5975%，表 3-5 可稱爲整理後的資料。令 m 與 f 分別表示組中點與相

對次數，我們可以分別計算 $\bar{x}$ 與 s^2 分別爲：

$$\bar{x} = \sum_{i=1}^{m} m_i f_i \text{ 與 } s^2 = \left(\frac{n}{n-1}\right)\sum_{i=1}^{m}(m_i - \bar{x})^2 f_i \tag{3-12}$$

其中 n 爲樣本個數[9]。值得注意的是，（3-12）式的使用有缺陷。例如：利用（3-12）式與表 3-5 可得 $\bar{x} = -0.0691\%$ 與 $s^2 = 0.0159\%$，明顯與原始資料的平均數與變異數有差距。我們倒是可以知道該差距從何而來，即表 3-5 總共分成 5 組顯然是不夠的，若改成 500 組與利用（3-12）式可得 $\bar{x} = 0.0152\%$ 與 $s^2 = 1.6524\%$，上述差距已縮小。圖 3-16 繪製出 TWI 日報酬率資料改成 500 組的次數分配，讀者可檢視所附的 Python 指令。

表 3-5　TWI 日對數報酬率的相對次數分配

$x(\%)$	m	f
$-6.9123 \le x < -4.225$	−5.5686	28/4567
$-4.225 \le x < -1.5376$	−2.8813	366/4567
$-1.5376 \le x < 1.1498$	−0.1939	3577/4567
$1.1498 \le x < 3.8372$	2.4935	558/4567
$3.8372 \le x < 6.5246$	5.1809	38/4567
		1

3.3.2 連續的機率分配

圖 3-16 是讓人印象深刻的，因爲只要組數愈大，直方圖愈易形成單峰的分配，不過可以注意圖 3-16 的縱軸是表示次數，即該圖是一種次數分配；換言之，若改成次數分配圖呢？如前所述，若每組的寬度設爲 1，則間斷機率分配的機率值可用面積表示，而其高度就代表機率值；不過，於直方圖內，若每組的寬度縮小而仍用面積表示機率，則高度就不再是表示機率，此時高度我們稱爲密度值（density），可以參考圖 3-17。

[9]（3-12）式並不難理解。例如：落於表 3-5 內第 1 組的個數爲 28 而每一個數皆用該組的組中點 −5.5686（%）表示，故 28(−5.5686)/n（%）表示落於第 1 組的平均報酬率，其餘各組可類推。

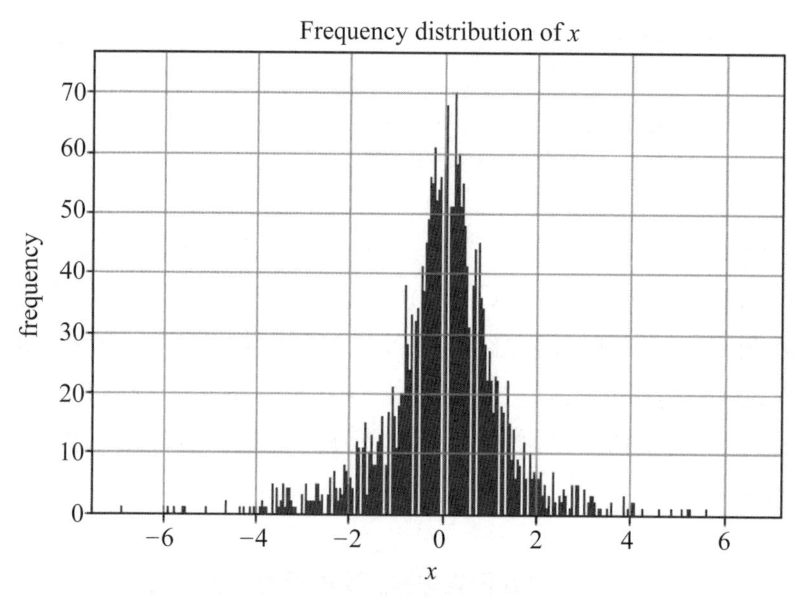

圖 3-16　TWI 報酬率的次數分配

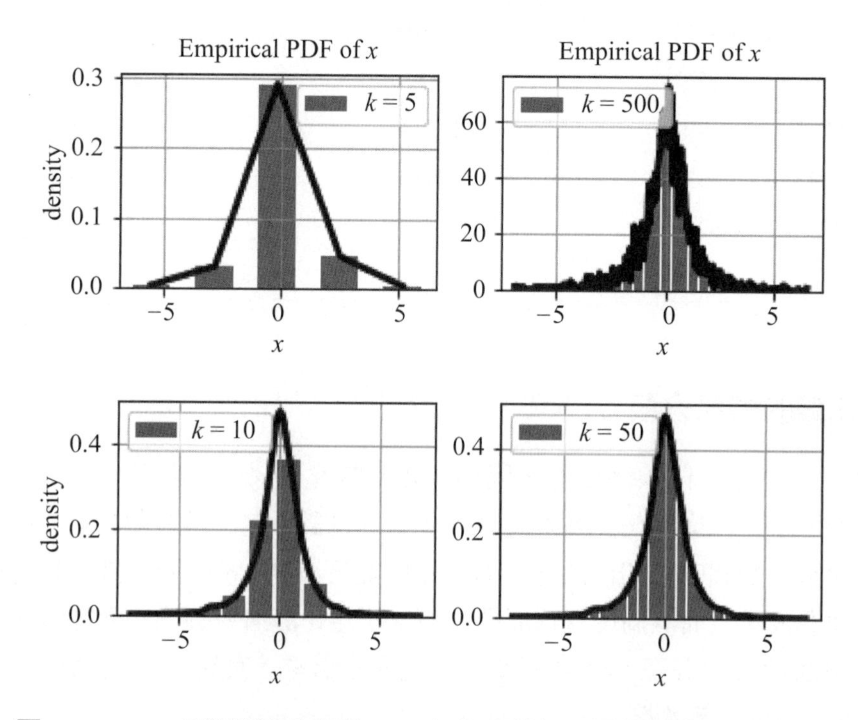

圖 3-17　TWI 日報酬率的實證 PDF（k 為組數），下圖是使用 KDE 技巧

我們從另一個角度檢視。於間斷的機率分配內，因 $x \in I$ 故例如 1 與 2 之間並無其他實現值，但是若檢視表 3-5 的結果可以發現 −7% 與 7% 之間其實有多種可

能，顯然此時用間斷的機率分配來表示已不適當了。因此，若 $x \in R$，即每一觀察值出現的機率值未必相同，將每組的寬度仍設定爲 1 已不恰當；另一方面，因有多種可能（相當於有多種高度分別表示機率值），故用面積來表示機率值反而比較恰當。換句話說，於連續的機率分配內，機率只有一種表示方式，就是面積。

圖 3-17 的上圖利用表 3-5 內的 TWI 日報酬率資料繪製出實證的 PDF 曲線，該曲線係連接直方圖每組的組中點與對應的密度值所繪製而成（上述密度值的取得，可參考所附的 Python 指令）。我們從圖內可看出隨著直方圖的組數（k）的提高，對應的實證 PDF 曲線已能取代直方圖；不過，顯然用上述方法所繪製的 PDF 並非是一條圓滑的曲線，讀者倒是可以練習以第 1 章的 KDE 技巧取代，可以參考圖 3-17 的下圖。

從上述的分析內大致可看出連續機率分配的特性，即令 $f(x)$ 與 $F(x)$ 分別表示 PDF 與對應的 CDF，可以整理出：

(1) $f(x) \geq 0$；

(2) $\int_{-\infty}^{\infty} f(x)dx = 1$；

(3) $f(x) = \dfrac{dF(x)}{dx}$；

(4) $\int_{a}^{b} f(x)dx = P(a < x < b) = P(a \leq x \leq b) = P(a \leq x < b) = P(a < x \leq b)$。

上述性質 (1) 表示 $f(x)$ 是一個被積分的函數（integrand），即 PDF 就是被積分的函數；性質 (2) 顯示出因用面積表示機率，故所有結果的機率值加總恆等於 1；性質 (3) 指出透過微積分，可知 $f(x)$ 與 $F(x)$ 之間的關係；最後，性質 (4) 提醒我們因用面積表示機率，單一結果的機率已微乎其微，即 $P(x=a) \approx 0$。

我們可以進一步計算 $f(x)$ 的特徵，即平均數與變異數分別可寫成：

$$\mu = E(x) = \int_{-\infty}^{\infty} xf(x)dx \text{ 與 } \sigma^2 = Var(x) = E\left[(x-\mu)^2\right] = \int_{-\infty}^{\infty} (x-\mu)^2 f(x)dx$$

其他的特徵可類推。

例 1 雙變量常態分配

類似於前述間斷的聯合機率分配，我們亦可以擴充思考連續的聯合機率分配的意義，其中後者又稱為多元變量連續機率分配。考慮一種雙變量常態分配（bivariate normal distribution）的 PDF，其可寫成：

$$f(x,y)=\frac{1}{2\pi\sigma_x\sigma_y\sqrt{1-\rho_{xy}^2}}e^{-q/2}, x,y\in R \tag{3-13}$$

其中

$$q=\frac{1}{1-\rho_{xy}^2}\left[\left(\frac{x-\mu_x}{\sigma_x}\right)^2-2\rho\left(\frac{x-\mu_x}{\sigma_x}\right)\left(\frac{y-\mu_y}{\sigma_y}\right)+\left(\frac{y-\mu_y}{\sigma_y}\right)^2\right]$$

我們只考慮一種簡單的情況，即假定 $\mu_x=\mu_y=0$、$\sigma_x=\sigma_y=1$ 與 $\rho_{xy}=\rho$。根據（3-13）式與上述假定，我們不難於 Python 設一個雙變量常態分配函數，即：

```
def np_bivariate_normal_pdf(rho):
    X = np.arange(-4,4,0.1)
    Y = np.arange(-4,4,0.1)
    X, Y = np.meshgrid(X, Y) # 轉成平面
    q = (1/(1-rho**2))*(X**2 + Y**2 - 2*rho*X*Y)
    Z = ((1./2*np.pi*np.sqrt(1-rho**2))*np.exp(-.5*q))
    return X, Y, Z
# try
x,y,z = np_bivariate_normal_pdf(-0.8)
```

上述指令就是按照（3-13）式設置一個函數 np_bivariate_normal_pdf(.)。值得注意的是，因欲繪製 3D 圖如圖 3-18 所示，x、y 與 z 軸皆須轉成平面。執行上述指令後，可檢視 x、y 與 z 值。

圖 3-18 繪製出上述雙變量常態分配的 PDF，其中 x 與 y 的相關係數 ρ 等於 -0.8，讀者可以嘗試繪製 ρ 等於其他值的情況。

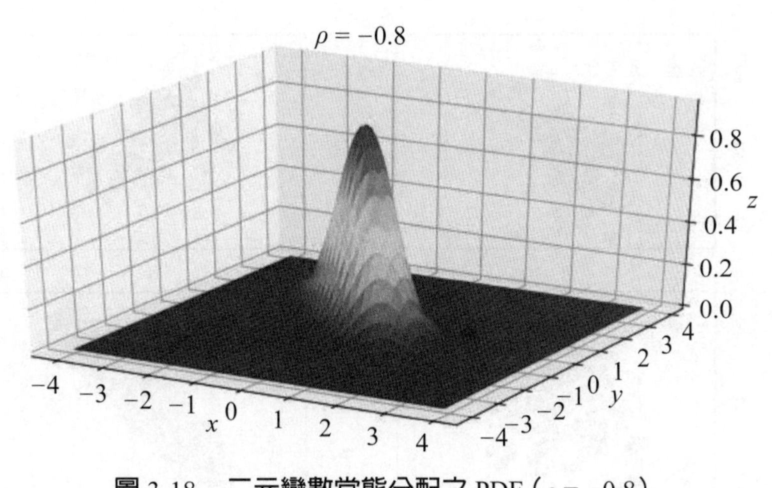

圖 3-18 二元變數常態分配之 PDF（$\rho = -0.8$）

例 2 雙變量 PDF 的特性

續例 1，雙變量 PDF 具有下列的特性：

(1) $f(x, y) \geq 0$；

(2) $\int_{-\infty}^{\infty}\int_{-\infty}^{\infty} f(x, y)dxdy$；

(3) $f(x) = \int_{-\infty}^{\infty} f(x, y)dy,\ g(y) = \int_{-\infty}^{\infty} f(x, y)dx$；

讀者可以嘗試解釋上述特性。

例 3 雙變量常態分配的觀察值

續例 1，我們嘗試抽出雙變量常態分配的觀察值，可藉由下列指令：

```
mean = [0,0]
cov1 = [[1,0.5], [0.5,1]]   # diagonal covariance
np.random.seed(1234);x1, y1 = np.random.multivariate_normal(mean, cov1, 100).T
```

圖 3-19　繪製出四種結果，讀者應可以解釋該圖。

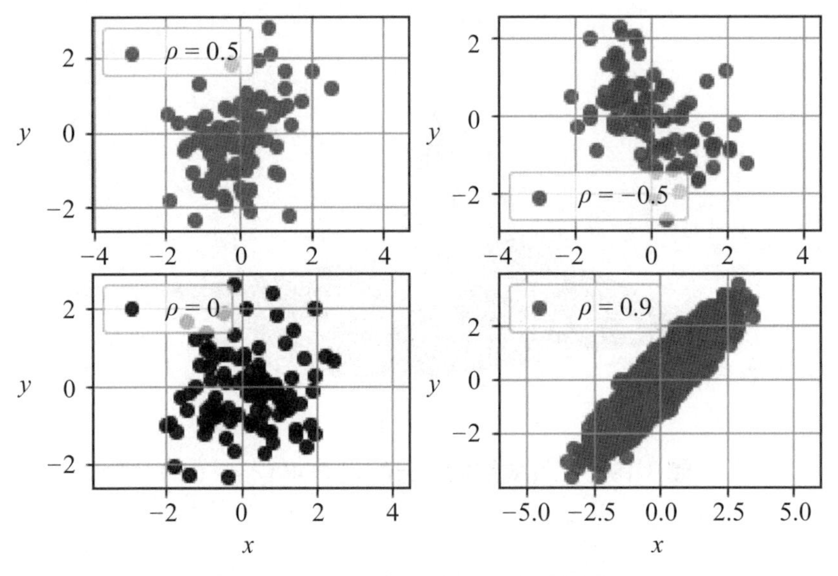

圖 3-19　雙變量常態分配的觀察值

例 4　再談資產組合

續例 3。嚴格來講，圖 3-15 只是用於說明。若視 x 與 y 二資產報酬率屬於雙變量常態分配，則由上述二資產所構成的 EF 曲線形狀不會像圖 3-15 所示；換言之，圖 3-20 繪製出較合理的結果，即不同的 ρ 值所抽取的觀察值所形成的資產組合之平均數與變異數未必會相等。比較圖 3-15 與 3-20，可看出二圖的差異。

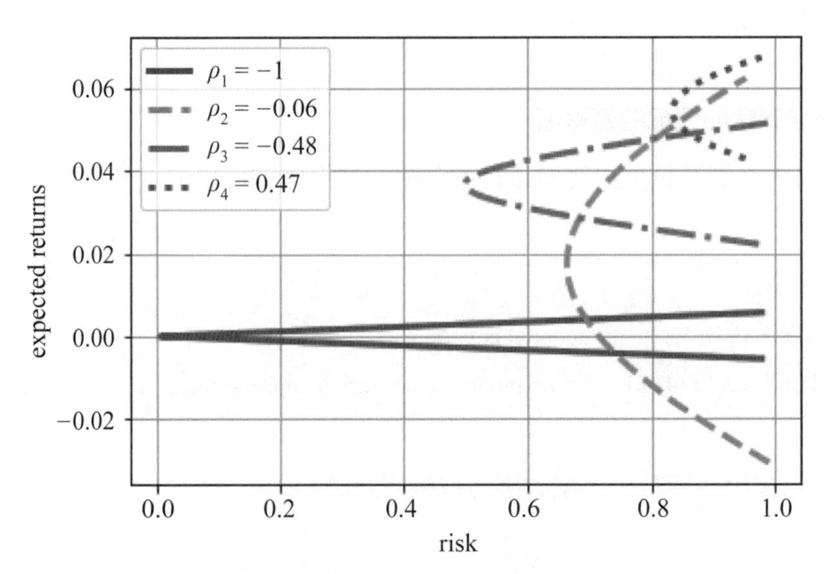

圖 3-20　不同 ρ 值下的二資產的 EF 曲線

習題

(1) 何謂 $\bar{p}$ 抽樣分配？試解釋之。

(2) 試比較蒙地卡羅方法與拔靴法之異同。

(3) 續上題，試描述如何於 Python 內執行上述二種方法。

(4) 試於平均數與變異數分別為 1 與 9 的常態分配內抽取 1000 個觀察值，試使用拔靴法繪製 $\bar{x}$ 與 s^2 的抽樣分配。

(5) 試解釋 norm.rvs、norm.ppf、norm.cdf 與 norm.pdf（四指令皆來自 scipy.stats 模組）的意義，並說明如何使用。

(6) 試說明如何取得擲一個公正的骰子，出現 3 點的抽樣分配。

(7) 試解釋貝氏定理。

(8) 試說明間斷機率分配的特性。

(9) 試說明連續機率分配的特性。

(10) 試說明 PDF 與 CDF 之間的關係。

(11) 試解釋圖 3-20。

(12) 我們是用 $\bar{x}$ 估計 μ，若改成 m_0 估計 μ，其結果為何？試模擬看看。m_0 表示中位數。

(13) 何謂條件機率分配？試解釋之。

(14) 實證分配與理論分配的關係為何？試解釋之。

(15) 為何我們需要抽樣分配？試說明之。

(16) 試解釋圖 3-19。

(17) 試解釋圖 3-20。

特殊的機率分配

於前面的章節內，我們曾多次將實際的樣本資料整理成實證的 PMF 或 PDF 型態，無非就是想以此估計對應的母體 PMF 或 PDF。於統計學內，倒也存在一些特殊的母體 PMF 或 PDF，因事先就可以檢視，故我們稱之爲特殊的機率分配。若我們能確定實際的樣本資料係來自於特殊的機率分配，的確相當省事。本章的目的就是要介紹上述的特殊機率分配。

由於已經使用電腦語言如 Python 當作輔助工具，故遇到一種機率分配時，應注意下列特色：

(1) 瞭解該機率分配的 PDF 與 CDF（或 PMF 與 CDF）函數以及二者之間的關係；
(2) 如何從該機率分配抽取觀察值；
(3) 如何計算該機率分配的分位數①；
(4) 如何計算該機率分配的累積機率；
(5) 如何繪製該機率分配的 PDF 與 CDF（或 PMF 與 CDF）。

換言之，最起碼我們應知道如何操作 Python 指令以找出上述機率分配特色。

因此，本章分成三個部分。第一與第二部份分別介紹間斷與連續的特殊機率分配，第三部分則介紹如何檢視實證 PDF 與母體 PDF 是否一致的方法。

---

① 若使用 scipy.stats 模組，分位數的計算是來自於百分點函數（percent point function, ppf）。

4.1 特殊的間斷機率分配

間斷特殊機率分配的特色是其 PMF（數學）函數型態為已知，故應瞭解該特殊機率分配的意義或應用於何處；另一方面，也應瞭解上述函數型態內各參數與隨機變數的意思。

4.1.1 二項式機率分配

考慮下列的二項式機率分配（binomial probability distribution）的 PMF：

$$f(x)=\binom{n}{x}p^{x}q^{n-x}=\frac{n!}{(n-x)!x!}p^{x}q^{n-x}, x=0,1,\cdots,n \qquad (4\text{-}1)$$

其中 $q = 1 - p$ 與 $0! = 1$。面對（4-1）式，考慮下列的 Python 指令：

```
from scipy.stats import binom
import math
math.factorial(5) # 120
# try
n, p, x = 5, 0.4, 3
a = math.factorial(n);b = math.factorial(n-x);c = math.factorial(x)
(a/(b*c))*(p**x)*(1-p)**(n-x) # 0.23040000000000005
binom.pmf(x,n,p) # 0.2304
```

上述指令是於 Python 下計算 5!（其等於 120），然後再按照（4-1）式計算 $n = 5$、$p = 0.4$ 與 $x = 3$ 的 $f(3)$ 值，該值幾乎等於 binom.pmf(x,n,p)，後者就是二項式機率分配的 $f(x)$；換言之，我們可以於模組（scipy.stats）內找到二項式機率分配的特徵與特色。圖 4-1 分別繪製出二項式機率分配的四個特色，讀者可以解釋圖內四小圖的意思（參考光碟內所附的 Python 指令）。

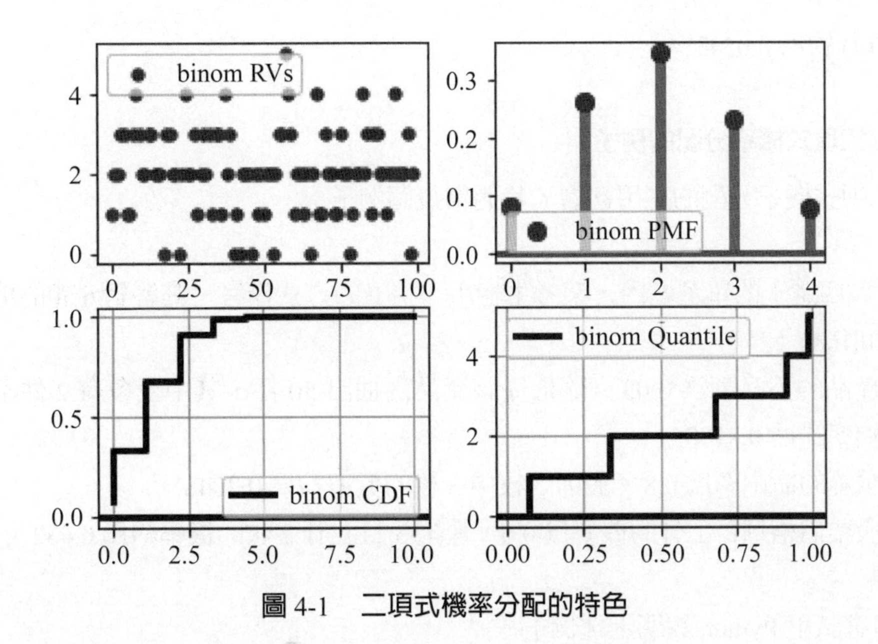

圖 4-1　二項式機率分配的特色

二項式機率分配的適用範圍當然是符合二項式實驗，後者的性質為：

(1) 二項式實驗是由一連串 n 種小實驗所構成；
(2) 上述小實驗只有二種結果，即不是成功就是失敗二種結果；
(3) 若成功的機率為 p，則失敗的機率為 $q = 1 - p$；
(4) 上述小實驗相互獨立。

考慮擲一個公正的骰子10次計算出現4次6點的機率。顯然上述符合二項式實驗②，故可用二項式機率分配計算上述機率③。令 $n = 10$、$p = 1/6$ 與 $x = 4$ 代入（4-1）式內，

② 即小實驗為擲公正骰子 1 次，每次只有出現 6 點與非 6 點二種結果，當然出現 6 點的機率為 1/6 而出現非 6 點的機率則為 5/6。連續擲骰子 n 次，其中擲第 k 次應不受擲第 $k-1$ 次的影響，故相互獨立。

③ 我們可以用機率的加法與乘法計算二項式機率，即連續擲 n 次骰子的機率應比只擲 1 次的機率低，故可使用機率的乘法，例如 6 點、6 點、非 6 點、……（4 次 6 點與 6 次非 6 點），是其中一種可能結果，其對應的機率為 $(1/6)^4(5/6)^6$；又例如另一個可能結果為非 6 點、6 點、非 6 點、…（4 次 6 點與 6 次非 6 點），其對應的機率亦是 $(1/6)^4(5/6)^6$。上述二結果屬於互斥事件，故應使用機率的加法。因此，最後是計算 4 次 6 點與 6 次非 6 點的所有可能結果，此時可用重複排列或組合計算，即 $C_x^n = \binom{n}{x}$。

可得 $f(4)$ 約爲 0.0543。

例 1　二項式機率分配的例子

二項式機率分配的應用甚廣，我們舉幾個例子：

(1) 20 題四選 1 的單選題內，某考生皆用「猜」的方式作答，其答對 6 題的機率約爲 0.1686。
(2) 某產品的不良率爲 0.03。隨機從該產品內抽出 50 件，其中至多有 2 件不良品的機率約爲 0.8108。
(3) 某飛彈的命中率爲 0.8。發射 5 枚中 3 枚的機率約爲 0.2048。
(4) 某股票價格每日上升的機率爲 0.6，連續 3 日上升 2 次的機率約爲 0.432。

讀者可嘗試用 Python 說明上述例子。

例 2　二項式機率分配的期望值與變異數

根據（4-1）式，二項式機率分配的期望值與變異數分別爲：

$$\mu = E(x) = np \text{ 與 } \sigma^2 = Var(x) = np(1-p) \tag{4-2}$$

（4-2）式的證明會用到 $\sum_{x=0}^{n} f(x) = 1$ 的性質，有興趣的讀者可以嘗試看看。（4-2）式的 μ 值是可用直覺判斷，但是 σ^2 值就不行。例如：擲一個公正的骰子 600 次，平均出現 6 點的次數爲 100 次，即令 $n = 600$ 與 $p = 1/6$，故 $\mu = np = 100$。值得注意的是，隨機變數 x 是表示出現 6 點的次數，故 μ 與 σ^2 可以按照 x 來解釋，只不過 $\sigma^2 = npq = 600(1/6)(5/6) = 83.33$，按照直覺的確不易判斷。

例 3　二項式機率分配的前四級動差

考慮下列的指令：

```
n, p = 600, 1/6
mean, var, skew, kurt = binom.stats(n, p, moments='mvsk') # mvsk:mean,varance,skew,kurtosis
print(mean) # 100
```

```
print(var) # 83.33333333333334
print(skew) # 0.07302967433402216
print(kurt) # 0.0019999999999999999
```

讀者可以解釋看看。

4.1.2 卜瓦松機率分配與卜瓦松過程

考慮下列的卜瓦松機率分配（Poisson probability distribution）的 PMF：

$$f(x) = e^{-\mu}\frac{\mu^x}{x!}, x = 0,1,2,\cdots \quad (4\text{-}3)$$

其中 x 表示一段時間出現的次數，而 $E(x) = \mu$；換言之，卜瓦松機率分配欲計算一段時間平均出現的次數為 μ，而實際出現 x 的機率。試下列的 Python 指令：

```
from scipy.stats import poisson
import math
x, mu = 3, 2
fx = math.exp(-mu)*(mu**x)/math.factorial(x) # 0.1804470443154836
poisson.pmf(x,mu) # 0.18044704431548356
```

上述指令以 $x = 3$ 與 $\mu = 2$ 代入（4-3）式內可得 $f(x)$ 約為 0.1804，即一段時間平均出現 2 次而實際出現 3 次的機率約為 0.1804。上述 $f(x)$ 值亦可使用 poisson.pmf（x, μ）指令求得。圖 4-2 亦分別繪製卜瓦松機率分配的特色，讀者亦可以解釋看看同時熟悉 Python 指令的操作。

卜瓦松機率分配的應用層面亦廣泛。例如：根據表 1-4 的 TWI 日對數報酬率資料，可得平均日報酬率超過 2% 的次數約為 0.0458 次。假定該資料屬於卜瓦松機率分配，則檢視 5 日有 1 次超過 2% 的機率約為 0.182。可參考下列指令：

```
x = logretvol['logret']*100 # log returns
j = (x >= 2)*1
n = len(x);n1 = np.sum(j)
```

```
mu = n1/n # 0.04576308298664331
poisson.pmf(1,5*mu) # 0.18201702292590816
5*mu # 0.22881541493321655
```

上述指令的 x 表示 TWI 日對數報酬率資料。我們計算 1 日的 μ 值後可將轉成 5 日的 μ 值，後者約爲 0.2288。

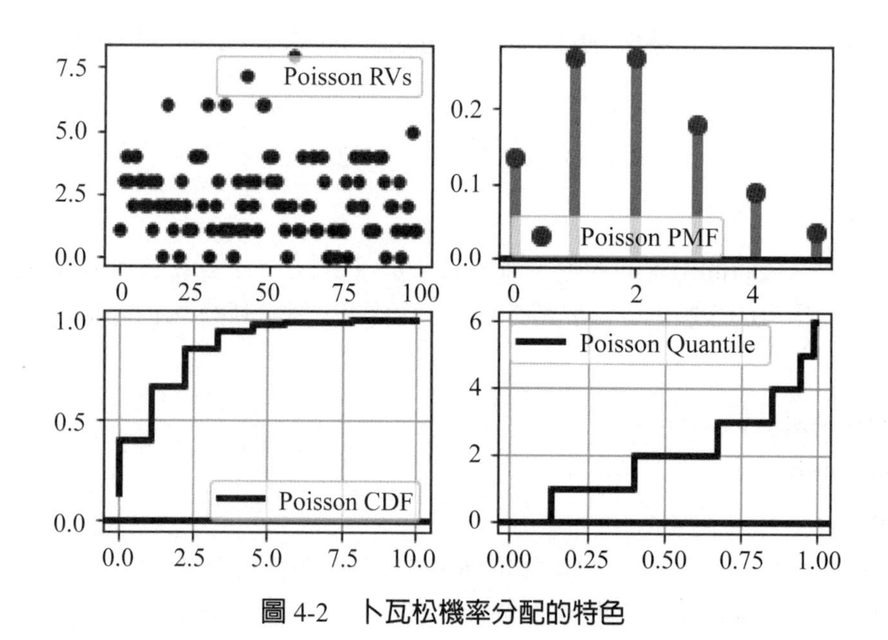

圖 4-2　卜瓦松機率分配的特色

例 1　二項式分配與卜瓦松分配

某零件工廠產品的不良率爲 3%。現在從該工廠隨機抽取 10 件產品，其中有一件屬於不良品的機率爲何？從 4.1.1 節知道可以使用二項式機率分配計算上述機率，即令 $n = 10$、$x = 1$ 以及 $p = 0.03$ 代入二項式機率函數內可得機率約爲 0.2281。現在不良率改爲 0.3%、0.03% 與 0.003%，則上述機率值分別約爲何？答案：分別約爲 0.0292、0.003 與 0.0003。

其實，上述機率亦可以用卜瓦松分配計算。以 $p = 0.03$ 爲例，利用二項式機率分配的期望值公式可知 $\mu = np = 0.3$，而若是使用卜瓦松分配計算，因 $\mu = 0.3$ 與 $x = 1$，代入卜瓦松分配的機率函數內可得機率值 0.2222，倒也與二項式機率有些差距，只不過該差距會隨著 p 值的下降而縮小。可以參考下列指令：

```
n,x,p = 10,1,0.03
binom.pmf(x,n,p) # 0.2280693175963698
p1,p2,p3 = 0.003,0.0003,0.00003
binom.pmf(x,n,[p1,p2,p3]) # array([0.02919965, 0.00299191, 0.00029992])
mu = n*p # 0.3
mu1 = [p1*n,p2*n,p3*n] # [0.03, 0.0029999999999999996, 0.00030000000000000003]
poisson.pmf(x,mu1) # array([0.02911337, 0.00299101, 0.00029991])
```

即卜瓦松分配機率的計算可將每隔一段時間檢視改成每隔 10 個產品檢視。

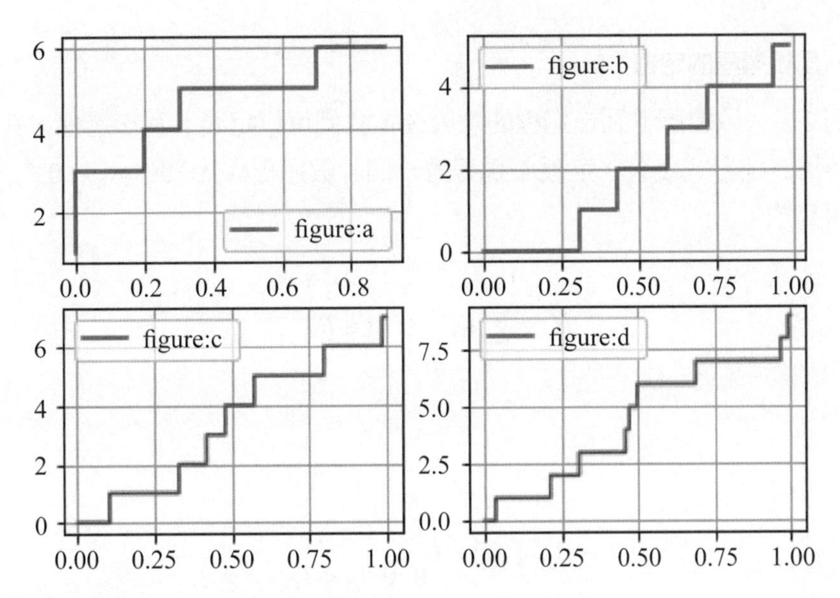

圖 4-3　圖 b～d 屬於卜瓦松過程，圖 a～d 對應的 Δt 分別為 0.1、0.01、0.001 與 0.0001，其中 $\lambda = 5$

例 2　卜瓦松過程

卜瓦松過程（Poisson process）常用於模型化資產價格「跳動」（jumps）的過程[④]。其實卜瓦松過程與卜瓦松分配息息相關。我們嘗試解釋該過程。卜瓦松過程

④ 例如 Merton（1973, 1976）的選擇權定價模型，其亦可稱爲 Merton 的跳動—擴散（jump-diffusion, JD）模型。

是一種計數過程（counting process）[5]，而卜瓦松過程強調跳動的幅度恆等於 1 且二個相鄰跳動的路徑是固定的。例如：圖 4-3 繪製出計數過程的一些實現值走勢，而從圖內可看出於圖 a 內有跳動幅度等於 2，故其並不屬於卜瓦松過程；反觀其餘三圖因其跳動幅度皆等於 1，故其倒是皆屬於卜瓦松過程。底下，我們自然會解釋圖 b～d 的意義。從圖 4-3 內倒是可以看出卜瓦松過程的特色，即其實現值走勢像上山的階梯（前面不知何時有階梯），即有時走很久才有一步階梯，但是有時卻出現連續的階梯，上述階梯的特色是其高度皆相同。從圖 4-3 內可以看出卜瓦松過程的不同增量（increments）之間彼此相互獨立且每一增量是屬於恆定的（stationary），即每一增量的分配是相同的且與時間無關。從卜瓦松過程內可以看出跳動的時間是隨機變數。

例 3　卜瓦松過程的定義

續例 2。大致瞭解卜瓦松過程的意義後，我們可以定義卜瓦松過程。其實卜瓦松過程可用二種方式定義。定義 1 爲考慮一個計數過程 N_t，其中 $N_0 = 0$ [6]。於 t 期時，N_t 可寫成：

$$N_t = \sum_{k \geq 1} \mathbf{1}_{[T_k, \infty)}(t), t \in R_+ \tag{4-4}$$

其中

$$\mathbf{1}_{[T_k, \infty)}(t) = \begin{cases} 1, & t \geq T_k \\ 0, & 0 \leq t < T_k \end{cases}$$

T_k 表示跳動的時間。理所當然，若 N_t 是一種卜瓦松過程，需要滿足下列二個條件：

(1) 獨立增量，即若 $0 \leq t_0 < t_1 < \cdots < t_n$ 與 $n \geq 1$，則增量可寫成：

---

[5] 顧名思義，計數過程是指介於 $[0, T]$ 時間內事件發生次數的隨機過程，即事件發生的次數可以計算，但是不知上述事件何時會發生；換言之，一段時間（即 $[0, T]$）顧客人數或電話鈴響次數等皆屬於計數過程，其特色是事件發生的時間 t_1 是隨機變數，其中 $0 \leq t_i \leq T$。

[6] $N_0 = 0$ 亦可寫成 $N(0) = 0$。

$$N_{t_1}-N_{t_0},\cdots,N_{t_n}-N_{t_{n-1}}$$

而獨立增量是指上述增量彼此之間相互獨立。

(2) 增量的恆定性，即就所有 $h>0$ 與 $0\le s\le t$ 而言，$N_{t+h}-N_{s+h}$ 與 N_t-N_s 有相同的分配。

根據例如 Ross（1996），N_t 若滿足上述二個條件，則 N_t 的增量屬於卜瓦松分配，即：

$$P\left(N_t-N_s=k\right)=e^{-\lambda(t-s)}\frac{\left[\lambda\left(t-s\right)\right]^k}{k!},k=0,1,2,\cdots \quad (4\text{-}5)$$

其中 $0\le s\le t$ 與固定參數 $\lambda>0$ 稱爲卜瓦松過程的抵達率（arrival rate）或強度（intensity）。參數 λ 表示單位時間內預期的跳動次數。我們不難瞭解上述單位時間以及 λ 的意思，即令 $h=\Delta t=t-s$，故 $\mu=\lambda\Delta t$ 帶入（4-5）式內，則（4-5）式不就是熟悉的卜瓦松分配的機率函數如（4-3）式嗎？換句話說，假定一段時間爲 $[0,T]$。若 $T=n\Delta t$，即將 T 分割成 n 個 Δt，此時 $T=1$ 就稱爲單位時間。我們舉一個例子說明。令 $T=1$、$\lambda=5$ 與 $\Delta t=0.01$，此時 $\mu=\lambda\Delta t=0.05$，此隱含著若 100 個交易日的預期跳動次數爲 5 次，則 1 個交易日的預期跳動次數爲 0.05 次。圖 4-3 的圖 c 就是根據上述參數以及卜瓦松分配如（4-5）式所繪製而成。

例 4 卜瓦松過程

續例 3。至於定義 2，根據 Ross（1996），一種計數過程 N_t 屬於參數爲 λ 的卜瓦松過程，其必須滿足下列條件：

(1) $N(0)=0$。

(2) 該過程的增量爲恆定的分配且增量之間彼此獨立。

(3) $P[N(h)=1]=\lambda h+o(h)$[7]。

(4) $P[N(h)\ge 2]=o(h)$。

---

[7] 若 $f(h)$ 爲 $o(h)$ 指的是 $\lim_{h\to 0}\frac{f(h)}{h}=0$，可以參考《財時》。

上述定義 1 與 2 是相等的[8]。

我們從條件 (3) 與 (4) 內可看出 $P[N(h) = 0] = 1 - \lambda h + o(h)$ 而根據條件 (4) 可以得到 $P\left[N(h)=2\right] \approx h^2 \frac{\lambda^2}{2} = o(h)$（Ross ,1996）；因此，定義 2 隱含者：

$$\begin{cases} P\left[N(h)=0\right]=1-\lambda h+o(h) \\ P\left[N(h)=1\right]=\lambda h+o(h) \\ P\left[N(h)=2\right]\approx h^2+0.5\lambda^2 h=o(h) \end{cases} \quad (4\text{-}6)$$

換言之，從（4-6）式內可看出出現 0 的機率爲 $1 - \lambda h$ 而出現 1 的機率爲 λh，至於出現高於或等於 2 的機率則等於 0。

利用定義 1～2 與（4-6）式我們倒是可以重新解釋圖 4-3。首先，從卜瓦松分配抽取出卜瓦松過程的觀察值。即令 $T = 1$，$h = \Delta t$ 以及 $\lambda = 5$。根據（4-6）式，於圖 a 內可知 $P[N(h) = 0]$、$P[N(h) = 1]$ 與 $P[N(h) = 2]$ 分別約爲 0.5、0.5 與 0.125；是故，圖 a 並不屬於卜瓦松過程。至於圖 b～d，按照上述機率順序，圖 b 分別約爲 0.95，0.05 與 0.00125、圖 c 分別約爲 0.995，0.005 與 0.0000125 以及圖 d 分別約爲 0.9995，0.0005 與 0.000000125。以圖 b 與 c 爲例，其出現跳動 1 次的機率分別約爲 5% 與 0.5%，而其出現跳動 2 次的機率則分別約爲 0.125% 與 0.00125%。

4.2 特殊的連續機率分配

本節將介紹三種特殊的連續機率分配，其分別爲均等（機率）分配（uniform distribution）、常態分配與 t 分配。如前所述，連續機率分配機率值已經以面積表示；換言之，就 $[a, b]$ 區間而言，間斷機率分配是以「加總」的方式計算上述區間的機率，而連續機率分配則以「積分」的方式計算上述區間的機率。

4.2.1 均等分配

考慮一種均等分配的 PDF，其可寫成：

$$f(x)=\frac{1}{b-a}, a \le x \le b \quad (4\text{-}7)$$

[8] 定義 2 隱含著定義 1，該證明可參考 Ross（1996）。

其中 $f(x)$ 的形狀可參考圖 4-4；換言之，根據圖 4-4，可得 $\int_a^b \frac{1}{b-a}dx = 1$。考慮下列的指令：

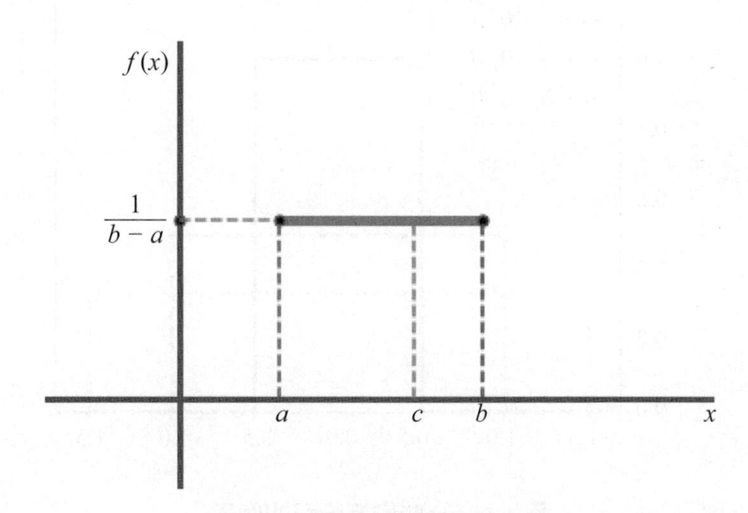

圖 4-4　均等分配機率的計算

```
def fx(x,a,b):
    return 1/(b-a)
def gx(x,a,b):
    return x/(b-a)
a = 0.35;b = 0.65;c = 0.55
integrate.quad(fx, a, b,args=(a,b))[0] # 1
integrate.quad(fx, a, c,args=(a,b))[0] # 0.6666666666666669
integrate.quad(gx, a, b,args=(a,b))[0] # 0.5
```

上述指令我們先分別設 $f(x) = 1/(b - a)$ 與 $g(x) = x/(b - a)$ 二個函數，然後再分別計算出 $\int_{0.35}^{0.65} f(x)dx = 1$ 與 $\int_{0.35}^{0.65} g(x)dx = 0.5$，後二者是利用 integrate.quad(.) 指令計算（該指令來自 scipy.integrate 程式套件）。從圖 4-4 內可看出，$\int_{0.35}^{0.55} f(x)dx = 0.6667$ 是其中一種機率。

根據（4-7）式，顧名思義，均等分配是指 $a \le x \le b$，x 的密度值皆爲 $f(x) = 1/(b - a)$，隱含著於 $[a, b]$ 區間內 x 出現的機率皆相同。我們不難擴充圖 4-4 的範圍。例如圖 4-5 繪製出 x 分別落於 $[-0.5, 0.5]$、$[-1, 1]$ 與 $[-1.5, 1.5]$ 區間的情況，讀者可以嘗試解釋其意義。

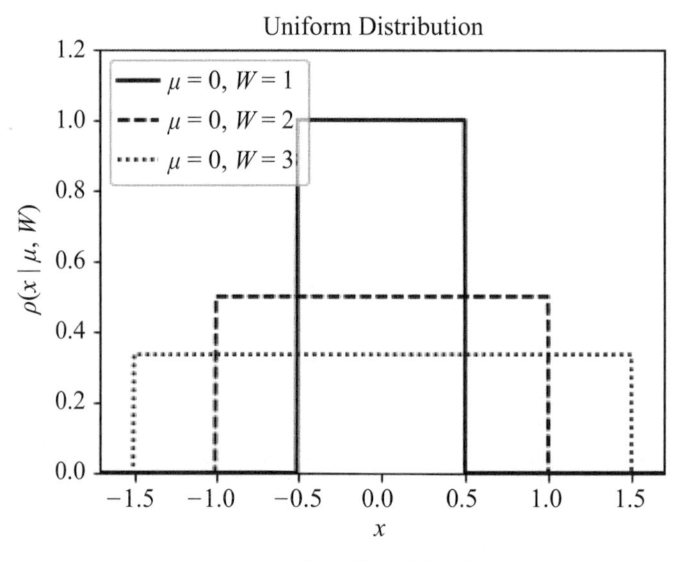

圖 4-5　**一些均等分配的例子**

考慮下列的指令：

```
mean,var,skewness,kurtosis = uniform.stats(loc=0,scale=1,moments='mvsk')
# 或 mean,var,skewness,kurtosis = uniform.stats(0,1,moments='mvsk')
print(mean) # 0.5
print(var) # .08333333333333333
print(skewness) # 0.0
print(kurtosis) # -1.2
```

値得注意的是，根據上述指令，「loc」與「scale」並非表示平均數與變異數（或標準差），其分別只是表示區間的「端點加上增量」，即該區間爲 $[loc, loc + scale]$，可以參考圖 4-6。圖 4-6 分別繪製從均等分配內抽取 $x = 100$ 個觀察值的位置圖，從圖內的縱軸可知 x 的範圍。例如：右下圖 x 的範圍爲 $[-0.5, 1]$，故得出 x 的實現值的 Python 指令爲：

```
np.random.seed(1111);x3 = uniform.rvs(-0.5,1.5,size=100)
```

即 x 的實現值均勻地從 −0.5 與 1 之間抽出。

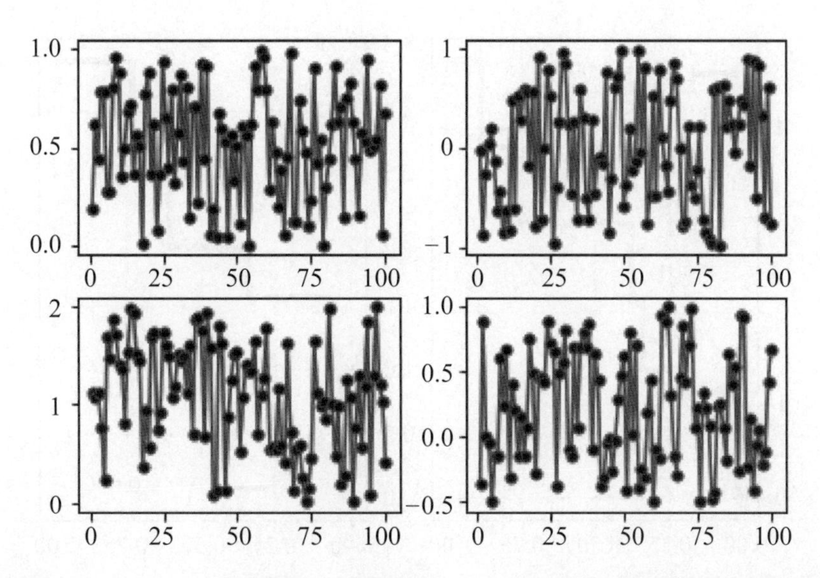

圖 4-6 按照左上、右上、左下與右下圖的順序，上述各圖分別從均等分配抽取 x 的 100 個觀察值，其中 x 的範圍分別為 [0, 1]、[−1, 1]、[0, 2] 與 [−0.5, 1]

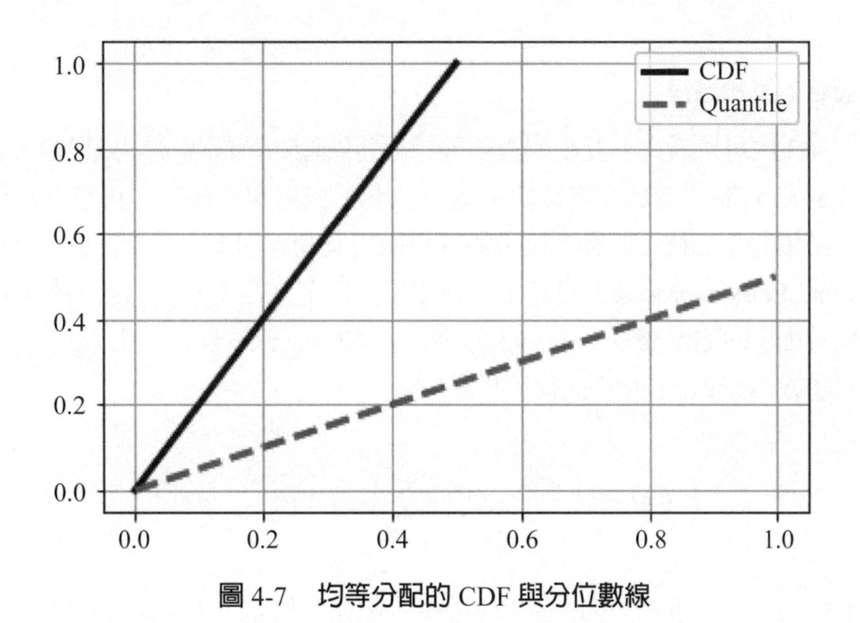

圖 4-7 均等分配的 CDF 與分位數線

例 1 均等分配的 CDF 與分位數

若 x 爲均等分配的隨機變數，其中 $0 \leq x \leq 1$。圖 4-7 分別繪製出均等分配的

CDF 與分位數（曲）線，讀者應該可以解釋該圖。

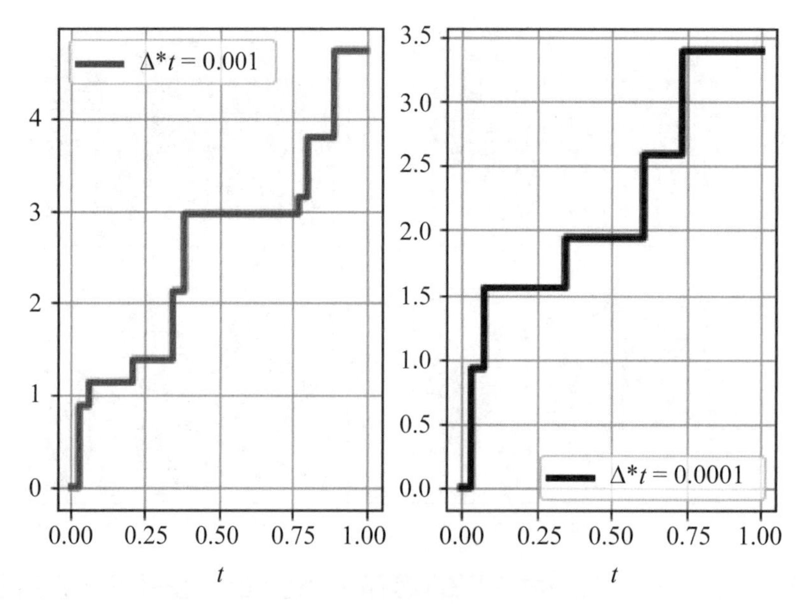

圖 4-8　複合卜瓦松過程的實現值時間走勢

例 2　複合卜瓦松過程

從圖 4-3 內可以看出卜瓦松過程雖然已經將跳動的時間轉成隨機變數，但是其缺點卻是跳動的幅度皆是固定數值；是故，卜瓦松過程於使用上仍有其缺陷。因此，我們必須將重心移至跳動幅度爲隨機變數的跳動過程上，其中複合卜瓦松過程（compound Poisson process）是其中一種選項。假定存在 $\{Q_k\}_{k\geq 1}$ 是一系列 IID（獨立且相同分配）的隨機變數，而 $\{N_t\}_{t\in R_+}$ 屬於一種卜瓦松過程，其中 $\{Q_k\}_{k\geq 1}$ 與 $\{N_t\}_{t\in R_+}$ 相互獨立，則複合卜瓦松過程可以寫成：

$$Y_t = Q_1 + Q_2 + \cdots + Q_{N_t} = \sum_{j=1}^{N_t} Q_j, t \in R_+ \tag{4-8}$$

根據（4-8）式，我們倒是可以有多種選擇。例如：假定 Q 屬於均等分配（介於 0 與 1 之間），令 $\lambda = 5$，圖 4-8 繪製出二種複合卜瓦松過程的實現值時間走勢，其中 $\Delta t = 0.001$ 與 $\Delta t = 0.0001$。我們從圖 4-8 內可以看出複合卜瓦松過程的特色，即跳動時間與跳動幅度皆是一種隨機變數。

4.2.2 常態分配

考慮一種常態分配的 PDF：

$$f(x)=\frac{1}{\sqrt{2\pi\sigma^2}}e^{-\frac{(x-\mu)^2}{2\sigma^2}},-\infty<x<\infty \tag{4-9}$$

其中 μ 與 σ 分別表示平均數與標準差。常態分配又稱爲高斯分配（Gaussian distribution），因其形狀像鐘（bell）故亦稱爲鐘形分配。有關於常態分配的性質，整理後可分述如下：

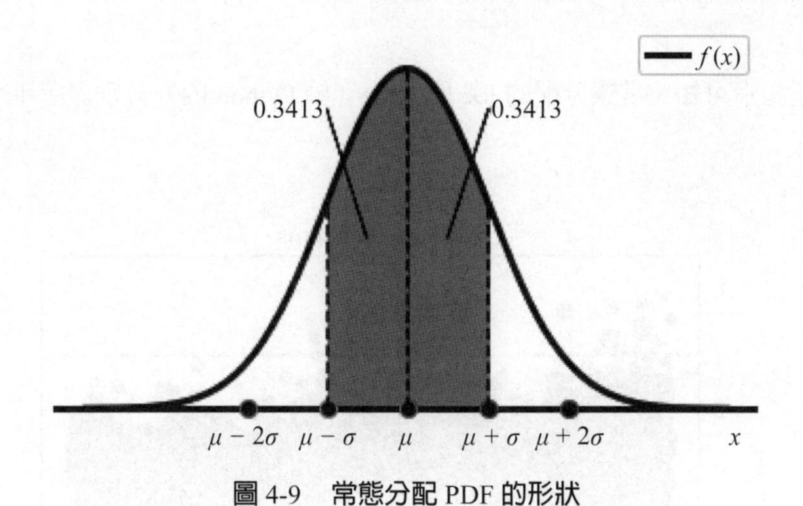

圖 4-9 常態分配 PDF 的形狀

(1) 常態分配屬於一種單峰分配，其峰頂的位置可對應至 μ 值，而 μ 值亦等於眾數與中位數。可以參考圖 4-9。

(2) 若以 μ 值爲中心，常態分配的「離散分佈」是以左右各擴充 $k\sigma$ 表示，故若 x 屬於常態分配，則 x 的實現值大多集中於 μ 值的附近。

(3) 常態分配是一種左右對稱的分配，即：

$$P(\mu\le x\le\mu+k\sigma)=P(\mu-k\sigma\le x\le\mu)$$

以及

$$P(\mu\le x\le\infty)=P(-\infty\le x\le\mu)=0.5$$

例如：

$$P(\mu \le x \le \mu+\sigma) = P(\mu-\sigma \le x \le \mu) \approx 0.3414 \Rightarrow P(\mu-\sigma \le x \le \mu+\sigma) \approx 0.6828$$

如圖 4-9 所示。上述機率值可用下列指令求得：

```
mu = 0;sigma = 1 # 標準差
from scipy.stats import norm
norm.cdf(mu+sigma,loc=mu,scale=sigma)-norm.cdf(mu,mu,sigma) # 0.3413447460685429
norm.cdf(mu+sigma,mu,sigma)-norm.cdf(mu-sigma,mu,sigma) # 0.6826894921370859
```

從上述指令可知，常態分配的 loc 與 scale（於 Python 內）分別表示平均數與標準差。

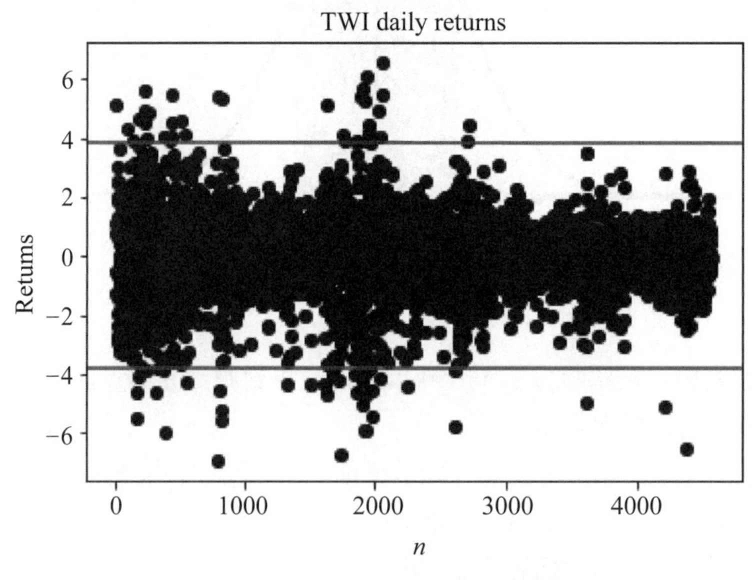

圖 4-10　TWI 日報酬率之散佈圖

(4) 續性質 (3)，分別可得：

$$P(\mu-2\sigma \le x \le \mu+2\sigma) \approx 0.9545$$

與

$$P(\mu - 3\sigma \le x \le \mu + 3\sigma) \approx 0.9973$$

即常態分配的觀察值分別落於 $[\mu - 2\sigma, \mu + 2\sigma]$ 與 $[\mu - 3\sigma, \mu + 3\sigma]$ 的可能性分別約為 95.45% 與 99.73%；換言之，數據資料若屬於常態分配，則該資料落於 $[\mu - 3\sigma, \mu + 3\sigma]$ 之外的可能性約只有 0.27%。我們可以利用表 1-4 內的 TWI 日報酬率資料檢視該資料是否存在過多的非常態資料[⑨]？即上述 TWI 日報酬率資料的 $\bar{x} = 0.0153$ 與 $s = 1.2639$（單位 %），分別以 $\bar{x}$ 與 s 取代 μ 與 σ，可分別計算出 $x_1 = \bar{x} + 3s = 3.807$ 與 $x_2 = \bar{x} - 3s = -3.7764$，即實際資料位於 $[x_1, x_2]$ 之外的可能性約為 1.73%，故 TWI 日報酬率資料內有過多的非常態資料[⑩]。

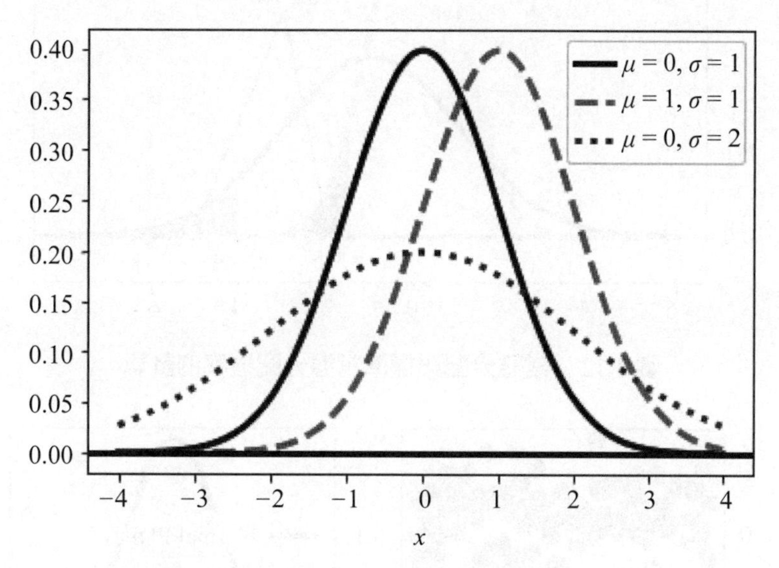

圖 4-11　不同 μ 與 σ 值的常態分配 PDF

(5) 根據（4-9）式，常態分配有二個參數 μ 與 σ，前者表示資料集中而後者則表示離散程度。圖 4-11 分別繪製出不同 μ 與 σ 值常態分配的 PDF 形狀，讀者應可以解釋該圖。

(6) 為了能同時比較不同 μ 與 σ 值的常態分配，通常可以將常態分配轉換至標準常

---

⑨ 非常態資料又稱為異常值或稱為離群值（outliers）。

⑩ 即根據常態分配，非常態資料約只有 12 個，但事實上卻有 79 個。

態分配，該轉換過程可稱爲「標準化（standardization）」；換言之，若 x 屬於平均數與標準差分別爲 μ 與 σ 的常態分配隨機變數，令 $z = \frac{x-\mu}{\sigma}$，則 x 屬於平均數與標準差分別爲 0 與 1 的標準常態分配隨機變數。舉例來說，若 $\mu = 1$ 與 $\sigma = 2$，可得 $P(x \geq x_1 = 4) = P\left(z = \frac{x-\mu}{\sigma} \geq z_1 = \frac{4-\mu}{\sigma} = 1.5\right) \approx 0.0668$ 如圖 4-12 所示，其中虛線爲標準常態分配。

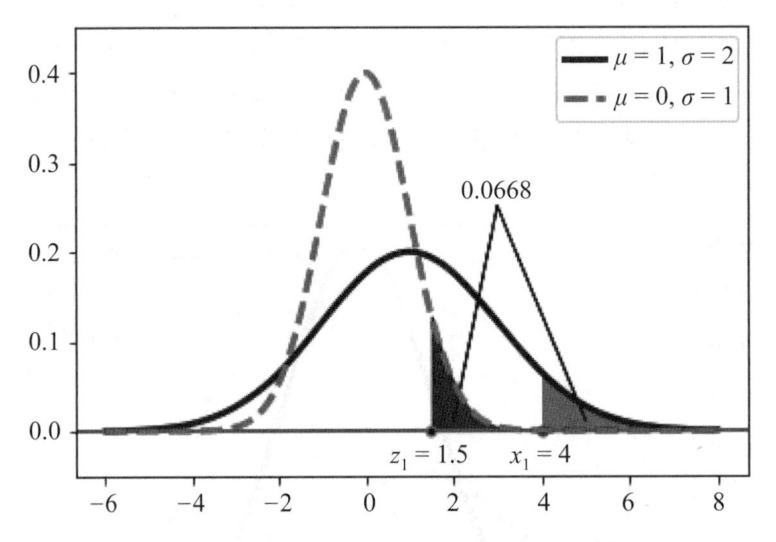

圖 4-12　常態分配與標準常態分配機率的計算

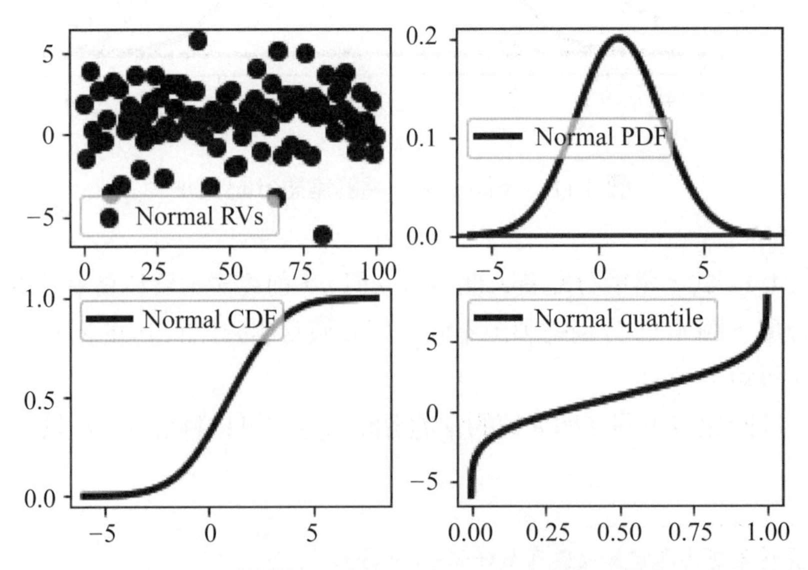

圖 4-13　常態分配的特色，按照左上、右上、左下與右下圖的順序，圖內分別繪製抽取 100 個觀察值的位置圖、PDF、CDF 與分位數曲線

(7) 常態分配的偏態與峰態係數分別爲 0 與 3。
(8) 圖 4-13 繪製出常態分配（$\mu = 1$ 與 $\sigma = 2$）的特色，讀者可嘗試解釋該圖並留意所附的 Python 指令。

例 1 常態分配機率的計算

學生的身高屬於常態分配，已知 $\mu = 173$ 與 $\sigma = 5$（公分），則可得：

(1) 某學生身高超過 190 的機率約爲 0.034%，即：

$$P(x > 190) = P\left(z = \frac{x-\mu}{\sigma} > \frac{190-\mu}{\sigma} = 3.4 \right) \approx 0.00034$$

其對應的 Python 指令爲：

```
mu = 173;sigma = 5
(1-norm.cdf(190,mu,sigma))*100 # 0.03369292656768552
z = (190-mu)/sigma;(1-norm.cdf(z,0,1))*100 # 0.03369292656768552
```

(2) 學生身高介於 168 與 175 之間的機率約爲 49.68%，即：

$$P(168 < x < 175) = P\left(\frac{168-\mu}{\sigma} < \frac{x-\mu}{\sigma} < \frac{175-\mu}{\sigma} \right) = P\left(0.4 < z < -1\right) \approx 0.4968$$

其對應的 Python 指令爲：

```
norm.cdf(175,mu,sigma)-norm.cdf(168,mu,sigma) # 0.4967664876788671
z1 = (175-mu)/sigma;z2 = (168-mu)/sigma # 0.4,-1.0
norm.cdf(z1,0,1)-norm.cdf(z2,0,1) # 0.4967664876788671
```

(3) 若 $P(x \geq x_0) = 0.1$，則 $x_0 \approx 166.59$，即：

$$P\left(z = \frac{x-\mu}{\sigma} > z_0 = \frac{x_0-\mu}{\sigma} \right) = 0.1 \Rightarrow x_0 = \mu + z_0\sigma$$

其中 $z_0 \approx -1.2816$，其對應的 Python 指令爲：

```
x0 = norm.ppf(0.1,mu,sigma);x0 # 166.592242172277
z0 = norm.ppf(0.1,0,1);z0 # -1.2815515655446004
# z0 = (x0-mu)/sigma => x0 = mu+z0*sigma
```

例 2　柴比雪夫定理

考慮下列的式子：

$$P\left(\left|x-\mu\right| \le k\sigma\right) = P\left(\mu - k\sigma \le x \le \mu + k\sigma\right) > 1 - \frac{1}{k^2} \tag{4-10}$$

其中 $k > 1$。（4-10）式可稱爲柴比雪夫定理（Chebyshev's theorem）。如前所述，常態分配觀察值的離散程度是以 μ 爲中心左右各擴充 $k\sigma$ 的範圍，故柴比雪夫定理如（4-10）式的意義並不難瞭解，只不過柴比雪夫定理並不需要假定 x 屬於何分配。令 $k = 2$，如圖 4-14 所示，其中虛線底下的深色面積約爲 75%。按照（4-10）式可知資料 x 位於 $[\mu - 2\sigma, \mu + 2\sigma]$ 區間內的可能性爲至少 75%，不過若假定 x 屬於常態分配，則 x 位於上述區間的可能性約爲 95.45%，因此假定 x 屬於常態分配的優點是 x 落於上述區間的可能性可以大爲提高，如圖 4-14 內的虛線逐漸接近於實線。

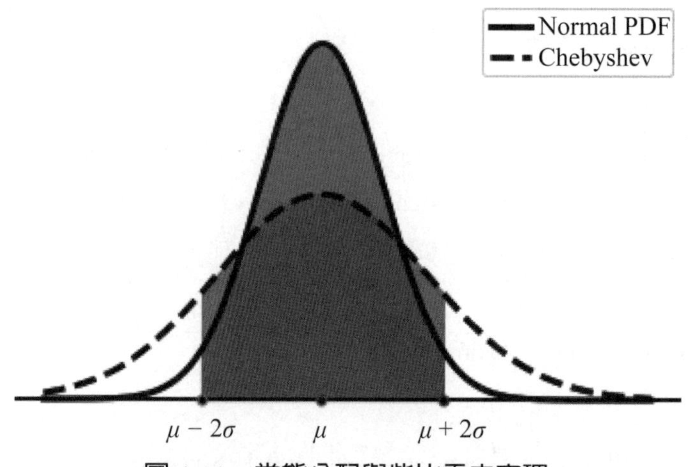

圖 4-14　常態分配與柴比雪夫定理

例 3 再談複合卜瓦松過程

圖 4-8 是假定跳動的幅度屬於均等分配，不過跳動幅度若改爲屬於常態分配如 $N(0, 2)$ 呢？圖 4-15 繪製出其中二種可能走勢，讀者可以比較圖 4-8 與 4-15 二圖內的時間走勢或更改所附的 Python 指令內的 np.random.seed(.) 指令。

例 4 常態分配與標準常態分配

若 $x \sim N(\mu, \sigma^2)$，則 x 的觀察值亦可寫成爲 $\mu + \sigma z$ 的實現值，其中 z 爲標準常態分配的隨機變數。

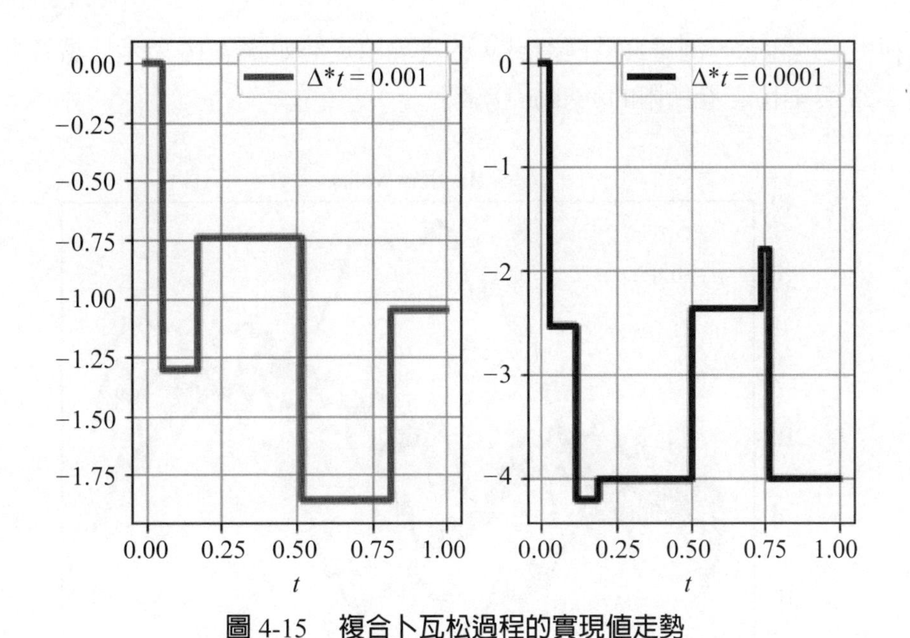

圖 4-15 複合卜瓦松過程的實現值走勢

例 5 再談隨機漫步

第 2 章有介紹具漂浮項的隨機漫步過程如 $y_t = \beta_1 + y_{t-1} + u_t$，其中 u_t 可稱誤差項（error terms）。我們可以看出上式的內涵，即分別以 $t = 1, 2, \cdots$，代入上式可得：

$$
\begin{aligned}
& y_1 = \beta_1 + y_0 + u_1 \\
& y_2 = \beta_1 + y_1 + u_2 = 2\beta_1 + y_0 + u_1 + u_2 \\
& \vdots \\
& y_t = \beta_1 t + y_0 + \sum_{i=1}^{t} u_i
\end{aligned}
\tag{4-11}
$$

令 $u_t \sim NID(0, \sigma^2)$（NID 表示獨立且相同常態分配）與 $y_0 = 0$。透過（4-11）式與例 4 可知若 $x = \mu + \sigma z$，則 $\sum_{i=1}^{t} x_i = y_t$，其中 $\beta_1 = \mu$；換言之，具漂浮項的隨機漫步過程如 y_t 相當於加總 t 個常態隨機變數 $v_t \sim NID(\mu, \sigma^2)$。因此，簡單地說，具漂浮項的隨機漫步過程可以拆成二個部分，其一是確定趨勢如（4-11）式內的 $y_0 + \beta_1 t$ 項，另一則是隨機趨勢如 $\sum_{i=1}^{t} u_i$ 項。有意思的是，何謂隨機趨勢？原來就是誤差項的加總，因誤差項為未知，故隨機趨勢亦為未知。若假定誤差項屬於 $NID(\mu, \sigma^2)$，可知確定趨勢的斜率為 μ 而隨機趨勢為 $\sigma \sum z$，其中標準差 σ 可稱為擴散（diffusion）參數。

利用上述觀念，倒是容易模擬出 y_t 的實現值走勢如圖 4-16 所示。讀者可以比較圖 2-23 與 4-16 二圖所附的 Python 指令。

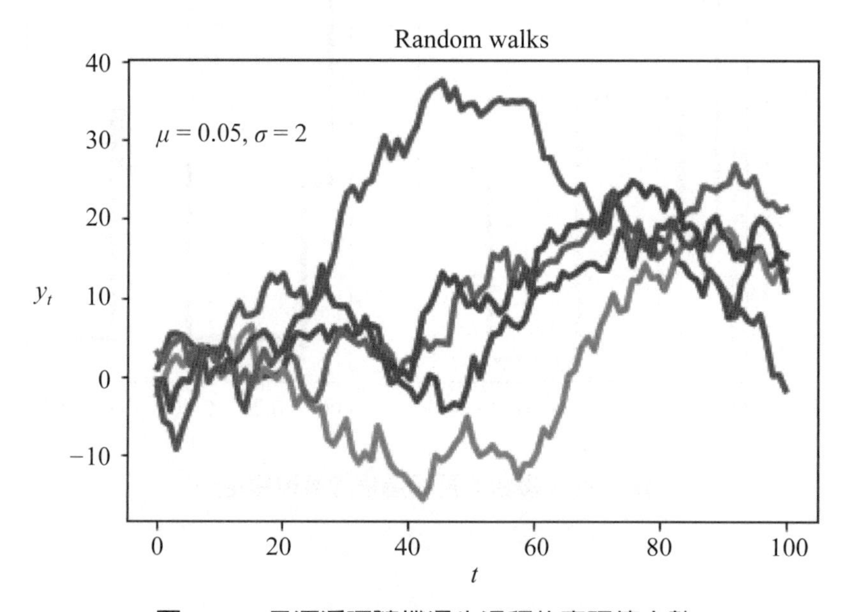

圖 4-16　具漂浮項隨機漫步過程的實現值走勢

例 6　對數常態分配

對數常態分配（lognormal distribution）的 PDF 可寫成：

$$f(x, s) = \frac{1}{sx\sqrt{2\pi}} e^{\left(-\frac{\log(x)^2}{2s^2}\right)}, x > 0, s > 0 \tag{4-12}$$

圖 4-18 繪製出對數常態分配 PDF 的形狀，從圖內可看出 x 的實現值不爲負值，故對數常態分配常用於模型化資產價格。圖 4-17 對應的指令爲：

```
from scipy.stats import lognorm
x = np.linspace(0,5,200)
fig = plt.figure()
mu = 0;sigma = 1
plt.plot(x,lognorm.pdf(x,s=sigma,scale=np.exp(mu)),lw=4,c='black',label='$\mu=0$,$\sigma=1$')
sigma = 2
plt.plot(x,lognorm.pdf(x,s=sigma,scale=np.exp(mu)),'--',lw=4,c='red',label='$\mu=0$,$\sigma=2$')
mu = -2;sigma = 1
plt.plot(x,lognorm.pdf(x,s=sigma,scale=np.exp(mu)),'-.',c='blue',lw=4,label='$\mu=-2$,$\sigma=1$')
plt.axhline(y=0,lw=3,c='black');plt.legend();plt.xlabel('x');plt.ylabel('f(x)')
```

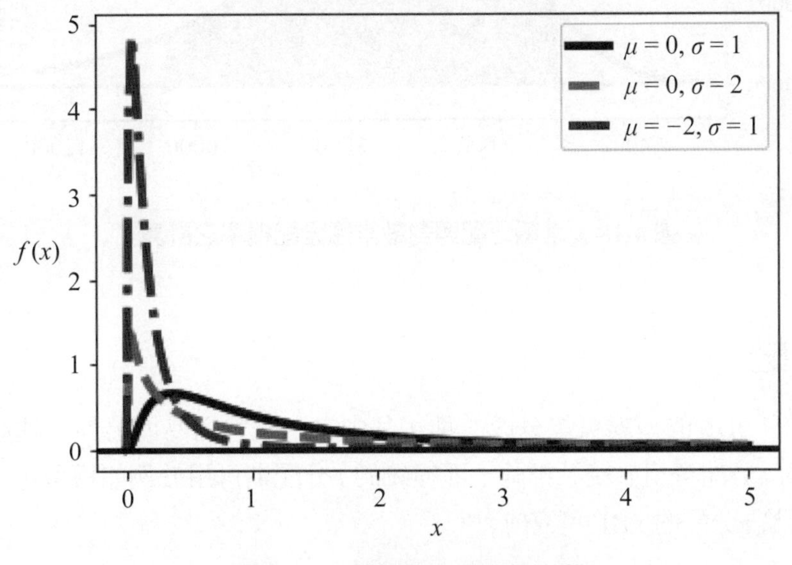

圖 4-17　對數常態分配的形狀

顧名思義，「取過對數後爲常態分配」，其實比較（4-9）與（4-12）二式可發現常態分配與對數常態分配的 PDF 之間存在著關聯，即令 $y = e^x$，其中 $x \sim N(\mu, \sigma^2)$。於上述的 Python 指令如 lognorm.pdf(.) 內，我們的參數設定值爲 $s = \sigma$ 與 $scale = e^\mu$。我們舉一個例子說明上述二個參數設定值的意義。考慮 2000/1/4～2019/7/31 期間的 TWI 日收盤價資料並令之爲 y。若假定 y 屬於對數常態分配，隱含著 x 屬於常態分配，其中 $y = e^x$。y 取過對數值後可計算 $\bar{x}$ 與 s_x 分別約爲 8.9085 與 0.252。我們以 $\bar{x}$ 與 s_x 分別取代 μ 與 σ。先檢視圖 4-18 的上圖，於該圖內，可得 $P(8.5 \le x \le 9.25) \approx 0.8598$。圖 4-18 的下圖繪製出對數常態分配 y 的 PDF 曲線。若使用上述 μ 與 σ 值，亦可得 $P(y_1 \le y \le y_2) \approx 0.8598$，即圖 4-18 上下圖內深色面積相同。因此，常態分配與對數常態分配使用相同的 μ 與 σ 值。

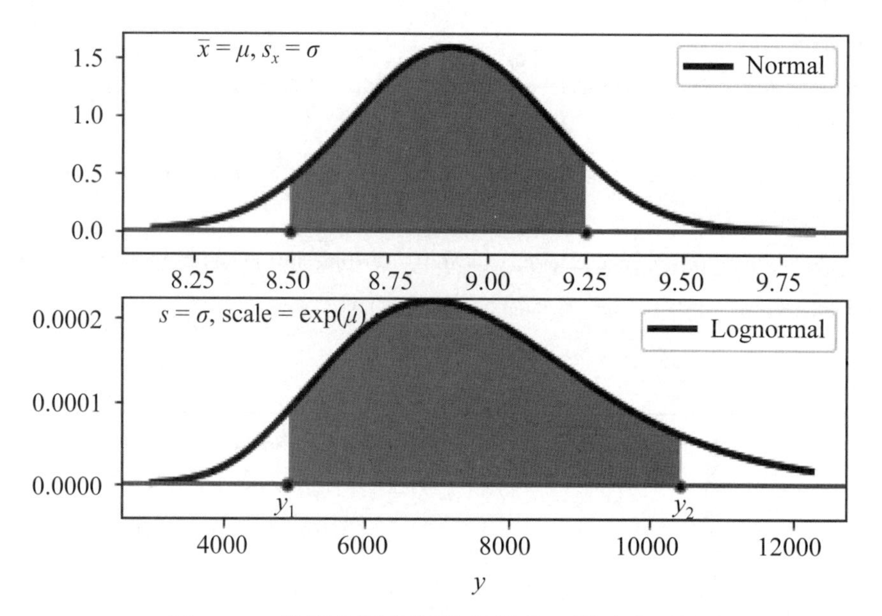

圖 4-18　常態分配與對數常態分配機率之計算

4.2.3 *t* 分配

t 分配的 PDF 的型態可以分成二種，其中之一較爲簡易而另外一種則稍嫌複雜。簡易的 *t* 分配可用於統計推論，而複雜的 *t* 分配則可用於例如模型化資產的報酬率[11]。簡易 *t* 分配的 PDF 可寫成：

$$f(x \mid \nu) = \frac{\Gamma\left(\frac{\nu+1}{2}\right)}{\sqrt{\nu\pi}\,\Gamma\left(\frac{\nu}{2}\right)}\left(1+\frac{x^2}{\nu}\right)^{-\frac{\nu+1}{2}}, -\infty < x < \infty \qquad (4\text{-}13)$$

[11] 簡易與複雜的 *t* 分配於《財統》或《財數》內分別稱爲「古典」與「標準」*t* 分配。

其中 v 稱為自由度，而 $\Gamma(\cdot)$ 則為 Gamma 函數[12]。（4-13）式內只有一個未知參數 v，故其較為簡易。試下列的指令：

```
from scipy.stats import t
df = [2,3,10,20,30]
mean,var,skew,kurtosis = t.stats(df,moments='mvsk')
print(mean) # [0. 0. 0. 0. 0.]
print(var) # [inf 3. 1.25 1.11111111 1.07142857]
print(skew) # [nan nan    0.    0.    0.]
print(kurtosis) # [nan inf 1. 0.375 0.23076923]
```

上述指令說明了可以利用程式套件（scipy.stats）取得有關於 t 分配的操作指令；換言之，令 $v = 2, 3, 10, 20, 30$，可看出（簡易）t 分配的特徵。值得注意的是，上述 t 分配的變異數（或標準差）並非等於 1；另外，t 分配的超額峰態係數大於 0，隱含著「高峰厚尾」的特徵，故 t 分配較常態分配適合模型化財金資產的報酬率。

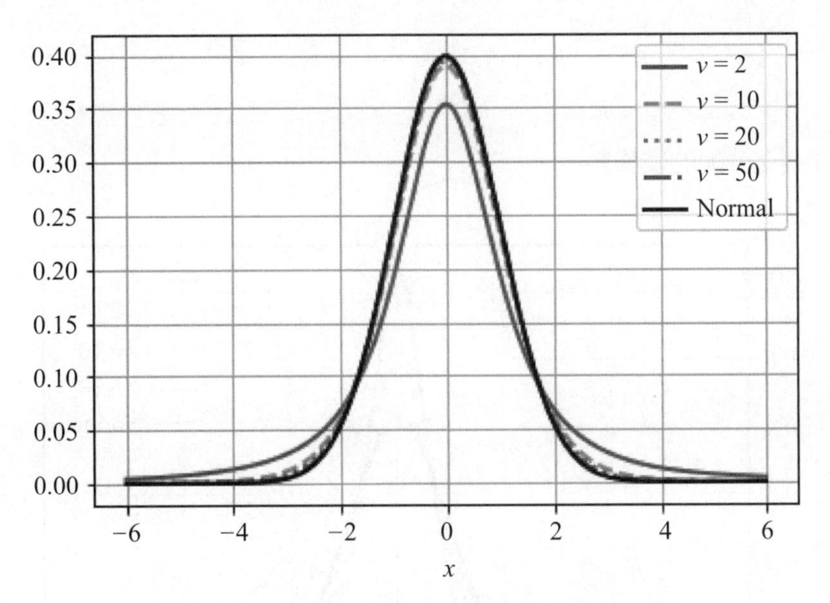

圖 4-19　簡易 t 分配與標準常態分配的比較

---

[12] 因用 Python 操作，此處 $\Gamma(\cdot)$ 的數學型態並不重要。

圖 4-19 分別繪製出不同 v 下的簡易 t 分配與標準常態分配的 PDF。該圖說明了 t 分配亦是一種對稱的分配且隨著 v 值愈大，t 分配愈接近於常態分配。如前所述，圖 4-19 的結果適用於統計推論（後面章節會介紹），但是該圖卻與直覺衝突，即相對於常態分配而言，t 分配應該是一種「高峰厚尾」的型態，但是圖內卻顯示不是上述結果。我們已經知道圖 4-19 內 t 分配的變異數不等於 1，故不能與標準常態分配（其變異數等於 1）同時比較，只是我們如何取得變異數等於 1 的 t 分配呢？爲了回答後一問題，我們需思考另外一種 t 分配。

另外一種 t 分配就是前述複雜（或稱爲一般化）的 t 分配，其 PDF 可寫成：

$$f(x|\nu,\mu,s)=\frac{\Gamma\left(\frac{\nu+1}{2}\right)}{\sqrt{\nu\zeta^2\pi}\,\Gamma\left(\frac{\nu}{2}\right)}\left(1+\frac{1}{\nu}\frac{(x-\mu)^2}{\zeta^2}\right)^{-\frac{\nu+1}{2}},-\infty<x<\infty \tag{4-14}$$

其中 ζ 是一個尺度參數（scale parameter）。（4-14）內參數的角色爲：

$$E(x)=\mu,\nu>1 \tag{4-15}$$

$$Var(x)=\zeta^2\frac{\nu}{\nu-2},\nu>2$$

即 ζ^2 並不是 t 分配的變異數。

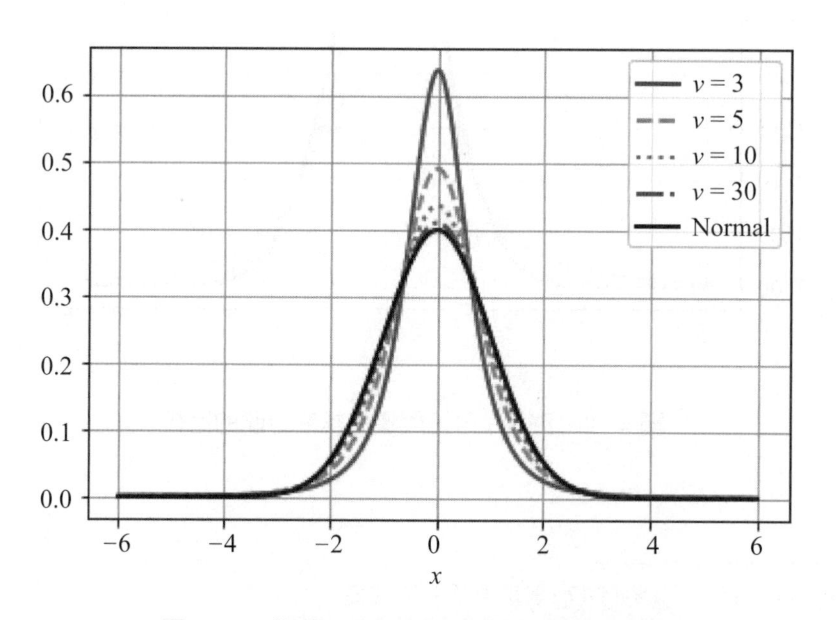

圖 4-20　複雜 t 分配與標準常態分配的比較

複雜 t 分配的 PDF 如（4-14）式內有 3 個參數，故使用該分配需已知 μ、ζ 與 v 值；不過，透過（4-15）式可將 ζ 值轉換成 σ 值，後者就是 t 分配的標準差。若令 $\mu = 0$ 與 $\sigma = 1$，圖 4-20 繪製出不同 v 下的複雜 t 分配與標準常態分配的 PDF，從圖內可看出其結果已與我們的直覺一致；換言之，就 t 分配而言，v 值愈小「高峰厚尾」的程度愈明顯；反之 v 值愈大，則 t 分配會接近於（標準）常態分配。可以留意的是，v 值愈小 t 分配的前四級動差有可能不存在。讀者可以比較圖 4-19 與 4-20 二圖所附的 Python 指令。令 $\mu = 0$、$\sigma = 1$ 以及 $v = 4$，圖 4-21 繪製出 t 分配的四種特色，讀者可以練習看看。

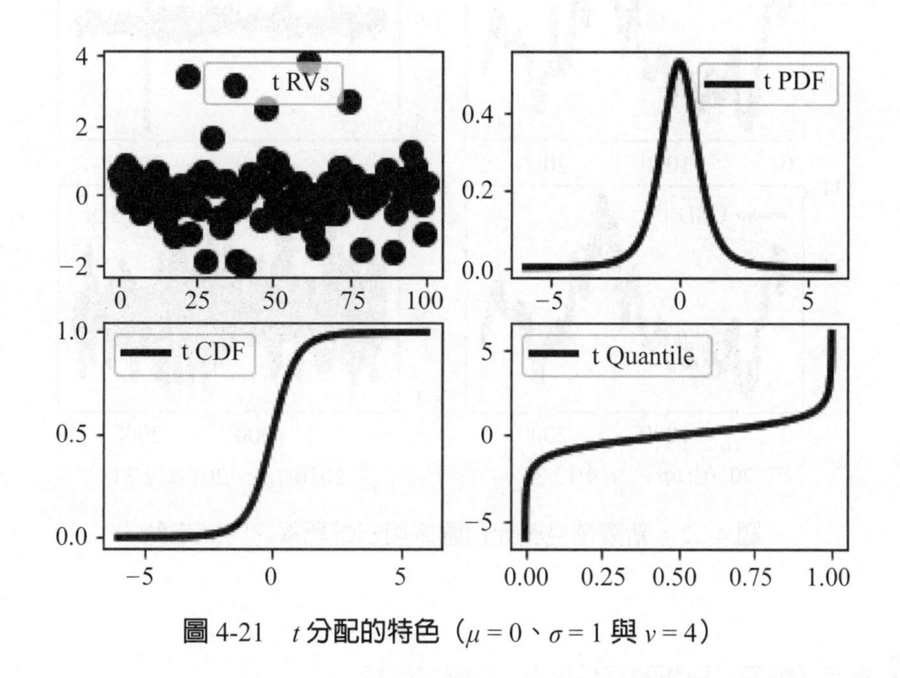

圖 4-21　t 分配的特色（$\mu = 0$、$\sigma = 1$ 與 $v = 4$）

例 1　美元兌新臺幣之日匯率與日報酬率

至中央銀行網站下載美元兌新臺幣日匯率之歷史資料（2010/1/4～2019/12/31）後，將其轉換成日（對數）報酬率序列資料。圖 4-22 的上圖分別繪製出上述序列資料的時間走勢，於右圖內可發現存在異常值[13]。圖 4-22 的下圖則分別繪製出刪除

[13] 該異常值出現於 2017/9/1，當時是受到美中貿易戰的影響（即美國總統川普宣佈自 2017/9/1 開始將中國輸往美國的 3000 億美元的商品由加徵 10% 的關稅提高至加徵 15%），新臺幣急貶 1.14 角，不過隨後（隔日）即拉回。

上述異常值的時間走勢圖[14]。我們發現有無包括上述異常值對於我們的分析影響甚大。例如：若有包括異常值，則日報酬率資料的偏態與（超額）峰態係數分別約爲 -0.4085 與 103.5772；但是，若沒有包括異常值，則上述二係數分別約爲 0.1997 與 2.9805，因此有包括異常值會嚴重扭曲對應的敘述統計量。畢竟新臺幣的急貶或急升並不常見，故底下我們只分析沒有包括異常值的情況。

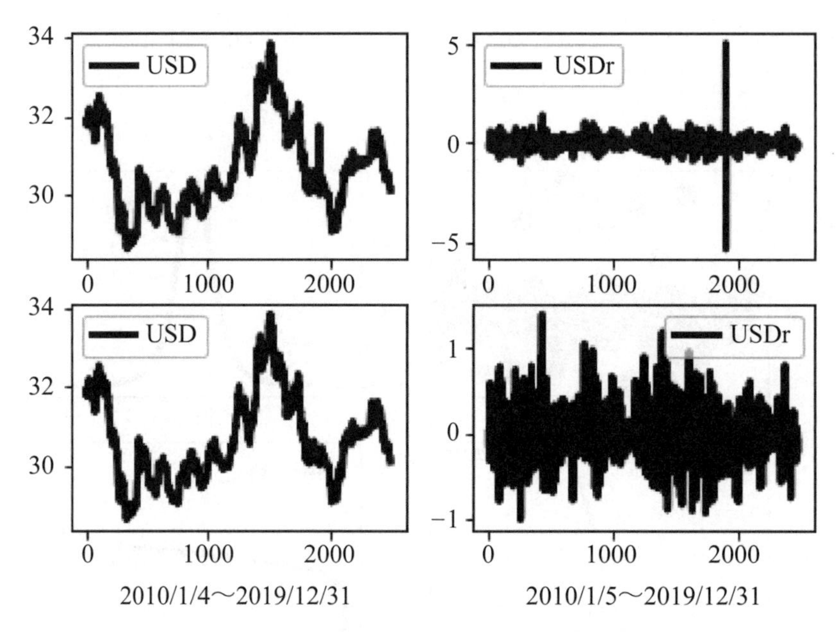

圖 4-22　新臺幣兌美元日匯率與日報酬率之時間走勢

例 3　美元（匯率）日報酬率分配與 t 分配之比較

假定上述美元日報酬率資料屬於 t 分配。若以上述美元日報酬率資料的平均數與標準差分別表示 μ 與 σ，於 $\nu = 2.6$ 之下可得 ζ 約爲 0.1103，圖 4-23 分別繪製出美元匯率日報酬率資料的分配以及對應的 t 分配 PDF。爲了比較起見，圖 4-23 亦繪製出對應的常態分配。從圖 4-23 可看出美元日報酬率資料絕非屬於常態分配，其反而與 t 分配較爲接近。

[14] 即刪除 2017/9/1 的匯率資料。

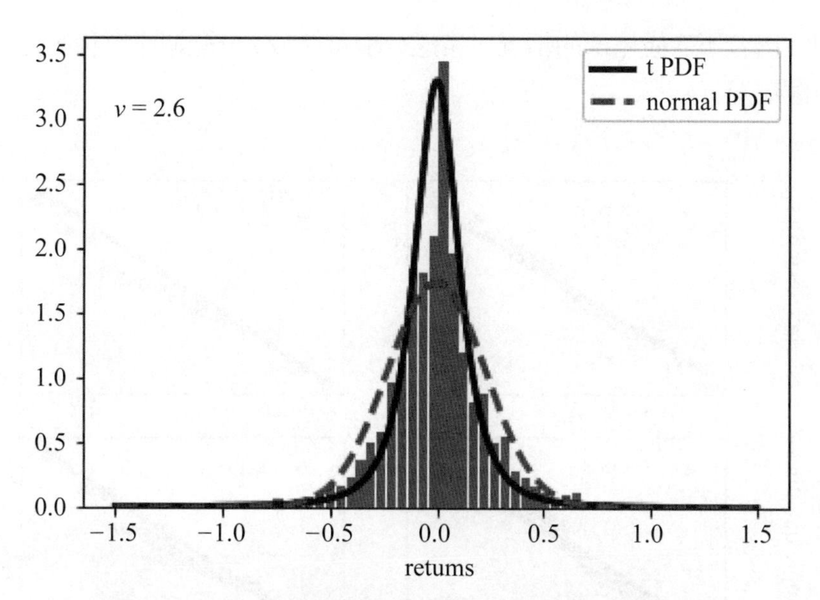

圖 4-23　美元日報酬率分配與 t 以及常態分配之比較

4.3 QQ 與 PP 圖

圖 4-23 是比較實際資料的直方圖與假定的 t 分配 PDF 之間是否一致，即若一致，則上述實際資料不就可以視爲 t 分配隨機變數的實現值嗎？其實，我們也可以使用分位數對分位數圖（Quantile-Quantile, QQ plots）以檢視實際的觀察值是否符合機率分配的實現值。直覺而言，我們可以同時比較並繪製實際資料的實證分位數曲線與機率分配的理論分位數曲線圖，該圖就稱爲 QQ 圖。例如：令 p 表示介於 0 與 1 之間的累積機率，若從標準常態分配內抽取 100 個觀察值，利用第 2 章的方法與常態分配的特徵如圖 4-13 所示，我們可以分別取得 p 之下的實際與理論分位數資料，然後再繪製後二資料之間的散佈圖，該圖就繪製如圖 4-24 的上左圖所示，其中直線爲 45 度線。圖 4-24 的其餘各圖可類推。理所當然，若實際與理論一致，則散佈圖應非常接近 45 度線。

從圖 4-24 內可看出右上圖與左下圖的 QQ 圖的配適度並不如對應的圖示。例如：右上圖係繪製理論常態分配觀察值對實際 t 分配觀察值的散佈圖，明顯地其 QQ 圖的配適度並不如對應的左上圖。因此，QQ 圖可視爲圖 4-23 的輔助圖形。換句話說，我們懷疑圖 4-23 內的美元日報酬率資料可能與 t 分配有關，故仍以上述資料的平均數與標準差取代 μ 與 σ 以及假定 $v = 2.6$，圖 4-25 的左圖繪製出上述美元資料對 t 分配的 QQ 圖；另一方面，右圖則繪製美元資料對常態分配的 QQ 圖。

從圖內可看出若不考慮尾部的情況，常態分配可能較 t 分配適合解釋美元日報酬率資料的分配情況。

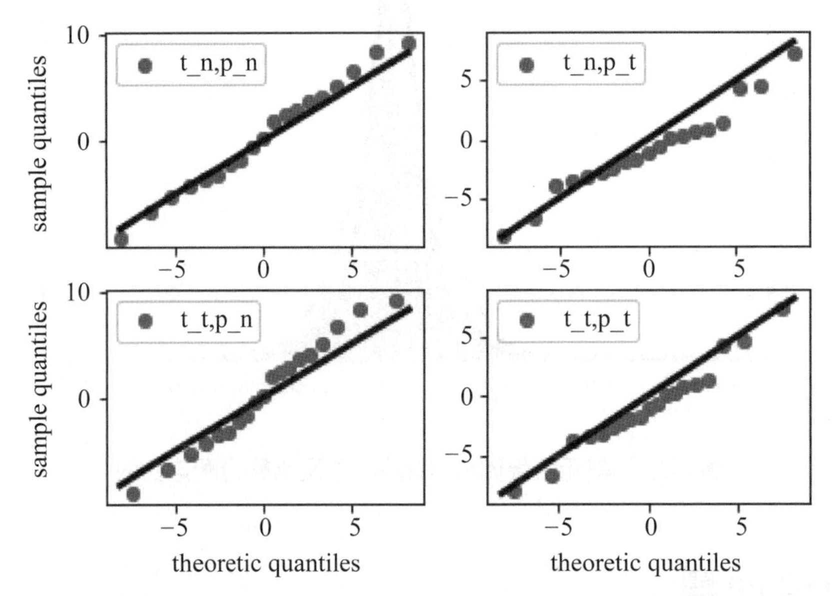

圖 4-24　理論與實際的 QQ 圖，t_t 與 t_n 分別表示理論的 t 與常態分配，而 p_t 與 p_n 分別表示實際的 t 與常態分配

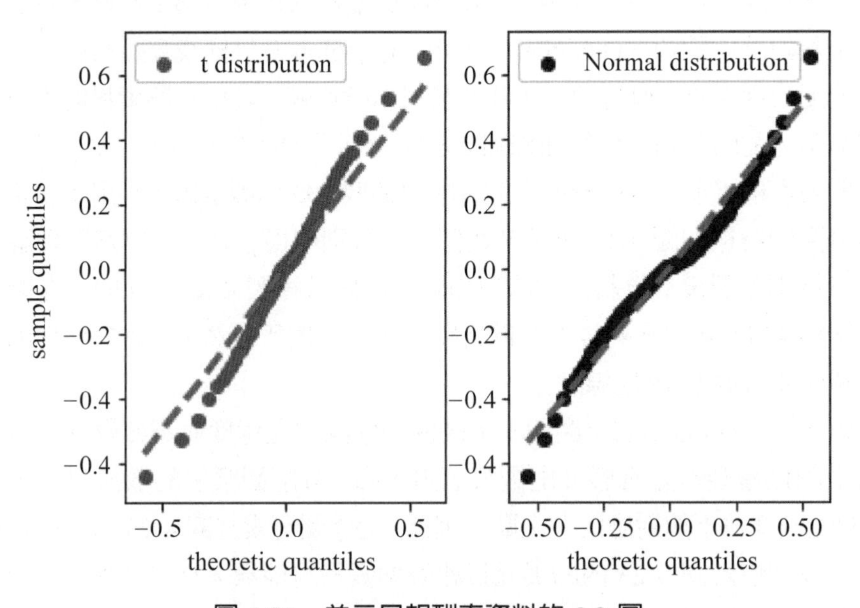

圖 4-25　美元日報酬率資料的 QQ 圖

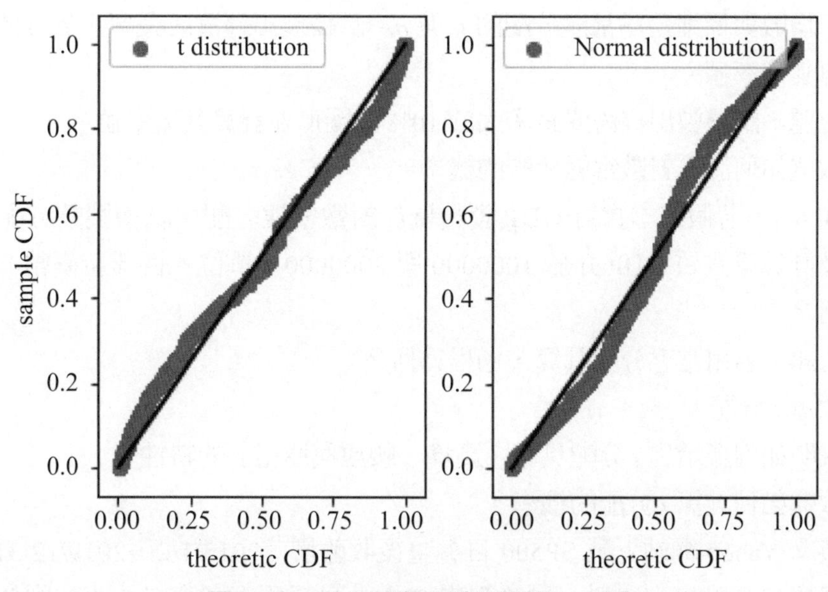

圖 4-26 美元日報酬率資料的 PP 圖

如前所述，QQ 圖是強調實證分位數對理論分位數是否相等，其實透過分位數與 CDF 之間的關係，我們亦可改成實證機率與理論機率之間是否一致的圖形，該圖就稱爲機率對機率圖（probability-probability plots）或簡稱爲 PP 圖。換言之，利用圖 4-25 的美元日報酬率資料，我們先使用第 1 章的方法取得實證 CDF，然後再分別計算 t 分配與常態分配的理論 CDF，其中仍以美元日報酬率資料的平均數與標準差分別表示 μ 與 σ（t 分配的 v 值等於 2.6），圖 4-26 分別繪製出實證 CDF 對 t 分配理論 CDF 以及實證 CDF 對常態分配理論 CDF 的 PP 圖。從圖 4-26 可看出美元日報酬率資料似乎以 t 分配模型化較恰當。

習題

(1) 試說明機率分配的特徵。

(2) 試說明卜瓦松分配與卜瓦松過程之間的關係。

(3) 試說明常態分配與對數常態分配之間的關係。

(4) 利用第 2 章的季實質 GDP 資料，試將該資料轉換成經濟成長率（季實質 GDP 的年增率）資料並繪製其時間走勢圖。

(5) 續上題，經濟成長率資料是否有可能接近於常態分配？試說明之。

(6) 續上題，若假定經濟成長率資料屬於常態分配，其中分別以經濟成長率資料的平均數與標準差為常態分配的 μ 與 σ。試繪製出經濟成長率小於 0 的圖形並計算其機率值。

(7) 續上題，試繪製出經濟成長率大於 10% 的圖形並計算其機率值。

(8) 試敘述如何計算對數常態分配的機率。

(9) 續題 (4)，若假定季實質 GDP 資料屬於對數常態分配，試繪製該分配的 PDF 以及計算季實質 GDP 介於 1000000 與 3000000（單位：百萬新臺幣）的機率為何？

(10) 續上題，若用常態分配計算，過程為何？

(11) 試敘述 t 分配。

(12) 試說明如何顯示出 t 分配具有「高峰、腰瘦與厚尾」的特性。

(13) 試敘述如何計算 t 分配的機率。

(14) 至英文 Yahoo 網站下載 SP500 日調整後收盤價（2015/1/2～2019/12/31），再轉換成日報酬序列資料。試繪製出 SP500 日報酬序列資料的直方圖並與常態分配以及 t 分配的 PDF 比較，其中 μ 與 σ 分別以 SP500 日報酬序列資料的平均數與標準差取代，其次令 $v = 3$。

(15) 續上題，試分別利用 t 分配與常態分配計算 SP500 日報酬小於 −4% 與大於 4% 的機率。

(16) 何謂 QQ 與 PP 圖？試解釋之。

(17) 利用題 (14) 的 SP500 日報酬率資料，試繪製對常態分配以及對 t 分配的 QQ 圖。結果為何？

(18) 續上題，試繪製對常態分配以及對 t 分配的 PP 圖。結果為何？

(19) 何謂複合卜瓦松過程？試解釋之。

(20) 若在一種隨機漫步內加上若干程度的複合卜瓦松過程呢？變成有跳動的隨機漫步過程。試模擬看看。提示：可以參考圖 4-a。

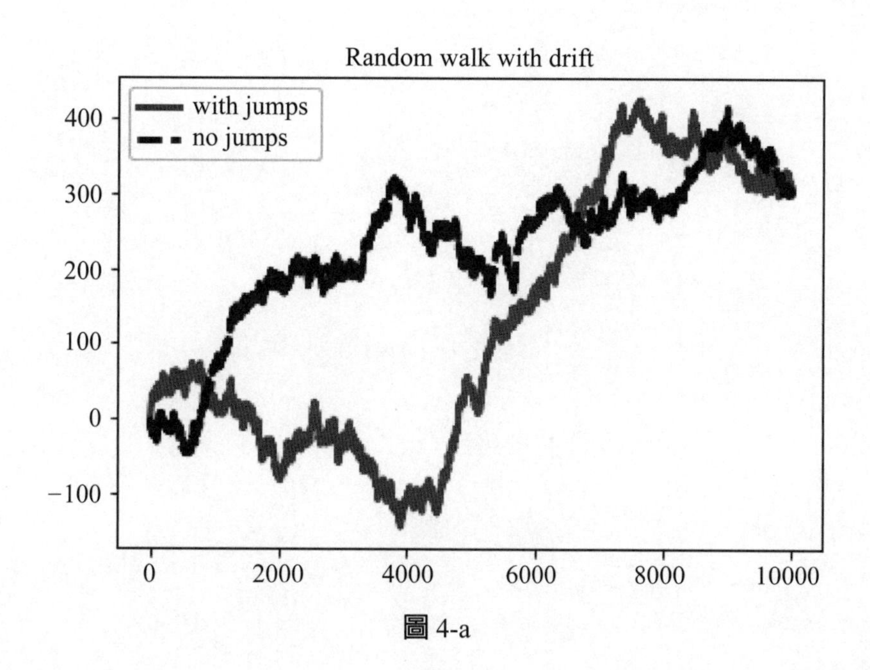
Random walk with drift
with jumps
no jumps
400
300
200
100
0
−100
0
2000
4000
6000
8000
10000

圖 4-a

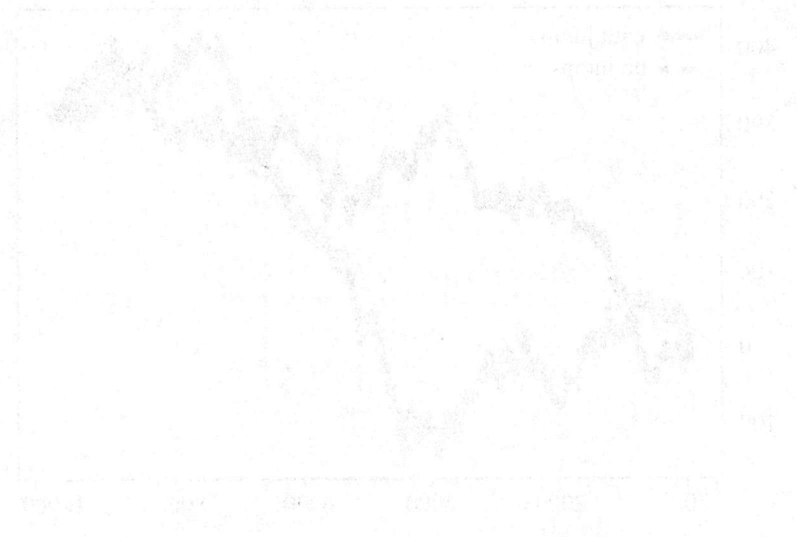

Chapter 5

區間估計

如前所述，我們從事統計分析的目的是爲了進行統計推論。何謂統計推論？簡單地說，就是如何利用樣本統計量「估計或推論」對應的母體參數。本章將介紹如何利用 $\bar{x}$、s^2 與 $\bar{p}$（樣本比率）以估計母體的參數如 μ、σ^2、p（母體比率）以及二個母體變異數比率 σ_1^2/σ_2^2。我們所強調的是不僅用單一值估計、同時亦用區間估計（interval estimation）。換言之，μ、σ^2、p 與 σ_1^2/σ_2^2 的區間估計分別爲：

$$[x - \delta_1, \bar{x} + \delta_2]、[\delta_3 s^2, \delta_4 s^2]、[\bar{p} - \delta_5, \bar{p} + \delta_6] 與 [\delta_7 s_1^2/s_2^2, \delta_8 s_1^2/s_2^2] \quad (5\text{-}1)$$

直覺而言，顯然用區間估計如（5-1）式應較只單獨使用 $\bar{x}$、s^2 與 $\bar{p}$ 等估計值估計到對應的母體參數。因此，本章的第一個重點爲如何解釋（5-1）式以及解釋式內的 δ_i（$i = 1, 2, \cdots, 8$）的意義。

若仔細檢視（5-1）式，應會發現區間估計值並不是固定的，原因就在於 $\bar{x}$、s^2 與 $\bar{p}$ 等值皆是一種隨機變數。例如：$\bar{x}$ 值會隨抽出的樣本數改變，或者說於未計算出 $\bar{x}$ 值之前不知其爲何？因此，我們所使用的是隨機（stochastic）區間估計。那我們如何從事區間估計呢？第一個步驟是先找出所有的 $\bar{x}$、s^2 與 $\bar{p}$ 值，套用第 3 章的用語，就是先找出 $\bar{x}$、s^2 與 $\bar{p}$ 等的抽樣分配。原本抽樣分配的概念是抽象的，但是利用電腦模擬，我們倒是可以輕易得出上述抽樣分配。第二個步驟就是利用機率分配的特性（第 4 章），不難找出隨機區間估計。

本章的第二個重點是除了使用常態分配與 t 分配的特性外，本章將額外再介紹卡方分配（chi-squared distribution，χ^2 分配）與 F 分配，其中卡方分配與 F 分配皆根源於常態分配；也就是說，統計學內有四種基本的（連續）機率分配，其分別爲常態、t、卡方以及 F 分配，於統計推論內，上述四種基本的機率分配扮演著重要的角色。

早期統計學的學習，因沒有使用電腦操作，故大多使用「附表」的方式以取得上述四種機率分配的特徵，使用起來當然較無效率且也不完整。本書改用 Python 思考，其中最大的優點就是利用 Python 內的函數指令，卻也可輕易地掌握上述四種機率分配的特徵或性質。值得注意的是，本節四種機率分配所使用的 Python 的函數指令皆來自於 scisy.stats 模組。讀者透過所附的 Python 指令，應能瞭解各函數指令的操作。

5.1 中央極限定理與應用

底下介紹中央極限定理（central limit theorem, CLT）。CLT 可說是 LLN 的應用（第 3 章）。例如：當 $n \to \infty$ 則 $\bar{x} \to \mu$，我們當然無法取得樣本數 n 等於 ∞ 的情況，即也許 LLN 是觀察不到的，但是透過 CLT 卻可間接證明 LLN 的存在。

5.1.1 CLT

CLT 的定義可寫成：

令 x 表示一種未知母體的 IID 隨機變數，其中 x 的平均數與標準差分別為 μ 與 σ，而 μ 與 σ 皆為有限值。CLT 指出若從上述母體隨機抽取 n 個樣本，只要 n 夠大，則 $\bar{x}_n$ 的抽樣分配會接近於平均數與標準差分別為 μ 與 $\sigma/\sqrt{n}$ 的常態分配。

因此，若能符合 CLT 的要求，則 $\bar{x}_n$ 的抽樣分配會漸近於常態分配，寫成 $\bar{x}_n \sim N(\mu, \sigma^2/n)$。換言之，CLT 能成立須滿足下列三個條件：

(1) x 屬於 IID 的隨機變數；

(2) $E(x) = \mu$ 與 $Var(x) = \sigma^2$，μ 與 σ^2 皆為有限值；

(3) 從未知母體內抽取 n 個隨機樣本。

於前面的章節內我們已經多次利用 Python 指令可以從已知的機率分配內（連續）抽取 n 個樣本，故欲滿足上述三個條件似乎不難。例如：若 μ 與 σ^2 為已知數，則從 $N(\mu, \sigma^2)$ 抽取 n 個樣本相當於從相同的分配內連續抽取 1 個樣本 n 次，且每次抽取皆相互獨立；另一方面，抽取的可能性是根據機率分配而來，故可得 n 個隨機樣本①。

雖說如此，上述是指母體的型態爲已知，但若母體的型態爲未知，則上述的抽樣方法顯然就不適用了。還好，此時我們可以利用拔靴法所強調的「抽出放回」方法。假定母體爲 $\Omega = [1, 2, 3, 4]$，若使用抽出放回方法從 Ω 內抽取觀察值並令爲 x，則 x 不就是屬於 IID 隨機變數嗎？若 x 內有 n 個元素，則每一元素出現的機率不是皆相等嗎？因此，從 Ω 內以抽出放回方法抽出 n 個樣本的過程竟符合上述 CLT 的條件。

我們繼續延伸。計算 Ω 內的 μ 與 σ 分別約爲 2.5 與 1.118。我們分別以抽出放回方法從 Ω 內抽出 $n = 10, 30, 100, 500$ 個樣本，每次抽出後皆計算對應的 $\bar{x}_n$ 值；如此的動作重複 $M = 10000$ 次，可得每一 n 下各皆有 M 個 $\bar{x}_n$ 值，整理後可繪製 $\bar{x}_n$ 的抽樣分配如圖 5-1 所示。從圖 5-1 內可看出 $\bar{x}_n$ 的抽樣分配的確接近於常態分配。

接下來，我們再分別計算圖 5-1 內各抽樣分配的平均數與標準差，若按照 $n =$ 10, 30, 100, 500 的順序，可得「實證」平均數與標準差分別約爲 2.4986 與 0.3514、2.4997 與 0.2031、2.499 與 0.112 以及 2.4995 與 0.0502。根據 CLT 的定義，上述抽樣分配的「理論」平均數與標準差分別爲 μ 與 $\sigma / \sqrt{n}$，故仍按照上述 n 內元素的順序，可得「理論」的平均數與標準差分別約爲 2.5 與 0.3536、2.5 與 0.2041、2.5 與 0.1118 以及 2.5 與 0.05。顯然，隨著 n 的提高，上述「實證」與「理論」平均數與標準差的差距已逐漸縮小。換言之，利用簡單的抽出放回方法，倒也容易證明 CLT 的確成立。

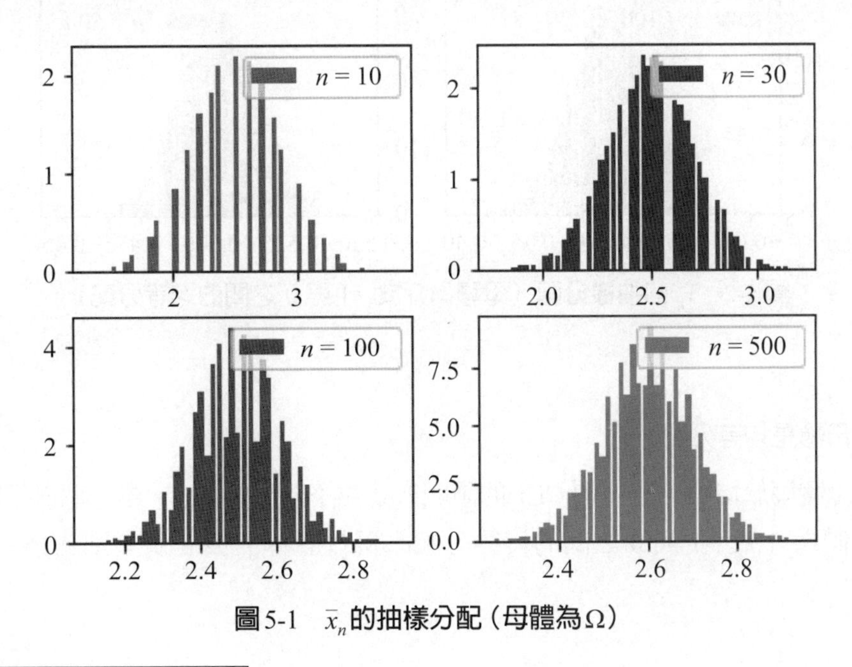

圖 5-1　$\bar{x}_n$ 的抽樣分配（母體為 Ω）

① 例如母體爲 1、2、2 與 3，顯然 1 與 3 被抽中的機率爲 1/4 而 2 被抽中的機率爲 2/4，故隨機抽取是根據機率分配而來，此處隨機抽取是指「公平的抽樣」。

圖 5-1 的結果倒是提醒我們注意下列三點：

(1) 從圖 5-1 內可看出即使 $n = 10$，$\bar{x}_x$ 的平均數爲 μ，我們寫成 $E(\bar{x}_n) = \mu$。如前所述，$\bar{x}_x$ 是一個隨機變數，因 $\bar{x}_x$ 欲估計 μ，故 $\bar{x}_x$ 亦爲一種估計式。若 $E(\bar{x}_n) = \mu$，則稱 $\bar{x}_x$ 爲 μ 的不偏估計式（unbiased estimator）；換言之，若 $E(\tilde{x}_n) \neq \mu$，則稱 $\bar{x}_x$ 爲 μ 的偏估計式。

(2) $\bar{x}_n$ 的抽樣分配與 x 的分配的意義並不相同，前者表示樣本而後者則表示母體，爲了分別起見，抽樣分配的標準差稱爲標準誤（standard error）。

(3) 若以抽出不放回的方法抽樣，則 $\bar{x}_n \sim N\left(\mu, \frac{\sigma^2}{n}\frac{N-n}{N-1}\right)$，其中 N 與 n 分別表示母體與樣本的個數，而 $\frac{N-n}{N-1}$ 可稱爲校正因子。可以參考例 3。

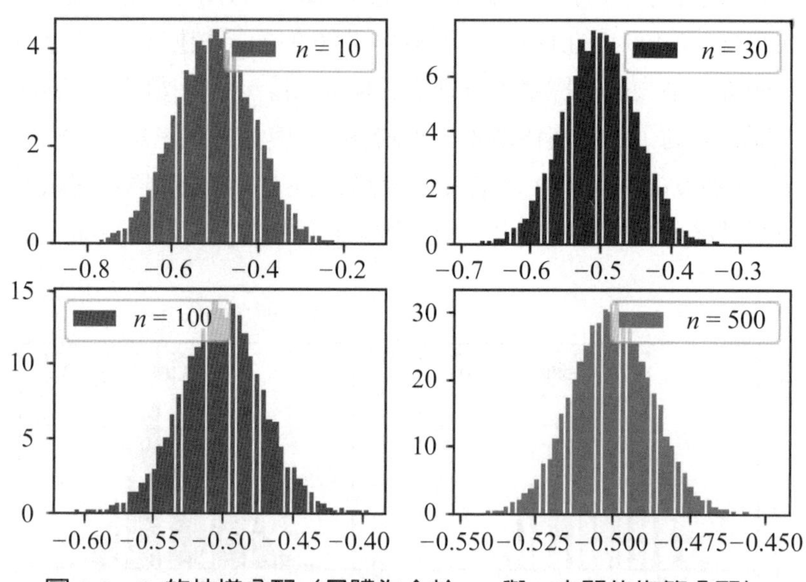

圖 5-2　$\bar{x}_n$ 的抽樣分配（母體為介於 −1 與 0 之間的均等分配）

例 1　母體是均等分配

若母體屬於均等分配，則 CLT 的證明方式並不同於圖 5-1。舉一個例子說明。假定母體爲介於 −1 與 0 之間的均等分配，可以計算 μ 與 σ 值分別約爲 −0.5 與

0.2887 ②。我們從上述母體內抽取 n 個樣本後計算其平均數，重複上述動作 M 次，可繪製 $\bar{x}_n$ 的抽樣分配如圖 5-2 所示，而從該圖可看出上述抽樣分配亦接近於常態分配。按照 $n = 10, 30, 100, 500$ 的順序，可得抽樣分配內的「實證」平均數與標準誤分別約爲 −0.4999 與 0.0915、−0.5007 與 0.0527、−0.4999 與 0.0286 以及 −0.5 與 0.013。另一方面，根據 CLT，仍按照上述 n 的順序，抽樣分配的「理論」平均數與標準誤分別約爲 −0.5 與 0.0913、−0.5 與 0.0527、−0.5 與 0.0289 以及 −0.5 與 0.0129，故「實證」與「理論」趨向於一致。

例 2 母體是常態分配

續例 1，若母體改爲屬於 $N(2, 25)$，其餘不變，圖 5-3 繪製出對應的 $\bar{x}_n$ 抽樣分配，讀者可以參考所附的 Python 指令，解釋看看；換言之，CLT 的結果不難用電腦證明。

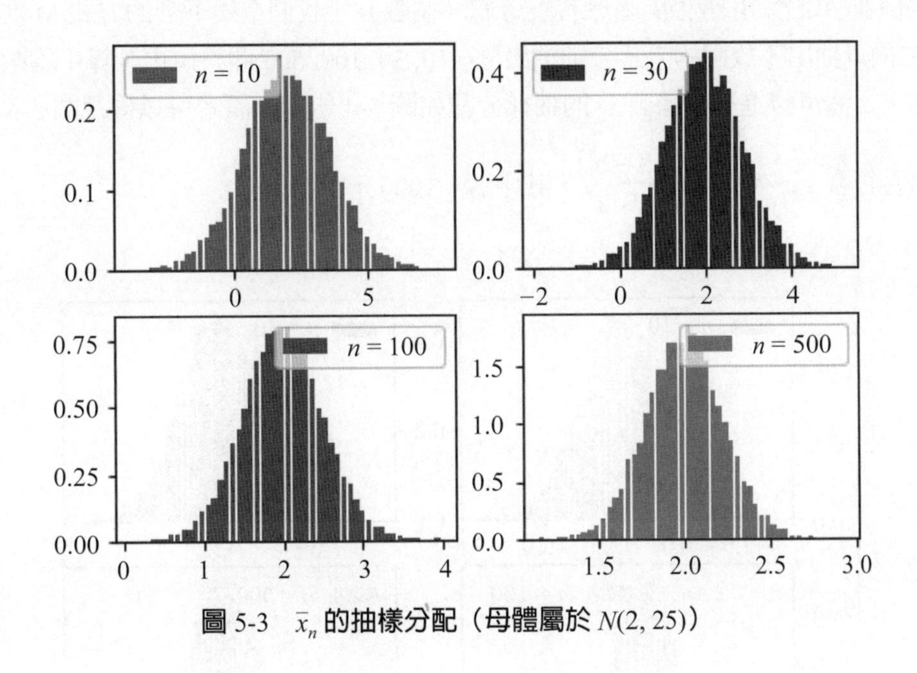

圖 5-3 $\bar{x}_n$ 的抽樣分配（母體屬於 $N(2, 25)$）

---

② 若 x 爲介於 a 與 b 之間的均等分配隨機變數，則 $Var(x) = \frac{(b-a)^2}{12}$。

例 3 母體為有限樣本，使用抽出不放回方法抽樣

圖 5-1 的結果是使用抽出放回方法，若使用抽出不放回方法呢？考慮下列 Python 指令：

```
X = [1,2,3,4]
np.random.choice(X,5,replace=False)
np.random.seed(1234);np.random.choice(X,3,replace=False) # array([1, 2, 3])
```

上述指令是指 X 內有 4 個元素，當然無法以抽出不放回方法從 X 內抽取 5 個元素，故第 2 行指令無法執行。第 3 行指令表示從 X 內抽取 1,2,3 元素。是故我們可以於 Python 內操作抽出不放回方法。

例 1 與 2 可視爲無限母體抽樣的應用。假定母體爲從 $N(2, 25)$ 內抽取 1000 個觀察值並令之爲 W，故 W 屬於有限母體（個數）。我們重複下列的方式 M 次，即從 W 內以抽出不放回的方式分別抽出 $n = 10, 30, 100, 500$ 觀察值再計算平均數 $\bar{x}_n$。如此，自然可以進一步繪製 $\bar{x}_n$ 的抽樣分配如圖 5-4 所示。讀者可以檢視圖 5-4 內各圖是否符合 $\bar{x}_n \sim N\left(\mu, \frac{\sigma^2}{n}\frac{N-n}{N-1}\right)$，其中 $N = 1000$。

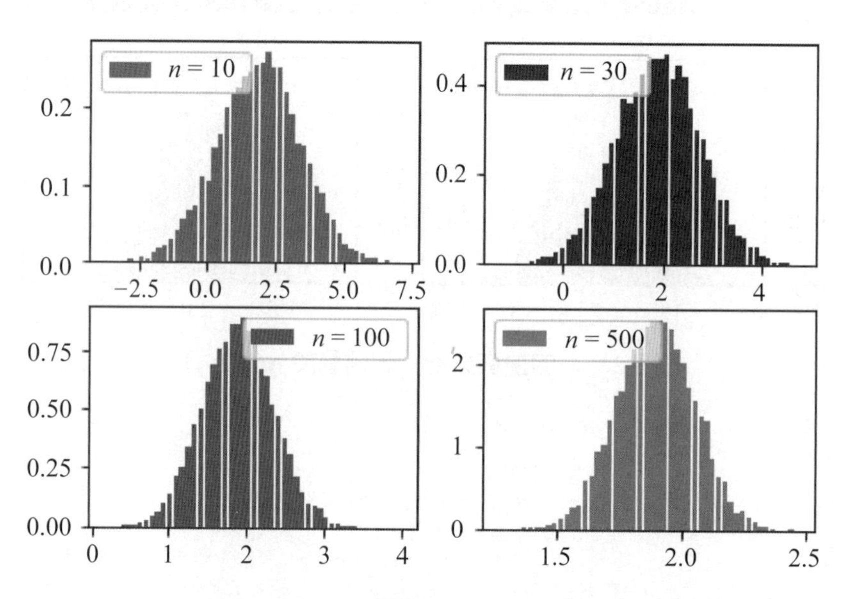

圖 5-4 $\bar{x}_n$ 的抽樣分配（母體屬於 $N(2, 25)$ 內的 1000 個觀察值）

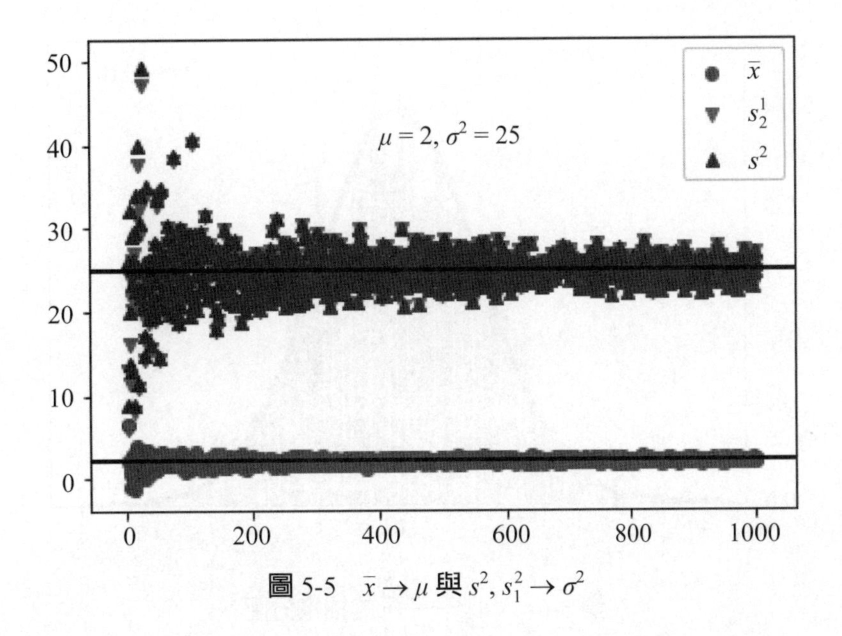

圖 5-5 $\bar{x} \to \mu$ 與 $s^2, s_1^2 \to \sigma^2$

例 4 一致性估計式

例 1～3 說明了 $\bar{x}$ 是 μ 的一致性估計式（consistent estimator），寫成 $\lim_{n\to\infty}\bar{x} = \mu$ 或 $\bar{x} \to \mu$，即隨著樣本數 n 的提高，$\bar{x}$ 終究會估到 μ。一致性估計式的特性不就是 LLN 的驗證嗎？舉一個例子說明。假定母體屬於 $N(2, 25)$，我們從該母體分別抽取 $n = 1, 2, \cdots, 1000$ 個觀察值後，再分別計算對應的 $\bar{x}$ 與 s_1^2，其結果可繪製如圖 5-5 所示，其中 $s_1^2 = \dfrac{\sum_{i=1}^{n}(x_i - \bar{x})^2}{n}$。

圖 5-5 說明了不僅 $\bar{x} \to \mu$ 同時亦有 $s_1^2 \to \sigma^2$ 以及 $s^2 \to \sigma^2$ 的結果，即 s_1^2 與 s^2 亦皆爲 σ^2 的一致性估計式。第 3 章曾分別出 s^2 與 s_1^2 之不同，其實我們亦可以得到 $E(s^2) = \sigma^2$ 與 $E(s_1^2) \neq \sigma^2$ 的結論③，不過圖 5-5 指出隨著 n 的提高 s^2 與 s_1^2 之間的差距是微乎其微，故於大樣本下可用 s_1^2 取代 s^2。

---

③ $E(s^2) = \sigma^2$（s^2 是 σ^2 的不偏估計式）的數學證明不難於網路上找到，於此處就不再贅述。

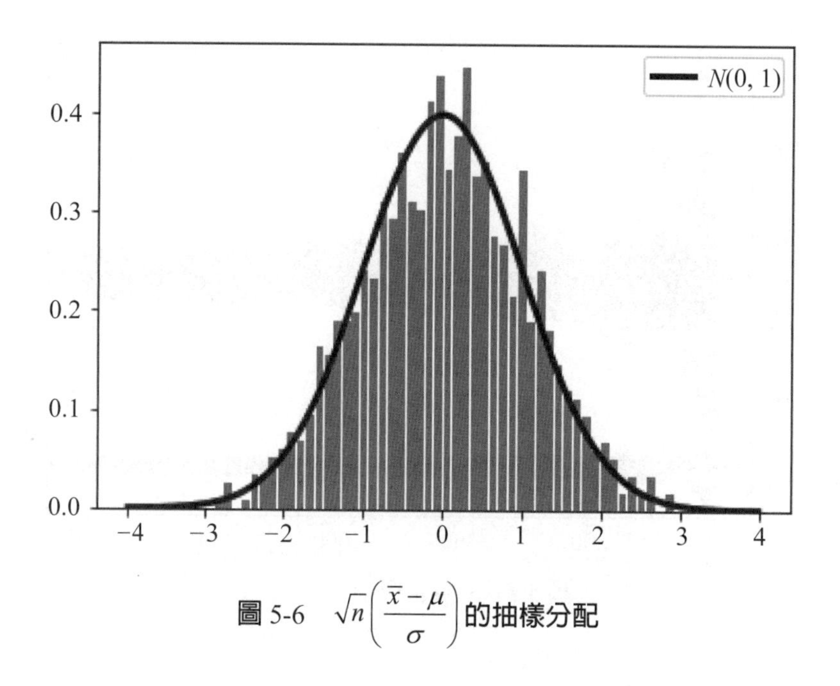

圖 5-6 $\sqrt{n}\left(\dfrac{\overline{x}-\mu}{\sigma}\right)$ **的抽樣分配**

例 5 $\bar{x} \sim N(\mu, \sigma^2/n)$ **可寫成** $\sqrt{n}\left(\dfrac{\overline{x}-\mu}{\sigma}\right) \sim N(0, 1)$

若仔細檢視圖 5-1～5-4 可以發現於大樣本下，各圖內橫軸的座標逐漸縮小，即 $\bar{x} \sim N(\mu, \sigma^2/n)$ 隨著 $n \to \infty$，$\bar{x}$ 會收斂至 μ，如此反而看不到 $\bar{x}$ 的抽樣分配。因此，通常我們會將 $\bar{x} \sim N(\mu, \sigma^2/n)$ 型態轉換成 $\sqrt{n}\left(\dfrac{\overline{x}-\mu}{\sigma}\right) \sim N(0, 1)$ 型態，即後者已不受 n 值的影響。例如：圖 5-6 繪製出 $n = 100$、$\mu = 2$ 與 $\sigma = 5$ 的結果。讀者若改變 n 值，圖 5-6 的結果並不受影響。

5.1.2 CLT 的應用

考慮擲二個公正骰子的實驗，其樣本空間可繪製如圖 5-7 所示。根據圖 5-7 的結果可得出擲二個公正骰子點數和 x 的機率分配如表 5-1 所示。我們有興趣找出 $x = 7$ 的 $\bar{p}$ 抽樣分配。

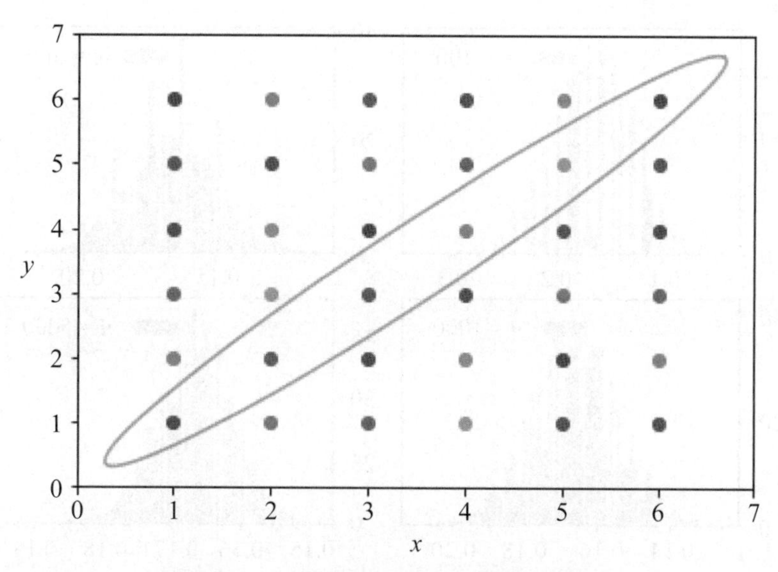

圖 5-7　擲二個公正骰子的樣本空間

考慮下列的 Python 指令：

```
x = np.linspace(1,6,6);y = np.linspace(1,6,6)
np.random.seed(1234)
w = np.random.choice(x,100,replace=True)+np.random.choice(y,100,replace=True)
pbar = np.mean((w==7)*1) # 0.25
```

表 5-1　擲二個公正骰子點數和的機率分配

x	2	3	4	5	6	7
$f(x)$	1/36	2/36	3/36	4/36	5/36	6/36
x	8	9	10	11	12	
$f(x)$	5/36	4/36	3/36	2/36	1/36	

上述指令是計算出擲二個公正骰子 100 次，其點數和等於 7 的機率為 0.25。從上述指令可看出點數和等於 7 的機率的計算仍是平均數的計算，故 $\bar{p}$ 的抽樣分配可說是根源於 $\bar{x}$ 的抽樣分配。若仔細思考上述指令，其實我們是將隨機變數 x 的結果拆成「點數和等於 7」與「點數和不等於 7」二部分，其中前者的機率為 1/6 而後者的機率為 5/6。利用第 4 章的二項式機率分配不難得到 $\bar{p}$ 抽樣分配的漸近分配為：

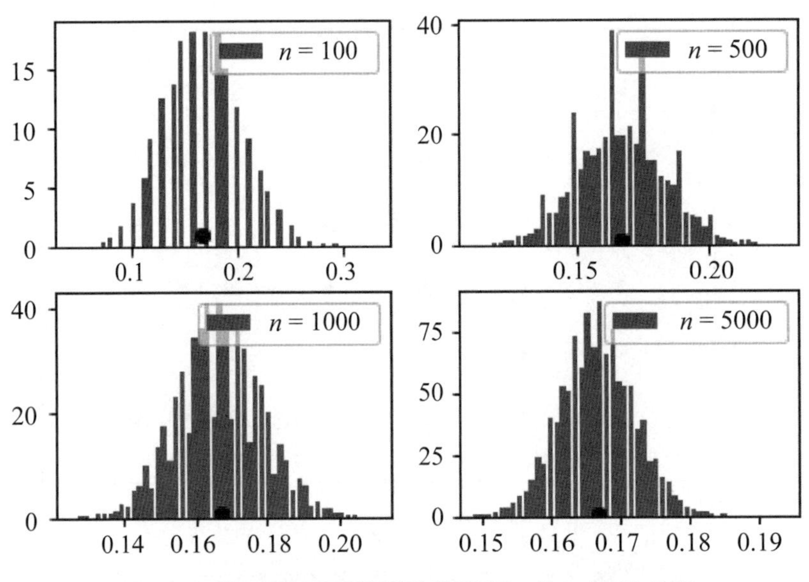

圖 5-8　**擲二個公正骰子點數和為 7 的 $\overline{p}$ 抽樣分配**

$$\overline{p} \sim N\left(p, \frac{p(1-p)}{n}\right) \tag{5-2}$$

即 $E(\overline{p}) = p$ 與 $\sigma_{\overline{p}} = Var(\overline{p}) = \dfrac{p(1-p)}{n}$ 表示 $\overline{p}$ 抽樣分配的眞實理論平均數與變異數。（5-2）式說明了 $\overline{p}$ 抽樣分配的漸近分配爲常態分配。

$\overline{p}$ 的抽樣分配如（5-2）式仍屬於 CLT 的應用。我們用模擬的方式證明（5-2）式。仍使用上述擲二個公正骰子點數和爲 7 的例子，利用上述方法不難繪製出對應的 $\overline{p}$ 抽樣分配如圖 5-8 所示，其中黑點表示眞實的機率 $p = 1/6$。按照 $n = 100$, 500, 1000, 5000 的順序，計算圖 5-8 內抽樣分配的「實證」平均數與標準差分別約爲 0.1673 與 0.0371、0.1668 與 0.0168、0.1667 與 0.0118 以及 0.1668 與 0.0053。至於抽樣分配的「理論」平均數與標準差，仍按照上述 n 的順序，則分別約爲 0.1667 與 0.0373、0.1667 與 0.0167、0.1667 與 0.0118 以及 0.1667 與 0.0053。我們可以發現「實證」與「理論」平均數與標準差的差距並不大。

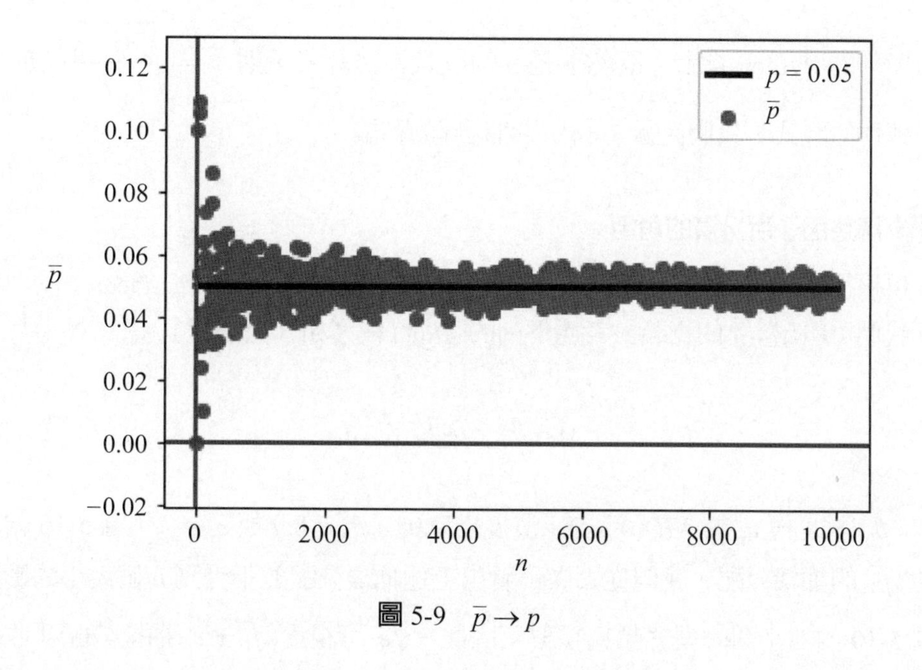

圖 5-9 $\bar{p} \to p$

例 1 $\bar{p} \to p$ 與 $s_{\bar{p}} \to \sigma_{\bar{p}}$

考慮圖 3-4 的情況。該圖係繪製出 $N(0, 4)$ 之 PDF 左尾面積爲 $\alpha = 0.05$ 所對應的臨界點（critical point）x_c 約爲 -3.2897，即 $p = P(x \leq x_c) \approx -3.2897$，$p$ 可視爲眞實機率，其中 x 爲 $N(0, 4)$ 的隨機變數。我們不難證明 $\bar{p} \to p$ 如圖 5-9 所示，可以

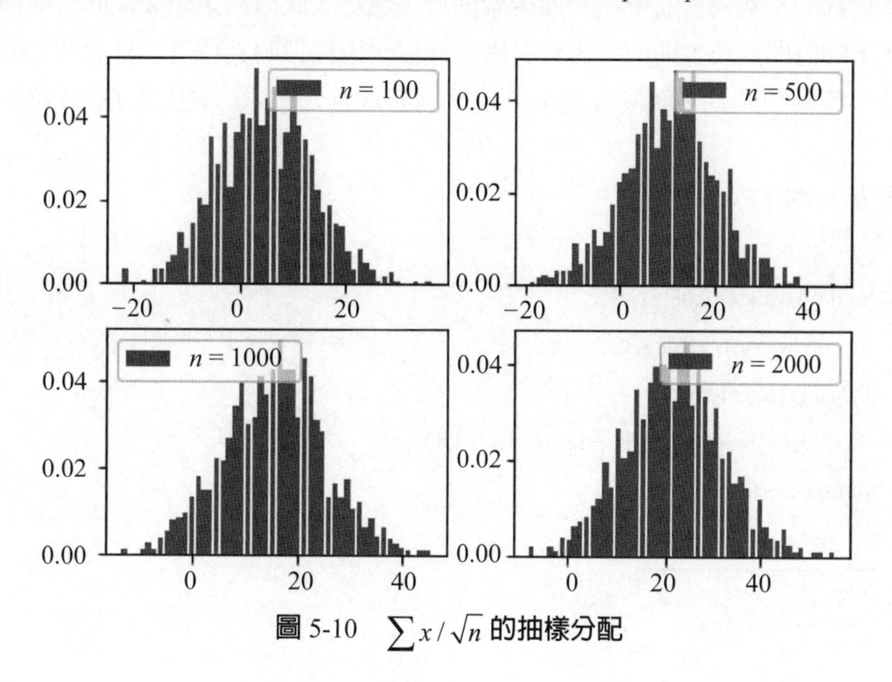

圖 5-10 $\sum x / \sqrt{n}$ 的抽樣分配

參考所附的 Python 指令。既然 $\bar{p}$ 是 p 的一致性估計式，則 $s_{\bar{p}}=\sqrt{\dfrac{\bar{p}(1-\bar{p})}{n}}$ 亦爲 $\sigma_{\bar{p}}$ 的一致性估計式，我們從圖 5-8 內亦有相同的結論。

例 2　調整因子所扮演的角色

再檢視 5.1.1 節例 5 的情況，$\sqrt{n}$ 可扮演「調整因子」（scaling factor）的角色。底下我們可看出 $\sqrt{n}$ 的意義。考慮下列的 $AR(1)$ 模型如（第 2 章）：

$$x_t=\beta_1+\beta_2 x_{t-1}+u_t$$

其中 $|\beta_2|<1$ 與 $u_t \sim NID(0,\sigma_u^2)$。令 $\beta_1=0.05$、$\beta_2=0.9$ 與 $\sigma_u=1$，圖 5-10 繪製出 $\sum x/\sqrt{n}$ 的抽樣分配，我們從圖內可看出上述抽樣分配並不受到 n 值大小的影響，即圖 5-10 內四小圖的型態頗爲類似；因此，$\sqrt{n}$ 可視爲 $\sqrt{n}\,\bar{x}$ 的抽樣分配「收斂」的調整因子[4]。

例 3　CLT 並不適用於隨機漫步過程

若比較隨機漫步過程的走勢如圖 2-2 所示，可以發現該走勢與例如均等分配、常態分配、t 分配或例 1 內的 $AR(1)$ 過程等隨機變數的實現值走勢並不相同，即隨機漫步過程的走勢內含隨機趨勢而後者則無該趨勢。此種結果頗類似於資產價格與其報酬率的時間走勢，即前者大致可用隨機漫步過程說明其特質（畢竟明日的資產價格並不容易預測），而後者幾乎可以用例如常態分配、t 分配或 $AR(1)$ 過程模型化。

考慮下列的 Python 指令：

```
def RandomWalks(x0,beta1,n):
    x = np.zeros(n);x[0]=x0
    for i in range(1,n):
        x[i] = beta1 + x[i-1] + norm.rvs(0,1,1)
    return x
```

④ $\dfrac{\sum x}{\sqrt{n}}=\dfrac{\sum x}{n}\dfrac{n}{\sqrt{n}}=\sqrt{n}\bar{x}$

```
# try
y = RandomWalks(0,0.05,100)
fig = plt.figure()
plt.plot(y,lw=3,c='black')
```

於上述指令內，我們自行設計一個 $RandomWalksxn(x_0, \beta_1, n)$ 函數指令，其中 x_0、β_1 與 n 分別表示期初值、漂浮係數與樣本個數。例如：令 $x_0 = 0$、$\beta_1 = 0.05$ 以及 $n = 100$，利用上述函數指令可得 $y_t = 0.05 + y_{t-1} + u_t$，其中 $y_0 = 0$、$u_t \sim NID(0, 1)$ 與 $t = 1, 2, \cdots, n$。讀者倒是可以執行上述指令以繪製出 y_t 的走勢。

有意思的是，若模擬出簡單隨機漫步過程的實現值走勢（即令 $\beta_1 = 0$）並令之爲 y，圖 5-11 的上下圖分別繪製出於 $n = 5000$ 之下的 $\sum y / \sqrt{n}$ 與 $\sum y / \sqrt[3]{n}$ 的抽樣分配，從上圖可看出調整因子爲 $\sqrt{n} = n^{0.5}$ 並不恰當，因上圖的抽樣分配並沒有出現收斂的情況。反觀下圖其調整因子設爲 $\sqrt[3]{n} = n^{1.5}$，此時 $\sum y / \sqrt[3]{n}$ 的抽樣分配反而收斂了。讀者倒是可以使用不同的 n 值以取得進一步的驗證。因 $n^{1.5} > n^{0.5}$ 故我們可以預期圖 5-11 內的 $\bar{y}$ 收斂的速度比圖 5-10 內的 $\bar{x}$ 快多了，即 $n^{0.5}$ 與 $n^{1.5}$ 亦可以稱爲「收斂至某一分配的速度」。因此，y 具有「超級一致性」（super consistent）的性質[⑤]。

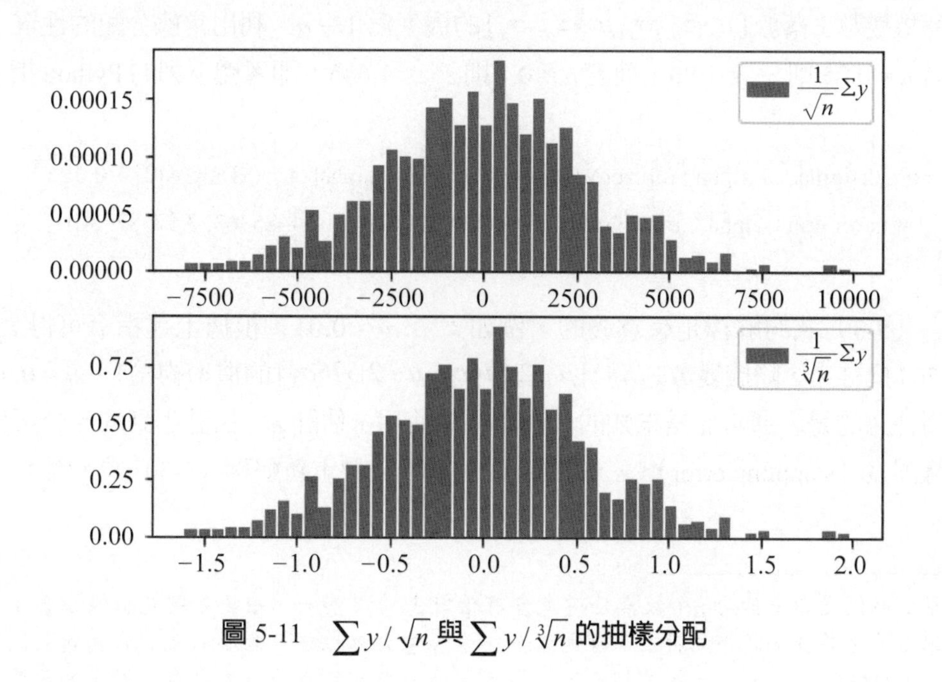

圖 5-11 $\sum y / \sqrt{n}$ **與** $\sum y / \sqrt[3]{n}$ **的抽樣分配**

⑤ x 與 y 的統計特徵並不相同，有興趣的讀者可參考《財時》。

5.2 母體平均數與比率的區間估計

有關於母體平均數 μ 的區間估計可以分成大樣本與小樣本二部分來看，前者可以利用常態分配而後者則使用 t 分配。至於母體比率的區間估計，則只能用大樣本的情況視之，我們亦使用常態分配。

5.2.1 大樣本的情況

此處大樣本指的是 $n > 30$ 的情況，不過若欲檢視母體比率 p 的區間估計，此時樣本數 n 值應更大。我們先考慮母體平均數 μ 的區間估計。考慮圖 5-12 的情況，其中 $z_{\alpha/2}$ 表示標準常態分配 PDF 右邊尾部面積爲 $\alpha/2$ 的臨界點（分位數）。因常態分配爲一種對稱的分配，故圖內的尾部深色面積爲：

$$P(\bar{x} \leq \mu - z_{\alpha/2}\sigma_{\bar{x}}) = P(\bar{x} \geq \mu + z_{\alpha/2}\sigma_{\bar{x}}) = \frac{\alpha}{2}$$

因所有的機率加總等於 1，故可得：

$$P(\mu - z_{\alpha/2}\sigma_{\bar{x}} \leq \bar{x} \leq \mu + z_{\alpha/2}\sigma_{\bar{x}}) = 1 - \alpha \qquad (5\text{-}3)$$

即隨機變數 $\bar{x}$ 落於 $[\mu - z_{\alpha/2}\sigma_{\bar{x}}, \mu + z_{\alpha/2}\sigma_{\bar{x}}]$ 的機率爲 $1 - \alpha$。利用常態分配的性質，可知若 $\alpha = 0.05$ 則 $z_{\alpha/2} \approx 1.96$，而若 $\alpha = 0.1$ 則 $z_{\alpha/2} \approx 1.645$，即考慮下列的 Python 指令：

```
mu = 0;sigma = 1;alpha = np.zeros(3);alpha[0] = 0.05;alpha[1] = 0.1;alpha[2] = 0.01
z1 = norm.ppf(1-alpha/2,mu,sigma) # array([1.95996398, 1.64485363, 2.5758293 ])
```

（5-3）式的解釋是有意義的，例如：令 $\alpha = 0.01$，根據上述指令可得 $z_{\alpha/2} \approx 2.576$；換言之，隨機變數 $\bar{x}$ 落於 $[\mu - 2.576\sigma_{\bar{x}}, \mu + 2.576\sigma_{\bar{x}}]$ 的機率約爲 $1 - \alpha = 0.99$。值得注意的是，通常 μ 是未知的，我們當然使用 $\bar{x}$ 估計 μ，估計不到的部分可稱爲抽樣誤差（sampling error）[6] ε，即 $\varepsilon = |\bar{x} - \mu|$。我們重新解釋（5-3）式。因：

---

[6] 畢竟我們是以 $\bar{x}$ 估計 μ，故無法避免會有估計上的誤差，此種誤差就是抽樣誤差：統計學內是允許抽樣誤差的存在，理所當然，當 n 愈大抽樣誤差愈小。我們常聽到某民調具有「機構效應」，表示該民調除了抽樣誤差外，尚有其他的誤差存在；因此，欲達到客

$$P(\mu - z_{\alpha/2}\sigma_{\bar{x}} \le \bar{x} \le \mu + z_{\alpha/2}\sigma_{\bar{x}}) = P\left(|\bar{x} - \mu| \le z_{\alpha/2}\sigma_{\bar{x}}\right) = 1-\alpha$$

即隨機變數 $\bar{x}$ 落於 $[\mu - z_{\alpha/2}\sigma_{\bar{x}}, \mu + z_{\alpha/2}\sigma_{\bar{x}}]$ 的機率爲 $1-\alpha$，隱含著有 $1-\alpha$ 的可能性最大抽樣誤差不會超過 $z_{\alpha/2}\sigma_{\bar{x}}$，即最大抽樣誤差爲 $z_{\alpha/2}\sigma_{\bar{x}}$。仍以 $\alpha = 0.01$ 與假定 $\sigma_{\bar{x}} = 1$，若以 $\bar{x}$ 估計 μ，我們有 99% 的把握誤差不會超過 2.576。

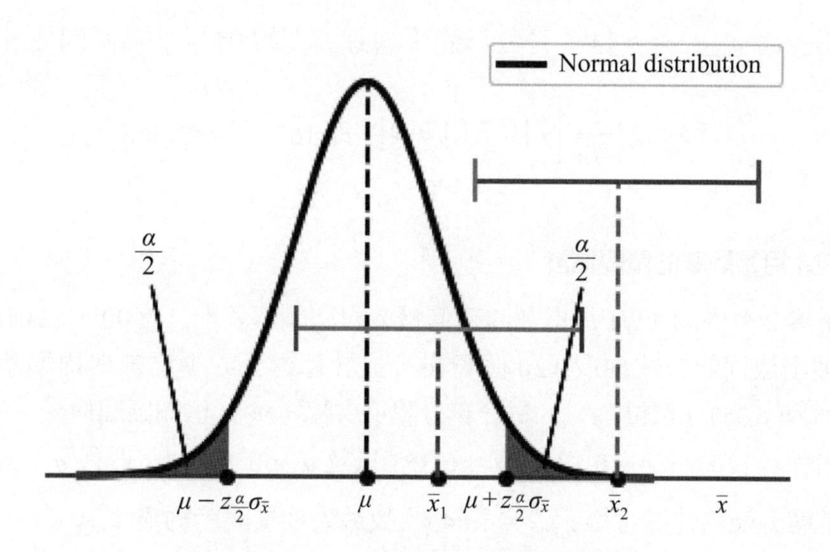

圖 5-12　$\bar{x}$ 的抽樣分配為常態分配

因此，每次得到 $\bar{x}$ 後再考慮最大抽樣誤差，可得 $[\bar{x} - z_{\alpha/2}\sigma_{\bar{x}}, \bar{x} + z_{\alpha/2}\sigma_{\bar{x}}]$ 區間，此時該區間就稱爲（估計）μ 的 $1-\alpha$ 的信賴區間（confidence interval），其中稱 $1-\alpha$ 爲信賴係數。因 $\bar{x}$ 是一個隨機變數，故 $[\bar{x} - z_{\alpha/2}\sigma_{\bar{x}}, \bar{x} + z_{\alpha/2}\sigma_{\bar{x}}]$ 亦是一個隨機區間。例如：考慮圖 5-12 內 $\bar{x}_1$，因 $\bar{x}_1$ 與 μ 之間的距離小於最大抽樣誤差 $z_{\alpha/2}\sigma_{\bar{x}}$，故 $[\bar{x}_1 - z_{\alpha/2}\sigma_{\bar{x}}, \bar{x}_1 + z_{\alpha/2}\sigma_{\bar{x}}]$ 應會估計到 μ 值。同理，因 $\bar{x}_2$ 與 μ 之間的距離大於最大抽樣誤差 $z_{\alpha/2}\sigma_{\bar{x}}$，故 $[\bar{x}_2 - z_{\alpha/2}\sigma_{\bar{x}}, \bar{x}_2 + z_{\alpha/2}\sigma_{\bar{x}}]$ 應不會估計到 μ 值。換言之，$\bar{x}$ 落於 $[\mu - z_{\alpha/2}\sigma_{\bar{x}}, \mu + z_{\alpha/2}\sigma_{\bar{x}}]$ 區間的可能性爲 $1-\alpha$，而只要 $\bar{x}$ 落於上述區間，則 $[\bar{x} - z_{\alpha/2}\sigma_{\bar{x}}, \bar{x} + z_{\alpha/2}\sigma_{\bar{x}}]$ 就會估計到 μ 值，故 $[\bar{x} - z_{\alpha/2}\sigma_{\bar{x}}, \bar{x} + z_{\alpha/2}\sigma_{\bar{x}}]$ 區間只有 $1-\alpha$ 的可信度；反之，若 $\bar{x}$ 落於二尾部，此時的信賴區間估計不到 μ 值，其可能性只有 α。

觀的條件，其他誤差應愈小。

例 1 母體平均身高的 95% 信賴區間

假定身高的母體標準差爲 25 公分，隨機抽出 100 位學生的平均身高爲 172 公分，試計算母體平均身高的 95% 信賴區間。

解：根據 CLT，$\bar{x}$ 的抽樣分配接近於 $N(\mu, \sigma^2 / n)$，已知 $n = 100$、$\bar{x} = 172$、$\sigma = 25$ 與 $\alpha = 0.05$。利用標準常態分配的性質，可得 $z_{\alpha/2} = z_{0.025} = 1.96$，故最大抽樣誤差爲 $z_{0.025}\dfrac{\sigma}{\sqrt{n}} \approx 4.9$，是故母體平均身高 μ 的 95% 信賴區間估計值約爲 $\left[\bar{x} - z_{0.025}\dfrac{\sigma}{\sqrt{n}}, \bar{x} + z_{0.025}\dfrac{\sigma}{\sqrt{n}}\right] \approx [167.1, 176.9]$，即 $167.1 \le \mu \le 176.9$。

例 2 TWI 月報酬率的區間估計

利用第 2 章內的 TWI 月指數收盤價轉成月報酬率資料（2000/2～2016/2），我們以抽出放回的方式抽取 120 個資料，並計算對應的平均數與標準差分別約爲 −0.135 與 6.353（單位 %），試計算母體平均數的 90% 信賴區間估計。

解：已知 $n = 120$、$\bar{x} = -0.135$、$s = 6.353$ 以及 $\alpha = 0.1$。以 s 取代 σ；另外，利用常態分配的性質可得 $z_{0.05} = 1.645$，故最大抽樣誤差約爲 $z_{0.025}\dfrac{s}{\sqrt{n}} \approx 0.954$，是故 TWI 月報酬率的母體平均數 μ 的 95% 信賴區間估計值約爲 $\left[\bar{x} - z_{0.025}\dfrac{s}{\sqrt{n}}, \bar{x} + z_{0.025}\dfrac{s}{\sqrt{n}}\right] \approx [-1.089, 0.819]$，即 $-1.089 \le \mu \le 0.819$。

例 3 $\bar{p}$ 的抽樣分配

續例 2，假定 TWI 月指數收盤價屬於隨機漫步過程，隱含著 TWI 月報酬率之間毫無關聯，即 TWI 月報酬率資料的排列次序並不重要，故可以使用抽出放回的方式抽取資料。令 $n = 1000$ 與 $M = 5000$ 分別表示抽出的樣本個數以及重複抽取的次數，我們有興趣的是月報酬率超過 3% 的比率。圖 5-13 繪製出上述抽出放回抽樣的 $\bar{p}$ 抽樣分配，其中常態分配爲 $N(p, \sigma_{\bar{p}}^2)$。如前所述，於 TWI 月報酬率資料內使用抽出放回方法，相當於視原始 TWI 月報酬率資料爲母體，故可以先得出 p 值與對應的變異數 $\sigma_{\bar{p}}^2 = \dfrac{p(1-p)}{n}$ 分別約爲 0.299 與 0.0002。我們從圖內可看出 $\bar{p}$ 抽樣分配與對應的常態分配頗爲接近，其中 $\bar{p}$ 的平均數約爲 0.3006 與上述 p 值差距不大。

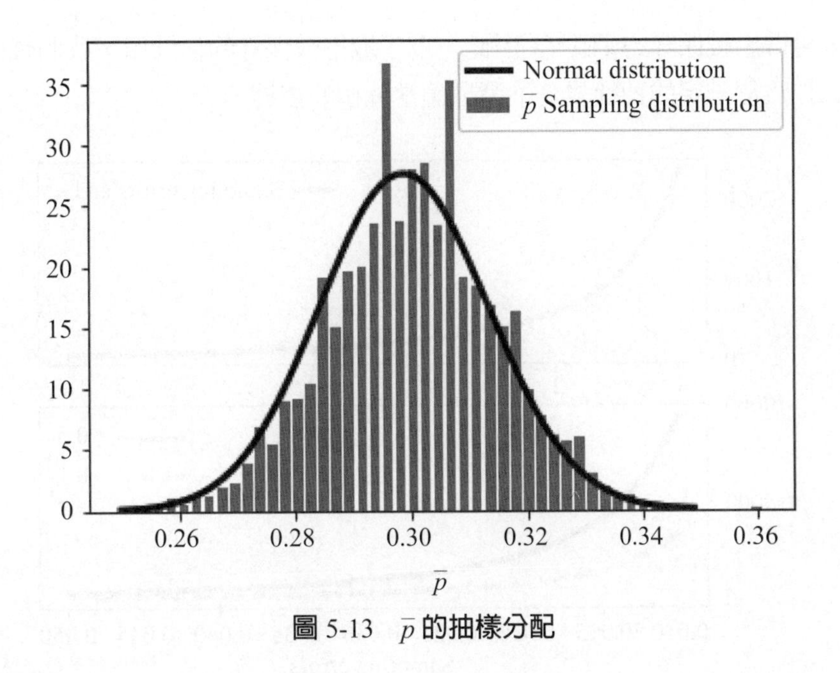

圖 5-13　$\overline{p}$ 的抽樣分配

例 4　p 的 $1-\alpha$ 信賴區間估計

例 3 說明了 $\overline{p}$ 抽樣分配的存在，我們倒是可以應用看看。我們從上述 $\overline{p}$ 抽樣分配內隨機抽取一個觀察值可得 $\overline{p}=0.282$ 以及 $s_{\overline{p}}=\sqrt{\dfrac{\overline{p}(1-\overline{p})}{n}}\approx 0.0142$，並以 $s_{\overline{p}}$ 取代 $\sigma_{\overline{p}}$。令 $\alpha=0.05$，可得 $z_{0.025}=1.96$，故抽樣誤差約爲 0.028；因此，p 的 95% 信賴區間估計值約爲 $[0.254, 0.31]$，即 $0.254\le p\le 0.31$。

例 5　選擇適當的樣本數 n

於例 1 內可知抽樣誤差可寫成 $\sigma_{\overline{x}}z_{\alpha/2}=\dfrac{\sigma}{\sqrt{n}}z_{\alpha/2}$，即若 α 與 σ 爲已知，則固定的抽樣誤差與 n 之間存在一定的關係；換言之，於例 1 內，若抽樣誤差不超過 4，則因 $4=\dfrac{\sigma}{\sqrt{n}}z_{\alpha/2}\Rightarrow n=\left(\dfrac{\sigma}{4}z_{\alpha/2}\right)^2\approx 150.06$，故應抽出 $n=151$ 個樣本。抽樣誤差與 n 之間的關係可參考圖 5-13 的上圖。至於圖 5-13 的下圖則繪製出抽樣誤差 $\sigma_{\overline{p}}$ 與 n 之間的關係，其中 $\sigma_{\overline{p}}=\sqrt{\dfrac{p(1-p)}{n}}$。我們發現當 $p=\overline{p}=0.5$，可得最大的 n 值；例如：圖 5-14 的下圖繪製出 $p=\overline{p}=0.5$ 與 $p=\overline{p}=0.1$ 二種情況，從圖內可看出於相同的抽

樣誤差下可得出較保守的 n 值[7]。因此，爲了取得較保守的估計值，我們皆使用 $p = \bar{p} = 0.5$ 以作爲於一定的抽樣誤差下選擇適當 n 值的依據。

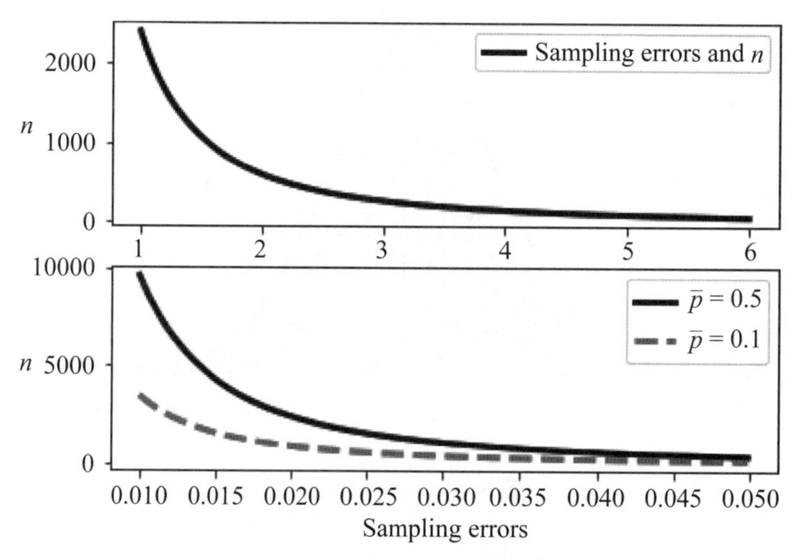

圖 5-14　抽樣誤差與 n 之間的關係

5.2.2 小樣本的情況

考慮小樣本的情況。有些時候，我們未必可以取得相當多的樣本資料。例如：新公司的成立或新方法才實施不久，能夠抽取的資料並不多，此時 5.1.1 節所採用的方法未必適用。由於只有有限的樣本資料，故只能透過一些假定方有可能取得上述資料的額外資訊。

---

[7] 從下表可看出於 $p = 0.5$ 時，$p(1-p) = 0.25$ 最大，故按照 $\sigma_{\bar{p}} = \sqrt{\frac{p(1-p)}{n}}$ 的定義，可得出最大的 n 值。

p	0.1	0.2	0.3	0.4	0.5	0.6	0.7	0.8	0.9
$p(1-p)$	0.09	0.16	0.21	0.24	0.25	0.24	0.21	0.16	0.09

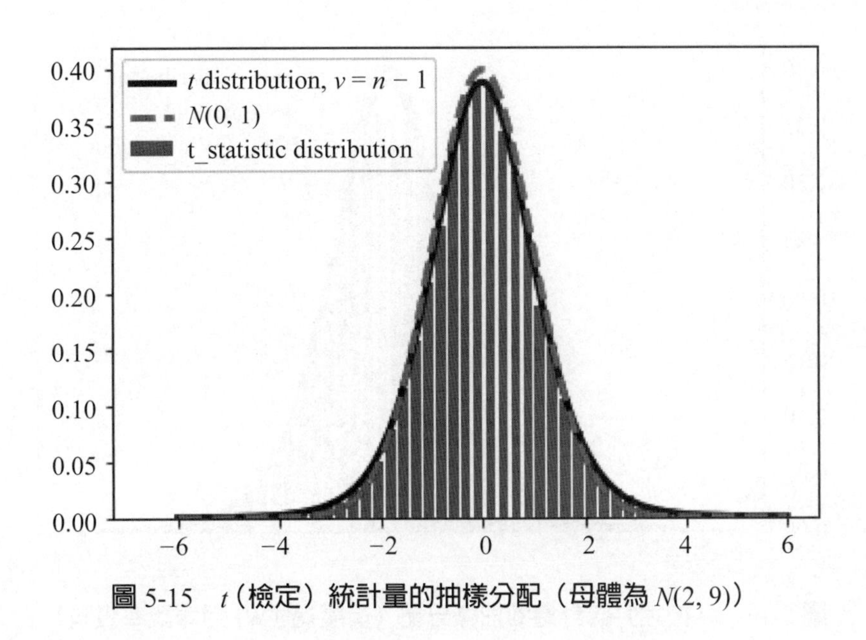

圖 5-15　t（檢定）統計量的抽樣分配（母體為 $N(2, 9)$）

考慮下列三種假定：

(1) 母體屬於常態分配；
(2) 母體的標準差未知；
(3) $n < 30$。

根據上述假定，我們嘗試下列的模擬。首先從 $\mu = 2$ 與 $\sigma = 3$ 的常態分配內抽取 $n = 10$ 的樣本觀察值，分別計算 $\bar{x}$ 與 s 值後，再計算下列的 t 值：

$$t = \frac{\bar{x} - \mu}{\frac{s}{\sqrt{n}}} \tag{5-4}$$

其中稱 t 為 t（檢定）統計量（t-statistic）。我們有興趣的是 t 統計量抽樣分配的取得，故重複上述動作 $M = 10000$ 次，可得 M 個 t 統計量，整理後可繪製如圖 5-15 所示。值得注意的是，（5-4）式雖是一種「標準化過程」，不過其未必屬於常態分配，即從圖 5-15 內可看出 t 統計量的抽樣分配接近於自由度為 $n - 1$ 的（簡單）t 分配；換言之，圖 5-15 雖有繪製出標準常態分配的 PDF 形狀，但是其與上述 t 統計量的抽樣分配之間仍存在著差距，且此差距會隨著 n 值的縮小而擴大。

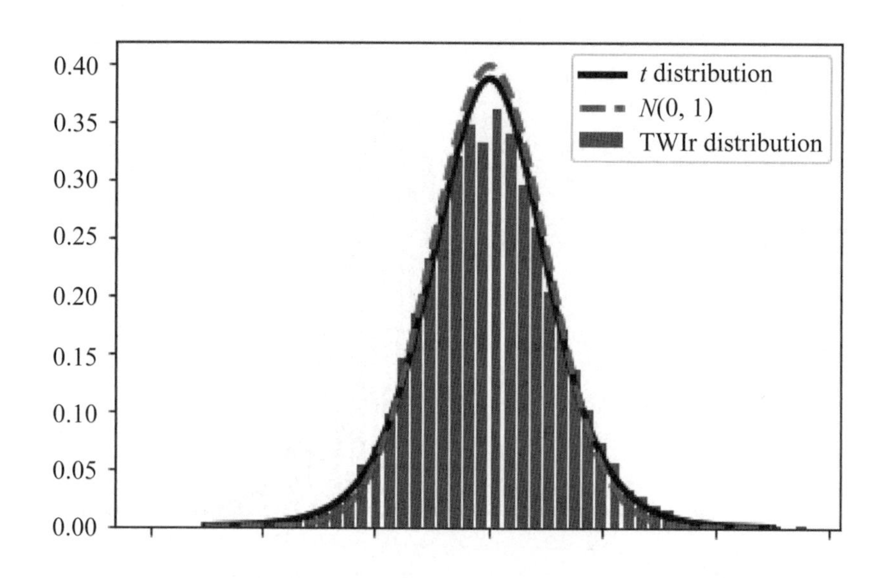

圖 5-16 t（檢定）統計量的抽樣分配（母體為 TWI 月報酬率資料）

圖 4-19 的結果可解釋上述「小樣本」現象。從圖 4-19 可看出雖然隨著 n 值的提高，（簡單）t 分配愈接近於標準常態分配，但是 n 值愈小，（簡單）t 分配與標準常態分配的差距愈明顯，此時尤其表現在左右尾的厚度上，即相對於標準常態分配而言，（簡單）t 分配的左右尾部「較厚也較長」。圖 5-15 的結果正可以解釋上述差異。例如：上述 t 統計量抽樣分配的最大值與最小值分別約爲 5.714 與 −6.65，而上述二個極端值幾乎不可能於標準常態分配內出現，不過卻可能出現在 t 分配內[8]。

上述母體屬於常態分配的假定可能是多餘的。利用 5.2.1 節內 TWI 月報酬率資料，令上述資料的平均數爲 μ 值。我們從上述資料內以抽出放回的方式抽取 $n = 10$ 樣本資料並按照（5-4）式計算 t 統計量；如此的動作重複 $M = 10000$ 次，可得 M 個 t 統計量，整理後可繪製如圖 5-16 所示。比較圖 5-15 與 5-16 二圖，可以發現二圖非常類似，即 t 統計量的抽樣分配皆接近於自由度爲 $n-1$ 的（簡單）t 分配；因此，讀者倒是可以思考 t 分配從何而來？

[8] 即就自由度爲 $n - 1 = 9$ 的 t 分配而言，超過最大值與小於最小值的可能性分別約爲 0.00014 與 0.000047。

例 1 NASDAQ 月報酬率資料

利用第 2 章內的 NASDAQ 月報酬率資料（單位 %），我們以抽出放回的方式抽出 10 個觀察值，其分別爲：

3.09、8.78、−8.16、−3.71、−4.56、7.71、3.42、−0.84、0.31 與 −1.01

可得平均數與標準差分別約爲 0.503 與 5.356。令 $t_{\alpha/2,n-1}$ 表示自由度爲 $n-1$ 的 t 分配 PDF 右尾面積爲 α 所對應的分位數，即 α 分別爲 0.1、0.05 與 0.01 所對應的 $t_{\alpha/2,9}$ 值分別約爲 1.383、1.833 與 2.821；因此，按照上述 α 的順序，可得抽樣誤差分別約爲 2.343、3.105 與 4.779。是故，μ 值之 90%、95% 與 99% 的信賴區間估計分別爲 [−1.834, 2.846]、[−2.602, 3.608] 與 [−4.276, 5.282]。

例 2 μ 之 $1-\alpha$ 信賴區間的另一種導出方式

於圖 5-12 內可知：

$$P\left(\mu - z_{\alpha/2}\sigma_{\bar{x}} \le \bar{x} \le \mu + z_{\alpha/2}\sigma_{\bar{x}}\right) = 1-\alpha \quad (5\text{-}5)$$

（5-5）式內的不等式可寫成：

$$\begin{aligned} &\mu - z_{\alpha/2}\sigma_{\bar{x}} \le \bar{x} \le \mu + z_{\alpha/2}\sigma_{\bar{x}} \\ &\Rightarrow \bar{x} - z_{\alpha/2}\sigma_{\bar{x}} \le \mu \le \bar{x} + z_{\alpha/2}\sigma_{\bar{x}} \end{aligned}$$

此恰爲 μ 之 $1-\alpha$ 信賴區間的表示方式。

5.3 卡方分配的應用

本節將介紹 σ^2 的區間估計。如前所述，此會牽涉到卡方分配的應用，因此本節第一部分將簡單介紹卡方分配的導出以及其性質，本節第二部分則說明如何取得 σ^2（或 σ）的 $1-\alpha$ 信賴區間估計值。

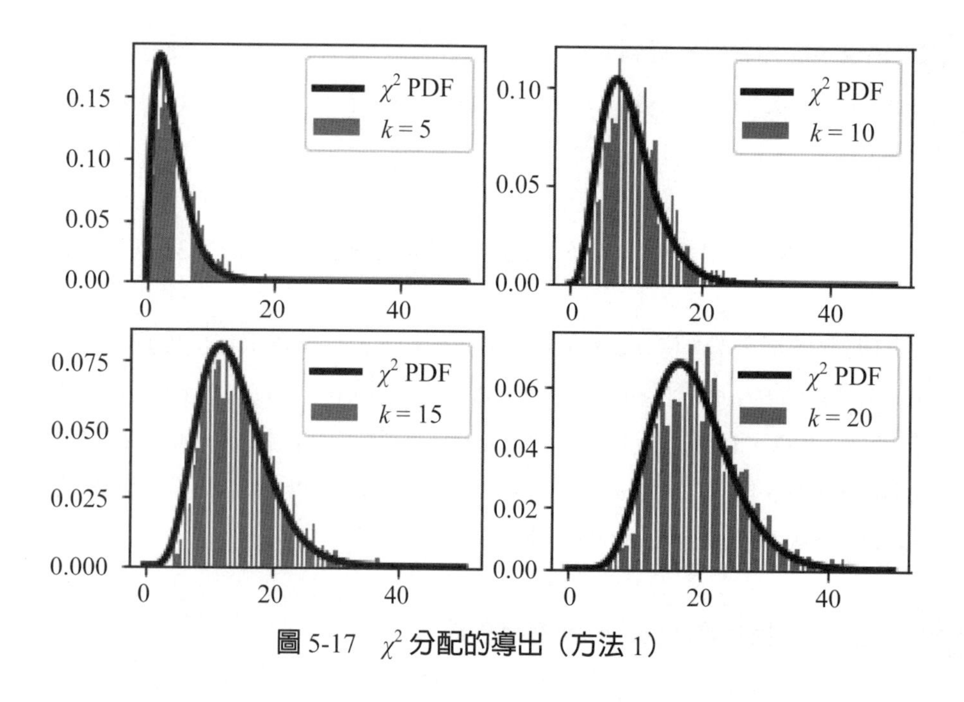

圖 5-17 χ^2 分配的導出（方法 1）

5.3.1 卡方分配

此處介紹卡方分配的二種導出方法。方法 1 為令 $z_1, z_2, \cdots, z_k$ 為 IID 標準常態分配的隨機變數，則 $Q = \sum_{i=1}^{k} z_i^2$ 屬於自由度為 k 的卡方分配，寫成 $Q \sim \chi_k^2 = \chi^2(k)$，其導出過程可參考圖 5-17，其中曲線為對應的卡方分配之 PDF。至於方法 2，令 x 表示平均數與標準差分別為 μ 與 σ 的常態分配隨機變數，則：

$$\chi^2 = \frac{\sum_{i=1}^{k}(x_i - \overline{x})^2}{\sigma^2} = \frac{(k-1)s^2}{\sigma^2} \tag{5-6}$$

屬於自由度為 $k-1$ 的卡方分配，即 $\chi^2 \sim \chi^2(k-1)$。顯然，方法 1 為方法 2 的一個特例，即前者的 μ 與 σ 值分別為 0 與 1。圖 5-18 分別繪製出不同 k 之下的實證與理論卡方分配，利用所附的 Python 指令，讀者倒是可以比較圖 5-17 與 5-18 二圖的差異。

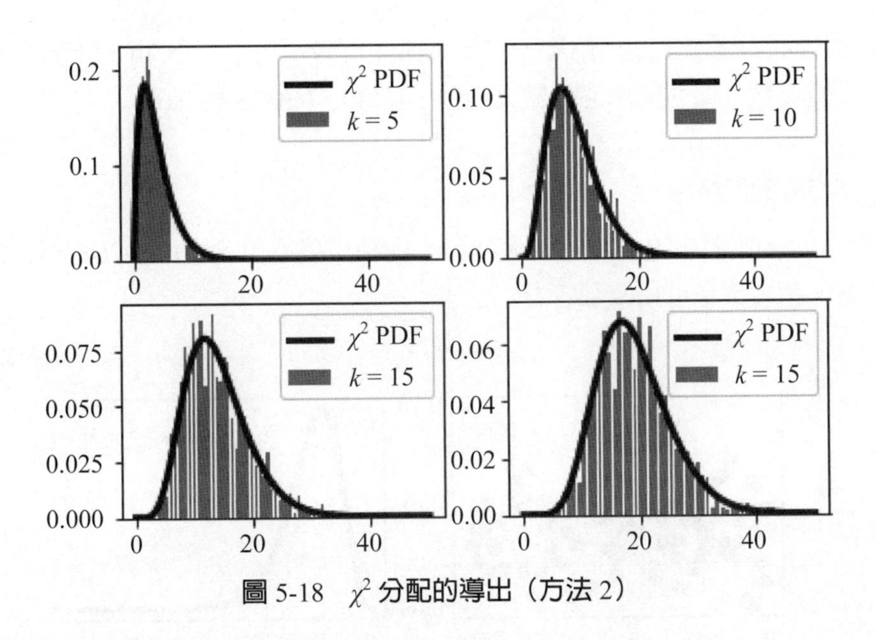

圖 5-18　χ^2 分配的導出（方法 2）

於圖 5-17 或 5-18 二圖內可發現卡方分配並不屬於對稱的分配，即 k 值愈小，卡方分配右偏愈嚴重。於底下或後面的章節內，自然可以看出卡方分配可以應用於何處。於此處，我們倒是可以檢視卡方分配的特徵與性質。參考下列的 Python 指令：

```
from scipy.stats import chi2
W = chi2.stats(df=[5,10,15,20],moments='mvsk')
np.round(pd.DataFrame(W),4)
```

上述指令提醒我們依舊於 scipy.stats 模組內可以找到卡方分配的函數指令 chi2。上述指令於自由度分別爲 5、10、15 與 20 下檢視卡方分配的前四級動差並令其結果爲 W。若執行上述指令可得：

$$W = \begin{bmatrix} 5 & 10 & 15 & 20 \\ 10 & 20 & 30 & 40 \\ 1.2649 & 0.8944 & 0.7303 & 0.6325 \\ 2.4 & 1.2 & 0.8 & 0.6 \end{bmatrix}$$

其中 W 內的第 1～4 列分別表示平均數、變異數、偏態與峰態係數，而 W 內的第

1～4 行則分別對應至上述自由度。例如：第 4 行表示自由度爲 20 的卡方分配，其平均數、變異數、偏態與峰態係數分別爲 20、40、0.6325 與 0.6。

例 1　卡方分配的特色

圖 5-19 分別繪製出 $\chi^2(4)$ 的四個特色，即抽出觀察值、PDF、CDF 與分位數曲線的繪製。讀者倒是可以練習看看。

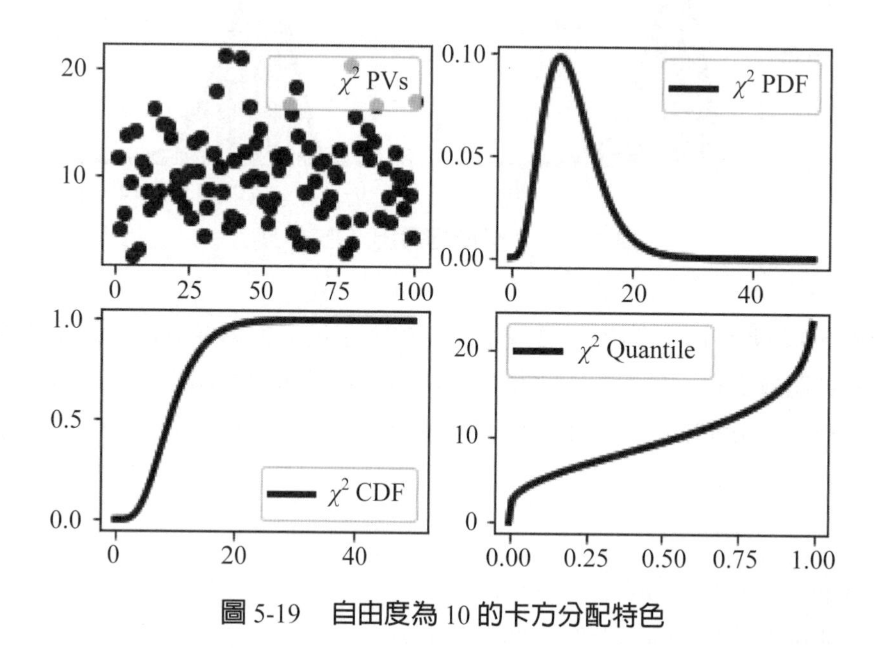

圖 5-19　自由度為 10 的卡方分配特色

例 2　以抽出放回方法導出卡方分配

之前我們已經多次使用抽出放回的方法取代 NID 過程，此處當然不例外；換言之，利用前述第 2 章內的 TWI 月報酬率資料並視之爲母體，我們從上述母體內以抽出放回的方法抽取 $n = k + 1$ 個樣本資料，並且根據（5-6）式計算卡方值。上述的動作重複 M 次，即可取得卡方分配的實證分配。圖 5-20 繪製出 $M = 5000$ 與 $k = 10$ 的結果，其中實線表示對應的理論 PDF 曲線；值得注意的是，（5-6）式內的 σ^2 值是以 TWI 月報酬率資料的變異數取代。從圖 5-20 內可看出實證分配與理論 PDF 曲線頗爲一致。讀者倒是可以嘗試以不同的 M 與 k 值，比較看看。此例說明了 IID 過程其實可以取代 NID 過程，其中前者是以抽出放回方法抽出樣本資料。

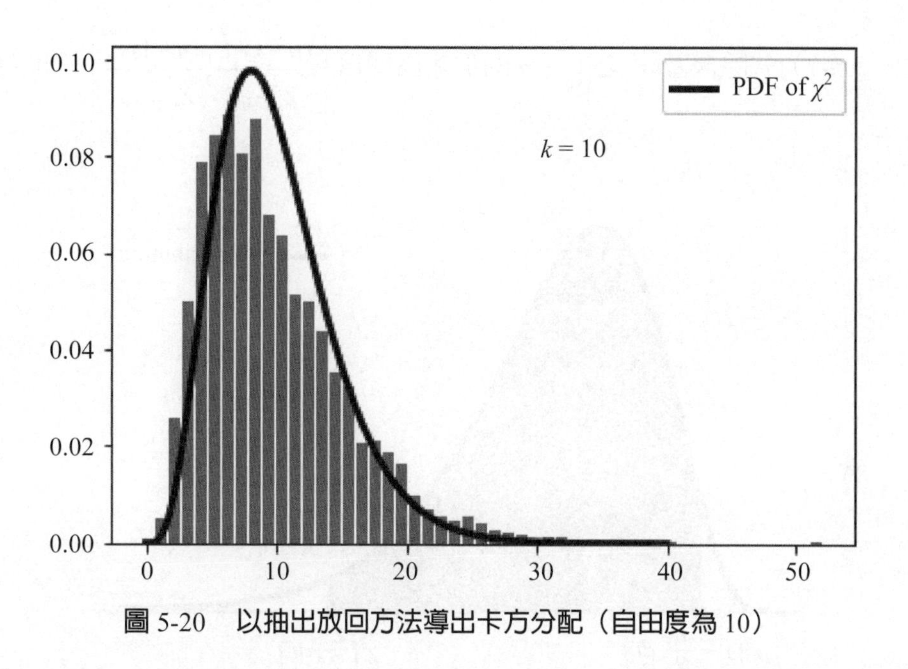

圖 5-20　以抽出放回方法導出卡方分配（自由度為 10）

5.3.2 母體變異數的區間估計

5.2.2 節的例 2 提醒我們可以使用該例子取得樣本變異數的區間估計。考慮圖 5-20 的情況。令 χ^2 表示卡方分配的隨機變數，故從圖 5-21 的結果可知：

$$P\left(\chi^2_{1-\frac{\alpha}{2},df} \le \chi^2 \le \chi^2_{\frac{\alpha}{2},df}\right) = 1-\alpha \qquad (5\text{-}7)$$

其中 $\chi^2_{\frac{\alpha}{2},df} = \chi^2\left(\frac{\alpha}{2}, df\right)$ 表示自由度爲 df 的卡方分配右尾面積爲 $\alpha/2$ 的臨界點（分位數），即（5-7）式表示 χ^2 的實現值落於 $\left[\chi^2_{1-\alpha/2,df}, \chi^2_{\alpha/2,df}\right]$ 區間的機率爲 $1-\alpha$。根據（5-6）式，可知（5-7）式內的不等式可改寫成：

$$\chi^2_{1-\alpha/2,df} \le \frac{(n-1)s^2}{\sigma^2} \le \chi^2_{\alpha/2,df} \qquad (5\text{-}8)$$

$$\Rightarrow \frac{1}{\chi^2_{\alpha/2,df}} \le \frac{\sigma^2}{(n-1)s^2} \le \frac{1}{\chi^2_{1-\alpha/2,df}}$$

$$\Rightarrow \frac{(n-1)s^2}{\chi^2_{\alpha/2,df}} \le \sigma^2 \le \frac{(n-1)s^2}{\chi^2_{1-\alpha/2,df}}$$

因此，（5-7）式隱含著 σ^2 之 1 － α 的信賴區間為 $\left[\dfrac{(n-1)s^2}{\chi^2_{\alpha/2,df}}, \dfrac{(n-1)s^2}{\chi^2_{1-\alpha/2,df}}\right]$，如（5-8）式所示。

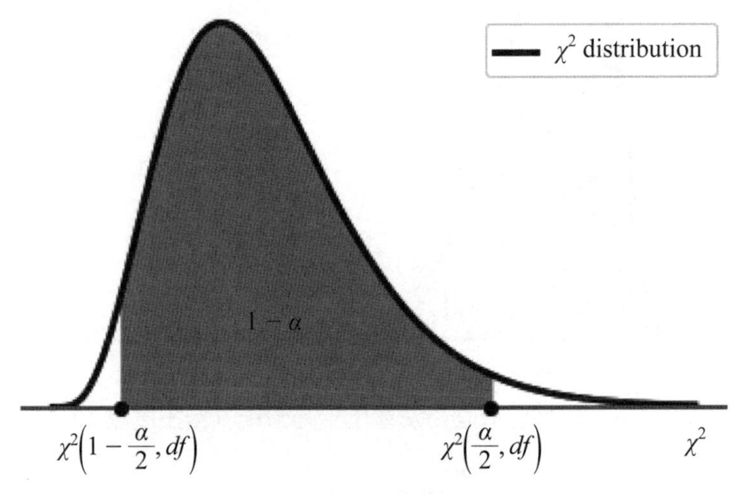

圖 5-21　卡方分配機率的計算

我們舉一個例子說明。利用前述 TWI 月報酬率資料（單位 %），以抽出放回方法從上述資料內抽取 n = 20 個觀察值，可得 $s^2 \approx 46.99$；另一方面，假定 α = 0.05，則可得 $\chi^2_{0.975,19} \approx 8.907$ 與 $\chi^2_{0.025,19} \approx 32.852$，因此可知 $P(8.907 \le \chi^2 \le 32.852) = 0.95$。我們進一步計算（5-8）式可得：

$$\frac{(n-1)s^2}{\chi^2_{\alpha/2,df}} \le \sigma^2 \le \frac{(n-1)s^2}{\chi^2_{1-\alpha/2,df}} \Rightarrow \frac{19(46.99)}{32.852} \le \sigma^2 \le \frac{19(46.99)}{8.907} \Rightarrow 27.179 \le \sigma^2 \le 100.25$$

即 σ^2 的 95% 信賴區間估計值為 [27.179, 100.25]，此隱含著 σ 的 95% 信賴區間估計值為 [5.213, 10.013]。值得注意的是，我們是使用方法 2，故 $df = n - 1$。

例 1　自由度變大，卡方分配接近於常態分配

當自由度 df 變大，卡方分配會接近於平均數與變異數分別為 df 與 $2df$ 的常態分配。例如：圖 5-21 繪製出 df 為 50 的卡方分配的 PDF 曲線，其中虛線表示 $N(50, 100)$ 之 PDF 曲線，我們從該圖可看出二曲線相當接近；換言之，就圖 5-22 而言，常態分配右尾面積分別為 0.025 與 0.975 所對應到的臨界點分別約為 69.6 與 30.4，

而卡方分配則分別約爲 71.42 與 32.36。讀者可以嘗試以更大的自由度重新檢視看看。

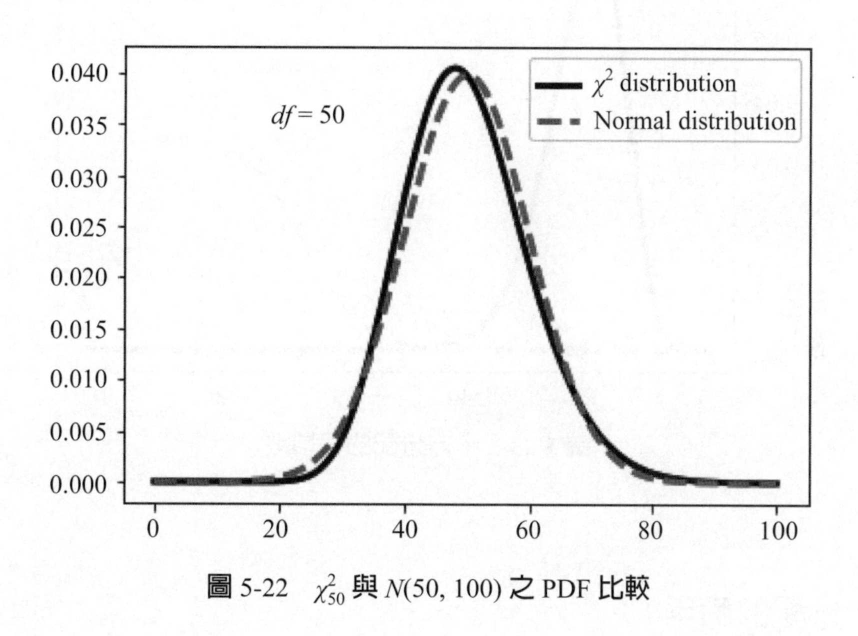

圖 5-22 χ^2_{50} 與 $N(50, 100)$ 之 PDF 比較

例 2 **卡方分配的平均數**

於 5.2.1 節內可發現卡方分配的平均數爲其自由度，圖 5-23 分別繪製出自由度分別爲 20 與 80 的卡方分配，其中黑點與小三角形爲對應的平均數。從圖內可發現平均數的位置恰對應至峰頂處。

例 3 **EPS 平均數與變異數的 90% 信賴區間估計**

某公司歷年的 EPS（每股盈餘）爲 2.1、1.95、2.2、1.98、2.5、2.3 與 2.1。我們分別計算平均數與變異數分別約爲 2.16 與 0.037。因 t 分配與卡方分配的自由度皆爲 6，可得 $t_{0.05,6} \approx 1.943$、$t_{0.95,6} \approx -1.943$、$\chi^2_{0.05,6} \approx 12.592$ 與 $\chi^2_{0.95,6} \approx 1.635$，故 μ 與 σ^2 的 90% 信賴區間估計值分別約爲 [2.021, 2.302] 與 [0.018, 0.135]。

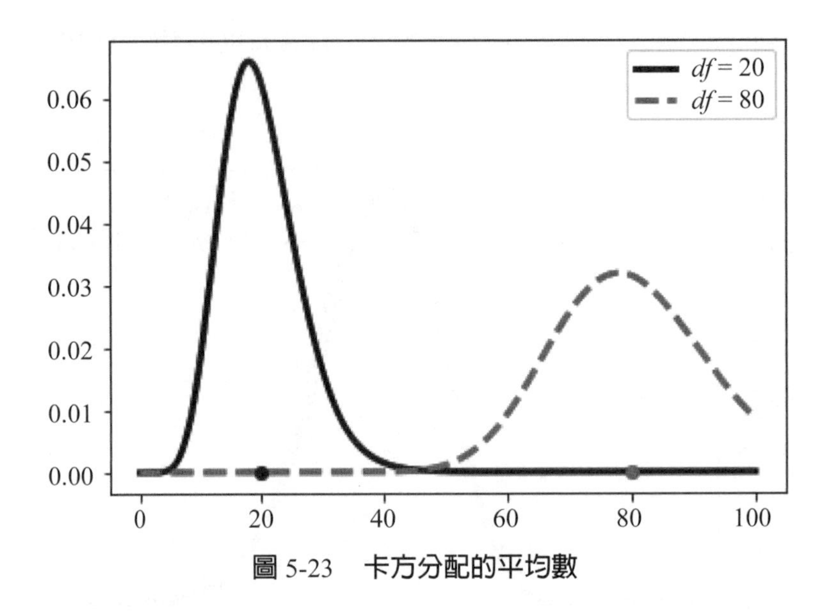

圖 5-23　卡方分配的平均數

5.4 F 分配的應用

接下來，我們來檢視 F 分配。若 $\chi^2_{\nu_1}$ 與 $\chi^2_{\nu_2}$ 表示二個相互獨立的卡方分配，則：

$$F = \frac{\chi^2_{\nu_1} / \nu_1}{\chi^2_{\nu_2} / \nu_2} = \frac{s_1^2 / \sigma_1^2}{s_2^2 / \sigma_2^2} = \frac{s_1^2}{s_2^2}\frac{\sigma_2^2}{\sigma_1^2} \qquad (5\text{-}9)$$

屬於分子自由度與分母自由度分別為 ν_1 與 ν_2 的 F 分配。利用上述定義，我們不難先用模擬的方式說明。根據 5.3 節可知卡方分配的變異數等於 $\sigma^2 = 2\nu$，其中 $\nu = df$ 表示自由度。我們分別從 $\nu_1 = 10$ 與 $\nu_2 = 8$ 的卡方分配內隨機抽取 $\nu_1 + 1$ 與 $\nu_2 + 1$ 個樣本並分別再計算對應的 s_1^2 與 s_2^2；如前所述，上述二卡方分配的變異數分別為 $\sigma_1^2 = 20$ 與 $\sigma_2^2 = 16$，故根據（5-9）式可得 F 值。上述動作重複 $M = 5000$ 次，可得 F 的實證分配如圖 5-24 所示，其中實線表示對應的 F 理論分配。從圖 5-24 內可看出實證分配與理論分配頗為一致。讀者可以檢視所附的 Python 指令。

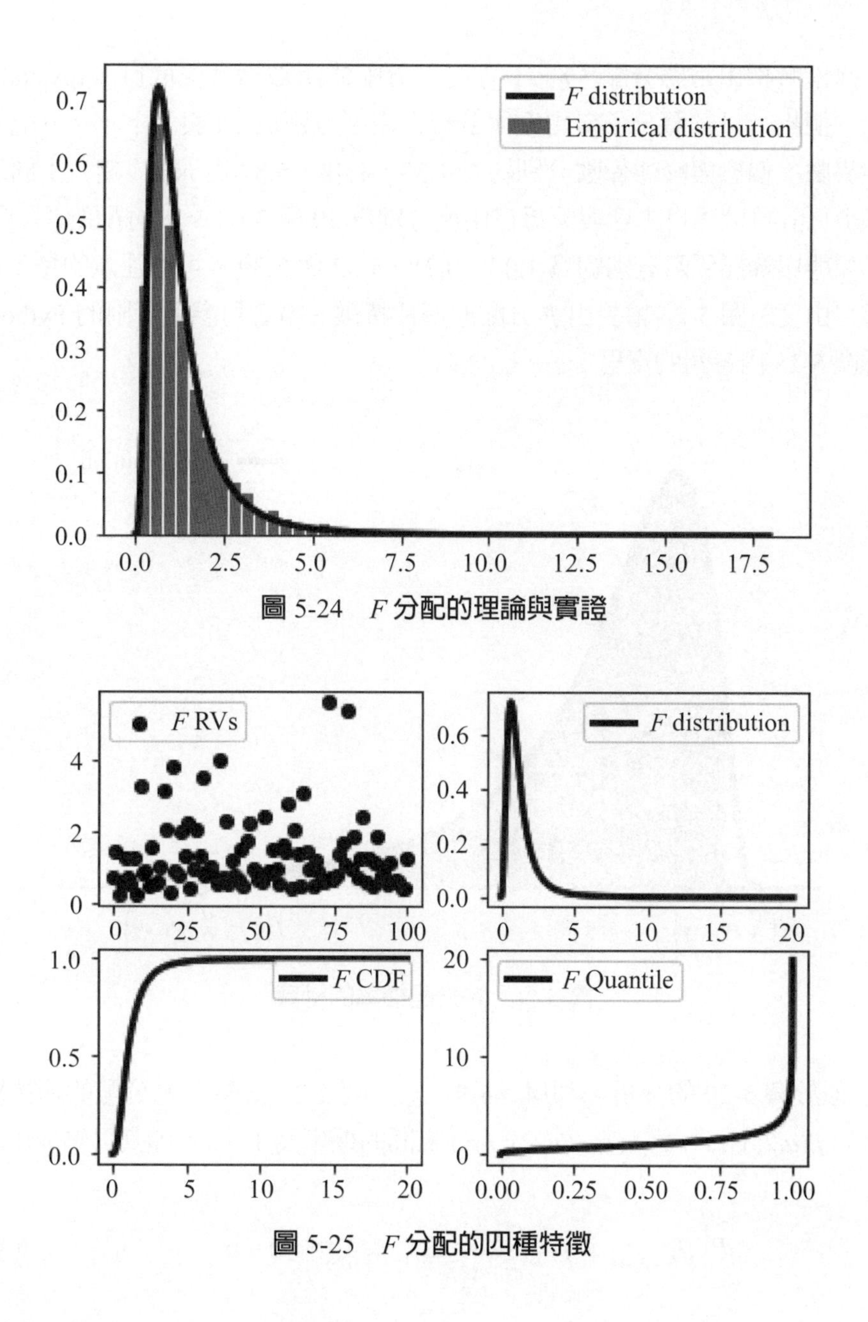

圖 5-24 *F* 分配的理論與實證

圖 5-25 *F* 分配的四種特徵

於圖 5-24 內可看出 *F* 分配屬於右偏的分配。考慮下列的 Python 指令：

```
from scipy.stats import norm,t,chi2,f
np.round(f.stats(dfn=10,dfd=8,moments='mvsk'),2) # array([1.33, 1.42, 5.81,   nan])
np.round(f.stats(dfn=20,dfd=30,moments='mvsk'),2) # array([1.07, 0.21, 1.32, 3.39])
```

上述指令指出常態分配、t、卡方與 F 分配的函數指令係取自 scipy.stats 模組內。第二個指令係計算分子自由度與分母自由度分別為 10 與 8 下，F 分配的平均數、變異數、偏態與峰態係數分別約為 1.33、1.42、5.81 與 nan（無）；同理，第三個指令係計算分子自由度與分母自由度分別為 20 與 30 下，F 分配的平均數、變異數、偏態與峰態係數分別約為 1.07、0.21、1.32 與 3.39。可以注意的是，F 分配有二種自由度。圖 5-25 繪製出 F 分配的四種特徵。讀者可參考所附的 Python 指令並解釋圖 5-25 內各圖的意思。

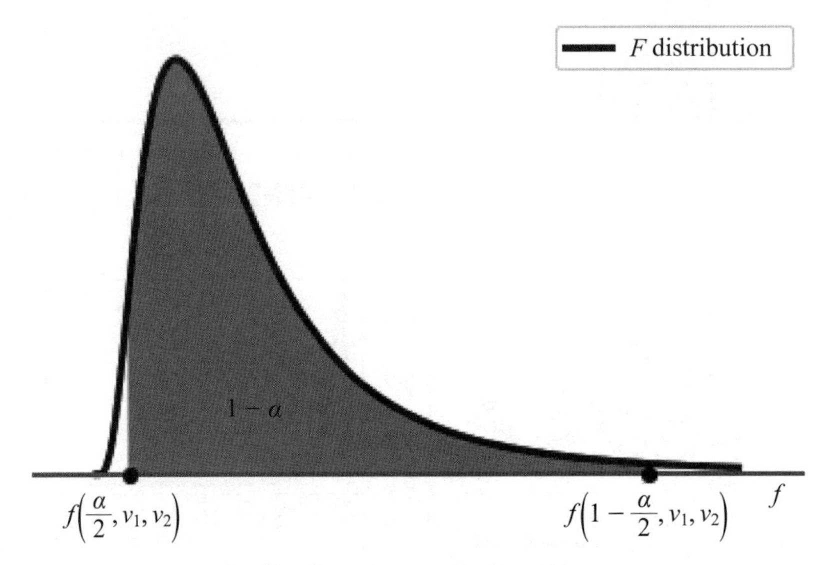

圖 5-26　F 分配機率的計算

類似於圖 5-20 的分析，利用（5-9）式，圖 5-25 繪製出 F 分配的隨機變數實現值介於 $f(\alpha/2, v_1, v_2)$ 與 $f(1-\alpha/2, v_1, v_2)$ 之間的機率為 $1-\alpha$，即其可寫成：

$$P\left(f_{\alpha/2,v_1,v_2} \le f = \frac{\sigma_2^2}{\sigma_1^2}\frac{s_1^2}{s_2^2} \le f_{1-\alpha/2,v_1,v_2}\right) = 1-\alpha \tag{5-10}$$

其中 $f_{1-\alpha/2,v_1,v_2} = f\left(1-\alpha/2, v_1, v_2\right)$ 與 $f_{\alpha/2,v_1,v_2} = f\left(\alpha/2, v_1, v_2\right)$。$f\left(\alpha/2, v_1, v_2\right)$ 表示左尾面積為 $\alpha/2$ 的 F 分配臨界值[9]，其中 F 分配的分子與分母自由度分別為 v_1 與 v_2。檢視（5-10）式，可知該式內的不等式，即：

---

⑨ 可注意此時臨界點的取得不同於前面三種分配，即 $f(\alpha/2, v_1, v_2)$ 表示左尾面積為 $\alpha/2$ 的 F 分配分位數，而前面三種分配是指右尾面積為 $\alpha/2$ 的分位數。

$$f_{\alpha/2,\nu_1,\nu_2} \le f = \frac{\sigma_2^2}{\sigma_1^2}\frac{s_1^2}{s_2^2} \le f_{1-\alpha/2,\nu_1,\nu_2} \quad (5\text{-}11)$$

$$\Rightarrow \frac{s_2^2}{s_1^2} f_{\alpha/2,\nu_1,\nu_2} \le \frac{\sigma_2^2}{\sigma_1^2} \le \frac{s_2^2}{s_1^2} f_{1-\alpha/2,\nu_1,\nu_2}$$

有 1 − α 出現的可能性。換句話說，（5-11）式說明了 σ_2^2/σ_1^2 的 1 − α 信賴區間爲 $\left[f_{\alpha/2,\nu_1,\nu_2} s_2^2/s_1^2, f_{1-\alpha/2,\nu_1,\nu_2} s_2^2/s_1^2\right]$。

我們舉一個例子說明。利用第 2 章內 TWI 與 NASDAQ 月報酬率資料，我們從其內分別以抽出放回的方式抽取 $n_1 = 10$ 與 $n_2 = 15$ 的觀察值，可以分別得出 $s_1^2 = 31.5544$ 與 $s_2^2 = 41.7954$（單位：%）；是故，於 $\alpha = 0.05$ 之下，因 $\nu_1 = n_1 - 1 = 9$ 與 $\nu_2 = n_2 - 1 = 14$，故可得對應的 F 分配臨界值分別爲 $f_{1-\alpha/2,\nu_1,\nu_2} = f_{0.975,9,14} = 3.2093$ 與 $f_{\alpha/2,\nu_1,\nu_2} = f_{0.025,9,14} = 0.2633$，因此 σ_2^2/σ_1^2 的 95% 信賴區間約爲 [0.349, 4.251]，即 σ_2^2/σ_1^2 的 95% 信賴區間約爲 $0.349 \le \sigma_2^2/\sigma_1^2 \le 4.251$。

例 1 F 分配的性質

F 分配的性質具有下列的性質，即 $f(1-\alpha/2,\nu_1,\nu_2) = 1/f(\alpha/2,\nu_2,\nu_1)$。換句話說，令 $\alpha = 0.05$、$\nu_1 = 9$ 與 $\nu_2 = 14$ 可得 $f_{1-\alpha/2,\nu_1,\nu_2} = f_{0.975,9,14} = 3.2093$，該臨界值亦可使用 $1/f_{\alpha/2,\nu_2,\nu_1} = 1/f_{0.025,14,9}$ 求得，可以注意後者分子與分母的位置相互交換。上述的「證明」可以用下列的 Python 指令說明，即：

```
nu1 = 9;nu2 = 14
f.ppf(0.975,nu1,nu2) # 3.2093003408966854
1/f.ppf(0.025,nu2,nu1) # 3.2093003408966854
```

例 2 一個簡單的例子

從二個獨立的母體內分別抽出 $n_1 = 30$ 與 $n_2 = 25$ 的觀察值，可以分別計算出 $s_1^2 = 25$，與 $s_2^2 = 60$，試計算 σ_2^2/σ_1^2 之 99% 信賴區間。若有人說 $\sigma_2^2 \ne \sigma_1^2$，我們的結論爲何？

解：參考下列的 Python 指令：

```
n1 = 30;n2 = 25
s21 = 25;s22 = 60
alpha = 0.01
q1 = f.ppf(alpha/2,n1-1,n2-1) # 0.36240099542446597
q2 = f.ppf(1-alpha/2,n1-1,n2-1) # 2.8817513051351256
# 99% confidence interval
[q1*s22/s21,q2*s22/s21] # [0.8697623890187184, 6.916203132324301]
```

是故，我們的區間估計值約爲 [0.87,6.92]，顯然有可能包括 $\sigma_2^2/\sigma_1^2 = 1$，隱含著 $\sigma_2^2 = \sigma_1^2$，故 $\sigma_2^2 \neq \sigma_1^2$ 的結論我們並不贊同。

習題

(1) 試解釋（5-1）式，其中 $\delta_i (i = 1, 2, \cdots, 8)$ 爲何？

(2) 何謂母體參數的 $1 - \alpha$ 信賴區間？其意義爲何？

(3) 續上題，其估計方法爲何？

(4) 試敘述於 Python 內，如何使用常態、t、卡方與 F 分配。

(5) $\bar{p}$ 抽樣分配的平均數與變異數爲何？我們如何得到該分配？

(6) 根據 CLT，$\bar{x} \sim N(\mu, \sigma^2 / n)$。若改成 $S = \sum_{i=1}^{n} x_i$，則 S 的抽樣分配爲何？令 $n =$ 10, 500, 1000, 2000 與 x 爲標準常態分配的隨機變數，試寫出一個 S 的抽樣分配的 Python 程式。

(7) 何謂不偏性與一致性？試解釋之。

(8) 一個好的估計式除了具有不偏性或一致性的特性外，亦需要具有有效性（efficiency）。以 $\bar{x}$ 與 m_0 爲例（m_0 爲中位數），二者皆爲 μ 之一致性估計式，不過因 $Var(\bar{x}) < Var(m_0)$，故相對上 $\bar{x}$ 來得有效。試用模擬的方式說明上述結果。提示：可以參考圖 5-a。

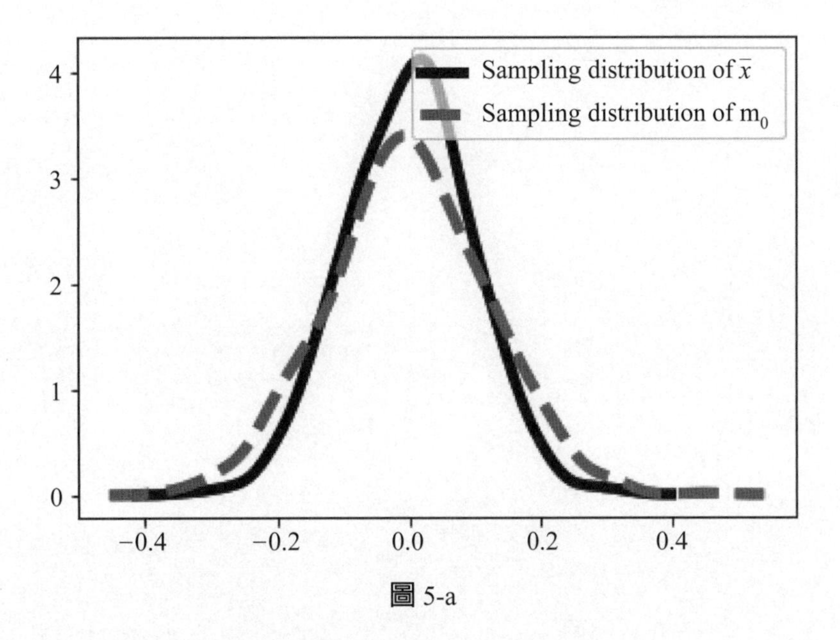

圖 5-a

(9) 試說明卡方分配與常態分配之間的關係。

(10) 試說明 t 分配與常態分配之間的關係。

(11) 試說明如何導出 F 分配。

(12) 通常我們只做一次區間估計（即相同時間只做一次民調），爲何不多做幾次？

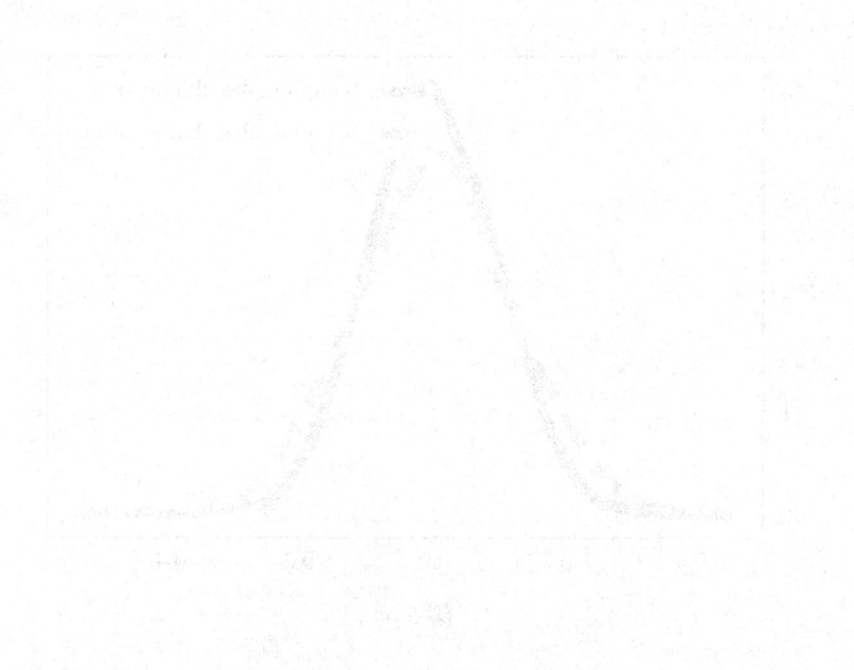

Chapter 6

假設檢定

前一章說明了如何由樣本的 $\bar{x}$、$\bar{p}$ 與 s^2 估計對應的母體 μ、p 與 σ^2 參數，接下來，我們來檢視如何做決策；換言之，統計推論的最後一個階段是決策或結論的擬定。舉例來說，利用第 2 章的 TWI 月報酬率資料，可得 $\bar{x} = -0.076\%$。若有人告訴我們說 TWI 的平均月報酬率爲 3%，我們當然不相信上述所言；不過，告訴人說他說錯了，不是 3% 而是 0.03%，此時我們就難以判斷了。我們不難瞭解爲何會如此，即 $\bar{x}$ 與 3% 差距太大了，但是 $\bar{x}$ 與 0.03% 的差距就有可能，即利用前一章的作法，抽樣誤差有可能會大於 $\bar{x}$ 與 0.03% 的差距，故若採取區間估計的方式，我們有可能認爲 μ 值會等於 0.03%。於統計學內，利用例如 $\bar{x}$ 的資訊來判斷 μ 值的可能，我們稱爲檢定（testing）。

其實，我們也可以從另一個角度來看上述例子。$\mu = 3\%$ 的確太匪夷所思，故最後結論爲 $\mu \neq 3\%$，我們會做出錯誤決策的可能性並不大；但是，若做出 $\mu \neq 0.03\%$ 的結論，此時我們有可能就會產生誤判（即判斷錯誤）。類似於上述的例子還頗多的，畢竟檢視樣本資料後，我們要做判斷或預測，此時難免會產生誤判。就誤判而言，統計學倒是透過一些假設幫我們整理出二種可能。因此，本章可分成三節，即第一節我們將介紹上述二種可能的誤判，而第二節則說明有關於 μ、p 與 σ^2 的假設檢定；至於第三節，則檢視檢定的效力（power）。

6.1 假設與誤判

如前所述，於檢視樣本資料後，我們要針對母體做判斷。於尚未介紹之前，我們有必要區別出估計式與估計值（estimate）的差異，前者是一種隨機變數而後者則是一個數值。例如：透過電腦的模擬，我們已經可以找出估計式的抽樣分配，而估計值只是估計式的其中一個實現值而已；換言之，令前述 TWI 月報酬率資料爲 x，代入估計式 $\bar{x}=\sum x/n$ 內可得出一個估計值 $\bar{x}=-0.076\%$。此處因「名稱相同」使得我們欲判斷 μ（母體平均數）值自然而然會使用 $\bar{x}$（樣本平均數）與其對應的 $\bar{x}$ 抽樣分配[①]。區別出估計式與估計值的差異是有意義的，因爲透過電腦模擬，事先我們可以先知道估計式有何特徵[②]。

換句話說，至目前爲止，我們只介紹三種估計式，其分別爲 $\bar{x}$、$\bar{p}$ 與 s^2；也就是說，此處的假設檢定係只針對上述三種估計式而言，於後面的章節內，自然會擴充至不同的情況。底下，我們先以 $\bar{x}$ 估計 μ 值的情況爲例。我們考慮下列三種型態的假設，即：

$$(1):\begin{cases}H_0:\mu\leq\mu_0\\H_a:\mu>\mu_0\end{cases},(2):\begin{cases}H_0:\mu\geq\mu_0\\H_a:\mu<\mu_0\end{cases},(3):\begin{cases}H_0:\mu=\mu_0\\H_a:\mu\neq\mu_0\end{cases} \quad (6\text{-}1)$$

其中 μ_0 爲一個固定的數值。（6-1）式內 H_0 稱爲虛無假設（null hypothesis），而 H_a 則稱爲對立假設（alternative hypothesis）。以上述 $\mu_0=0.03\%$ 爲例，型態 (3) 自然適用於判斷 μ 值是否等於 0.03% 以及不等於 0.03%，至於型態 (1) 與 (2)，則適用於判斷 μ 值是否大於等於 0.03% 以及小於等於 0.03%。理所當然，型態 (1)～(3) 屬於不同狀態下的考慮，即上述三種狀態不會同時出現。

$\bar{x}$ 估計 μ 值的情況亦可分別應用於 $\bar{p}$ 估計 p 值以及 s^2 估計 σ^2 值的情況。即類似於（6-1）式，我們亦會分別考慮下列情況：

$$(1):\begin{cases}H_0:p\leq p_0\\H_a:p>p_0\end{cases},(2):\begin{cases}H_0:p\geq p_0\\H_a:p<p_0\end{cases},(3):\begin{cases}H_0:p=p_0\\H_a:p\neq p_0\end{cases} \quad (6\text{-}2)$$

與

$$(1):\begin{cases}H_0:\sigma^2\leq\sigma_0^2\\H_a:\sigma^2>\sigma_0^2\end{cases},(2):\begin{cases}H_0:\sigma^2\geq\sigma_0^2\\H_a:\sigma^2<\sigma_0^2\end{cases},(3):\begin{cases}H_0:\sigma^2=\sigma_0^2\\H_a:\sigma^2\neq\sigma_0^2\end{cases} \quad (6\text{-}3)$$

---

① 可以想像第 2 章介紹的母體迴歸式，其合理的估計式爲何？

② 例如：我們已經知道樣本平均數與中位數皆可用於估計母體平均數，不過透過抽樣分配或其他方式，可知相對於後者而言，樣本平均數估計式來得有效。即樣本平均數估計式具有不偏與有效的特徵。

其中 p_0 與 σ_0^2 皆爲一個固定的數值。

表 6-1 二種誤判

	H_0 為真（H_a 為偽）	H_0 為偽（H_a 為真）
接受 H_0（拒絕 H_a）	—	型 2 錯誤
拒絕 H_0（接受 H_a）	型 1 錯誤	—

乍看之下，將一種狀態分成 H_0 與 H_a 二種可能，看似簡單不過其卻有頗深的涵義，即其卻可包括二種誤判，可以參考表 6-1。因一種狀態只有 H_0 與 H_a 二種可能，故若 H_0 爲眞（即表示 H_0 是正確的），隱含著 H_a 爲僞（即表示 H_a 是錯誤的）；另一方面，若結論是接受 H_0，則隱含著拒絕 H_a（即拒絕接受 H_a）。因此，根據上述假設，我們會遇到下列二種判斷錯誤，即：

型 1 錯誤：H_0 爲眞，結論是拒絕 H_0，其對應的機率值爲 α
型 2 錯誤：H_0 爲僞，結論是接收 H_0，其對應的機率值爲 β

舉例來看，若 H_0 表示股價上升或不變，隱含著 H_a 表示股價下跌，因此型 1 錯誤就表示實際上股價會上升，不過我們卻誤判股價會下跌；同理，型 2 錯誤是指股價並沒有上升，但是我們卻誤判其上升。

類似於上述誤判的例子，倒是容易見到。「原本以爲不考卻考了，會考的卻沒有出現」、「原本以爲會至少大於 10%，結果卻小於 10%；或者認爲會小於 10%，結果卻大於 10%」或「會贏卻輸，或會輸卻贏」等等；也就是說，只要有牽涉到判斷決策，竟然脫離不了有可能會產生上述的二種誤判。

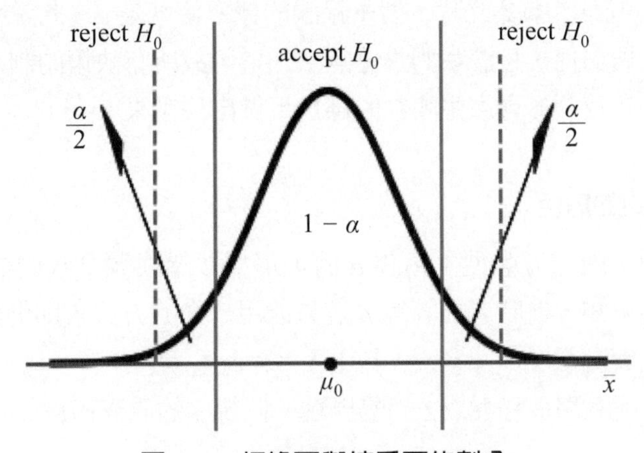

圖 6-1 拒絕區與接受區的劃分

例 1 拒絕區與接受區

我們以（6-1）式內的型態 (3) 說明。重寫型態 (3)，即：

$$\begin{cases} H_0 : \mu = \mu_0 \\ H_a : \mu \neq \mu_0 \end{cases}$$

面對上述假設，為了取得判斷的最後結果，理所當然我們必須找到一個可以決定 H_0 是否可以被接收或拒絕的判斷準則。考慮圖 6-1 的情況，該圖是想像 H_0：$\mu = \mu_0$ 的位置，即根據前一章可以得到 $\bar{x}$ 的抽樣分配，而圖 6-1 則繪製出假定 $E(\bar{x}) = \mu_0$ 的結果。直覺而言，若抽取出樣本資料而計算出的 $\bar{x}$ 值如 $\bar{x}_0$ 離 μ_0 愈遠，則拒絕 H_0：$\mu = \mu_0$ 的可能性愈大；同理，$\bar{x}_0$ 值離 μ_0 愈近，則就愈有可能會接受 H_0：$\mu = \mu_0$。因此，我們可以將整個 $\bar{x}$ 的抽樣分配分成接受與拒絕 H_0 二個區域，如圖 6-1 所示。換言之，若 $\bar{x}_0$ 落於接受區（accept H_0），則我們的結論為接受 H_0；反之，若 $\bar{x}_0$ 落於拒絕區（reject H_0），則我們的結論為拒絕 H_0。

例 2 α 值所扮演的角色

續例 1，顯然從圖 6-1 內可看出，接受區與拒絕區的範圍（面積）受到 α 值大小的影響，即 α 值愈大（小）隱含著拒絕區的範圍就愈大（小），但是接受區的範圍卻愈小（大）；另一方面，就直覺而言，α 值愈小隱含著決策者愈保守，即其愈不容易拒絕 H_0，如圖 6-1 內接收區與拒絕區的劃分改用斜線表示。因此，決策者的判斷準則設定竟與事先預定的 α 值有關，我們就稱 α 值為顯著水準（significance level）；也就是說，因 α 值表示型 1 錯誤的機率，故顯著水準相當於決策者願意容忍的型 1 錯誤機率。換句話說，根據圖 6-1，若 $\bar{x}_0$ 落於拒絕區，則決策者會做出拒絕 H_0 的結論，不過做出上述結論並非沒有風險，萬一 H_0 的確為眞，則該決策者不就會犯了型 1 錯誤了嗎？此時，型 1 錯誤的機率值就是 α。此說明了於隨機的環境內，眞正的 μ 值為何，也許我們永遠無法知道，故所有決策的制定皆有誤判的可能。統計學就是教我們於會產生誤判的條件下做出決策來。

例 3 β 值所扮演的角色

續例 1。例 2 內只考慮型 1 錯誤 α 值，那型 2 錯誤呢？我們如何計算 β 值？因眞正的 μ 值為未知，此時若要計算 β 值只能用想像的方式，即仍延續圖 6-1 的情況，令接受區的範圍為 $\bar{x}_1 \leq x \leq \bar{x}_2$，其中 $\bar{x}_1 = \mu_0 - z_{\alpha/2}\sigma_{\bar{x}}$ 與 $\bar{x}_2 = \mu_0 + z_{\alpha/2}\sigma_{\bar{x}}$ 而 $z_{\alpha/2}$ 仍表示標準常態分配右尾面積為 $\alpha/2$ 的臨界點。假想 μ 的眞實值為 μ_1，則型 2 錯誤的

機率可寫成：

$$\beta = P\left(\bar{x}_1 \le \bar{x} \le \bar{x}_2\right) = P\left(\frac{\bar{x}_1 - \mu_1}{\sigma_{\bar{x}} / \sqrt{n}} \le \frac{\bar{x} - \mu_1}{\sigma_{\bar{x}} / \sqrt{n}} \le \frac{\bar{x}_2 - \mu_1}{\sigma_{\bar{x}} / \sqrt{n}}\right) = P\left(z_1 \le z \le z_2\right) \qquad (6\text{-}4)$$

值得注意的是，於（6-4）式內我們是以 μ_1 爲常態分配的平均數，可以參考圖 6-2。換言之，於圖 6-2 內，眞實的分配是反而是虛線（曲線），而實線（曲線）只是我們根據 H_0：$\mu = \mu_0$ 想像出來的。因此，若 $\mu = \mu_1$ 是眞的，根據（6-4）式，β 值的計算如圖 6-2 所示。

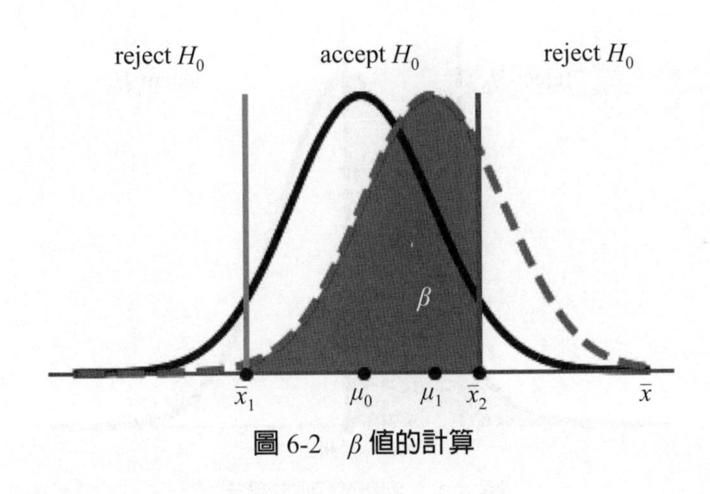

圖 6-2　β 值的計算

6.2 母體參數的假設檢定

如前所述，本節將介紹關於 μ、p 與 σ^2 的假設檢定，其中假設方面係根據（6-1)～(6-3）三式。值得注意的是，每種狀態我們皆有三或四種方式檢定，讀者可以留意。

6.2.1 母體平均數的假設檢定

就母體平均數的假設檢定而言，我們可以分成大樣本與小樣本二種情況檢視，其中後者是指樣本數 $n < 30$。根據第 5 章可知，於大樣本的情況下我們可使用常態分配，而於小樣本的情況則使用 t 分配當作輔助工具。

6.2.1.1 大樣本的情況

首先我們考慮（6-1）式內型態 (2) 的情況，即：

$$\begin{cases} H_0 : \mu \ge \mu_0 \\ H_a : \mu < \mu_0 \end{cases}$$

而型態 (2) 亦可稱爲左尾檢定。仍使用第 2 章的 TWI 月報酬率資料，分別可得 $\bar{x}_0 = -0.076$、$s_x = 6.6786$ 與 $n = 193$（單位：%）。假定 TWI 月報酬率屬於 IID 過程，我們有興趣想要檢定 H_0：$\mu \ge 0.03$ vs. H_0：$\mu < 0.03$ 的情況。

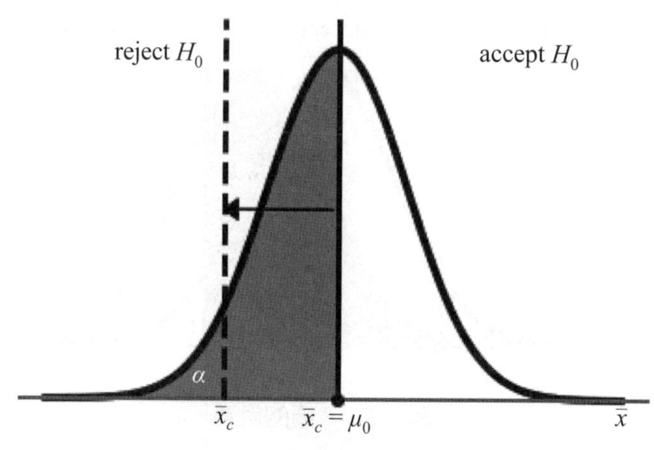

圖 6-3　判斷準則的選定

因母體標準差 σ_x 未知，故以上述 s_x 取代。根據第 5 章的 CLT，可知 $\bar{x}$ 的抽樣分配接近於平均數與標準誤（差）分別爲 μ 與 $\sigma_x / \sqrt{n}$ 的常態分配，故上述標準誤以 $s_{\bar{x}} = s_x / \sqrt{n} = 6.6786 / \sqrt{193} = 0.4807$ 取代。面對上述假設，我們如何找出拒絕或接受 H_0：$\mu \ge 0.03$ 的判斷準則呢？直覺而言，該判斷準則的臨界點 $\bar{x}_c$ 可設定爲：

若 $\bar{x}_0 \le \bar{x}_c = \mu_0 = 0.03$，則拒絕 H_0；同理，若 $\bar{x}_0 > \bar{x}_c = \mu_0 = 0.03$，則接受 H_0

如圖 6-3 所示，其是將整個平面以 μ_0 爲中心分成拒絕與接受二區。上述判斷準則雖說簡易，但是卻存在一個缺點，即若 H_0 爲眞，因拒絕區的面積爲 0.5，故隱含著 $\alpha = 0.5$，即型 1 錯誤高達 50%。

爲了降低 α 值，我們可以縮減拒絕區的範圍，即將 $\bar{x}_c$ 左移至圖 6-3 內的虛線處，其中 $\bar{x}_c = \mu_0 - z_\alpha s_x / \sqrt{n}$，可以參考圖 6-4 的上圖。因常態分配的特性，圖 6-4

的上圖亦可轉換成以標準常態分配如下圖所示，其中 z 表示標準常態分配的隨機變數。是故，面對 H_0：$\mu \geq 0.03$ vs. H_0：$\mu < 0.03$ 的假設，我們的檢定步驟爲：

(1) 我們採取較保守的方式，即臨界點 $\bar{x}_c$ 設於 $\mu_0 = 0.03$ 的左側，即 $\bar{x}_c < \mu_0$；
(2) 根據 $\bar{x}_c$ 分成拒絕與接受 H_0 二區；
(3) 計算樣本資料的 $\bar{x}_0$，若 $\bar{x}_0 < \bar{x}_c$，則拒絕 H_0。

按照上述步驟，最後我們的結論仍承擔了風險，即萬一 H_0 爲眞，因拒絕區的面積爲 α，故出現型 1 錯誤的機率等於 α。因此，α 值是我們是事先選定的，其代表著從事檢定可以容忍的型 1 錯誤。通常，α 值可選爲 0.1、0.05 或 0.01。由於拒絕區出現於左尾，故圖 6-4 說明了左尾檢定的情況。

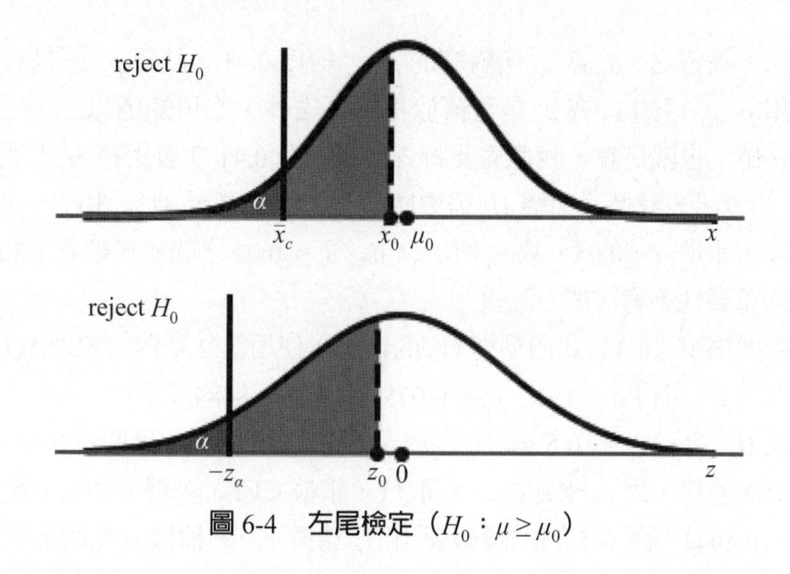

圖 6-4　左尾檢定（H_0：$\mu \geq \mu_0$）

令 $\alpha = 0.05$，利用上述 TWI 月報酬率資料，可得 $\bar{x}_c = \mu_0 - z_\alpha s_{\bar{x}} = -0.7607$。因 $\bar{x}_0 = -0.076 > \bar{x}_c$，故於 $\alpha = 0.05$ 之下，我們無法拒絕 H_0。根據圖 6-4，我們亦可將 $\bar{x}_0 = -0.076$ 轉換成標準常態分配的實現值，即 $z_0 = \dfrac{\bar{x}_0 - \mu_0}{s_x / \sqrt{n}} = -0.221$，因 $z_{0.95} = -1.645$，而 $z_0 > -z_{0.05}$，故於 $\alpha = 0.05$ 之下，我們仍無法拒絕 H_0 爲 $\mu \geq 0.03$ 的情況[3]。

因此，我們倒有二種分別以常態分配與標準常態分配檢定的方式，其中 z_0 可

[3] 通常，我們不會以「於 $\alpha = 0.05$ 之下接受 H_0」爲結論，即即使使用檢定的方式，我們仍不容易分別出 $\mu \geq 0.03$ 與 $\mu \geq 0.0299$ 之不同。

稱爲檢定統計量（test statistic）。事實上，我們亦分別可以計算 $\bar{x}_0$ 與 z_0 左尾的面積，即：

$$p_{value} = \int_{-\infty}^{\bar{x}_0} f(\bar{x})d\bar{x} = \int_{-\infty}^{z_0} g(z)dz \tag{6-5}$$

其中 $f(\bar{x})$ 與 $g(z)$ 分別爲常態分配與標準常態分配的 PDF。p_{value} 可稱爲檢定統計量的 p 值（p_ value），例如：圖 6-4 亦繪製出 $\bar{x}_0$ 與 z_0 所對應的 p_{value}，即虛線的左尾面積。利用 Python 的指令如：

```
norm.cdf(z0,0,1) # 0.41253214033842267
norm.cdf(xbar0,mu0,se) # 0.41253214033842267
```

其中 se 爲$s_{\bar{x}}$。換言之，$\bar{x}_0$ 或 z_0 所對應的 p_{value} 約爲 0.41。計算 p_{value} 是有意義的，因除了利用 p_{value} 可知 $\bar{x}_0$ 或 z_0 是否落於拒絕區之外，亦可知道以 $\bar{x}_0$ 或 z_0 拒絕 H_0 所對應的 α 值；也就是說，我們需要將 α 值提高至 0.41 才會拒絕 H_0！或者說，利用 $\bar{x}_0$ 或 z_0 的資訊，我們欲拒絕 H_0 需要將型 1 錯誤拉高至 41% 才行。亦可說，因 p_{value} 大於顯著水準 $\alpha = 0.05$，故 $\bar{x}_0$ 與 H_0：$\mu > \mu_0 = 0.03$ 之間並無顯著上的差異。是故，p_{value} 的重要性不容（被）忽視。

我們繼續檢視（6-1）式內型態 (1) 的情況。使用第 2 章內 NASDAQ 月報酬率資料並令之爲 y，可得 $n = 193$、$\bar{y}_0 = 0.0754$ 與 $s_y = 6.8684$（單位：%）。我們有興趣想要檢視 H_0：$\mu \leq \mu_0 = -0.5$ vs. H_a：$\mu > \mu_0 = -0.5$ 的情況。仍假定 NASDAQ 月報酬率屬於 IID 過程，因 σ_y 未知故以 s_y 取代，根據 CLT，可得 $\bar{y}$ 抽樣分配的標準誤爲 $s_y / \sqrt{n} = 0.4944$。圖 6-5 的上圖繪製出 H_0 爲眞下，$\bar{y}$ 抽樣分配的形狀。類似於圖 6-4 的分析方式，圖 6-5 上圖的拒絕區落於右側，於 $\alpha = 0.05$ 之下，可得臨界點 $\bar{y}_c = \mu_0 + z_\alpha s_{\bar{y}} = -0.5 + 1.645(0.4944) = 0.3132$；因此，因 $\bar{y}_0 = 0.0754 < \bar{y}_c$，故於 $\alpha = 0.05$ 之下，我們無法拒絕 H_0。因於右側檢視，故屬於右尾檢定。

我們亦可以將上述的 $\bar{y}_c$ 值轉換成檢定統計量型態，即因 $z_0 = \dfrac{\bar{y}_0 - \mu_0}{s_{\bar{y}}} = 1.1639$，而 $\bar{y}_c$ 值可轉換至 $z_c = z_\alpha = z_{0.05} = 1.645$，故於 $\alpha = 0.05$ 之下，我們仍無法拒絕 H_0，可以參考圖 6-5 的下圖。另外，我們再進一步計算 $\bar{y}_0$ 或 z_0 所對應的 p_{value}，即：

$$p_{value} = \int_{\bar{y}_0}^{\infty} f(\bar{y})d\bar{y} = \int_{z_0}^{\infty} g(z)dz = 0.1222$$

即 $p_{value} > 0.05$，故 $\bar{y}_0$ 或 z_0 落於接受區；或者說，欲拒絕 H_0，上述 $\alpha = 0.05$ 是不夠的，即於 $\alpha = 0.05$ 之下，$\bar{y}_0$ 與 μ_0 並無顯著上的差異。

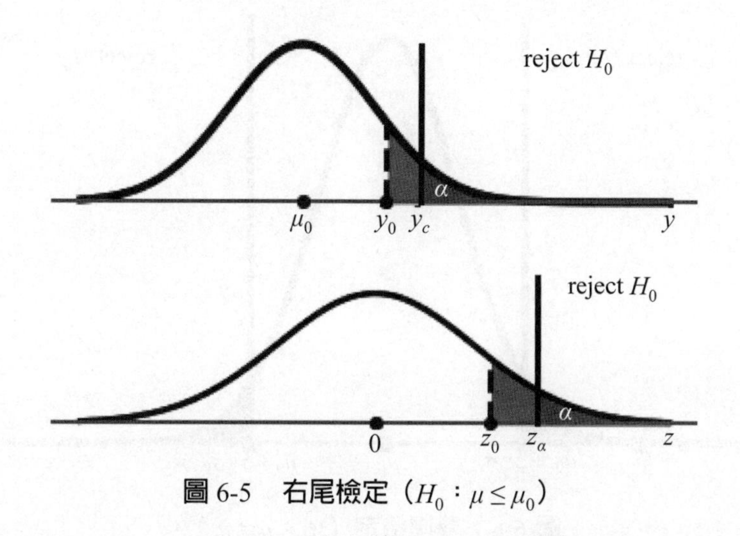

圖 6-5　右尾檢定（H_0：$\mu \leq \mu_0$）

最後，我們來檢視（6-1）式內型態 (3) 的情況。考慮第 2 章內臺灣的通貨膨脹率資料，該資料內有 $n = 194$ 個觀察值。爲了取得 IID 的實現值，我們從上述資料內以抽出放回的方式抽取 n 個觀察值並令之爲 x。我們進一步計算 $\bar{x}_0 = 0.8644$ 與 $s_x = 1.3033$；另一方面，根據 CLT，可得 $s_{\bar{x}} = s_x / \sqrt{n} = 0.0936$（單位：%）。於 $\alpha = 0.05$ 之下，我們有興趣想要檢定：

$$H_0：\mu = \mu_0 = 1.2 \text{ vs. } H_0：\mu \neq \mu_0 = 1.2$$

類似於圖 6-1，圖 6-6 繪製出上述檢定的情況；換言之，該種檢定所對應的判斷準則爲：

$$\text{若 } \bar{x}_0 \leq \bar{x}_c = \mu_0 - z_{\alpha/2}\sigma_{\bar{x}} \text{ 或 } \bar{x}_0 \geq \bar{x}_c = \mu_0 + z_{\alpha/2}\sigma_{\bar{x}}\text{，則拒絕 } H_0$$

即上述情況存在二個拒絕區。讀者可以練習繪製出以檢定統計量表示的情況，即令 $z_0 = \dfrac{\bar{x}_0 - \mu_0}{\sigma / \sqrt{n}}$。上述拒絕區亦可寫成：

$$\text{若 } z_0 \leq -z_{\alpha/2} \text{ 或 } z_0 \geq z_{\alpha/2}\text{，則拒絕 } H_0$$

於我們的例子內，因 $\sigma_{\bar{x}} = \sigma / \sqrt{n}$ 未知，故以 $s_{\bar{x}}$ 取代。

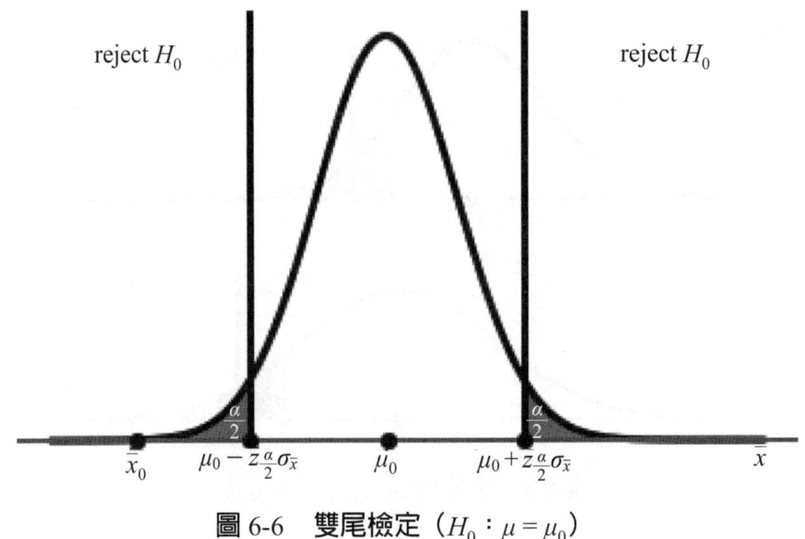

圖 6-6　雙尾檢定（$H_0：\mu = \mu_0$）

因此，若以 $s_{\bar{x}}$ 取代 $\sigma_{\bar{x}}$，於我們的例子內，我們可以計算出二個臨界點分別為 $\bar{x}_c = \mu_0 - z_{\alpha/2}s_{\bar{x}} = 1.0166$ 與 $\bar{x}_c = \mu_0 + z_{\alpha/2}s_{\bar{x}} = 1.3834$；是故，因 $\bar{x}_0 = 0.8644 < \bar{x}_c$，故於 $\alpha = 0.05$ 之下，拒絕 H_0。如前所述，我們亦可以使用檢定統計量檢定，即 $z_0 = -3.5862 < -z_{0.025} = -1.96$，故仍於 $\alpha = 0.05$ 之下，拒絕 H_0。於圖 6-6 內可看出單邊拒絕區的面積為 $\alpha / 2$，因 p_{value} 欲與 α 值比較，故此時 p_{value} 的計算為：

$$p_{value} = 2P(\bar{x} \leq \bar{x}_0) = 2P(z \leq z_0) = 0.0003$$

明顯小於 $\alpha = 0.05$，故亦拒絕 H_0。我們亦可從另一個角度檢視，即 $\bar{x}_0$ 值所對應的 p_{value} 約為 0.03%，故即使將 α 值降低至 0.03%，結果仍拒絕 H_0 為 $\mu = \mu_0 = 1.2$，此隱含著 $\bar{x}_0$ 與 $\mu_0 = 1.2$ 有顯著的差異。最後，$\alpha = 0.05$ 可對應至 $1 - \alpha = 95\%$ 的 μ 之信賴區間，而該區間為 [0.681, 1.0478]，顯然並不包括 $\mu = \mu_0 = 1.2$，故仍拒絕 H_0。

圖 6-6 因有二個拒絕區，故屬於雙尾檢定。從上述例子內，應可以發現共有四種方式可以檢定，而圖 6-4 與 6-5 則屬於單尾檢定，其卻只有三種檢定方式。讀者可以檢視看看。

例 1 自設假設

某大學學生身高分配的標準差約爲 30.6 公分。現在從該大學隨機抽取 120 位學生，其平均身高恰爲 170 公分。試於 $\alpha = 0.1$ 之下檢視學生平均身高是否至少 166 公分以上。

解：首先我們必須自設適當的假設型態。已知 $\sigma = 30.6$、$n = 120$、$\mu_0 = 166$、$\alpha = 0.1$ 與 $\bar{x}_0 = 170$。由題意可知此屬於單尾檢定，故假設的型態不是（6-1）式內的型態 (1) 就是型態 (2)。就型態 (2) 而言，其爲：

$$H_0：\mu \geq \mu_0 = 166 \text{ vs. } H_a：\mu < \mu_0 = 166$$

顯然上述型態並不適當如圖 6-7 的上圖所示，因不需要計算 $\bar{x}_c$ 值，我們的結論就是接受 H_0；因此，使用型態 (2)，我們並沒有「檢定」。

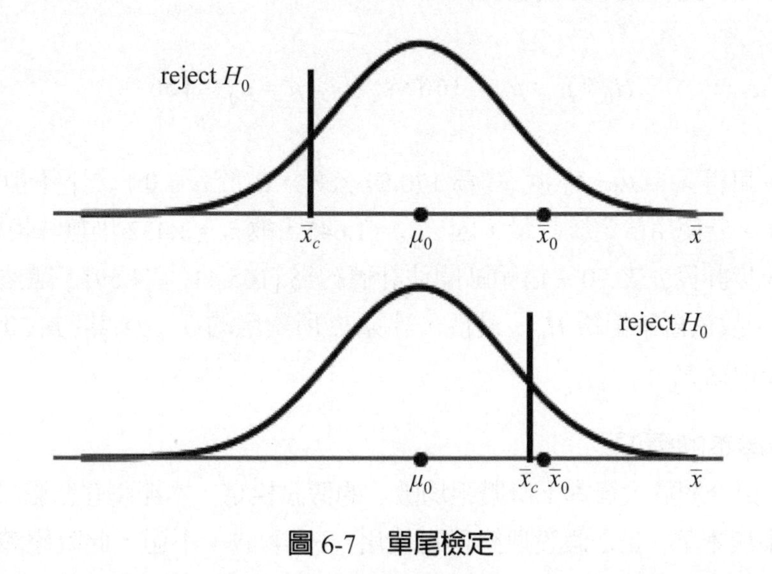

圖 6-7 單尾檢定

同理，若使用（6-1）式內的型態 (1)，即：

$$H_0：\mu \leq \mu_0 = 166 \text{ vs. } H_a：\mu > \mu_0 = 166 \quad (6\text{-}6)$$

此可對應至圖 6-7 的下圖，此時因拒絕區落於右側，此時反而需要計算出 $\bar{x}_c$ 值後，才知 $\bar{x}_0$ 是否有落於拒絕區；因此，使用型態 (1) 反而有「檢定」的味道，畢竟 $\bar{x}_0$ 是否有落於拒絕區端視 $\bar{x}_c$ 值，而後者又與 α 值有關。也許，我們亦可以從另一個角度來看，即若重新檢視（6-6）式，因 $\bar{x}_0 = 170$，我們自然懷疑 $\bar{x}_0$ 是否有可能由（母體）$\mu \le \mu_0 = 166$ 所產生，故需要檢定看看；因此，虛無假設通常是設爲「質疑」的部分。

根據（6-6）式，我們繼續計算出 $\bar{x}_c = \mu_0 + z_\alpha \sigma_{\bar{x}}$ 約爲 169.58 公分，故於 $\alpha = 0.1$ 之下，我們的結論爲拒絕 H_0。如前所述，我們亦可使用檢定統計量檢定，即 $z_0 = \dfrac{\bar{x}_0 - \mu_0}{\sigma / \sqrt{n}}$ 約爲 1.432 大於臨界值 $z_{0.1} = 1.2816$，故於 $\alpha = 0.1$ 之下仍拒絕 H_0。最後，我們計算 $\bar{x}_0$ 所對應的 p_{value}，其約爲 0.0761，故於 $\alpha = 0.1$ 之下仍拒絕 H_0，不過若 α 改爲 0.05，則反倒是有「不拒絕 H_0」的結論。

例 2 續例 1

於例 1 內，若改成於 $\alpha = 0.1$ 之下檢視學生平均身高是否等於 166 公分。

解：理所當然，此時假定的型態爲：

$$H_0 : \mu = \mu_0 = 166 \text{ vs. } H_a : \mu \ne \mu_0 = 166$$

因此，可得 $\bar{x}_c = \mu_0 + z_{\alpha/2} \sigma_{\bar{x}}$ 約爲 170.59 公分，故於 $\alpha = 0.1$ 之下不拒絕 H_0；另一方面，若使用檢定統計量，因 $z_{0.05} = 1.645$，故 $z_0 = 1.432$ 仍無法拒絕 H_0。我們進一步計算 μ 之 90% 信賴區間估計値約爲 [165.41, 174.59]，顯然有包括 $\mu_0 = 166$，故依舊不拒絕 H_0。最後，計算 $\bar{x}_0$ 所對應的 p_{value}，其約爲 0.1522，的確無法拒絕 H_0。

6.2.1.2 小樣本的情況

6.2.1.1 節介紹於大樣本下母體平均數 μ 的假設檢定，本節將介紹屬於小樣本的情況。於小樣本下，μ 之假設型態仍可使用（6-1）式；不過，此時應該使用（簡易的）t 分配取代常態分配。換句話說，於假設檢定下，t 分配的適用時機爲：

(1) 母體是常態分配或以抽出放回方式抽取樣本；

(2) 母體的標準差 σ 爲未知；

(3) 小樣本，即 $n < 30$。

上述假定我們曾於第 5 章內遇過，我們曾以「抽出放回」的方式取代母體是常態分配的假定。我們不難用模擬的方式說明。

首先，我們先檢視母體屬於非常態分配的情況。假定母體屬於介於 −1 與 1 之間的 IID 均等分配（其平均數爲 0），我們從上述母體隨機抽取 $n = 20$ 並令之爲 x，隨後計算 t 檢定統計量。重複上述步驟 $M = 10000$ 次，整理後可得 t 檢定統計量的直方圖（抽樣分配）如圖 6-8 所示。從圖內可看出上述抽樣分配並不屬於 t 分配，其中曲線可對應至自由度爲 $n - 1$ 的 t 分配。

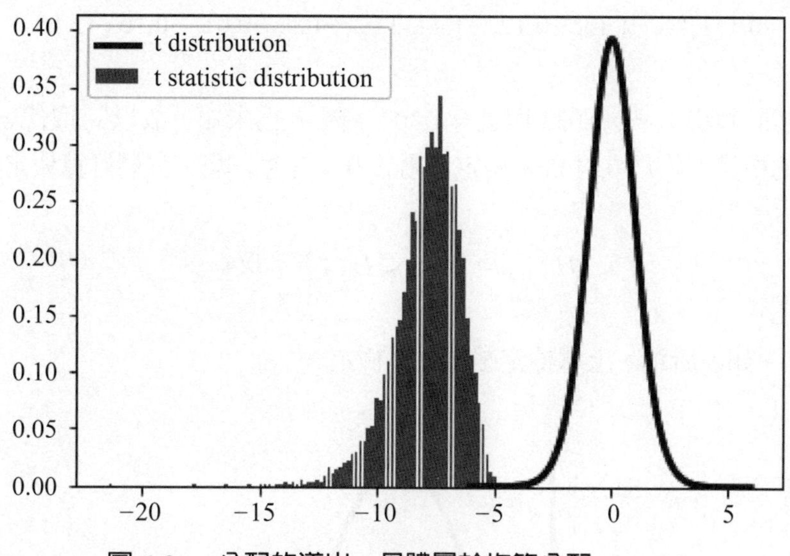

圖 6-8　t 分配的導出：母體屬於均等分配，$n = 20$

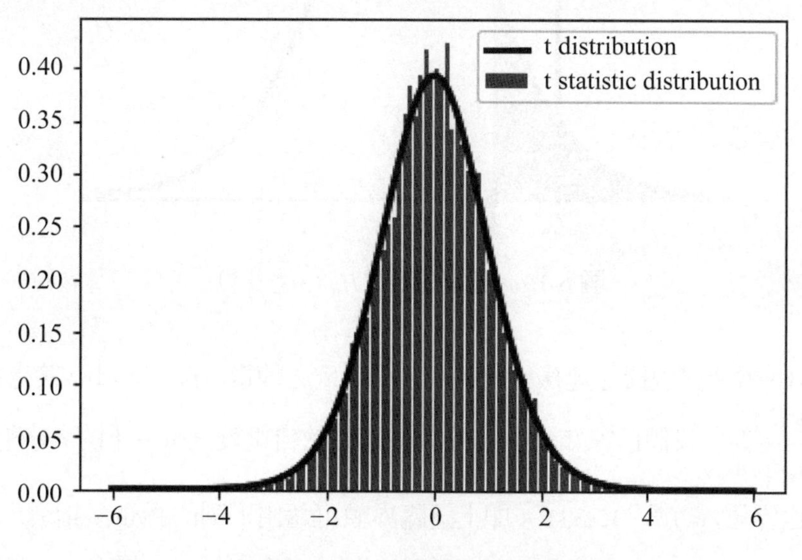

圖 6-9　t 分配的導出：母體屬於常態分配，$n = 20$

類似於繪製圖 6-8 的模擬步驟，我們將母體改爲 IID $N(1, 1)$，其餘不變，圖 6-9 繪製出其結果，從該圖內可以發現 t 檢定統計量的直方圖已接近於自由度爲 $n-1$ 的 t 分配。根據圖 6-8 與 6-9 的結果，我們可以知道 t 分配的適用時機。我們先舉一個例子。從圖 1-10 的 TWI 日報酬率資料內以抽出放回的方式抽取 $n = 10$ 的觀察值並令其爲 x（至小數點第 2 位）（單位：%）。x 爲：

$$0.1, 1.12, -1.13, -0.17, -1.44, 3.02, -0.5, -0.01, -0.16, -1.16$$

我們進一步計算出 $\bar{x}_0 = -0.033$ 與 $s_x = 1.307$。因 σ_x 爲未知，故以 s_x 取代 σ_x，因此 $\bar{x}$ 抽樣分配的標準誤約爲 0.4133。假定 x 屬於 IID 常態分配，我們打算檢定：

$$H_0：\mu \geq 0.4 \text{ vs. } H_a：\mu < 0.4$$

即 $\mu_0 = 0.4$。如前所述，上述檢定屬於左尾檢定。

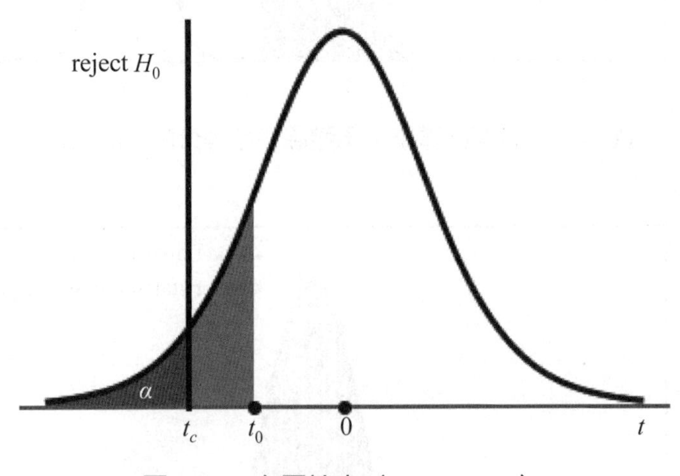

圖 6-10　左尾檢定（$H_0：\mu \geq 0.4$）

圖 6-10 繪製出根據上述檢定的 t 檢定統計量之抽樣分配，其中 t 檢定統計量可寫成 $t = \dfrac{\bar{x} - \mu_0}{s_x / \sqrt{n}}$。我們已經知道上述抽樣分配屬於自由度爲 $n-1$ 的 t 分配。若 $\alpha = 0.05$，則臨界值 t_c 約爲 -1.8331。即上述臨界值可藉由下列的 Python 指令求得，即：

```
nu = n-1;alpha = 0.05;tc = t.ppf(alpha,nu) # -1.8331129326536337
```

其中 $n = 10$。我們進一步計算 $\bar{x}_0 = -0.033$ 所對應的 t 檢定統計量為 $t_0 = \dfrac{\bar{x}_0 - \mu_0}{s\sqrt{n}}$ 約為 -1.0476；因此，因 $t_0 > t_c$，故於 $\alpha = 0.05$ 之下，我們無法拒絕 H_0。另一方面，$\bar{x}_0$ 或 t_0 所對應的 p_{value} 則約為 0.1611，顯然欲拒絕 H_0，$\alpha = 0.05$ 是不夠的。

同理，利用上述資訊，我們亦可以檢定下列假設：

$$H_0：\mu \leq -0.1 \text{ vs. } H_a：\mu > -0.1$$

即 $\mu_0 = -0.1$。於 $\alpha = 0.05$ 之下，t_c 與 t_0 分別約為 1.8331 與 2.3396，故拒絕 H_0。我們再計算 t_0 所對應的 p_{value}，其值約為 0.022，仍是拒絕 H_0。讀者可以嘗試繪製出上述檢定的圖形。

最後，我們再考慮下列的假設：

$$H_0：\mu = 0.95 \text{ vs. } H_a：\mu \neq 0.95$$

即 $\mu_0 = 0.95$。我們可以計算 t_0 約為 -2.3783 而 t_c 則分別約為 -2.2622 與 2.2622（$\alpha = 0.05$），故 t_0 值落於拒絕區。我們進一步計算對應的 p_{value}，其約為 0.0413。最後，計算 μ 之 95% 信賴區間估計值約為 [−0.97, 09]。上述計算值皆顯示出於 $\alpha = 0.05$ 之下，拒絕 H_0。讀者倒是可以練習如何用 Python 得出上述計算值。

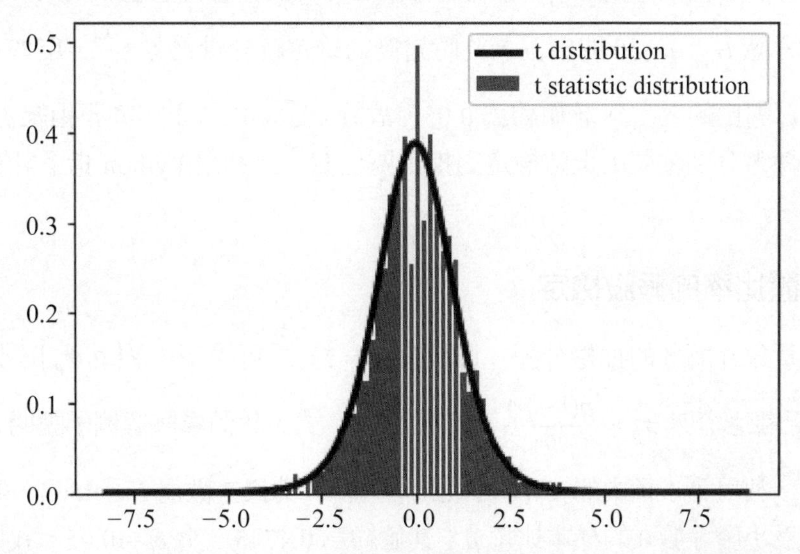

圖 6-11　以抽出放回方式抽出樣本所得到的 t 檢定統計量的抽樣分配

例 1　以抽出放回的方式抽出樣本

於上述 TWI 日報酬率資料的例子內，x 屬於 IID 常態分配的假定有可能是多餘的。我們仍使用模擬的方式說明。假定母體 y 內的元素爲 1, 2, ⋯, 9，故 $\mu = 5$。我們從 y 內以抽出放回的方式抽出 $n = 10$ 個樣本並令之爲 x，我們進一步計算 t 檢定統計量如 $t = \dfrac{\bar{x} - \mu}{s_x / \sqrt{n}}$。重複上述動作 $M = 5000$ 次，整理後可繪製 t 檢定統計量的直方圖（抽樣分配）如圖 6-11 所示，其中曲線爲對應的自由度爲 $n - 1$ 的 t 分配。從圖 6-11 內可看出 t 檢定統計量的抽樣分配的確接近於 t 分配，因此 t 分配的適用時機倒也符合上述所言，即樣本資料不是從常態分配內抽出就是以抽出放回的方式抽出。

例 2　臺灣通貨膨脹率的假設檢定

利用圖 2-11 內的通貨膨脹率資料並從該資料內以抽出放回的方式抽出 $n = 10$ 個觀察值（單位：%）。令上述觀察值爲 x，分別可得 $\bar{x}_0$、s_x 以及 $s_{\bar{x}}$ 約爲 0.492、1.273 與 0.285。於 $\alpha = 0.01$ 之下，我們分別欲檢定 $H_0：\mu \geq 1$ 與 $H_0：\mu \leq 0$ 二種情況，其結果爲何？

解：就 $H_0：\mu \geq 1$ 而言，可得檢定統計量爲 $t_0 = \dfrac{\bar{x}_0 - 1}{s_{\bar{x}}} = -1.784$；另一方面，因臨界值 $t_c = -t_{\alpha,n-1}$ 約爲 -2.539，故於 $\alpha = 0.01$ 之下，不拒絕 H_0。其實，我們亦可以進一步計算 t_0 所對應的 p_{value}，該值約爲 0.045，故結論與上述的結果一致。接下來，考慮 $H_0：\mu \leq 0$ 的情況，此時對應的檢定統計量爲 $t_0 = \dfrac{\bar{x}_0}{s_{\bar{x}}} = 1.729$，我們直接計算對應的 p_{value}，該值約爲 0.05，故於 $\alpha = 0.01$ 之下，亦不拒絕 H_0。讀者可以練習分別繪製出上述檢定之拒絕區位置，並利用 Python 指令計算上述結果。

6.2.2 母體比率的假設檢定

第 5 章曾介紹 $\bar{p}$ 的抽樣分配，即根據（5-2）式可得 $\bar{p} \sim N\left(p, \sigma_{\bar{p}}^2\right)$，其中 $E(\bar{p}) = p$ 表示母體比率與 $\sigma_{\bar{p}}^2 = \dfrac{p(1-p)}{n}$。根據（6-2）式，我們舉一個例子說明關於 p 的假設檢定。利用第 1 章內的 TWI 日報酬率資料，其樣本數爲 $n = 4567$。我們計算日報酬率爲小於等於 0 的樣本比率 $\bar{p}$，其值約爲 0.4745。令 $\alpha = 0.05$，我們欲檢定 $H_0：p \geq 0.5$ vs. $H_a：p < 0.5$ 的情況。

首先我們先繪製出 $N\left(p_0, \sigma_{\bar{p}}^2\right)$ 的位置如圖 6-12 所示，其中 $p_0 = 0.5$ 與 $\sigma_{\bar{p}} = \sqrt{\dfrac{p_0(1-p_0)}{n}} = 0.0074$；接下來，因 $\alpha = 0.05$，可得臨界值 $\bar{p}_c$ 約為 0.4878。因 $\bar{p}_0 = 0.4745 < \bar{p}_c$，故我們的結論為：於 $\alpha = 0.05$ 之下，拒絕 H_0。表示於 $\alpha = 0.05$ 之下，$\bar{p}_0$ 與 p_0 有顯著的差異。最後，我們計算 $\bar{p}_0$ 值所對應的 p_{value}，該值約為 0.0003，隱含著欲拒絕 H_0，$\alpha = 0.05$ 是不夠的。讀者可以嘗試將圖 6-12 轉換成檢定統計量 $z = \dfrac{\bar{p} - p_0}{\sigma_{\bar{p}}}$ 的型態，重新檢視看看。

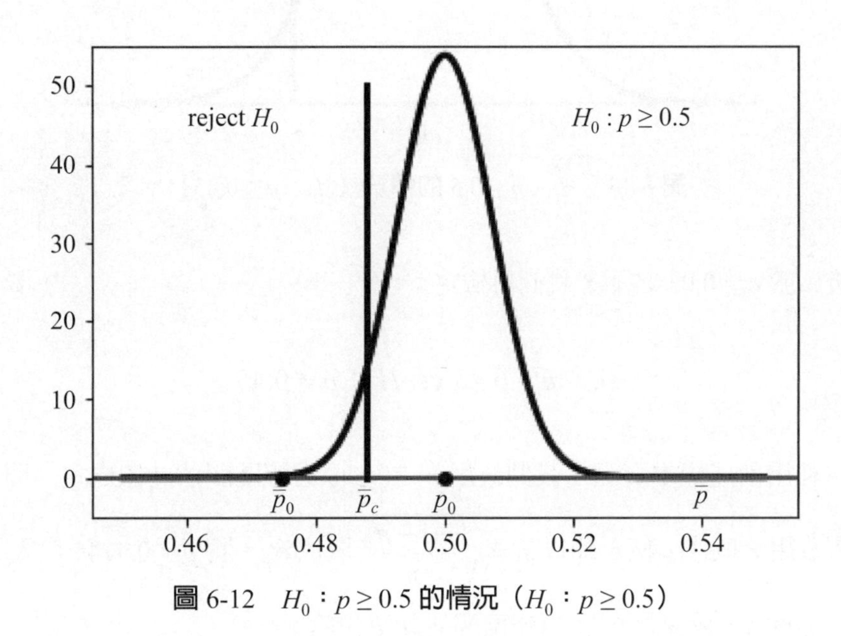

圖 6-12　H_0：$p \geq 0.5$ **的情況**（H_0：$p \geq 0.5$）

利用上述 TWI 日報酬率資料的樣本比率資訊，我們再檢定：

$$H_0：p \leq 0.45 \text{ vs. } H_a：p > 0.45$$

的情況。我們改用檢定統計量的型態檢視。令 $p_0 = 0.45$，故 $\bar{p}$ 抽樣分配的標準誤約為 $\sigma_{\bar{p}} = \sqrt{\dfrac{p_0(1-p_0)}{n}} = 0.0074$。我們將 $\bar{p} \sim N\left(p_0, \sigma_{\bar{p}}^2\right)$ 轉換成 $z \sim N(0, 1)$，該型態繪製如圖 6-13 所示。於 $\alpha = 0.05$ 之下，可得臨界值 $z_c = 1.645$；另一方面，因樣本比率 $\bar{p}_0$ 可轉換成 $z_0 = \dfrac{\bar{p}_0 - p_0}{\sigma_{\bar{p}}}$，該值約為 3.3268。因此，於 $\alpha = 0.05$ 之下，我們的結論為拒絕 H_0。我們亦可進一步計算 z_0 所對應的 p_{value} 約為 0.0004，顯示出即使將 α 值

降至 0.0004，我們依舊拒絕 H_0。

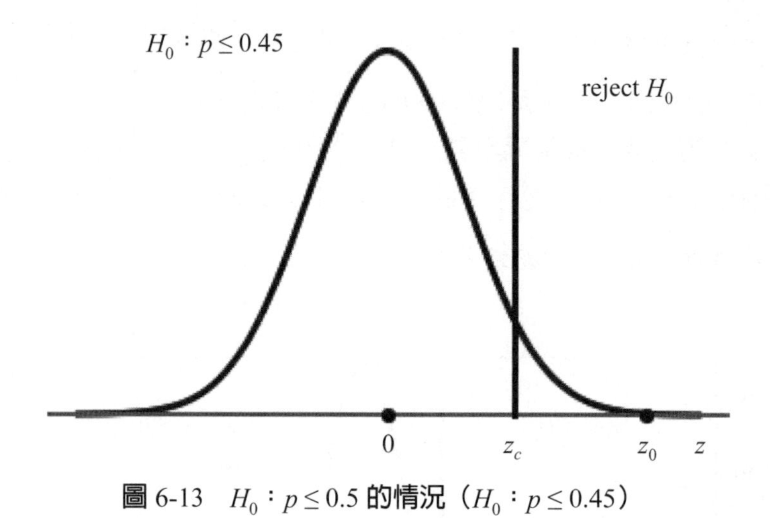

圖 6-13 H_0：$p \leq 0.5$ **的情況**（H_0：$p \leq 0.45$）

最後，於 $\alpha = 0.05$ 之下，我們再檢定：

$$H_0：p = 0.45 \text{ vs. } H_a：p \neq 0.45$$

的情況。利用前述樣本資訊，我們改用 p 之 95% 信賴區間估計值檢定。因 p 為未知，我們改用 $\overline{p}$ 取代 p 值，即以 $s_{\overline{p}} = \sqrt{\dfrac{\overline{p}(1-\overline{p})}{n}}$ 取代 $\sigma_{\overline{p}}$。將 $\overline{p} = 0.4745$ 代入 $s_{\overline{p}}$ 內，可得 $s_{\overline{p}} = 0.0074$，故 p 之 95% 信賴區間估計值約為：

$$[\overline{p}_0 - z_{0.05}s_{\overline{p}}, \overline{p}_0 + z_{0.05}s_{\overline{p}}] = [0.4623, 0.4866]$$

顯然並沒有包括 $p = 0.45$，故拒絕 H_0。讀者可以嘗試改用檢定統計量的型態檢定。

6.2.3 母體變異數的假設檢定

接下來，我們檢視（6-3）式的情況。利用圖 2-11 內的通貨膨脹率資料並從該資料內以抽出放回的方式抽出 $n = 20$ 個觀察值（單位 %）。令上述觀察值為 x，可得 s^2 值約為 1.6207。假定我們欲檢定：

$$H_0：\sigma^2 \geq 2 \text{ vs. } H_a：\sigma^2 < 2$$

的情況。

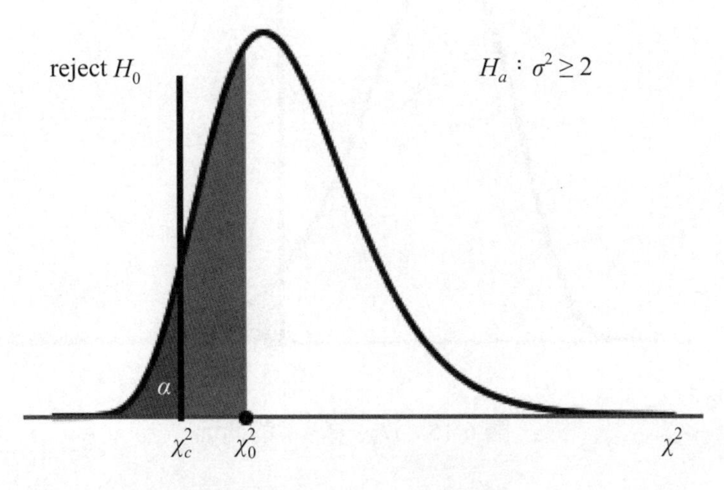

圖 6-14　$H_0：\sigma^2 \geq 2$ 的情況

於第 5 章內，我們已經知道若 σ_0^2 爲一個固定數值，則 $\chi^2 = \dfrac{(n-1)s^2}{\sigma_0^2}$ 的抽樣分配爲自由度爲 $n-1$ 的卡方分配。於上述的假設內，可知 $\sigma_0^2 = 2$ 故代入 χ^2 內可得出圖 6-14。因 σ_0^2 值與 n 固定，χ^2 值與 s^2 值呈現「同方向變動」的情況，即 s^2 值愈小隱含著 χ^2 值愈小，即愈容易拒絕 H_0，故拒絕區落於左尾如圖 6-14 所示。換言之，於 $\alpha = 0.05$ 之下，可得臨界值 $\chi_{1-\alpha,n-1}^2 = \chi_c^2$ 約爲 10.117；另一方面，將 $s^2 = 1.6207$、$n-1 = 19$ 與 $\sigma_0^2 = 2$ 代入 χ^2 內可得 χ_0^2 值約爲 15.397 大於 χ_c^2 值，故於 $\alpha = 0.05$ 之下不拒絕 H_0。我們亦可以計算 χ_0^2 所對應的 p_{value}，該值約爲 0.3029 大於 α 值，故仍不拒絕 H_0。

上述的通貨膨脹率樣本資訊亦可用於檢定：

$$H_0：\sigma^2 \leq 1 \text{ vs. } H_a：\sigma^2 > 1$$

的情況；也就是說，此時 $\sigma_0^2 = 1$，即 χ_0^2 值約爲 30.793，而臨界值 $\chi_{\alpha,n-1}^2 = \chi_c^2$ 則約爲 30.1435，故於 $\alpha = 0.05$ 之下，拒絕 H_0。可以參考圖 6-15。讀者可以計算對應的 p_{value} 值。

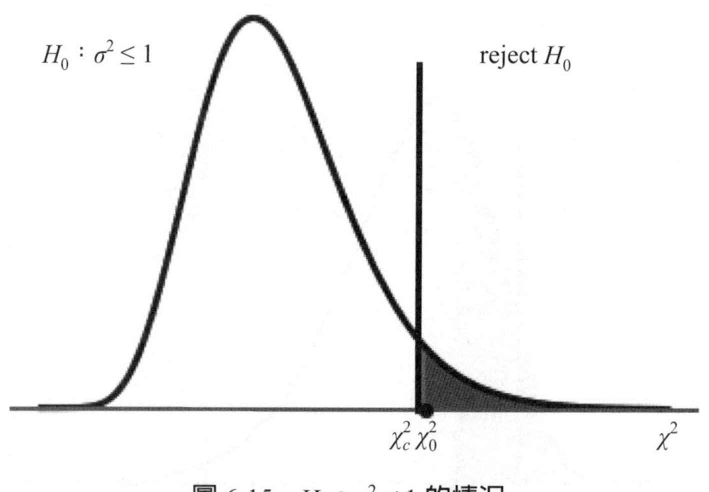

圖 6-15　$H_0：\sigma^2 \le 1$ 的情況

最後，我們檢定：

$$H_0：\sigma^2 = 1.5 \text{ vs. } H_a：\sigma^2 \ne 1.5$$

的情況。仍使用上述通貨膨脹率的樣本資訊以及 $\alpha = 0.05$。根據第 5 章，首先我們估計 σ^2 之 95% 信賴區間估計值約爲 [0.937, 3.457]，顯然有包括 H_0 爲 $\sigma^2 = 1.5$，故結論爲不拒絕 H_0。當然，我們亦可使用檢定統計量的方式檢定，可以參考圖 6-16。我們先計算二個臨界值 χ_a^2 與 χ_b^2，其分別約爲 8.9065 與 32.8523；另一方面，我們亦可以計算 $\chi_0^2 = \dfrac{(n-1)s^2}{\sigma_0^2}$，其中 $\sigma_0^2 = 1.5$。χ_0^2 值約爲 20.5287；是故，於 $\alpha = 0.05$ 之下，我們的結論爲不拒絕 H_0。

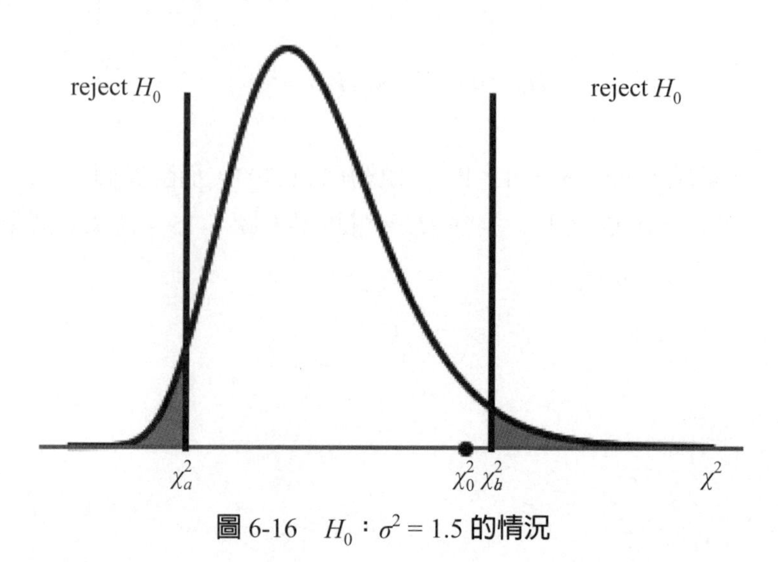

圖 6-16　$H_0：\sigma^2 = 1.5$ 的情況

6.3 效力曲線

上述所介紹的檢定方法是建立在對型 1 錯誤，即對 α 值的控制，至於型 2 錯誤的控管呢？如前所述，對於型 2 錯誤的產生，我們只能透過「想像」的方式，即根據上述檢定方法，萬一虛無假設爲僞，則會產生型 2 錯誤的機率爲何？於 6.1 節如圖 6-2 內，我們曾介紹如何計算型 2 錯誤機率值，即 β 值的計算。底下，我們再舉一例說明。假定我們欲檢定：

$$H_0：\mu \geq 170 \text{ vs. } H_a：\mu < 170$$

的情況。上述假定隱含著 $\mu_0 = 170$。我們擁有的資訊爲 $\sigma = 10$ 與 $n = 120$。令 $\alpha = 0.05$，根據上述假定，我們可以先計算臨界值如 $\overline{x}_c$，其可將整個平面空間劃分成拒絕與接受二區，而該結果則繪製如圖 6-17 所示。利用上述資訊，可計算：

$$\overline{x}_c = \mu_0 - z_\alpha \sigma_{\overline{x}} = 170 - 1.645\frac{10}{\sqrt{120}} = 168.5$$

因此，因有接受區的範圍，故型 2 錯誤的機率並不難計算。

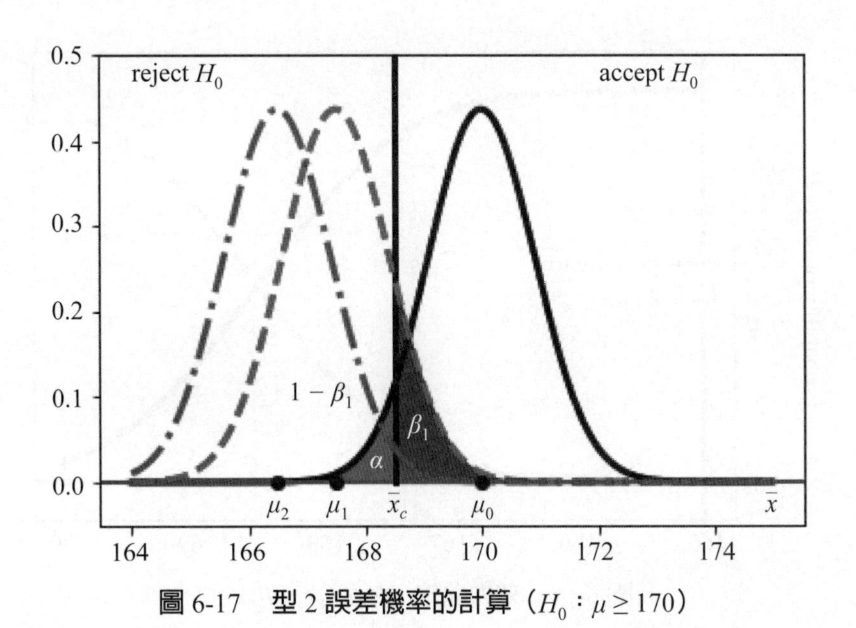

圖 6-17　型 2 誤差機率的計算（$H_0：\mu \geq 170$）

假定眞正的 μ 值爲 $\mu_1 = 167.5$，則型 2 錯誤的機率 β_1 爲：

$$\beta_1 = P(\bar{x} \geq \bar{x}_c) = P\left(\frac{\bar{x}-\mu_1}{\sigma_{\bar{x}}} \geq \frac{\bar{x}_c-\mu_1}{\sigma_{\bar{x}}}\right) = 0.137$$

即眞正的 μ 值爲 $\mu_1 = 167.5$，明顯 H_0 是錯的，但是我們的結論卻是接受 H_0，故犯了型 2 錯誤，此時該錯誤約爲 0.137。我們從圖 6-17 內可看出 β_1 的位置；換言之，根據圖 6-17，此時眞正的（抽樣）分配反倒是以 μ_1 爲中心而非以 μ_0 爲中心的分配。有意思的是，若此時我們的結論是拒絕 H_0 而非接受 H_0，其結果反而是正確的，我們就將該結果稱爲效力 *power*，其對應的機率爲 $1-\beta_1$，即 $power = 1-\beta_1$。就上述例子而言，於 $\mu_1 = 167.5$ 之下，對應的檢定效力約爲 0.863。

當然，$\mu_1 = 167.5$ 是我們想像出來的，眞正的 μ 值我們的確未知，我們只能繼續想像。假定眞正的 μ 值爲 $\mu_2 = 166.5$，此時對應的型 2 錯誤的機率爲 β_2，該值可按照下列式子計算，即：

$$\beta_2 = P(\bar{x} \geq \bar{x}_c) = P\left(\frac{\bar{x}-\mu_2}{\sigma_{\bar{x}}} \geq \frac{\bar{x}_c-\mu_2}{\sigma_{\bar{x}}}\right) = 0.014$$

而對應的檢定效力則約爲 0.986。可以注意的是，上述 β_1 與 β_2 分別是以 μ_1 與 μ_2 爲中心。

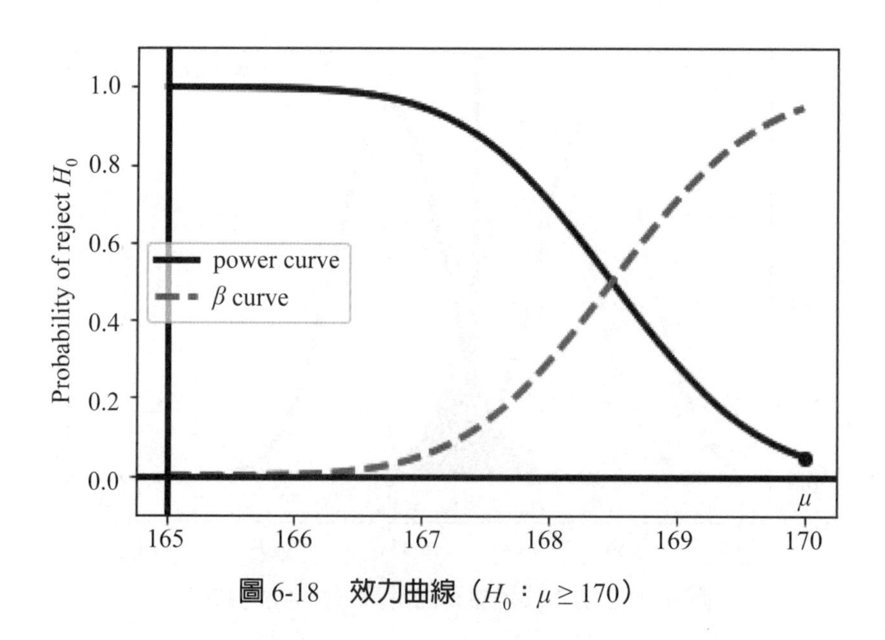

圖 6-18　效力曲線（H_0：$\mu \geq 170$）

上述型 2 錯誤的機率值與對應的效力值可以繼續的延伸計算下去，而其結果就繪製如圖 6-18 所示。於該圖內我們分別繪製出上述假設檢定的效力曲線與 β 曲線，其中於相同的 μ 值下，二曲線上之一點的加總等於 1，即 $power = 1 - \beta$。於圖 6-18 內可以留意橫與縱座標的意義。例如：$\mu = 167$，根據上述假設顯然 H_0 是錯的，結果我們當然是拒絕 H_0，此時效力就是計算對應的機率值，因此檢定的效力相當於「證明」檢定的「說服力」。上述效力曲線（或 β 曲線）的形狀可以用直覺判斷，即例如同時比較 $\mu = 167$ 與 $\mu = 169$ 的情況，因前者距離 H_0 較遠，此時會犯錯的可能性當然較後者低，故前者的檢定效力應較高。值得注意的是，效力曲線並不包括線上的黑點，該點係對應至 α 值，其是表示型 1 錯誤的機率。

爲什麼需要計算檢定的效力？若我們面對不同的檢定方法，我們當然選擇最高效力的檢定方法。於本書，我們並未介紹其他的檢定方法，故本書後面的章節倒也不再計算檢定的效力；不過，於《財時》一書內，筆者曾比較不同檢定方法的效力曲線，有興趣的讀者可以參考看看。圖 6-18 繪製出於 $H_0：\mu \geq 170$ 下之效力曲線，讀者倒是可以練習 $H_0：\mu \leq 170$ 的情況。於未練習之前，其效力曲線的形狀爲何？從上述計算效力的例子內，應可以發現效力曲線的形狀受到若干因素的影響，例如圖 6-19 繪製出不同 σ 與 n 下的效力曲線，讀者應能解釋該圖的意思。

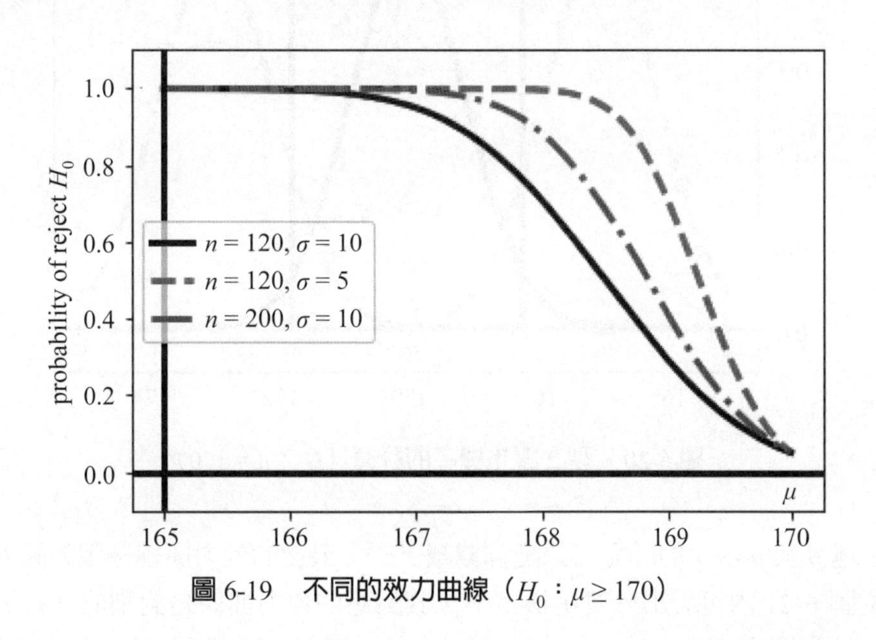

圖 6-19　不同的效力曲線（$H_0：\mu \geq 170$）

接下來，我們考慮 $H_0：\mu = 170$ vs. $H_a：\mu \neq 170$ 的情況。仍假定 $\sigma = 10$ 與 $n = 120$，故 $\sigma_{\bar{x}} = 0.913$。根據上述假設可知 $\mu_0 = 170$ 以及 $\bar{x}_a = \mu_0 - z_\alpha \sigma_{\bar{x}}$ 與 $\bar{x}_b = \mu_0 + z_\alpha \sigma_{\bar{x}}$ 如圖 6-20 所示，$[\bar{x}_a, \bar{x}_b]$ 區間爲接受區。若 $\alpha = 0.05$，可得 $[\bar{x}_a, \bar{x}_b]$ 約爲 [168.21, 171.79]。圖 6-20 考慮二種 μ 值，即 $\mu_1 = 167$ 與 $\mu_2 = 173$；因此，例如：當 $\mu_1 = 167$ 時，

根據上述假設，明顯 H_0 是錯誤的，故若結論是接受 H_0，則產生了型 2 錯誤，即型 2 錯誤機率的計算爲：

$$\beta_1 = P\left(\bar{x}_a < \bar{x} < \bar{x}_b\right) = P\left(\frac{\bar{x}_a - \mu_1}{\sigma_{\bar{x}}} < \frac{\bar{x} - \mu_1}{\sigma_{\bar{x}}} < \frac{\bar{x}_b - \mu_1}{\sigma_{\bar{x}}}\right) = 0.0924$$

類似的結果亦出現於 $\mu_2 = 173$ 的情況，即：

$$\beta_2 = P\left(\bar{x}_a < \bar{x} < \bar{x}_b\right) = P\left(\frac{\bar{x}_a - \mu_2}{\sigma_{\bar{x}}} < \frac{\bar{x} - \mu_2}{\sigma_{\bar{x}}} < \frac{\bar{x}_b - \mu_2}{\sigma_{\bar{x}}}\right) = 0.0924$$

即 $\beta_1 = \beta_2$。因 $power = 1 - \beta$ 的關係，故可得 $power_1 = power_2 = 0.9076$。

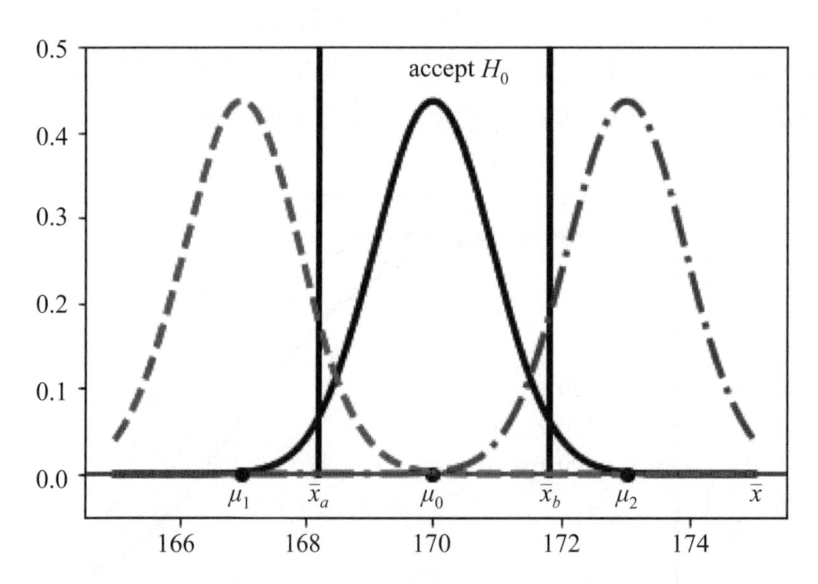

圖 6-20　型 2 誤差機率的計算（H_0：$\mu = 170$）

上述 β 與 $power$ 的計算可以延伸繼續下去，最後的效力曲線繪製如圖 6-21 所示。從圖 6-21 內可看出於雙尾檢定下，其對應的效力曲線是對稱的（以 μ_0 爲中心），我們從前述之 $power_1 = power_2 = 0.9076$ 亦可得到驗證。圖 6-21 內的結果頗符合直覺判斷，即眞正 μ 值愈接近 μ_0 值愈不容易判斷眞僞，而離 μ_0 值愈遠則愈容易判斷。如前所述，圖 6-21 內的效力曲線並不包括黑點。

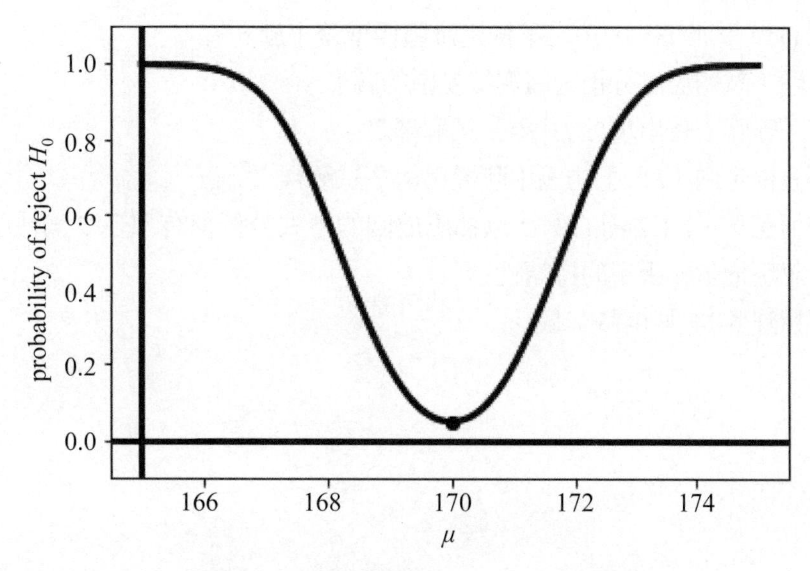

圖 6-21 效力曲線（H_0：$\mu = 170$）

習題

(1) 為什麼我們要從事假設檢定？試解釋之。

(2) 試敘述如何檢定？

(3) 何謂顯著水準？試解釋之。

(4) 我們如何計算型 2 錯誤的機率？

(5) 我們如何劃分出拒絕區與接受區？試舉一個例子說明。

(6) 何謂 p_{value}？如何計算？其有何涵義？

(7) 從 TWI 月報酬率內隨機抽取 $n = 120$ 個樣本資料，分別可得 $\bar{x} = -0.8368$ 與 $s = 6.7731$（單位 %）。試檢定母體平均數是否大於等於 0（$\alpha = 0.1$）。

(8) 續上題，何謂隨機抽取？如何做到？

(9) 續上題，其對應的 p_{value} 為何？試解釋其意義。

(10) 虛無假設 H_0 通常如何設定？試解釋之。

(11) 續題 (7)，若將檢定改成母體平均數是否等於 0（$\alpha = 0.1$），則共有幾種方式可以檢定？試分別檢定其結果。

(12) 何謂效力曲線？我們如何計算檢定的效力？

(13) 續題 (7)，試繪製其對應的效力曲線。

(14) 續題 (11)，試繪製其對應的效力曲線。

(15) 續題 (7)，試於 $\alpha = 0.01$ 之下檢定母體標準差小於 5。

(16) 續上題，試繪製劃分拒絕區與接受區的圖形。

(17) 為何「等號」皆出現於 H_0 內？試解釋之。

(18) 於假設檢定內，t 分配的適用時機為何？試解釋之。

(19) 直覺而言，6.2.1.2 節的例 2 以抽出放回的方式分析似有不妥？為什麼？（提示：忽略通貨膨脹率的持續性）。

(20) 試解釋圖 6-14 與 6-15 二圖。

二個母體參數的假設檢定

本章可視爲第 6 章的延續。即考慮二個獨立母體是否相同的情況，我們可以透過檢視母體參數是否相同取代；換言之，（6-1）～（6-3）三式可以繼續擴充至：

$$(1):\begin{cases}H_0:\mu_1\geq\mu_2\\H_a:\mu_1<\mu_2\end{cases},(2):\begin{cases}H_0:\mu_1\leq\mu_2\\H_a:\mu_1>\mu_2\end{cases},(3):\begin{cases}H_0:\mu_1=\mu_2\\H_a:\mu_1\neq\mu_2\end{cases} \tag{7-1}$$

$$(1):\begin{cases}H_0:p_1\geq p_2\\H_a:p_1<p_2\end{cases},(2):\begin{cases}H_0:p_1\leq p_2\\H_a:p_1>p_2\end{cases},(3):\begin{cases}H_0:p_1=p_2\\H_a:p_1\neq p_2\end{cases} \tag{7-2}$$

$$(1):\begin{cases}H_0:\sigma_1^2\geq\sigma_2^2\\H_a:\sigma_1^2<\sigma_2^2\end{cases},(2):\begin{cases}H_0:\sigma_1^2\leq\sigma_2^2\\H_a:\sigma_1^2>\sigma_2^2\end{cases},(3):\begin{cases}H_0:\sigma_1^2=\sigma_2^2\\H_a:\sigma_1^2\neq\sigma_2^2\end{cases} \tag{7-3}$$

其中下標 1 與 2 分別表示母體 1 與 2。

二個母體參數的假設檢定的例子還頗多的，從本章的例子內自然可以知曉該應用於何處。就（7-1）式的型態而言，我們可以利用期望值的操作性質得知下列關係，即令 x_1 與 x_2 分別爲獨立母體的 IID 隨機變數，而其對應的平均數與變異數分別爲 μ_1 與 μ_2 以及 σ_1^2 與 σ_2^2，則：

$$E\left(\overline{x}_1\pm\overline{x}_2\right)=\mu_1\pm\mu_2 \tag{7-4}$$

與

$$\sigma^2_{\bar{x}_1 \pm \bar{x}_2} = Var(\bar{x}_1 \pm \bar{x}_2) = Var(\bar{x}_1) + Var(\bar{x}_2) = \frac{\sigma_1^2}{n_1} + \frac{\sigma_2^2}{n_2} \tag{7-5}$$

其中 n_1 與 n_2 分別表示從第 1 與 2 個母體內抽出的樣本數[①]。直覺而言，透過（7-4）與（7-5）式，不難想像出一個新的隨機變數 $y = \bar{x}_1 \pm \bar{x}_2$ 的分配。有意思的是，若 σ_1^2 與 σ_2^2 皆爲未知，我們以各自對應的 s_1^2 與 s_2^2 取代，故（7-5）式可再改寫成：

$$s^2_{\bar{x}_1 \pm \bar{x}_2} = \frac{s_1^2}{n_1} + \frac{s_2^2}{n_2} \tag{7-6}$$

隱含著 $s_{\bar{x}_1 \pm \bar{x}_2} = \sqrt{\frac{s_1^2}{n_1} + \frac{s_2^2}{n_2}}$。

同理，就（7-2）式的型態而言，若樣本比率 $\bar{p}_1$ 與 $\bar{p}_2$ 所對應的母體比率分別爲 p_1 與 p_2，只要二母體相互獨立，則可得：

$$E(\bar{p}_1 \pm \bar{p}_2) = p_1 \pm p_2 \tag{7-7}$$

與

$$\sigma^2_{\bar{p}_1 \pm \bar{p}_2} = Var(\bar{p}_1 \pm \bar{p}_2) = Var(\bar{p}_1) + Var(\bar{p}_2) = \frac{p_1(1-p_1)}{n_1} + \frac{p_2(1-p_2)}{n_2} \tag{7-8}$$

當然，若 p_1 與 p_2 未知，則分別以 $\bar{p}_1$ 與 $\bar{p}_2$ 取代，故（7-8）式可改成：

$$s^2_{\bar{p}_1 \pm \bar{p}_2} = \frac{\bar{p}_1(1-\bar{p}_1)}{n_1} + \frac{\bar{p}_2(1-\bar{p}_2)}{n_2} \tag{7-9}$$

即以 $s^2_{\bar{p}_1 \pm \bar{p}_2}$ 取代 $\sigma^2_{\bar{p}_1 \pm \bar{p}_2}$，隱含著 $s_{\bar{p}_1 \pm \bar{p}_2} = \sqrt{\frac{\bar{p}_1(1-\bar{p}_1)}{n_1} + \frac{\bar{p}_2(1-\bar{p}_2)}{n_2}}$。

---

① 因上述二母體相互獨立，故共變異數 $Cov(x_1, x_2) = 0$；換言之，（7-5）式的導出是利用類似於 $(a \pm b)^2 = a^2 + b^2 \pm 2ab$ 的關係。因期望值係指只是「有限加總」或積分的操作，故（7-4）與（7-5）二式並不難證明。

7.1 二個母體平均數差異的假設檢定

類似於之前的分析，本節亦可分成大樣本與小樣本二部分檢視，其中前者仍使用常態分配，而後者則利用 t 分配的性質。

7.1.1 大樣本的情況

首先我們考慮（7-4）與（7-5）二式的情況。假定 $\mu_1 = 3$、$\mu_2 = 2$、$\sigma_1 = 2$、$\sigma_2 = \sqrt{3}$、$n_1 = 100$ 與 $n_2 = 200$。如前所述，x_1 與 x_2 分別表示獨立母體 1 與 2 的 IID 隨機變數，我們不難使用模擬的方式證明上述二式。模擬的步驟爲分別從 $N(\mu_1, \sigma_1^2)$ 與 $N(\mu_2, \sigma_2^2)$ 隨機抽取 n_1 個 x_1 以及 n_2 個 x_2 的觀察值後，令 $y = \bar{x}_1 + \bar{x}_2$。重複上述動作 $M = 10000$ 次，整理後可繪製 y 之直方圖（抽樣分配）如圖 7-1 所示，其中曲線爲常態分配 $N(\mu_y, \sigma_y^2)$ 的 PDF。根據（7-4）與（7-5）二式可知 $\mu_y = 5$ 與 $\sigma_y^2 = 0.055$。

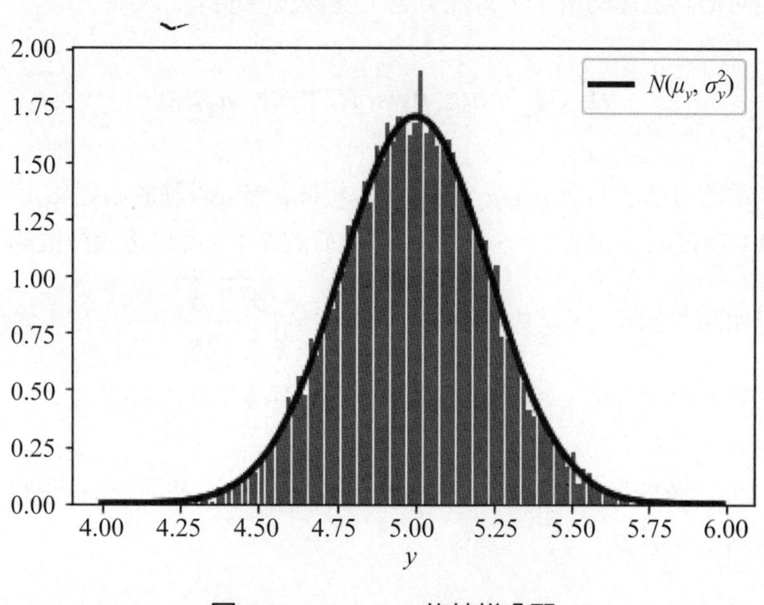

圖 7-1　$y = \bar{x}_1 + \bar{x}_2$ 的抽樣分配

從圖 7-1 內可看出 y 之「實證與理論」的 PDF 相當一致，其倒有下列涵義：

(1) 根據 CLT，只要樣本數 n_1 與 n_2 夠大，二母體未必需要有常態分配的假定。

(2) 由圖 7-1 的結果可看出，二獨立常態分配的相加仍是常態分配，此結果應可推廣至 k 個獨立常態分配的相加仍是常態分配。

(3) 讀者亦可嘗試繪製出 $y_1 = \bar{x}_1 - \bar{x}_2$ 的抽樣分配，即 y_1 的抽樣分配仍接近於 $N(\mu_{y_1},$

$\sigma^2_{y_1}$)。

(4) 一個常態分配可以拆解成由 k 個獨立常態分配的相加而成。

瞭解 $\bar{x}_1 - \bar{x}_2$ 的抽樣分配後，我們可以檢視（7-1）式的情況。利用第 2 章內的 TWI 與 NASDAQ 月報酬率資料，我們分別從上述資料內以抽出放回的方式分別抽出 $n_1 = 100$ 與 $n_2 = 120$ 個觀察值，其中下標 1 與 2 分別表示 TWI 與 NASDAQ 月報酬率。我們進一步計算 $\bar{x}_{10} = 0.6121$，$s_1 = 6.5654$、$\bar{x}_{20} = -0.0439$ 與 $s_2 = 7.5295$（單位：%）。我們有興趣想要檢定：

$$H_0：\mu_1 \le \mu_2 \text{ vs. } H_0：\mu_1 > \mu_2$$

的情況（於 $\alpha = 0.05$ 之下）。

我們如何檢定上述的情況？首先可將上述假設改成：

$$H_0：\mu_1 - \mu_2 \le 0 \text{ vs. } H_0：\mu_1 - \mu_2 > 0$$

即根據第 6 章的方法，若令 $\mu = \mu_y = \mu_1 - \mu_2$，則上述假設屬於右尾檢定，而其亦隱含著 $\mu_0 = 0$；換言之，若令 $y = \bar{x}_1 - \bar{x}_2$，類似於圖 7-1，可以透過模擬的方式得出 y 的抽樣分配如圖 7-2 所示，其中 $E(y) = \mu_0$ 與 $\sigma_y = \sqrt{\frac{\sigma_1^2}{n_1} + \frac{\sigma_2^2}{n_2}}$。

類似於第 6 章的方法，我們可以劃分拒絕區與接受區的範圍爲：

若 $y_0 \ge y_c$，即 y_0 落於拒絕區，則結論爲拒絕 H_0；反之，若 $y_0 < y_c$，即 y_0 落於接受區，則結論爲不拒絕 H_0

其中臨界值 $y_c = \mu_0 + z_\alpha \sigma_y$ 而 y_0 表示 y 的觀察值。

於我們的例子內，因 σ_1 與 σ_2 皆爲未知，故以對應的 s_1 與 s_2 取代，故可得 $s_y = \sqrt{\frac{s_1^2}{n_1} + \frac{s_2^2}{n_2}}$ 約爲 0.9505。另一方面，可得 $y_0 = \bar{x}_{10} - \bar{x}_{20}$ 與 y_c 分別約爲 0.656 與 1.5635，故於 $\alpha = 0.05$ 之下，我們的結論是不拒絕 H_0，可以參考圖 7-2。類似於第 6 章，我們亦可分別將 $y_0 = \bar{x}_{10} - \bar{x}_{20}$ 與 y_c 值轉換成檢定統計量的型態，即 z_0 與 z_c 分別約爲 0.6901 與 1.645，故仍於 $\alpha = 0.05$ 之下，不拒絕 H_0。最後，計算 y_0 與 z_0 所

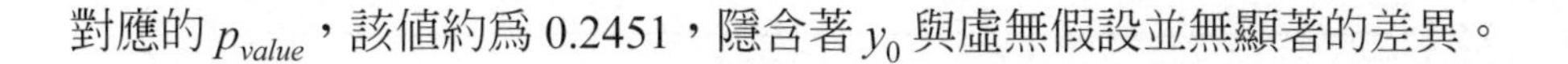

對應的 p_{value}，該值約爲 0.2451，隱含著 y_0 與虛無假設並無顯著的差異。

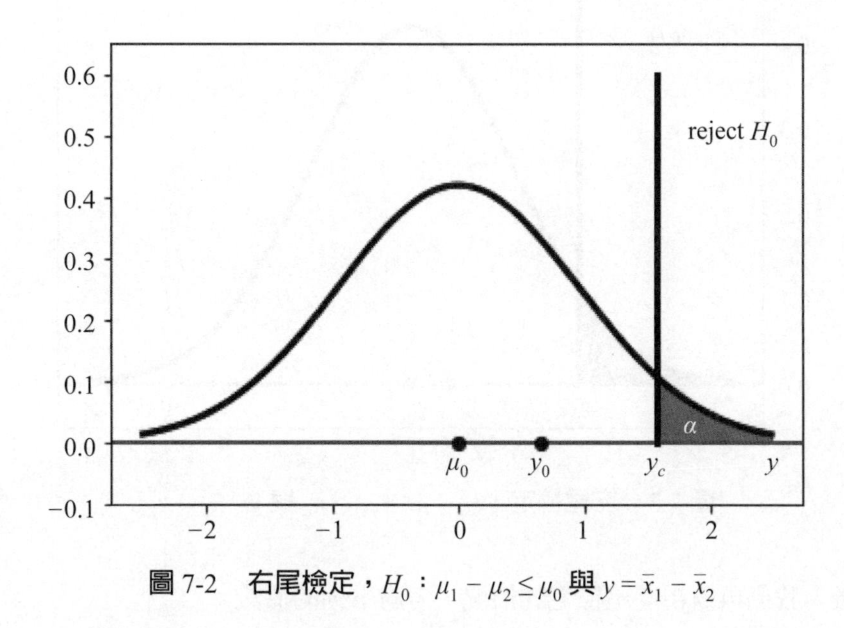

圖 7-2　右尾檢定，$H_0：\mu_1 - \mu_2 \leq \mu_0$ **與** $y = \bar{x}_1 - \bar{x}_2$

接下來，我們考慮下列的檢定：

$$H_0：\mu_1 - \mu_2 \geq \mu_0 \text{ vs. } H_0：\mu_1 - \mu_2 < \mu_0$$

根據上述的假設，我們可以繪製圖 7-3。於圖 7-3 內可知拒絕區與接受區的劃分爲：

若 $y_0 \leq y_c$，即 y_0 落於拒絕區，則結論爲拒絕 H_0；反之，若 $y_0 > y_c$，即 y_0 落於接受區，則結論爲不拒絕 H_0

同理，若改成檢定統計量型態，則分別將 y_0 與 y_c 改成 z_0 與 z_c，其中 $z_0 = \dfrac{y - \mu}{\sigma_y}$ 與 $z_c = -z_\alpha$。

利用上述 TWI 與 NASDAQ 的資料以及上述假設，我們可以檢視 $\mu_0 = 1$ 的情況。仍使用 $\alpha = 0.05$，因 $y_0 = \bar{x}_{10} - \bar{x}_{20} = 0.656$ 與 $y_c = \mu_0 - z_\alpha s_y = -0.5635$，故我們的結論爲不拒絕 H_0。同理，使用檢定統計量型態可得 z_0 約爲 -0.3619，因 $-z_c = -z_{0.05}$ 約爲 -1.645，故於 $\alpha = 0.05$ 之下仍是不拒絕 H_0。最後，我們再計算 y_0 與 z_0 所對應的 p_{value} 約爲 0.3587，顯然若要拒絕 H_0，必須將 α 值拉高。

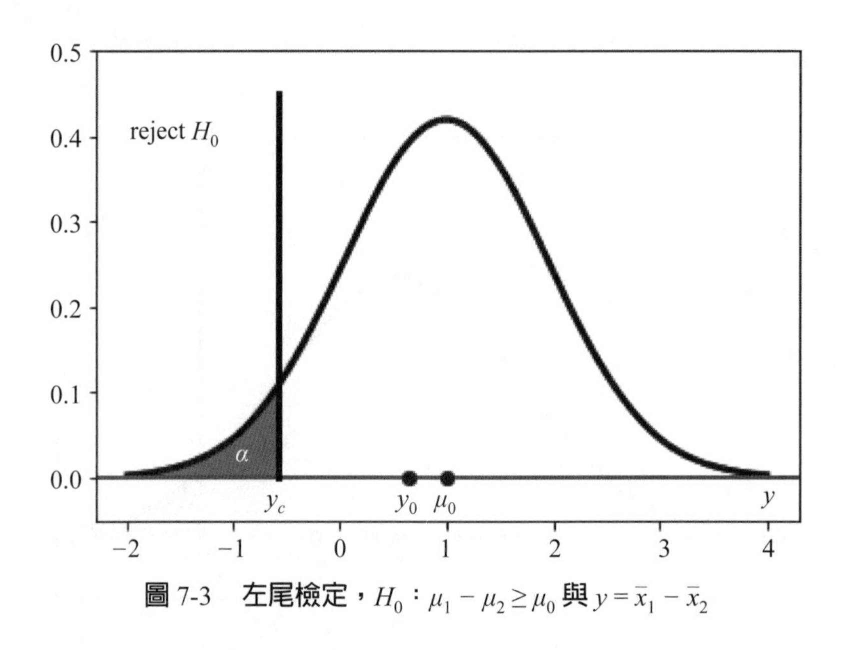

圖 7-3　左尾檢定，$H_0：\mu_1 - \mu_2 \geq \mu_0$ **與** $y = \bar{x}_1 - \bar{x}_2$

最後，我們再檢視雙尾檢定的情況。考慮下列的假設：

$$H_0：\mu_1 - \mu_2 = \mu_0 \text{ vs. } H_0：\mu_1 - \mu_2 \neq \mu_0$$

仍令 $y = \bar{x}_1 - \bar{x}_2$，我們改成用檢定統計量的型態，即令 $z = \dfrac{y - \mu_0}{\sigma_y}$，可以參考圖 7-4。根據圖 7-4，拒絕區與接受區的劃分為：

若 $z_0 \leq -z_c$ 或 $z_0 \geq z_c$，即 z_0 落於拒絕區，則結論為拒絕 H_0；反之，若 $-z_c < z_0 < z_c$，即 z_0 落於接受區，則結論為不拒絕 H_0

因此，令 $\mu_0 = 3$（即 $H_0：\mu_1 - \mu_2 = 3$），利用前述 TWI 與 NASDAQ 的資料可得 z_0 約為 −2.466。因於 $\alpha = 0.05$ 之下，$-z_c = -z_{0.025}$ 約為 −1.96，故結論為拒絕 H_0。

我們亦可計算 μ 之 95% 信賴區間約為 [−1.207, 2.519]，顯然上述區間並不包括 $\mu_0 = 3$，故結論仍為於 $\alpha = 0.05$ 之下拒絕 H_0。最後，計算 z_0 所對應的 p_{value} 值，如圖 7-4 所示，該值約為 0.0137 仍小於 $\alpha/2 = 0.025$，即 z_0 落於拒絕區，故結論仍是拒絕 H_0。

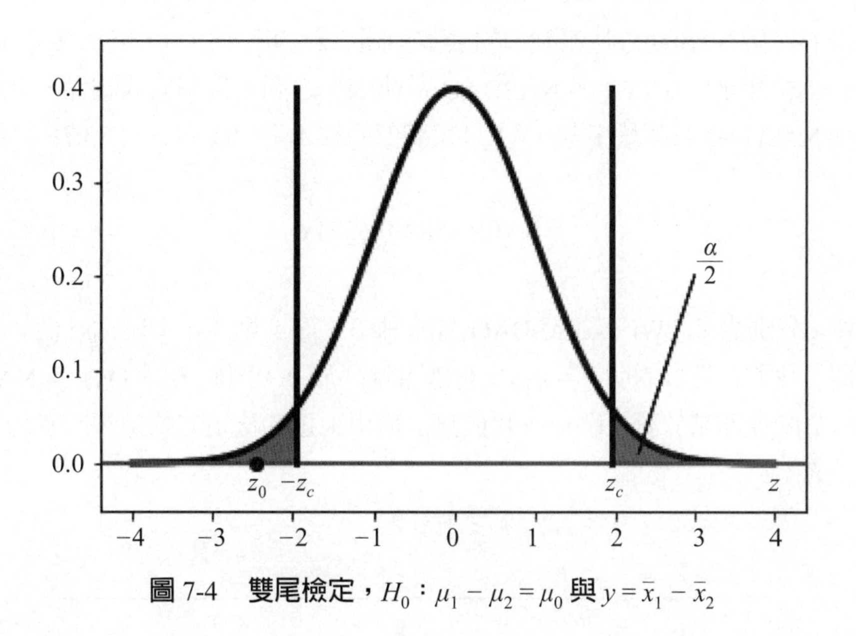

圖 7-4 **雙尾檢定**，$H_0：\mu_1 - \mu_2 = \mu_0$ 與 $y = \bar{x}_1 - \bar{x}_2$

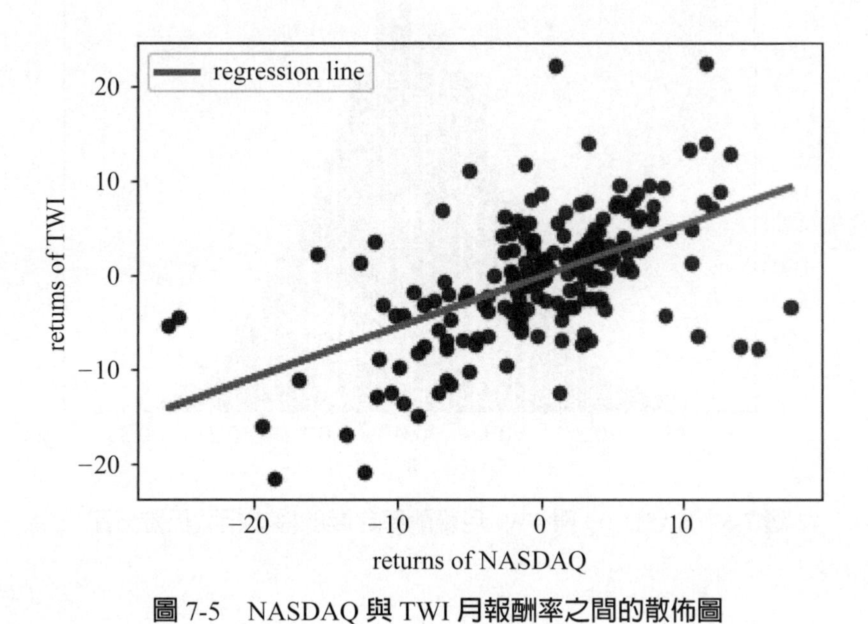

圖 7-5 NASDAQ 與 TWI 月報酬率之間的散佈圖

例 1 TWI 與 NASDAQ 月報酬率之間並非獨立關係

敏感的讀者應不意外於前述例子內我們是使用抽出放回的方式，從 TWI 與 NASDAQ 的月報酬率資料內抽取樣本，爲何我們必須使用此方式？原來 TWI 與 NASDAQ 的月報酬率之間有相關，即二者之間並非相互獨立。利用第 2 章的資料，可得TWI與NASDAQ月報酬率的樣本相關係數約爲0.5523，可以參考圖7-5。

於圖 7-5 內可看出 TWI 與 NASDAQ 月報酬率之間呈現正向的關係，其中圖內的直線爲 NASDAQ 月報酬率對 TWI 月報酬率的樣本迴歸線，其可寫成：

$$\hat{y} = -0.1168 + 0.5371x$$

其中 y 與 x 分別表示 TWI 與 NASDAQ 月報酬率，而 $\hat{y}$ 則表示迴歸估計值。於後面的章節內，我們自然會說明 $\beta = \partial y / \partial x$ 會顯著地異於 0。因此，因 TWI 與 NASDAQ 月報酬率之間並非屬於獨立關係，我們無法使用上述的檢定方式檢視二者母體參數之間的差異。

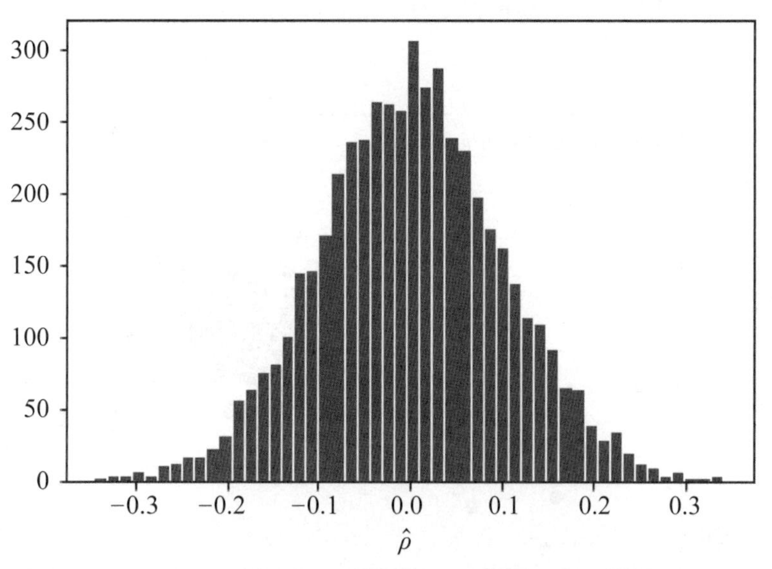

圖 7-6　NASDAQ 與 TWI 月報酬率之間的樣本相關係數分配

例 2　以抽出放回的方式取代

續例 1，由於 TWI 與 NASDAQ 月報酬率之間是有相關的，我們如何檢視上述二者母體參數之間的差異？我們思考以抽出放回的方式取得樣本觀察值，底下以模擬的方式說明。我們分別從 TWI 與 NASDAQ 月報酬率資料內以抽出放回的方式各抽取 n = 100 個觀察值後，再計算二者之間的樣本相關係數；如此的動作重複 M = 5000 次，可繪製樣本相關係數的次數分配如圖 7-6 所示。從該圖內可看出大部分的樣本相關係數集中於 0 附近，顯示出抽取的 TWI 與 NASDAQ 月報酬率資料幾乎無關。

例 3 TWI 月報酬率序列是否出現結構改變

於前面的分析內，我們常常假定 TWI 月報酬率屬於 IID 序列，我們嘗試檢視其中一項特徵，那就是 TWI 月報酬率母體平均數是否會隨時間改變？利用第 2 章內的 TWI 月報酬率資料，可得該資料的樣本數為 $n = 193$。我們將上述資料分成二部分，即令前 100 個 TWI 月報酬率資料為 x_1 的觀察值，而令後 93 個 TWI 月報酬率資料為 x_2 的觀察值，故分別可得 $\bar{x}_1 = -0.1228$、$s_1 = 7.3523$、$\bar{x}_2 = -0.0263$、$s_2 = 5.9087$、$n_1 = 100$ 與 $n_2 = 93$。令 $E(x_1) = \mu_1$、$Var(x_1) = \sigma_1^2$、$E(x_2) = \mu_2$ 與 $Var(x_2) = \sigma_2^2$。因 σ_1 與 σ_2 為未知，故若假定 x_1 與 x_2 皆屬於 IID 隨機變數，則可得標準誤 $s_{\bar{x}_1-\bar{x}_2}$ 值約為 0.9571（單位：%）。

我們有興趣檢定 $H_0: \mu_1 - \mu_2 = 0$ vs. $H_0: \mu_1 - \mu_2 \neq 0$ 的情況（於 $\alpha = 0.05$ 之下）。我們使用 $\mu_1 - \mu_2$ 之 $1 - \alpha$ 信賴區間估計值檢定上述假設；換言之，$\mu_1 - \mu_2$ 之 95% 信賴區間估計值約為 [−1.9723, 1.7793]，顯然上述區間有包括 0，故結論為於 $\alpha = 0.05$ 之下不拒絕 H_0。

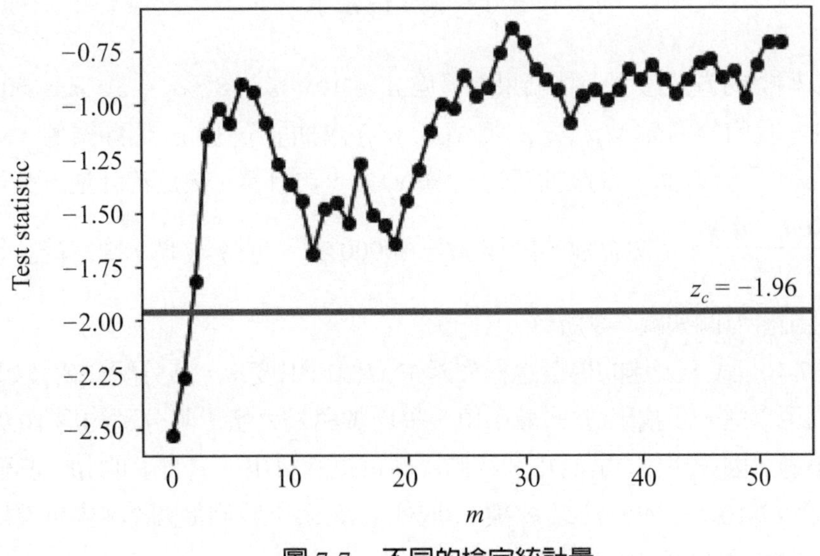

圖 7-7 不同的檢定統計量

例 4　續例 3

於例 3 內，$n_1 = 100$ 是任意取的，我們嘗試將其延伸，即分別令 $n_1 = 20, 21, \cdots, 73$，則對應的 $n_2 = 173, 172, \cdots, 20$；換言之，我們分別考慮 $m = 1, 2, \cdots, 53$ 種可能。於 $\alpha = 0.05$ 之下，我們分別檢定 $H_0：\mu_{1i} - \mu_{2i} = 0$，其中 $i = 1, 2, \cdots, 53$。類似於例 3 的作法，圖 7-7 分別繪製出不同 i 之下的檢定統計量，其中水平線對應至 $z_c = -z_{0.025}$。於 $\alpha = 0.05$ 之下，從圖 7-7 可看出大部分的情況皆拒絕 H_0。讀者可以嘗試將圖 7-7 的結果轉換成 p_{value}。

7.1.2 小樣本的情況

第 6 章曾介紹過於小樣本下，單一母體平均數的檢定過程，本節繼續延伸至檢定二獨立母體平均數差異的檢定；換言之，若假定二獨立母體屬於 IID 常態分配，而二母體變異數皆未知，於小樣本下，上述二獨立母體平均數差異的 t 檢定統計量接近於 t 分配，其中該 t 分配的自由度可寫成：

$$df = \frac{\left(\frac{s_1^2}{n_1} + \frac{s_2^2}{n_2}\right)^2}{\frac{1}{n_1 - 1}\left(\frac{s_1^2}{n_1}\right)^2 + \frac{1}{n_2 - 1}\left(\frac{s_2^2}{n_2}\right)^2} \tag{7-10}$$

我們不難以模擬的方式證明上述結果。考慮 $n_1 = 10$、$n_2 = 8$、$\sigma_1 = 3$、$\sigma_2 = 60$、$\mu_1 = 3$ 與 $\mu_2 = 5$。我們分別從 $N(\mu_1, \sigma^2{}_1)$ 與 $N(\mu_2, \sigma^2{}_2)$ 內抽取 n_1 與 n_2 個觀察值，並分別令為 x_1 與 x_2；另一方面，根據抽取的 x_1 與 x_2 值，再計算 t 檢定統計量，其可寫成 $t = \dfrac{\bar{x}_1 - \bar{x}_2 - (\mu_1 - \mu_2)}{s_{\bar{x}_1 - \bar{x}_2}}$。重複上述的動作 $M = 10000$ 次，可得 M 個 t 檢定統計量，整理後可繪製出直方圖如圖 7-8 所示。

根據（7-10）式，上述的模擬過程亦產生 M 個自由度 df，其分配亦繪製如圖 7-9 所示。我們可以進一步找出 df 的最小值、平均數與最大值，其分別約為 10.94、11 與 12.6；不過，因 σ_1 與 σ_2 是已知，我們反而可以計算出「眞實」的 df，其值約為 10.98，即於（7-10）式內分別以 σ_1 與 σ_2 取代 s_1 與 s_2。我們從圖 7-8 內可看出直方圖接近於自由度為 10.98 的 t 分配。

乍看之下，（7-10）式的計算是繁瑣的，我們事先可以使用 Python 指令設計一個稱為 unequal 的函數，即考慮下列指令：

```
def unequal(s12,s22,n1,n2):
    df1 = (s12/n1+s22/n2)**2
    df2 = (s12/n1)**2/(n1-1) + (s22/n1)**2/(n2-1)
    df = df1/df2
    return df
# try
sigma1 = 3;sigma2 = 60; n1 = 10;n2 = 8
df = unequal(sigma1**2,sigma2**2,n1,n2) # 10.981240368970427
```

即上述自由度約為 10.98 就是利用上述函數指令計算而得的。

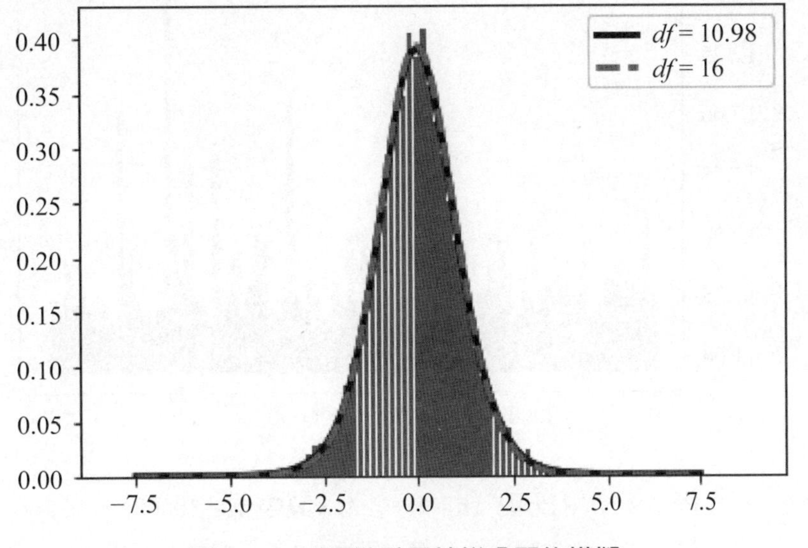

圖 7-8 t 檢定統計量抽樣分配的模擬

若不使用電腦（程式）計算，（7-10）式如用計算機計算的確相當繁雜，故通常為了降低困難度，於上述 t 檢定內加入一個額外假定，即假定 $\sigma_1^2 = \sigma_2^2 = \sigma^2$。根據上述假定，（7-5）式可改寫成：

$$\sigma^2_{\bar{x}_1 \pm \bar{x}_2} = \sigma^2\left(\frac{1}{n_1} + \frac{1}{n_2}\right) \tag{7-11}$$

同理，若 σ^2 未知，則以 s_p^2 取代，其中 $s_p^2 = \dfrac{(n_1-1)s_1^2+(n_2-1)s_2^2}{n_1+n_2-2}$，即 s_p^2 可視為 s_1^2 與 s_2^2 的加權平均值。因此，於此情況下，（7-6）式可改成：

$$s_{\bar{x}_1 \pm \bar{x}_2}^2 = s_p^2\left(\frac{1}{n_1}+\frac{1}{n_2}\right) \tag{7-12}$$

隱含著 $s_{\bar{x}_1 \pm \bar{x}_2} = s_p\sqrt{\dfrac{1}{n_1}+\dfrac{1}{n_2}}$。

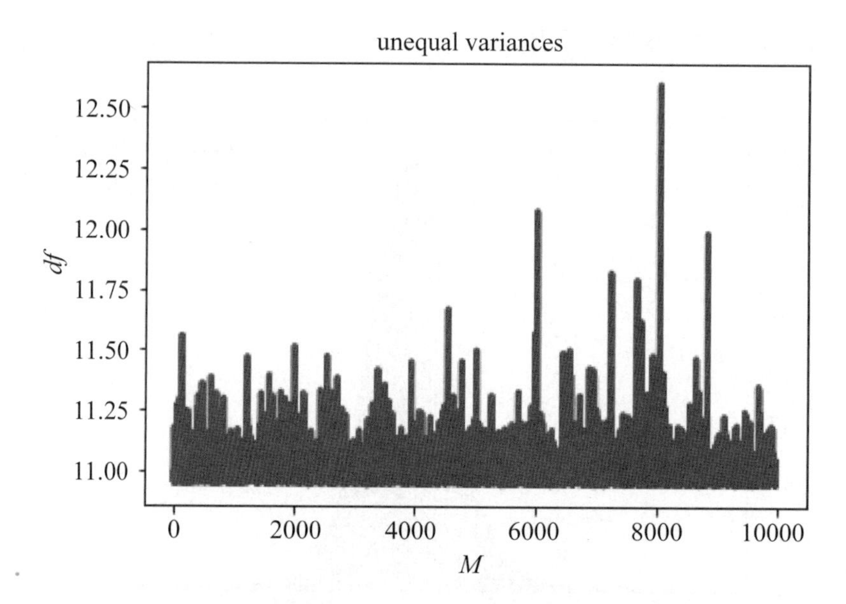

圖 7-9　*df* **的分配**（n = 1, ⋯, *M*，**其中** *M* = 10000）

值得注意的是，若使用 $\sigma_1^2 = \sigma_2^2 = \sigma^2$（母體變異數相等）的假定，此時 t 檢定統計量會接近於自由度為 $dfa = n_1 + n_2 - 2$ 的 t 分配。即根據圖 7-8 內的事前資訊，可得 $dfa = 16$，我們從圖 7-8 內可看出自由度分別為 10.98 與 16 的 t 分配 PDF 的差距並不易看出。其實，面對圖 7-8 內的事前資訊（即母體變異數不相等），我們依舊使用（7-12）式以計算 t 檢定統計量，重複圖 7-8 的模擬步驟可得出 t 檢定統計量的直方圖如圖 7-10 所示（母體變異數相等），其中母體變異數不相等的直方圖則取自圖 7-8。從圖 7-10 內可看出上述二直方圖的確存在一些差距。

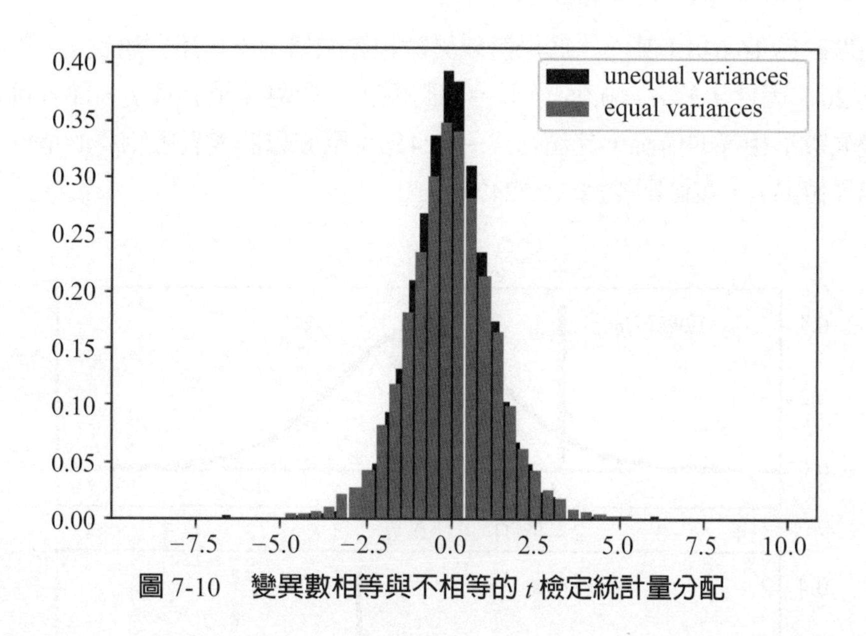

圖 7-10　變異數相等與不相等的 t 檢定統計量分配

我們進一步計算自由度分別爲 10.98 與 16 的 t 分配的臨界值差異。令 α 值分別爲 0.01、0.05 與 0.1，可得自由度爲 10.98 與 16 的 t 分配的臨界值（左尾）分別約爲 −2.7188 與 −2.5835、−1.7962 與 −1.7459 以及 −1.3636 與 −1.3368；換言之，若使用「變異數相等」取代「變異數不相等」，可能須額外承擔一些誤差②。

既然我們已經使用 Python 當作輔助工具，自然不需要再額外考慮「變異數相等」的假定，反而可以直接使用（7-10）式。舉一個例子說明。仍使用第 2 章的 TWI 與 NASDAQ 月報酬率資料（單位：%），我們分別從上述資料內以抽出放回的方式抽取 $n_1 = 10$ 與 $n_2 = 12$ 個觀察值並分別令爲 x_1 與 x_2。我們進一步計算 $\bar{x}_1 = 0.6183$、$s_1 = 7.8683$、$\bar{x}_2 = -1.4365$ 與 $s_2 = 7.9993$，其中下標 1 表示 TWI 而下標 2 則表示 NASDAQ 月報酬率。利用（7-6）式可得標準誤 $s_{\bar{x}_1-\bar{x}_2}$ 約爲 3.3946；另一方面，若假定 $\sigma_1^2 = \sigma_2^2 = \sigma^2$，則根據（7-12）式可得標準誤 $s_{\bar{x}_1-\bar{x}_2}$ 約爲 3.4。利用上述資訊，我們打算檢定 $H_0：\mu_1 - \mu_2 \geq 7.95$ vs. $H_a：\mu_1 - \mu_2 < 7.95$。我們已經知道上述的假設屬於左尾檢定。

首先，我們先計算 t 檢定統計量。如前所述，事前我們不清楚二母體變異數是否相等，故先將其稱爲母體變異數不相等的情況，則對應的 t 檢定統計量約爲 $t_0 = -1.7366$；另一方面，若假定母體變異數相等，則可得對應的 t 檢定統計量約爲 $t_a = -1.7339$。同理，根據（7-10）式，於母體變異數不相等的情況下，對應的 t 分配

② 我們從圖 7-9 可知以「變異數相等」取代「變異數不相等」t 分配的自由度會被高估。

的自由度約為 16.638；其次，於母體變異數相等的情況下，所對應到 t 分配的自由度則為 20。因此，於 $\alpha = 0.05$ 之下，我們倒有二個臨界值 t_c 與 t_b，前者可對應至母體變異數不相等的情況，其值約為 −1.7418；至於母體變異數相等的情況，其對應的臨界值為 t_b，該值則約為 −1.7247。

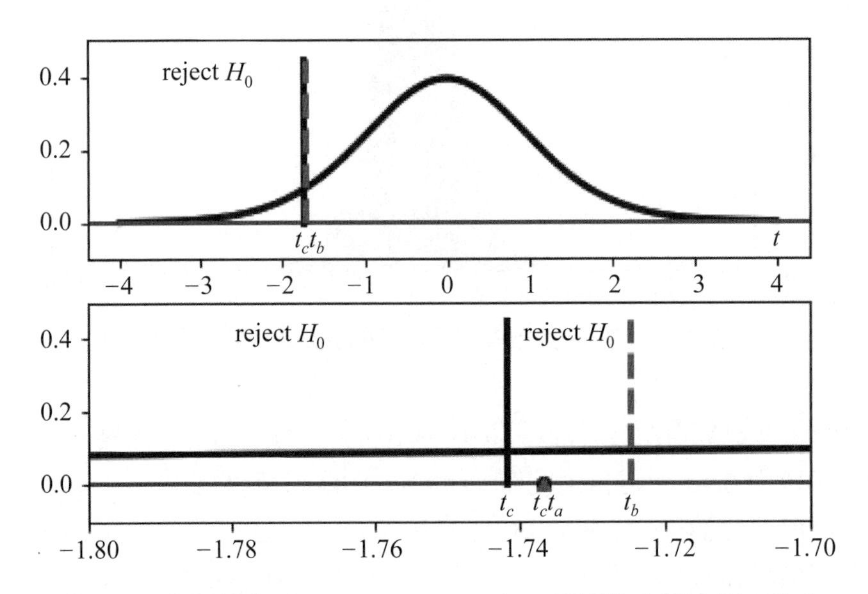

圖 7-11　左尾檢定（$H_0：\mu_1 - \mu_2 \geq 7.95$），下圖為上圖左尾之放大

是故，因 $t_0 > t_c$，故於 $\alpha = 0.05$ 之下，我們的結論是不拒絕 H_0，可以參考圖 7-11。於圖 7-11 內，若將上圖之左尾部放大，則為圖內之下圖。有意思的是，若假定母體變異數相等，因 $t_a < t_b$，故於 $\alpha = 0.05$ 之下，反而拒絕 H_0。就讀者而言，何種結論較為合理？應該是前者，畢竟後者還需要一個額外的假定。

例 1　成對樣本

考慮表 7-1。該表係一家跨國企業針對駐外 20 位主管外語能力的測試成績，即事前該企業與某一外語訓練機構達成協議，希望該機構能訓練上述 20 位主管的外語能力，事後檢視其成果。顯然，表 7-1 內的事前與事後成績並不屬於獨立的二母體，因測試皆屬於同一人，我們就稱表 7-1 的資料為成對（matched pairs）樣本資料。明顯地，（7-4）與（7-5）二式並不適用，那我們如何檢定成對樣本資料？

直覺而言，可將表 7-1 內的「成果」視為獨立抽取的樣本資料，即只檢視成果欄內的資料，此時與隨機抽取的樣本資料並無多大的不同；換言之，令 x_1 與 x_2 分別表示表內「事前成績」與「事後成績」的隨機變數；另外，令 $d = x_2 - x_1$ 表示「成績差異」或如表內所示的「成果」，即 d 相當於表示「成果」的隨機變數，故表 7-1 內的「成果」欄內的元素資料，相當於抽取 $n = 20$ 個成果的觀察值，只要假定 d 屬於 IID 的常態分配，則我們不就可以使用單一變數的 t 分配檢定嗎（第 6 章）？

表 7-1　成對樣本

主管	事前	事後	成果	主管	事前	事後	成果
1	32	34	2	11	30	36	6
2	31	31	0	12	20	26	6
3	29	35	6	13	24	27	3
4	10	16	6	14	24	24	0
5	30	33	3	15	31	32	1
6	33	36	3	16	30	31	1
7	22	24	2	17	15	15	0
8	25	28	3	18	32	34	2
9	32	26	-6	19	23	26	3
10	20	26	6	20	23	26	3

資料來源：取自 Moore et al.（2011）內之表 7-2。

因此，我們可以進一步計算 $\bar{d}$ 與 s_d 分別約為 2.5 與 2.893；換言之，若欲檢視是否「補習成果」有效，相當於欲檢定 $H_0: \mu_d \le 0$ vs. $H_0: \mu_d > 0$（令 $\alpha = 0.05$）。上述檢定的 t 檢定統計量為：

$$t_0 = \frac{\bar{d} - 0}{\frac{s_d}{\sqrt{n}}} = 3.865$$

而臨界值 t_c 則約為 1.729，因 $t_0 > t_c$，故我們的結論為：（於 $\alpha = 0.05$ 之下）上述「補習」有效。我們繼續計算 t_0 所對應的 p_{value}，該值約為 0.0005，顯示出成果是顯著的。上述的計算可參考所附的 Python 指令。

例 2　TWI 與 NASDAQ 月報酬率之平均數是否有差異

於 7.1.1 節內，我們已經發現 TWI 與 NASDAQ 月報酬率之間有關係，那是否可以使用例 1 的方法來檢視二個月報酬率之平均數是否有差異？仍使用第 2 章的 TWI 與 NASDAQ 月報酬率資料。令 $d = x_2 - x_1$，其中 x_1 與 x_2 分別表示 TWI 與 NASDAQ 月報酬率觀察值（單位：%），而 d 內有 $n = 193$ 個觀察值。我們進一步計算 $\bar{d}$ 與 s_d 分別約爲 0.1517 與 6.4114；另一方面，我們欲檢定 H_0：$\mu_d = 0$ vs. H_a：$\mu_d \neq 0$ 的情況。

首先，計算 $\bar{d}$ 所對應的 t 檢定統計量 $t_0 = \dfrac{\bar{d}}{\frac{s_d}{\sqrt{n}}}$ 約爲 0.3287，而於 $\alpha = 0.05$ 之下，t 分配的臨界值 t_c 則約爲 1.9724，因 $t_0 < t_c$，故我們的結論爲於 $\alpha = 0.05$ 之下，不拒絕 H_0 爲 TWI 與 NASDAQ 月報酬率之（母體）平均數有差異。其實，我們亦可以進一步計算 TWI 與 NASDAQ 月報酬率平均數之 95% 信賴區間估計值約爲 [−0.76, 1.06] 有包括 0，故亦不拒絕 H_0。圖 7-12 分別繪製出 x_1、x_2 與 d 之樣本機率分配，我們可以看出 d 之分配仍集中於 0 附近。讀者可以找出所附的 Python 指令，逐一檢視每一分配的形狀。

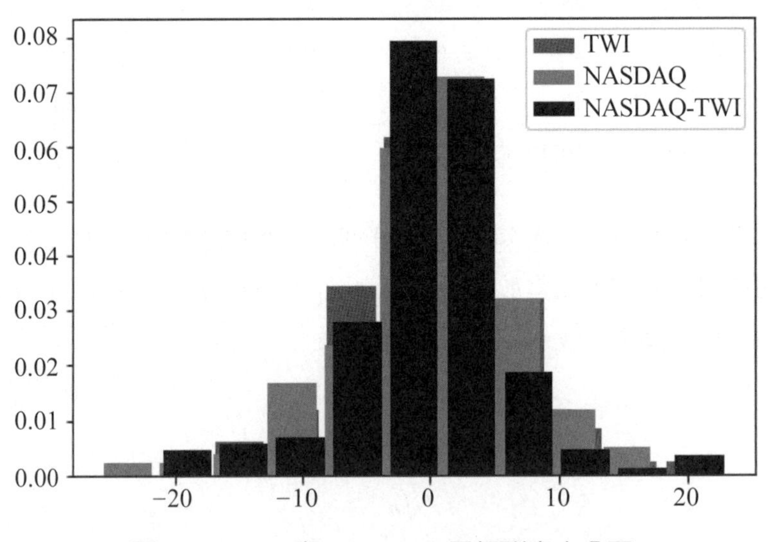

圖 7-12　TWI 與 NASDAQ 月報酬率之分配

7.2 二個母體比率差異的假設檢定

現在我們考慮二個母體比率差異的假設檢定。首先，當然先檢視 $\bar{p}_1 - \bar{p}_2$ 的抽樣分配。根據前面的章節，我們已經知道$E(\bar{p}_i)=p_i$與$Var(\bar{p}_i)=\dfrac{p_i(1-p_i)}{n_i}$；換言之，考慮二個獨立母體比率差異的分配，相當於檢視 $p_1 - p_2$ 的分配。若 p_1 與 p_2 爲已知，則於大樣本下，$\bar{p}_1-\bar{p}_2$ 的抽樣分配會接近於常態分配，寫成：

$$\bar{p}_1-\bar{p}_2 \sim N\left(p_1-p_2, \frac{p_1(1-p_1)}{n_1}+\frac{p_2(1-p_2)}{n_2}\right) \tag{7-13}$$

其中 n_1 與 n_2 分別表示抽出的樣本數。

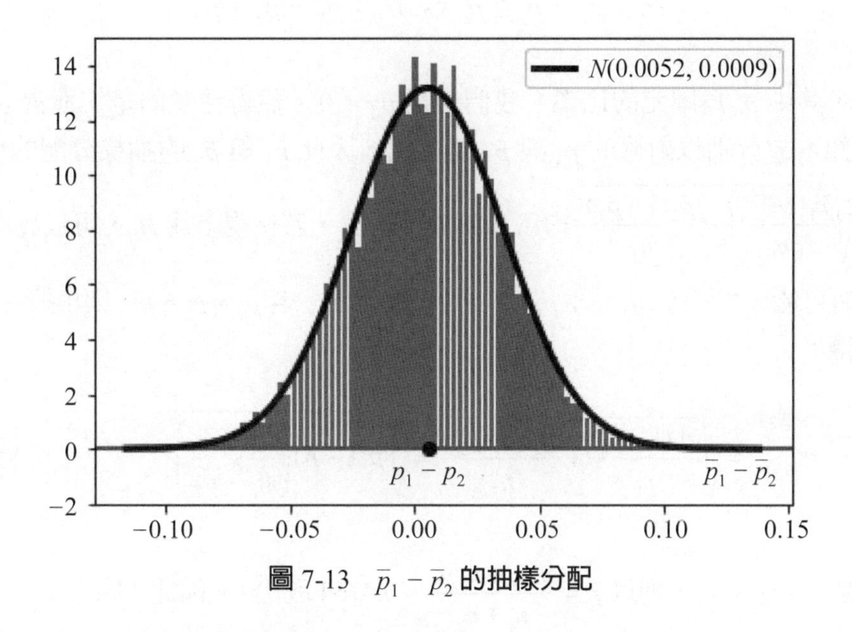

圖 7-13　$\bar{p}_1-\bar{p}_2$ 的抽樣分配

我們不難用模擬的方式證明（7-13）式。仍使用第 2 章的 TWI 與 NASDAQ 月報酬率資料，我們檢視上述資料內月報酬率大於等於 0 的比率，分別可得 p_1 = 0.4767 與 p_2 = 0.4715。若從上述資料內以抽出放回的方式分別抽出 n_1 = 500 與 n_2 = 600 個觀察值後，再分別計算對應的樣本比率（即月報酬率大於等於 0 的比率）可得 $\bar{p}_1$ = 0.46 與 $\bar{p}_2$ = 0.49，其中下標 1 與 2 分別表示 TWI 與 NASDAQ 月報酬率。於此情況下，$\bar{p}_1$ 與 $\bar{p}_2$ 值與上述 p_1 與 p_2 值有何不同？我們已經知道，若使用抽出放回的方式，相當於將 TWI 與 NASDAQ 月報酬率資料視爲母體，故 $\bar{p}_1$ 與 $\bar{p}_2$ 值分別欲估計 p_1 與 p_2 值；另一方面，因使用抽出放回的方式，故根據圖 7-6 可知「抽出的樣本比率」接近於獨立。是故，若重複上述的抽樣動作 M = 10000 次，不就可以得出 M 個 $\bar{p}_1$ 與 $\bar{p}_2$ 值，整理後可繪製 $\bar{p}_1$ 與 $\bar{p}_2$ 的直方圖（$\bar{p}_1$ 與 $\bar{p}_2$ 的抽樣分配）如圖 7-13

所示。

於上述的例子內，因 p_1 與 p_2 值爲已知數值，故根據（7-13）式可知 $\bar{p}_1$ 與 $\bar{p}_2$ 的抽樣分配會接近於 $N(0.0052, 0.0009)$，其中平均數爲 $p_1 - p_2 = 0.0052$，而變異數則爲 $\frac{p_1(1-p_1)}{n_1}+\frac{p_2(1-p_2)}{n_2}=0.0009$。圖 7-13 內的曲線可對應至 $N(0.0052, 0.0009)$ 的 PDF，我們從圖內可看出 $\bar{p}_1$ 與 $\bar{p}_2$ 的抽樣分配與上述 PDF 曲線相當接近，此說明了（7-13）式。

我們就以上述的 $n_1 = 500$、$n_2 = 600$、$\bar{p}_1 = 0.46$ 與 $\bar{p}_2 = 0.49$ 資訊檢定：

$$H_0: p_1 - p_2 \geq p_0 \text{ vs. } H_0: p_1 - p_2 < p_0$$

的情況，其中 p_0 爲固定的比率。我們檢視 $p_0 = 0$。值得注意的是，通常 p_1 與 p_2 值爲未知，故分別以對應的 $\bar{p}_1$ 與 $\bar{p}_2$ 值取代，因此 $\bar{p}_1$ 與 $\bar{p}_2$ 的抽樣分配的標準誤 $s^a_{\bar{p}_1-\bar{p}_2}=\sqrt{\frac{\bar{p}_1(1-\bar{p}_1)}{n_1}+\frac{\bar{p}_2(1-\bar{p}_2)}{n_2}}$ 約爲 0.0302。不過，若檢視上述 H_0，可以發現若 H_0 爲眞，有可能 p_1 會等於 p_2，即 $p_1=p_2=p$；換言之，若 $p_1=p_2=p$，則根據（7-13）式，可得：

$$\sigma_{\bar{p}_1-\bar{p}_2}=\sqrt{\frac{p_1(1-p_1)}{n_1}+\frac{p_2(1-p_2)}{n_2}}=\sqrt{p(1-p)\left(\frac{1}{n_1}+\frac{1}{n_2}\right)} \qquad (7\text{-}14)$$

當然，若 p 未知，則以 $\bar{p}=\frac{n_1\bar{p}_1+n_2\bar{p}_2}{n_1+n_2}=0.4764$ 取代[③]。因此，除了 $s^a_{\bar{p}_1-\bar{p}_2}$ 之外，我們亦可以使用 $s^b_{\bar{p}_1-\bar{p}_2}=\sqrt{\bar{p}(1-\bar{p})\left(\frac{1}{n_1}+\frac{1}{n_2}\right)}$ 估計 $\sigma_{\bar{p}_1-\bar{p}_2}$。通常，$s^a_{\bar{p}_1-\bar{p}_2}$ 與 $s^b_{\bar{p}_1-\bar{p}_2}$ 值相當接近，即於我們的例子內 $s^a_{\bar{p}_1-\bar{p}_2}=s^b_{\bar{p}_1-\bar{p}_2}=0.0302$。

令 $\alpha = 0.05$，根據上述假設可知其屬於左尾檢定；如前所述，其有三種檢定方式分別爲：

(1) 臨界值 $\bar{p}_c=\left(\bar{p}_1-\bar{p}_2\right)_c=p_0-z_\alpha s^b_{\bar{p}_1-\bar{p}_2}=-0.0497$ 而 $\bar{p}_0=\bar{p}_1-\bar{p}_2=-0.03$，因 $\bar{p}_0 >$

③ 即 $\bar{p}_1$ 與 $\bar{p}_2$ 皆可用於估計 p，我們不想忽略任何資訊，故以 $\bar{p}$ 估計 p，其中 $\bar{p}$ 可視爲 $\bar{p}_1$ 與 $\bar{p}_2$ 的加權平均值。此種情況頗類似於 7.1.2 節內的以 s_p 估計 σ。

$\bar{p}_c$，故結論爲不拒絕 H_0；

(2) 使用檢定統計量，即 $z_0 = \dfrac{\bar{p}_0 - p_0}{s^b_{\bar{p}_1-\bar{p}_2}} = -0.992$ 而臨界值 $-z_\alpha = -1.645$，因 $z_0 > -z_c$，故結論爲不拒絕 H_0；

(3) 計算 $\bar{p}_0$ 與 z_0 所對應的 p_{value}，其值約爲 0.1606，故結論仍爲不拒絕 H_0。

換句話說，上述三種方式皆爲於 $\alpha = 0.05$ 之下，不拒絕 H_0。

例 1 右尾檢定

於二個獨立的母體內分別抽出 $n_1 = 1200$ 與 $n_2 = 1200$ 個樣本，分別可得 $\bar{p}_1 = 0.65$ 與 $\bar{p}_2 = 0.6$。於 $\alpha = 0.01$ 之下，我們欲檢定 $H_0: p_1 - p_2 \le 0$ vs. $H_a: p_1 - p_2 > 0$ 的情況。結論爲何？

解：按照上述假設可知其屬於右尾檢定，根據下列的 Python 指令，可知 p_{value} 約爲 0.0024，故於 $\alpha = 0.01$ 之下，我們的結論爲拒絕 H_0。讀者可嘗試解釋下列的 Python 指令：

```
# H0: p1-p2 <= 0
p0 = 0
n1 = 1200;n2 = 2000
pbar1 = 0.65;pbar2 = 0.6
pbar = (n1*pbar1+n2*pbar2)/(n1+n2) #
se = np.sqrt(pbar*(1-pbar)*(1/n1+1/n2))
pbar0 = pbar1-pbar2
alpha = 0.01
zc = norm.ppf(1-alpha,0,1) # 2.3263478740408408
pbarc = p0+zc*se # 0.04125784677206944
z0 = (pbar0-p0)/se # # 2.819279308119061
# p value
1-norm.cdf(pbar0,p0,se) # 0.0024065808029892777
1-norm.cdf(z0,0,1) # 0.0024065808029892777
```

例 2 雙尾檢定

續例 1，若將假設改為 H_0：$p_1 - p_2 = 0$ vs. H_a：$p_1 - p_2 \neq 0$，結論為何？

解：可參考下列的 Python 指令：

```
# H0: p1-p2 = 0
zc = norm.ppf(1-alpha/2,0,1) # 2.5758293035489004
# 1-alpha confidence interval
[pbar0-zc*se,pbar0+zc*se] # [0.004317592866181524, 0.09568240713381856]
# p value
2*(1-norm.cdf(pbar0,p0,se)) # 0.004813161605978555
2*(1-norm.cdf(z0,0,1)) # 0.004813161605978555
```

因 p_{value} 約為 0.0048 或 $p_1 - p_2$ 的 99% 信賴區間估計值約為 [0.0043, 0.0957]（不包含 0），故於 $\alpha = 0.01$ 之下，我們的結論仍為拒絕 H_0。

例 3 不同的標準誤估計值

續例 2，若將假設改為 H_0：$p_1 - p_2 = 0.05$ vs. H_a：$p_1 - p_2 \neq 0.05$，結論為何？

解：考慮 H_0：$p_1 - p_2 = 0.05$ 的情況，可以發現 $p_1 \neq p_2$，故 $\bar{p}_1 - \bar{p}_2$ 抽樣分配的標準誤應改成 $s^a_{\bar{p}_1-\bar{p}_2}$ 而非使用 $s^b_{\bar{p}_1-\bar{p}_2}$，考慮下列的 Python 指令：

```
# H0: p1-p2 = 0.05
se1 = np.sqrt(pbar1*(1-pbar1)/n1+pbar2*(1-pbar2)/n2) # 0.017594980344783944
se = np.sqrt(pbar*(1-pbar)*(1/n1+1/n2)) # 0.01773502889763645
[pbar0-zc*se1,pbar0+zc*se1] # [-0.027843760608751864, 0.12784376060875197]
```

顯然 $s^a_{\bar{p}_1-\bar{p}_2}$ 與 $s^b_{\bar{p}_1-\bar{p}_2}$ 值稍有差異，故 $p_1 - p_2$ 的 99% 信賴區間估計值可改約為 [−0.0278, 0.1278]（不包含 0.05），故於 $\alpha = 0.01$ 之下，我們的結論仍為拒絕 H_0。

例 4 風險值的計算

至英文的 Yahoo 網站下載 SP500 日收盤價序列資料（2015/1/2～2019/10/2）④，轉換成日（對數）報酬率序列資料後可繪製直方圖如圖 7-14 所示。另一方面，圖 7-14 亦繪製出第 1 章內的 TWI 日報酬率序列資料的直方圖（2000/1/5～2019/7/31）。SP500 日報酬率序列資料的最小值與最大值分別約為 −4.18 與 4.84（單位：%），而 TWI 日報酬率序列資料的最小值與最大值則分別約為 −6.91 與 6.52；因此，於圖 7-14 內，SP500 的直方圖幾乎被 TWI 的直方圖覆蓋。我們有興趣的是 5% 風險值（value at risk, VaR）的計算，即根據圖 7-14 內的資料，SP500 與 TWI 的 5% 風險值分別約為 $q_1 = -1.4522$ 與 $q_2 = -2.09$ ⑤。

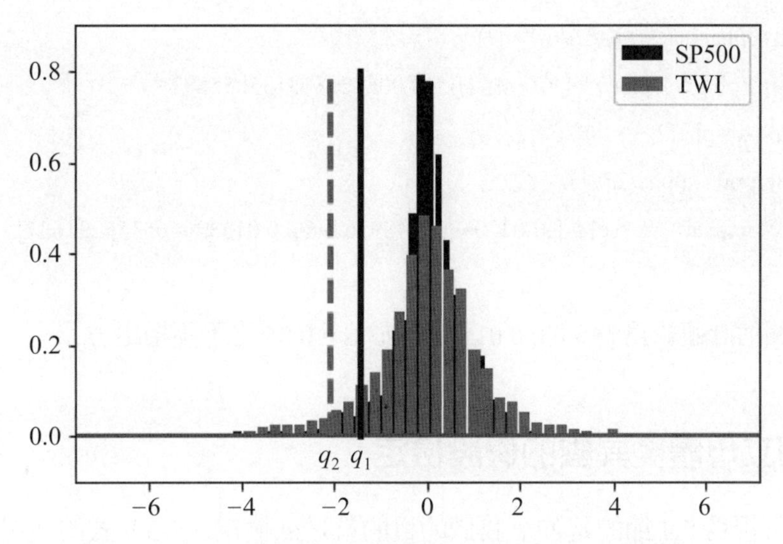

圖 7-14 SP500 與 TWI 日報酬率之直方圖（風險值）

例 5 風險值的檢視

續例 4，若從 SP500 與 TWI 日報酬率序列資料內以抽出放回的方式分別抽出 $n_1 = 500$ 與 $n_2 = 750$ 個觀察值，再計算小於等於對應的 5% 風險值比率分別約為 $\bar{p}_1 = 0.042$ 與 $\bar{p}_2 = 0.051$，試於 $\alpha = 0.05$ 之下，檢定二母體比率是否相等。

解：按照題意，可知 H_0：$p_1 - p_2 = 0$ vs. H_a：$p_1 - p_2 \neq 0$。我們打算用 $p_1 - p_2$ 之

④ 可使用 R 語言下載，參考《財統》。

⑤ 5% 風險值相當於計算 5% 的分位數。

95% 信賴區間估計檢定上述假設，對應的 Python 指令為：

```
q1 = np.quantile(spr,0.05) # -1.4521618888719907
q2 = np.quantile(twir,0.05) # -2.090045011543074
alpha = 0.05
n1 = 500;n2 = 750
np.random.seed(1234);x1 = np.random.choice(spr,n1,replace=True)
pbar1 = np.mean((x1 <= q1)*1) # 0.042
np.random.seed(1234);x2 = np.random.choice(twir,n2,replace=True)
pbar2 = np.mean((x2 <= q2)*1) # 0.050666666666666665
pbar = (n1*pbar1+n2*pbar2)/(n1+n2)
se = np.sqrt(pbar*(1-pbar)*(1/n1+1/n2)) # 0.008829813135055577
pbar0 = pbar1-pbar2
zc = norm.ppf(1-alpha/2,0,1)
[pbar0-zc*se,pbar0+zc*se] # [-0.032663798489564966, 0.015330465156231637]
```

因信賴區間估計值約為 $[-0.03, 0.015]$，故於 $\alpha = 0.05$ 之下不拒絕 H_0。

7.3 二獨立母體變異數的假設檢定

本節可視為 5.4 節的延伸。我們的目的就是欲檢視（7-3）式的情況。首先，考慮（7-3）式內的情況 (1)，即：

$$H_0：\sigma_1^2 \geq \sigma_2^2 \text{ vs. } H_a：\sigma_1^2 < \sigma_2^2 \quad (7\text{-}15)$$

根據（5-9）式，可知 F 檢定統計量可寫成：

$$F = \frac{\sigma_2^2}{\sigma_1^2}\frac{s_1^2}{s_2^2}$$

因此，我們大概可找出 H_0 的位置，即令 $\sigma_1^2 = \sigma_2^2$，則 $F = \frac{s_1^2}{s_2^2}$。直覺而言，欲拒絕 H_0，上述 F 值應愈小；因此，於 α 之下拒絕區落於左尾如圖 7-15 所示。

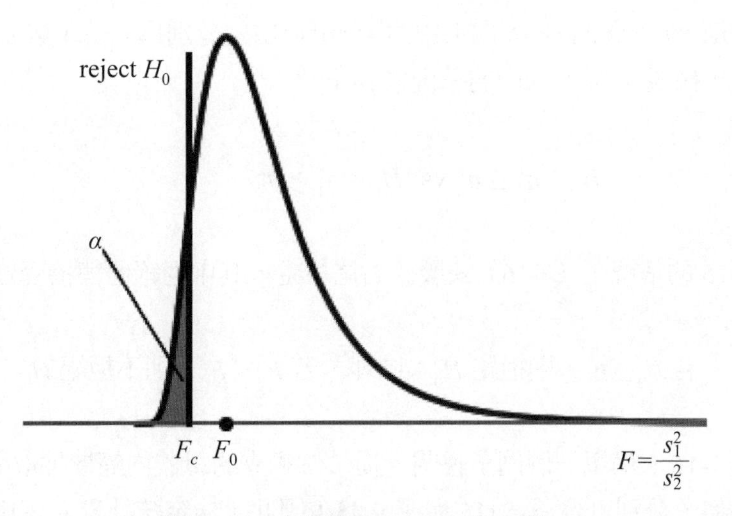

圖 7-15 **左尾檢定**（H_0：$\sigma_1^2 \geq \sigma_2^2$）

換句話說，面對（7-15）式的假設，拒絕區與接受區的劃分為：

若 $F_0 \leq F_c$，則拒絕 H_0；同理，若 $F_0 > F_c$，則不拒絕 H_0

其中 F_0 表示檢定統計量而 F_c 則表示根據 α 值所計算的臨界值。舉一個例子說明。從二個獨立的母體內隨機抽取 $n_1 = 20$ 與 $n_2 = 15$ 個觀察值，分別可得 $s_1^2 = 35$ 與 $s_2^2 = 45$；因此，檢定統計量 F_0 約為 0.778。若 $\alpha = 0.05$，則對應的臨界值 F_c 約為 0.443，因 $F_0 > F_c$，故我們的結論為：於 $\alpha = 0.05$ 之下不拒絕 H_0。類似地，我們亦可以計算 F_0 所對應的 p_{value}，即：

$$p_{value} = P(F \leq F_0) = 0.3$$

因 $p_{value} > \alpha$，故仍是不拒絕 H_0。上述統計量的 Python 指令為：

```
n1 = 20;n2 = 15
alpha = 0.05
s12 = 35;s22 = 45
f0 = s12/s22 # 0.7777777777777778
fc = f.ppf(alpha,n1-1,n2-1) # 0.44333828551861343
# p value
f.cdf(f0,n1-1,n2-1) # 0.29987749355392906
```

可以注意的是，F 分配存在分子自由度與分母自由度分別爲 $n_1 - 1$ 與 $n_2 - 1$。

接下來，檢視（7-3）式內的情況 (2)，即：

$$H_0 : \sigma_1^2 \leq \sigma_2^2 \text{ vs. } H_a : \sigma_1^2 > \sigma_2^2 \tag{7-16}$$

類似於圖 7-15 的情況，（7-16）式屬於右尾檢定，其中拒絕區與接受區的劃分爲：

若 $F_0 \geq F_c$，則拒絕 H_0；同理，若 $F_0 < F_c$，則不拒絕 H_0

可以參考圖 7-16。仍舉一個例子說明。從二個獨立的母體內隨機抽取 $n_1 = 20$ 與 $n_2 = 15$ 個觀察值，分別可得 $s_1^2 = 115$ 與 $s_2^2 = 45$；因此，檢定統計量 F_0 約爲 2.556。若 $\alpha = 0.05$，則對應的臨界值 F_c 約爲 2.4，因 $F_0 > F_c$，故我們的結論爲：於 $\alpha = 0.05$ 之下拒絕 H_0。類似地，我們亦可以計算 F_0 所對應的 p_{value}，即：

$$p_{value} = P(F \geq F_0) = 0.0393$$

因 $p_{value} < \alpha$，故仍是拒絕 H_0。

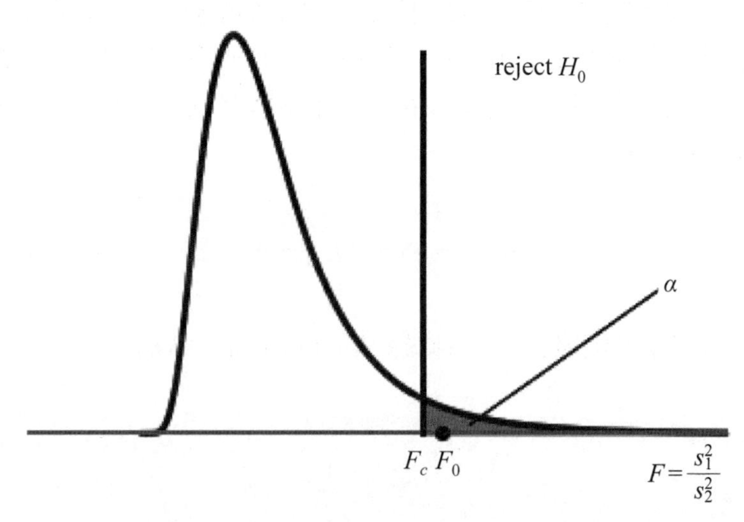

圖 7-16　右尾檢定（$H_0 : \sigma_1^2 \leq \sigma_2^2$）

最後，檢視（7-3）式的情況 (3)，即考慮：

$$H_0：\sigma_1^2 = \sigma_2^2 \text{ vs. } H_a：\sigma_1^2 \neq \sigma_2^2 \quad (7\text{-}17)$$

的情況，可以參考圖 7-17 的拒絕區與接受區的劃分，可記得 $F_{\alpha/2,n_1-1,n_2-1}$ 表示左尾面積爲 $\alpha/2$ 的分子自由度與分母自由度分別爲 $n_1 - 1$ 與 $n_2 - 1$ 的 F 分配臨界值。仍使用上一個例子，於 $\alpha = 0.05$ 之下，二個臨界值分別約爲：

$$F_a = F_{\alpha/2,n_1-1,n_2-1} = F_{0.025,19,14} = 0.378$$

與

$$F_b = F_{1-\alpha/2,n_1-1,n_2-1} = F_{0.975,19,14} = 2.861$$

因 $F_0 = 2.556$，故於 $\alpha = 0.05$ 之下不拒絕 H_0。其實，我們亦可以計算 σ_2^2 / σ_1^2 的 95% 信賴區間，其估計值約爲 [0.148, 1.112] 有包括 1，故結論仍是不拒絕 H_0。

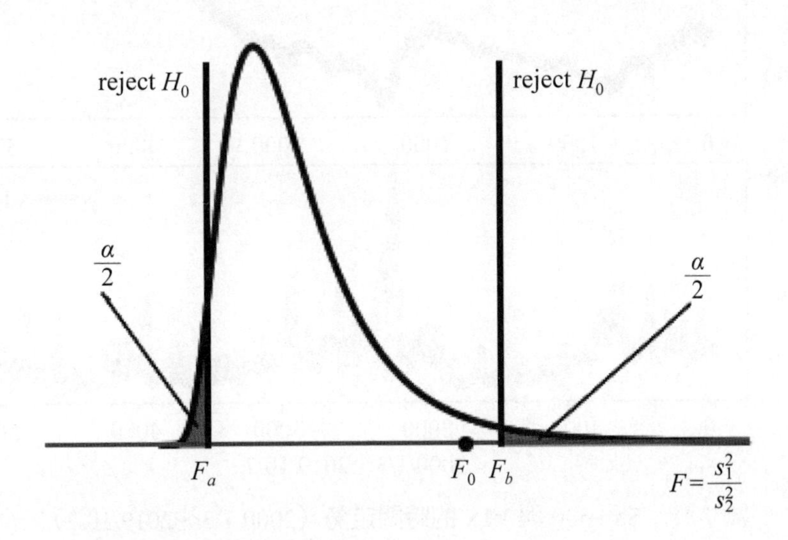

圖 7-17　雙尾檢定（H_0：$\sigma_1^2 \leq \sigma_2^2$），其中 $F_a = F_{\alpha/2,n_1-1,n_2-1}$ 與 $F_b = F_{1-\alpha/2,n_1-1,n_2-1}$

例 1　TWI 與 NASDAQ 月報酬率資料

於第 5 章內，我們曾於 TWI 與 NASDAQ 月報酬率資料內（第 2 章）分別以抽出放回的方式抽出 $n_1 = 10$ 與 $n_2 = 15$ 的觀察值，可以分別得出 $s_1^2 = 31.5544$ 與 $s_2^2 =$

41.7954（單位：%）。試於 $\alpha = 0.05$ 之下，檢定 $H_0：\sigma_1^2 = \sigma_2^2$。$p_{value}$ 爲何？

解：由題意可知臨界值分別約爲：

$$F_a = F_{0.025,9,14} = 0.2633 \text{ 與 } F_b = F_{0.975,9,14} = 3.2093$$

另一方面，檢定統計量 $F_0 = s_1^2 / s_2^2$ 約爲 0.4167，故於 $\alpha = 0.05$ 之下，我們不拒絕 $H_0：\sigma_1^2 = \sigma_2^2$。接下來，我們計算 F_0 所對應的 p_{value}，該值約爲：

$$p_{value} = 2P(F \le F_0) = 0.6851$$

明顯仍是不拒絕 H_0。

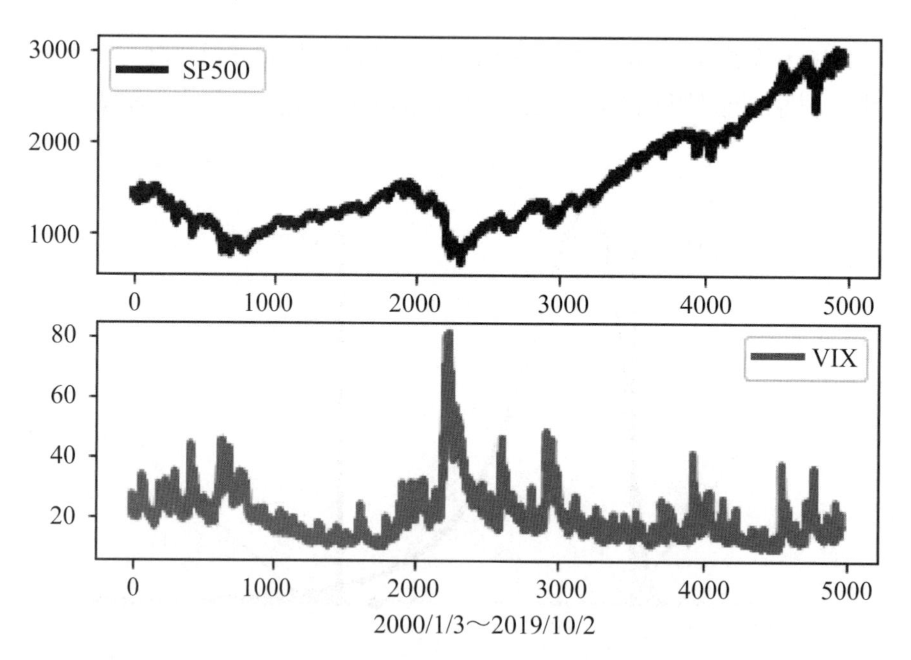

圖 7-18　S&P500 與 VIX 的時間走勢（2000/1/3～2019/10/2）

例 2　VIX

第 2 章內利用報酬率的標準差計算的波動率序列資料是屬於歷史波動率。顧名思義，歷史波動率只能反映過去的結果，故基本上其屬於一種落後的指標，與之對應的是波動率指數（volatility index, VIX），其乃根據 S&P500 選擇權的隱含波動率[6]所編製而成，因其可反映市場交易人對未來風險的預期，故其屬於一種「領先指標」。VIX 又稱爲「恐慌指數」，顧名思義，若 VIX 上升，表示市場的波動提高，投資人感到恐慌不安；相反地，若 VIX 趨向平緩，表示市場的波動不高，投資人的恐慌不安程度反而下降。

利用英文版 Yahoo，我們也可以直接從 Yahoo 下載 VIX [7]。圖 7-18 同時繪製出 S&P500 與 VIX 的收盤價時間序列走勢（2000/1/3～2019/10/2），讀者不難看出 VIX 所扮演的角色。

例 3　S&P500 的波動率

續例 2，類似於第 2 章的作法，令 1 年有 $m = 252$ 個交易日，我們可以將圖 7-18 內的 S&P500 日收盤價資料轉成日波動率資料，圖 7-19 繪製出 VIX 與 S&P500 波動率的時間走勢圖，果然後者會低估「波動」。

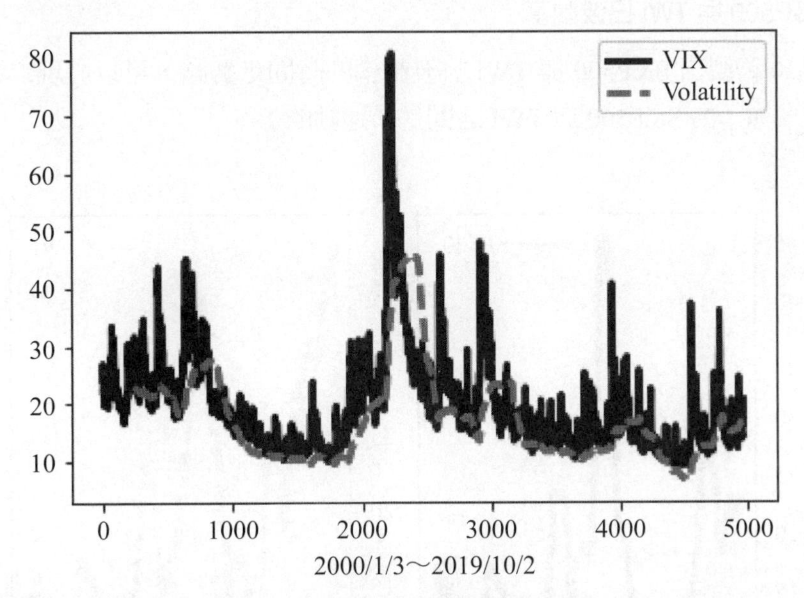

圖 7-19　VIX 與 S&P500 波動率的時間走勢圖（2000/1/3～2019/10/2）

S&P500 日波動率資料可透過下列的 Python 指令取得：

---

⑥ 隱含波動率的計算可參考《衍商》。

⑦ 筆者有提供 R 語言程式可下載 SP500 與 VIX 資料，請參考所附之光碟。

```
xr = 100*np.log(sp500p/sp500p.shift(1))
m = 252
vax = pd.Series(xr).rolling(window=m).var()
# save file
volx = np.sqrt(vax)*np.sqrt(m)
# vol = pd.DataFrame(volx)
# vol.to_excel('F:/Stat/ch7/data/sp500vol.xlsx')
volx.to_excel('F:/Stat/ch7/data/sp500volx.xlsx')
```

其中 sp500p 表示 S&P500 的日收盤價。可以留意的是，日波動率資料用 volx 表示，我們將其存至第 7 章的 data 檔內。

例 4 S&P500 與 TWI 日波動率

圖 7-20 繪製出 S&P500 與 TWI 日波動率的時間走勢圖，可以發現二者的走勢有些類似，顯示出 S&P500 與 TWI 之間是「連動的」。

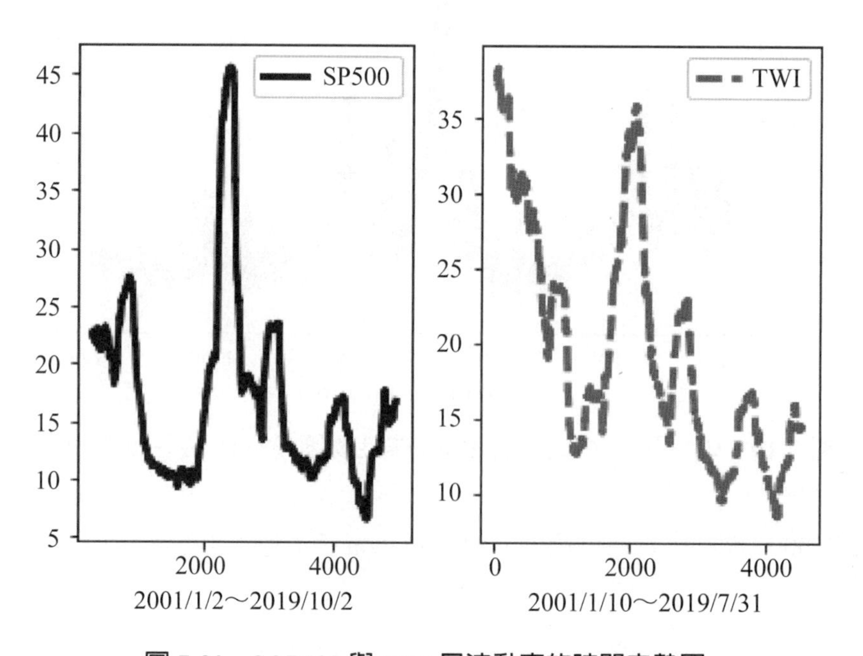

圖 7-20　S&P500 與 TWI 日波動率的時間走勢圖

例 5 S&P500 與 TWI 日波動率的檢定

由於「休市或開市」時間未必相同，因此 S&P500 與 TWI 日波動率的計算結果未必一致（可留意圖 7-20 的橫坐標）。我們從 2000/1/3 開始分別從 S&P500 與 TWI 日收盤價取得 253 個交易日資料，並將其轉換成日報酬率資料分別稱爲 x_2 與 x_1（即下標 1 爲 TWI 而下標 2 表示 S&P500），故可得 $n_1 = n_2 = 252$，$s_1^2 = 5.5179$ 與 $s_2^2 = 1.9883$（單位：%）。試於 $\alpha = 0.05$ 之下分別檢定 $H_0：\sigma_1^2 \le \sigma_2^2$ 與 $H_0：\sigma_1^2 = \sigma_2^2$。其結論爲何？

解：就 $H_0：\sigma_1^2 \le \sigma_2^2$ 而言，於 $\alpha = 0.05$ 之下，臨界值 $F_c = F_{1-\alpha, n_1-1, n_2-1}$（右尾檢定）約爲 1.2323，而檢定統計量 $F_0 = \dfrac{s_1^2}{s_2^2}$ 則約爲 2.7751，因 $F_0 > F_c$，故 $\alpha = 0.05$ 之下拒絕 H_0。

至於 $H_0：\sigma_1^2 = \sigma_2^2$ 的情況，於 $\alpha = 0.05$ 之下，首先計算二個臨界值 $F_a = F_{\alpha/2, n_1-1, n_2-1}$ 與 $F_b = F_{1-\alpha/2, n_1-1, n_2-1}$ 分別約爲 0.7804 與 1.2814，因 $F_0 = 2.7751$，故亦拒絕 H_0。我們進一步計算 σ_2^2 / σ_1^2 之 95% 信賴區間估計值約爲 [0.28, 0.46]，顯然不包括 $\sigma_2^2 / \sigma_1^2 = 1$，故亦拒絕 H_0。

習題

(1) 試敘述如何檢定二獨立母體平均數的檢定。

(2) 試敘述如何檢定二獨立母體比率的檢定。

(3) 試敘述如何檢定二獨立母體變異數的檢定。

(4) 試以模擬的方式取得 $\bar{x}_1 - \bar{x}_2$ 的抽樣分配。

(5) 圖 7-6 有何涵義？試解釋之。

(6) 根據第 2 章內的 TWI 與 NASDAQ 月報酬率資料，若假定二報酬率相互獨立，試於 $\alpha = 0.05$ 之下檢定二報酬率之平均數是否相等。我們總共有多少種方法可以檢定，其分別爲何？結論爲何？

(7) 續上題，爲何不容易拒絕 H_0 爲二報酬率之平均數相等？試解釋之。

(8) 試將圖 7-7 轉成用 p_{value} 表示的圖形。

(9) 從二個獨立的母體內分別抽出 $n_1 = 120$ 與 $n_2 = 150$ 的觀察值並令之爲 x_1 與 x_2。進一步計算出 $\bar{x}_1 = 20$、$\bar{x}_2 = 30$、$s_1^2 = 35$ 與 $s_2^2 = 60$，試於 $\alpha = 0.01$ 之下，檢定 μ_1 與 μ_2 的差異大於 -5；另一方面，試繪製其圖形以表示拒絕區與接受區。

(10) 續上題，根據（7-6）與（7-12）二式，可知 $\bar{x}_1 - \bar{x}_2$ 抽樣分配的標準誤有二種

算法，其中之一是使用母體變異數相等且未知。若假定 $\sigma_1^2 = \sigma_2^2 = \sigma^2$ 爲未知，試根據計算（7-12）式計算 $\bar{x}_1 - \bar{x}_2$ 抽樣分配的標準誤，其與題 (9) 的結果有何不同。

(11) 續上題，若只更改 $n_1 = 30$ 與 $n_2 = 20$，其餘皆不變，此時二種 $\bar{x}_1 - \bar{x}_2$ 抽樣分配的標準誤分別爲何？其與題 (10) 有何不同？

(12) 續上題，於 $\alpha = 0.05$ 之下，試檢定 $H_0：\sigma_1^2 = \sigma_2^2$。若改回 $n_1 = 120$ 與 $n_2 = 150$，則二結論爲何？

(13) 續題 (9)，若只更改 $n_1 = 30$ 與 $n_2 = 20$，其餘皆不變，結論爲何？

(14) 試解釋題 (9)～(13)。

(15) 利用本章的S&P500日收盤價資料轉成日報酬率後，計算日報酬率小於等於 −2（單位：%）的比率約爲 $p = 0.0443$。若分別從上述日報酬率資料內以抽出放回的方式抽取 n 個觀察值後，再計算日報酬率小於等於 −2 的比率 $\bar{p}$，其中 $n = 10, 20, \cdots$，試繪製 $\bar{p}$ 的走勢。有何涵義？提示：可參考圖 7a。

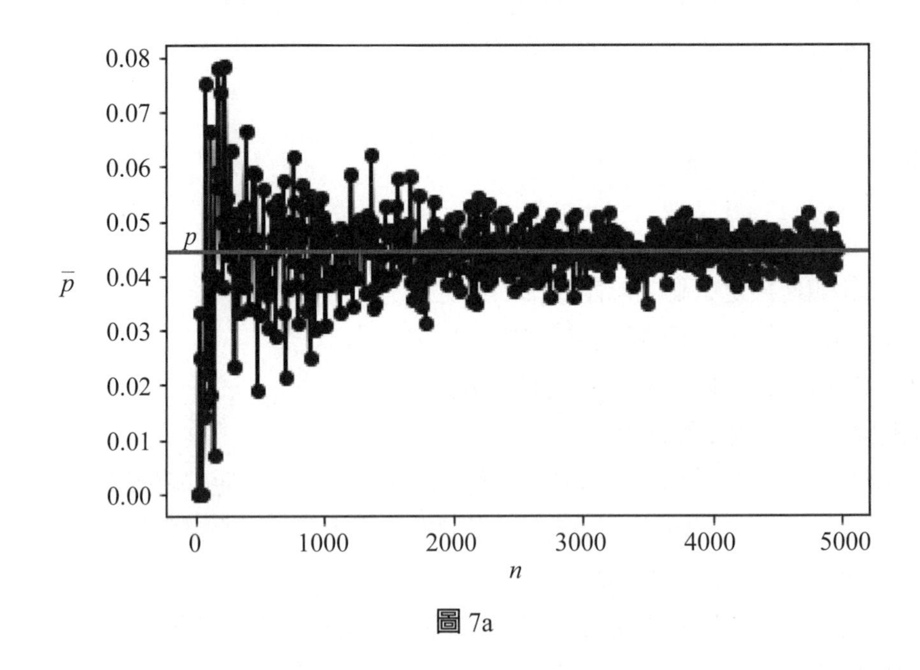

圖 7a

(16) 利用本章的 TWI 與 S&P500 日報酬率資料分別以抽出放回的方式抽取 $n_1 = 1000$ 與 $n_2 = 1500$ 個觀察值後，再計算日報酬率小於等於 −2 的比率分別約爲 $\bar{p}_1 = 0.058$ 與 $\bar{p}_2 = 0.043$，試於 $\alpha = 0.05$ 之下，檢定 p_2 是否大於 p_1。

(17) 續上題，p_{value} 爲何？有何涵義？

(18) 續題 (16)，若將比率改爲日報酬率小於等於 −2 或大於等於 2，分別可得 $\bar{p}_1 =$

0.104 與 $\overline{p}_2 = 0.081$，試於 $\alpha = 0.05$ 之下，檢定 p_2 是否等於 p_1。

(19) 續上題，試寫出對應的 Python 指令以說明四種檢定方式。

(20) TWI 與 S&P500 日波動率是否有關？試解釋之。

卡方檢定與ANOVA

於前面的章節內，我們有提及到統計檢定內有應用到四種基本的機率分配，其分別是常態、t、卡方與 F 分配，其中前二者用於母體平均數的檢定，而後二者則用於檢定母體變異數。本章將介紹卡方與 F 分配的另外一種應用，即卡方分配可用於檢視適合度與獨立性檢定（test of fitness and independence），而 F 分配則用於從事變異數分析（analysis of variance, ANOVA）。當然，常態與 t 分配亦有另外的應用，於後面的章節內自然會說明。

或者我們亦可將適合度與獨立性檢定合稱為卡方檢定。卡方檢定與 ANOVA 已經將檢定內的假設型態從（6-1）～（6-3）三式延伸至多元或複雜的情況，還好基本的檢定方法仍類似；換言之，假設檢定型態未必只局限於第 6 章所討論的情況，我們從底下的例子內自然可以看出之間的不同。

8.1 卡方檢定

如前所述，卡方檢定可以分成適合度與獨立性檢定。顧名思義，適合度檢定就是在檢視「理論」與「實際」是否一致，沒想到該檢定方法亦可用檢定獨立性。本節將分別介紹適合度與獨立性檢定。

8.1.1 適合度檢定

於尚未介紹之前，我們先來看一個例子。利用第 7 章內的 S&P500 日報酬率資料，我們可以將上述資料分成三個區塊如圖 8-1 所示，其中二虛線分別對應至 −1 與 1（單位：%）。利用底下的 Python 指令倒是容易計算圖內三區塊的比率，其分

別爲 $p_1 = 0.1371$、$p_2 = 0.7281$ 與 $p_3 = 0.1349$。Python 指令爲：

```
p1 = np.mean((SPr <= -1)*1) # 0.13707729468599034
p2 = np.mean(((SPr > -1) & (SPr < 1))*1) # 0.7280595813204509
p3 = np.mean((SPr >= 1)*1) # 0.13486312399355876
```

其中 SPr 表示 S&P500 日報酬率資料。我們從 SPr 內以抽出放回的方式抽出 $n = 500$ 個觀察值，其落於上述 1～3 區塊的個數分別爲 64、361 與 75。現在有一個問題：上述觀察值是否與 p_1、p_2 與 p_3 值一致？

適合度檢定可用於檢視上述問題，其具有下列的特色：

(1) 圖 8-1 內的區塊劃分是任意的，即 $\sum p_i = 1$，其中 $i = 1, 2, \cdots, k$。因我們是從圖 8-1 內的資料抽出觀察值，故 p_i 可視爲母體比率。
(2) 上述區塊的分類亦是隨意的，即分類亦可用類別性變數表示。
(3) 因 p_i 的個數（即 k 數）未定，故適合度檢定屬於無母數（或稱無參數）檢定（nonparametric test），該檢定的對象有別於第 6 章所探究的是屬於「有母數檢定①」。
(4) 由此來看，適合度檢定可以應用的層面頗廣泛。例如：上述 p_i 值也許可以爲某產品的市占率（即共有 k 家廠商生產該產品）、教育水準或使用 3C 產品的年齡層分佈等等。
(5) 原來，統計學有提供「理論與實際」的檢定方法，例如適合度檢定即是。

我們再回到上述 S&P500 日報酬率的例子。以抽出放回的方式抽樣不失是一個實際的結果，畢竟許多觀察值會重複地出現。現在重新思考：若重複以抽出放回的方式從 S&P500 日報酬率資料內抽取 $n = 500$ 個觀察值，然後再分別計算落於圖內三個區塊的觀察值個數，當重複數爲 M 次呢？其結果爲何？統計學幫我們找出答案，即考慮下列的檢定統計量：

$$CHI = \sum_{i=1}^{k} \frac{(o_i - e_i)^2}{e_i} \sim \chi^2_{k-1} \tag{8-1}$$

① 例如常態或 t 分配皆有特定的母體參數。

其中 o_i 表示實際的個數而 e_i 表示預期的個數。（8-1）式表示 CHI 會接近於自由度爲 $k-1$ 的卡方分配。

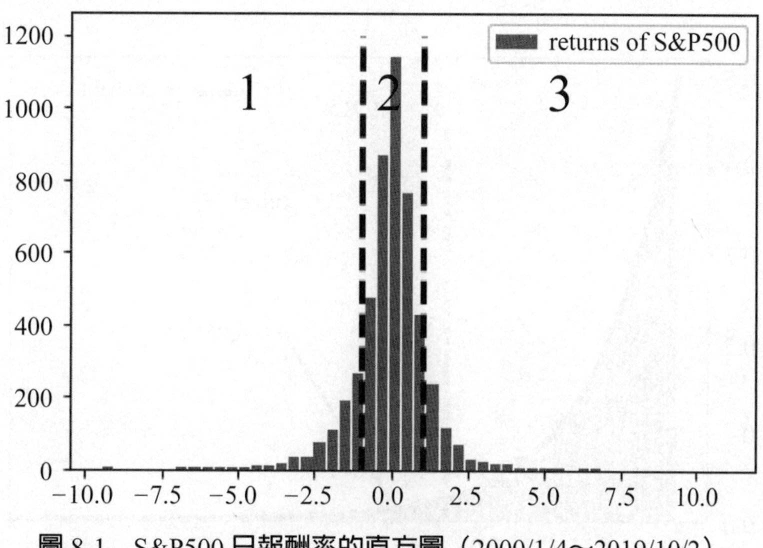

圖 8-1　S&P500 日報酬率的直方圖（2000/1/4～2019/10/2）

就上述的例子而言，可知 $k=3$ 而 o_1、o_2 與 o_3 分別等於 64、361 與 75；另一方面，若 $p_1=0.1371$、$p_2=0.7281$ 與 $p_3=0.1349$ 爲眞，則預期的個數不就是分別爲 np_i 嗎？即 e_1、e_2 與 e_3 分別約等於 $e_1=np_1=68.5386$、$e_2=np_2=364.0298$ 以及 $e_3=np_3=67.4316$（預期值相當於期望值，即平均數，例如學生平均身高約爲 170.3688 公分）。將上述 k、o_i 與 e_i 值代入（8-1）式可得 CHI 值約爲 1.1752。若重複上述的動作 $M=5000$ 次，可得 M 個 CHI 值，整理後可繪製直方圖（CHI 的抽樣分配）如圖 8-2 所示，其中曲線爲自由度爲 2 的卡方分配 PDF。

我們從圖 8-2 內可看出 CHI 的抽樣分配非常接近於卡方分配；換言之，我們用模擬的方式證明了（8-1）式的確存在。重新檢視（8-1）式。直覺而言，若「理論與實際」一致，o_i 與 e_i 值的差距應會縮小，隱含著較小的 CHI 值；相反地，若「理論與實際」不一致，o_i 與 e_i 值的差距應會擴大，故較大的 CHI 值會讓我們懷疑上述 p_i 值的可信度。因此，情勢逐漸明朗化，即按照上述的例子，其虛無假設可設爲：

$$H_0: p_1=0.1371、p_2=0.7281 與 p_3=0.1349$$

而對立假設則爲：

$$H_a：H_0 \text{ 不成立}$$

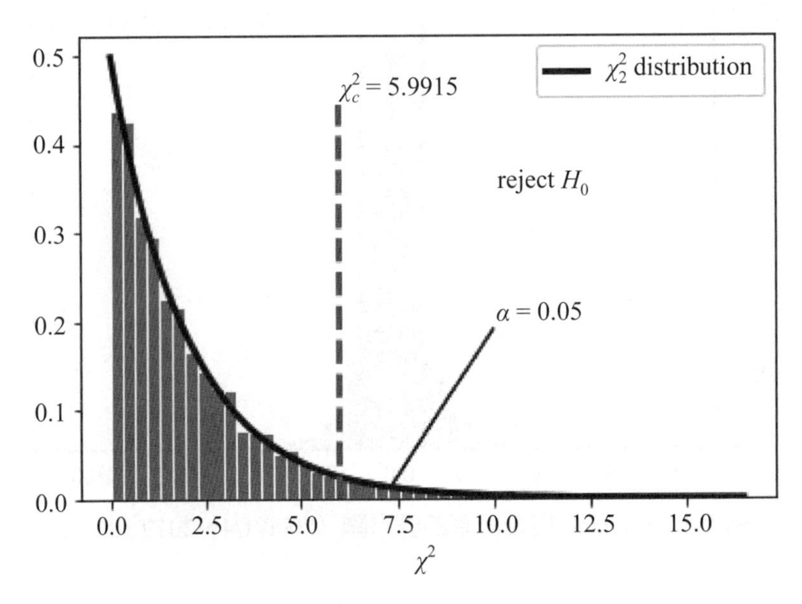

圖 8-2　*CHI* **的抽樣分配（適合度檢定）**

換言之，根據（8-1）式，上述假設應皆屬於右尾檢定，即拒絕區皆位於右尾如圖 8-2。是故，就我們的例子而言，因檢定統計量 $CHI = 1.1752$ 與臨界值 $\chi^2_{0.05,2}$ 約爲 5.9915，故我們的結論爲：於 $\alpha = 0.05$ 之下，不拒絕 H_0。

例 1　偏好的檢定

某民意調查機構針對 A、B、C 與 D 四個政黨的偏愛做調查。過去的資料顯示民眾對 A、B、C 與 D 四個政黨的喜愛程度分別爲 $p_A = 0.4$、$p_B = 0.4$、$p_C = 0.05$ 與 $p_D = 0.15$。現在該民意調查機構隨機選出 $n = 2000$ 個選民，其中 A、B、C 與 D 四個政黨偏愛的選民人數分別爲 865、754、124 與 257 人。試於 $\alpha = 0.01$ 之下，檢定選民的偏好是否有改變。

解：如前所述，此時假設的型態爲：

$$H_0：p_A = 0.4、p_B = 0.4、p_C = 0.05 \text{ 與 } p_D = 0.15 \text{ vs. } H_a：H_0 \text{ 不成立}$$

根據（8-1）式可知，$o_1 = 865$、$o_2 = 754$、$o_3 = 124$ 與 $o_1 = 257$；另一方面，按照 H_0 的期望人數分別爲 $e_1 = e_2 = 800$、$e_3 = 100$ 與 $e_4 = 300$，因此檢定統計量 CHI_0 約爲 19.8496。因臨界值 $\chi_c^2 = \chi_{0.99,3}^2$ 約爲 11.3449，故於 $\alpha = 0.01$ 之下，我們的結論爲拒絕 H_0。我們進一步計算 CHI_0 所對應的 p_{value}，該值約爲 0.0002，表示偏好的改變是頗顯著的。讀者可以參考所附的 Python 指令以瞭解上述的計算過程。

例 2 卜瓦松分配的檢定

某研究調查發現每月發生車禍的平均次數爲 $\mu = 2.24$ 次。某月實際檢視 $n = 50$ 次，其結果列於表 8-1 內的第 2 欄，我們有興趣想要知道表內的結果是否與卜瓦松分配一致。我們可以使用適合度檢定，即其假設可爲：

$$H_0\text{：車禍發生的次數符合卜瓦松分配 vs. } H_a\text{：}H_0\text{ 不成立}$$

表 8-1 車禍的觀察與期望次數

車禍次數 x	觀察次數 o	機率值 $f(x)$	期望次數 e	CHI
0	7	0.1065	5.3229	0.5284
1	8	0.2385	11.9234	1.291
2	13	0.2671	13.3542	0.0094
3	10	0.1994	9.9711	0.0001
4 以上	12	0.1886	9.4285	0.7014
				2.5302

根據第 4 章，我們可以計算於 μ 之下實際發生車禍的次數 x 與對應的機率值 $f(x)$，其中 $x = 0, 1, 2, 3, 4$ 以上。$f(x)$ 值列於表 8-1 內的第 3 欄。利用 $f(x)$ 值，我們可以計算預期車禍發生的次數。例如：$x = 2$，對應的機率值爲 $f(2) = 0.2671$，因 $n = 50$，故車禍發生的預期次數爲 $nf(x) = 13.3542$；同理，表 8-1 第 4 欄內的其他元素值可類推。根據表內的第 3 與 4 欄結果，圖 8-3 分別繪製出實際與理論次數的長條圖，從圖內可看出二結果存在若干差距，當然需要進一步檢定[②]。

② 根據例如 Anderson et al.（2017），每組預期次數應該要大於等於 5，故表 8-1 內將 $x \geq 4$ 合併爲一組。

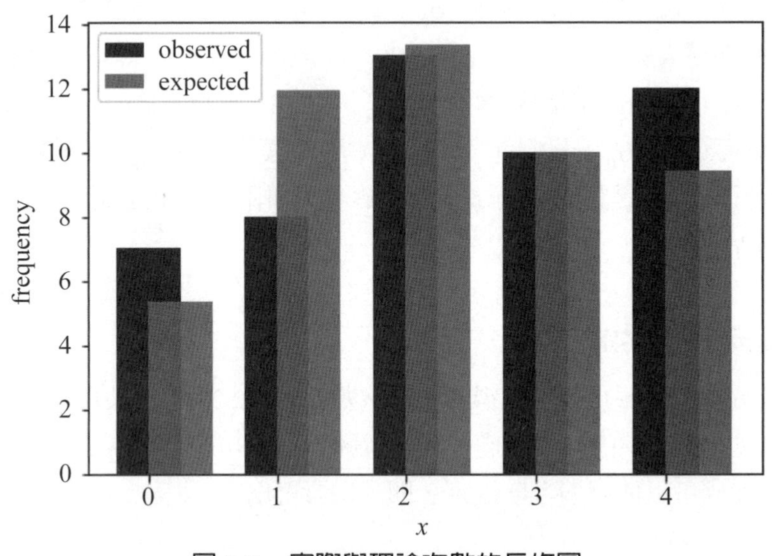

圖 8-3　實際與理論次數的長條圖

若將表 8-1 第 3 與 4 欄內的元素值分別視為 o_i 與 e_i，利用（8-1）式，可以進一步計算檢定統計量 *CHI*，該值約為 2.5302。值得注意的是，與（8-1）式不同的是，此時 *CHI* 接近於自由度為 $k-p-1$ 的卡方分配，其中 p 表示分配的參數個數。於我們的例子內，$p=1$ [3]。因 $\chi_c^2=\chi_{1-\alpha,df}^2=\chi_{0.95,3}^2$，該值約為 7.8147，故於 $\alpha=0.05$ 之下，我們的結論是不拒絕 H_0，即表 8-1 內的結果與 $\mu=2.24$ 的卜瓦松分配並無顯著的差異。

例 3　常態分配的檢定

100 位學生的統計學考試成績（相對次數）分配繪製成直方圖如圖 8-4 所示，其中曲線為常態分配的 PDF；換句話說，我們想要知道上述成績是否接近於常態分配？類似於例 2，我們亦可以使用適合度檢定，即其假設可為：

$$H_0\text{：成績的分配符合常態分配 vs. } H_a\text{：}H_0\text{ 不成立}$$

[3] 於此我們可以解釋自由度的意思。例如：$x_1+x_2+x_3=10$，雖然有 3 個變數，但是因必須符合上式，故實際上真正的變數個數為 2，即自由度少掉 1 個。例如：若 $x_1=2$ 與 $x_2=3$，則 x_3 必須等於 5。換句話說，（8-1）式本身就是一個限制式，故自由度並不是 k 而是 $k-1$。於我們的例子內，我們並未說明卜瓦松分配的 μ 值是如何計算，不過 μ 值的計算自身就是多了一個限制式，故自由度為 3，即 $k=5$ 與 $p=1$。

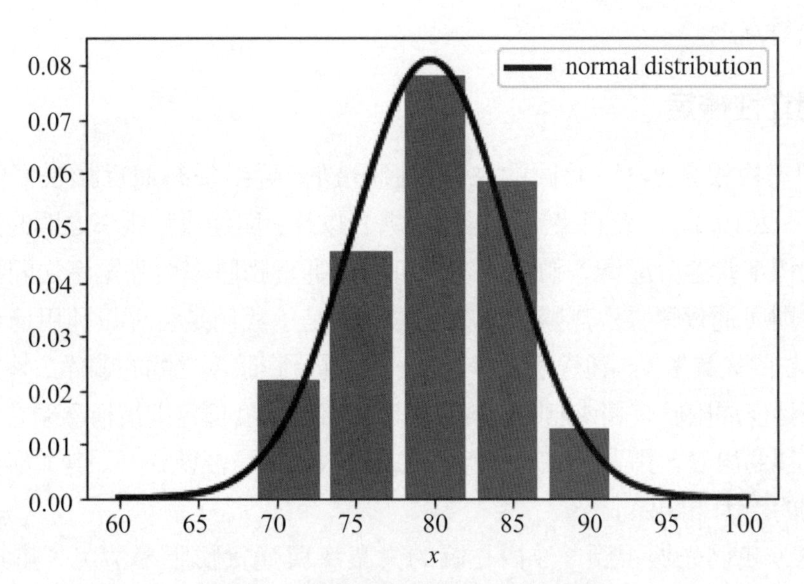

圖 8-4 統計學成績分配的直方圖

表 8-2 成績的觀察與期望次數

成績 x	觀察個數 o	機率值 $f(x)$	期望個數 e	CHI
$x < 73$	10	0.0834	8.3373	0.0398
$73 \le x < 78$	21	0.2735	27.3539	0.054
$78 \le x < 82$	36	0.3153	31.532	0.0201
$82 \le x < 87$	27	0.2559	25.5911	0.003
$87 \le x$	6	0.0719	7.1858	0.0272
				0.1441

表 8-2 的第 1 與 2 欄分別列出 100 位學生成績的分配，讀者可以檢視所附的 Python 指令得知如何將成績分成 $k = 5$ 組以及落於各組的觀察個數 o。我們先計算上述成績的平均數與標準差，其分別爲 $\bar{x} = 79.8$ 與 $s = 4.92$。若 H_0 爲眞，即上述成績屬於常態分配（其中平均數與標準差分別爲 $\bar{x}$ 與標準差 s），則可利用常態分配進一步計算表 8-2 內各組的機率值，該結果則列於表內的第 3 欄。因 $n = 100$，故表內第 4 欄的期望個數 e 可根據 $nf(x)$ 計算而得。最後，表內的第 5 欄係根據（8-1）式計算而得。根據表 8-2，我們計算出 CHI 值約爲 0.1441。

因常態分配有 2 個未知參數，即根據例 2，可知 $p = 2$。因此，若 $\alpha = 0.01$，可得臨界值因 $\chi_c^2 = \chi_{1-\alpha,df}^2 = \chi_{0.99,2}^2$（其中自由度爲 $k - p - 1 = 2$），該值約爲 5.99，故結

論為不拒絕 H_0。

8.1.2 獨立性檢定

我們先檢視圖 8-5。該圖的左與右圖分別繪製出臺灣通貨膨脹率與失業率（1982/1～2019/3）（資料來源：主計總處）以及 z 與通貨膨脹率之間的散佈圖，其中 z 為標準常態分配觀察值。從圖內可看出通貨膨脹率與失業率之間呈現負關係，而 z 則與通貨膨脹率無關。現在一個問題是：我們是否可以利用適合度檢定檢視圖 8-5 內失業率 vs. 通貨膨脹率以及 z vs. 通貨膨脹率之間的關係？答案是可以的，只不過僅局限於有關或無關的檢定，而此時適合度檢定則被稱為獨立性檢定；換言之，顧名思義，獨立性檢定只能檢視二變數之間是否獨立，即其並無法檢視二變數之間的「因果關係」。

首先，我們先檢視圖 8-5 內左圖的失業率與通貨膨脹率情況，可以參考表 8-3。根據圖 8-5 內的資料，失業率與通貨膨脹率的觀察值個數皆為 447。我們進一步將上述觀察值按照小於等於第 1 四分位數、介於第 1 四分位數與第 3 四分位數之間與大於第 3 四分位數，各分成三個區間，其結果則列於表 8-3 內。

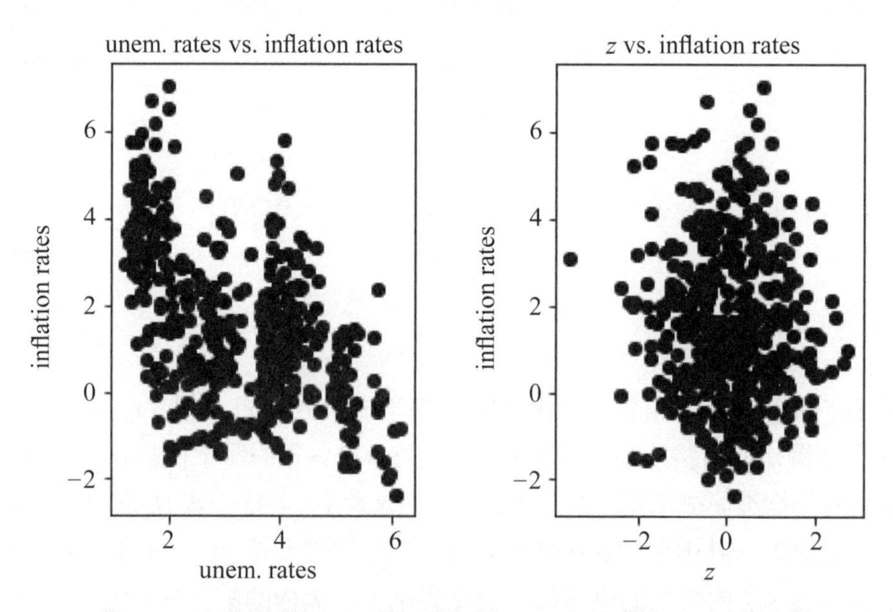

圖 8-5　失業率與 z vs. 通貨膨脹率，z 為標準常態分配觀察值

表 8-3　失業率 vs. 通貨膨脹率的列聯表

	x_1	x_2	x_3	
y_1	7	62	43	112
y_2	30	136	58	224
y_3	76	26	9	111
	113	224	110	447

說明：1. $x_1 \to x \le q_1$、$x_2 \to q_1 < x \le q_2$ 與 $x_3 \to x > q_2$，其中 x、q_1 與 q_2 分別表示失業率、失業率的第 1 四分位數與失業率的第 3 四分位數。

2. $y_1 \to y \le Q_1$、$y_2 \to Q_1 < y \le Q_2$ 與 $y_3 \to y > Q_2$，其中 y、Q_1 與 Q_2 分別表示通貨膨脹率、通貨膨脹率的第 1 四分位數與通貨膨脹率的第 3 四分位數。

表 8-3 的分類結果可用下列的 Python 函數指令取得，即：

```
def decomp(x,y,beta):
    xq1 = np.quantile(x,beta);xq2 = np.quantile(x,1-beta)
    yq1 = np.quantile(y,beta);yq2 = np.quantile(y,1-beta)
    x1 = np.sum((x<=xq1)*1);x2 = np.sum(((x>xq1) & (x<=xq2))*1);x3=np.sum((x>xq2)*1)
    y1 = np.sum((y<=yq1)*1);y2 = np.sum(((y>yq1) & (y<=yq2))*1);y3=np.sum((y>yq2)*1)
    x1y1 = np.sum(((x<=xq1) & (y<=yq1))*1);x1y2 = np.sum(((x<=xq1) & ((y>yq1) &
        (y<=yq2)))*1)
    x1y3 = np.sum(((x<=xq1) & (y>yq2))*1)
    x2y1 = np.sum((((x>xq1) & (x<=xq2)) & (y<=yq1))*1)
    x2y2 = np.sum((((x>xq1) & (x<=xq2)) & ((y>yq1) & (y<=yq2)))*1)
    x2y3 = np.sum((((x>xq1) & (x<=xq2)) & (y>yq2))*1)
    x3y1 = np.sum(((x>xq2) & (y<=yq1))*1);x3y2 = np.sum(((x>xq2) & ((y>yq1) & (y<=yq2)))*1)
    x3y3 = np.sum(((x>xq2) & (y>yq2))*1)
    XY = np.array([x1y1,x2y1,x3y1,y1,x1y2,
                x2y2,x3y2,y2,x1y3,x2y3,x3y3,y3,x1,x2,x3,x1+x2+x3]).reshape(4,4)
    return XY
O3 = decomp(un,infl,0.25)
O3
```

即於上述指令內，我們自行設計一個稱爲 decomp() 的函數，透過該函數可得出表 8-3 的結果，其中 un 與 infl 分別表示失業率與通貨膨脹率的觀察值。

接下來，我們執行獨立性檢定。我們的目標是：失業率與通貨膨脹率是否相互獨立？即虛無假設與對立假設分別為：

$$H_0\text{：失業率與通貨膨脹率相互獨立 vs. } H_a\text{：}H_0\text{ 不成立}$$

利用表 8-3 內的樣本資料，我們如何利用適合度檢定檢視上述假設？首先，我們思考若 H_0 為眞，其結果為何？換句話說，表 8-3 內的結果，我們可以先得出實際的觀察值而寫成以矩陣的型態表示，即：

$$\mathbf{O}=\begin{bmatrix} o_{11} & o_{12} & o_{13} \\ o_{21} & o_{22} & o_{23} \\ o_{31} & o_{32} & o_{33} \end{bmatrix}=\begin{bmatrix} 7 & 62 & 43 \\ 30 & 136 & 58 \\ 76 & 26 & 9 \end{bmatrix}$$

其中 o_{ij} 表示矩陣 $\mathbf{O}$ 內的第 i 列與第 j 行元素。若 H_0 為眞，則可得出預期的個數矩陣 $\mathbf{E}$，其可寫成：

$$\mathbf{E}=\begin{bmatrix} e_{11} & e_{12} & e_{13} \\ e_{21} & e_{22} & e_{23} \\ e_{31} & e_{32} & e_{33} \end{bmatrix}=\begin{bmatrix} 28.31 & 56.13 & 27.56 \\ 56.63 & 112.25 & 55.12 \\ 28.06 & 55.62 & 27.32 \end{bmatrix}$$

我們不難解釋 $\mathbf{E}$ 內元素如何取得。例如：考慮 e_{21} 的情況，其是指 x_1 與 y_2 二事件的交集。當失業率與通貨膨脹率相互獨立（即 H_0 為眞），而 x_1 與 y_2 的預期個數為何？根據表 8-3，x_1 的個數為 113，y_2 平均出現的比重為 224/447，故 e_{21} 為 $113\frac{224}{447}\approx 56.63$。$\mathbf{E}$ 內的其餘元素個數之計算可類推。因此，$\mathbf{E}$ 內的元素個數計算可寫成：

$$e_{ij}=\frac{n_i n_j}{n}$$

其中 n_i、n_j 與 n 分別表示第 i 行個數、第 j 列個數與總樣本個數。

利用上述 $\mathbf{O}$ 與 $\mathbf{E}$ 矩陣，根據（8-1）式可得：

$$CHI=\sum_{i=1}^{9}\left(o_i-e_i\right)^2/e_i=\sum_{i=1}^{3}\sum_{j=1}^{3}\left(o_{ij}-e_{ij}\right)^2/e_{ij}=152.96 \qquad (8\text{-}2)$$

即 **O** 與 **E** 矩陣內各皆有 9 個元素，*CHI* 內的元素亦可用「矩陣」的型態計算，故其亦可使用「雙重加總」的方式計算。值得注意的是，（8-2）式接近於自由度爲 4 的卡方分配，即於 $\alpha = 0.05$ 之下，因 $\chi^2_{0.95,4} = 9.4877$，故我們的結論爲拒絕 H_0。

重新檢視表 8-3，可解釋爲何上述的自由度爲 4 而非 8，即於該表內多了多個限制條件，例如行加總與列加總皆爲固定數值等；換言之，（8-2）式的一般式爲：

$$CHI = \sum_{i=1}^{n_r}\sum_{j=1}^{n_c}\left(o_{ij} - e_{ij}\right)^2 / e_{ij} \qquad (8\text{-}3)$$

接近於自由度爲 $(n_r - 1)(n_c - 1)$ 的卡方分配，其中 n_r 與 n_c 分別表示列與行個數④。

我們再舉一個例子說明。考慮圖 8-5 右圖的資料，我們的目標是欲檢定：

$$H_0：z \text{ 與通貨膨脹率相互獨立 vs. } H_a：H_0 \text{ 不成立}$$

類似地，利用前述例子的計算方式，分別可得：

$$\mathbf{O} = \begin{bmatrix} 27 & 60 & 25 & 112 \\ 59 & 105 & 60 & 224 \\ 26 & 58 & 27 & 111 \\ 112 & 223 & 112 & 447 \end{bmatrix} \text{ 與 } \mathbf{E} = \begin{bmatrix} 28.06 & 55.87 & 28.06 \\ 56.13 & 111.75 & 56.13 \\ 27.81 & 55.38 & 27.81 \end{bmatrix}$$

即列聯表內的元素可用矩陣的形式表示。根據（8-3）式，取 **O** 矩陣之第 1～3 列與第 1～3 行元素以及 **E** 矩陣，可得檢定統計量 *CHI* 約爲 1.77，對應的 p_{value} 則約爲 0.78，故於 $\alpha = 0.05$ 之下不拒絕 H_0。

例 1 VIX 與 S&P500

圖 7-18 曾分別繪製出 VIX 與 S&P500（收盤價）的時間走勢圖，我們進一步繪製二者之間的散佈圖如圖 8-6 的左圖所示；另一方面，圖 8-6 的右圖則繪製出 VIX（收盤價）與 S&P500（日報酬率）之間的散佈圖。比較圖 8-5 與 8-6 二圖，可發現二圖內的散佈圖其實有些雷同。事實上，若計算散佈圖內的相關係數，就圖

---

④（8-2）式提醒我們如何計算（8-3）式對應的自由度，即一個矩陣內元素個數可用列與行個數相乘計算，因後者皆有一個限制條件，故自由度爲 $(n_r - 1)(n_c - 1)$。

8-5 而言，其對應的相關係數分別約爲 −0.52 與 −0.05（左至右），至於圖 8-6，則分別約爲 −0.47 與 −0.14（左至右）。

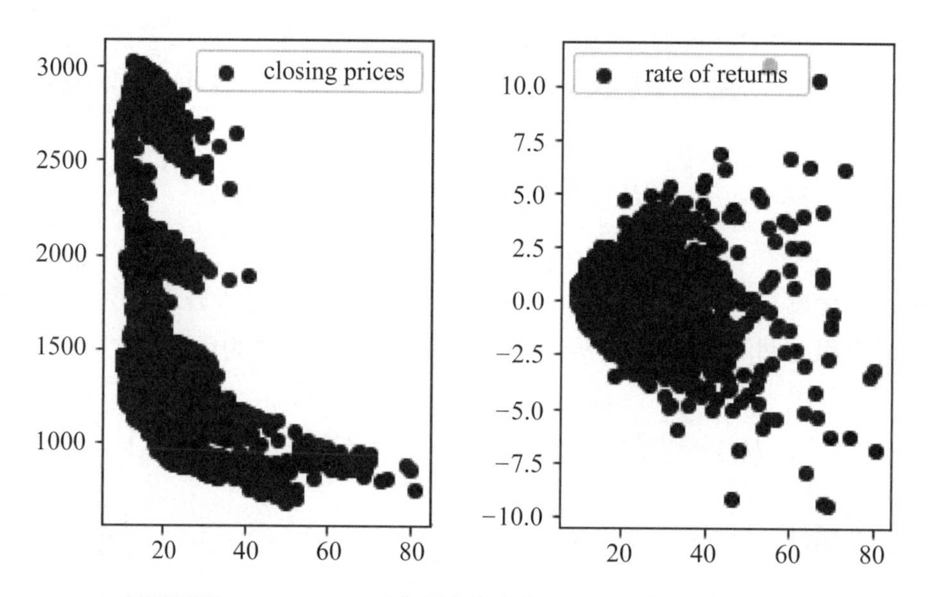

圖 8-6 VIX（**收盤價**）vs. S&P500（**收盤價**）**以及** VIX（**收盤價**）vs. S&P500（**日報酬率**）**之間的散佈圖**

我們嘗試利用獨立性檢定檢視圖 8-6 的情況。首先檢視左圖。其假設可爲：

H_0：VIX 與 S&P500（收盤價）相互獨立 vs. H_a：H_0 不成立

令 $q_1 = Q_1 = 0.1$（第 10 個百分位數），類似於上述的作法，可得 CHI 值約爲 1546.59。至於圖 8-6 的右圖，其假設可爲：

H_0：VIX（收盤價）與 S&P500（日報酬率）相互獨立 vs. H_a：H_0 不成立

令 $q_1 = Q_1 = 0.4$（第 40 個百分位數），CHI 值則約爲 254.91。因此，因二種情況的 p_{value} 皆接近於 0，故上述二情況皆拒絕 H_0。可以參考所附的 Python 指令得知上述檢定統計量 CHI 或 p_{value} 如何計算。

例 2 表 1-2 的檢視

我們用獨立性檢定檢視表 1-2 的情況，其假設可寫成：

$$H_0：學生抽菸與其父母抽菸相互獨立 \text{ vs. } H_a：H_0 不成立$$

利用下列 Python 指令分別可得表 1-2 與其對應的預期人數矩陣 **E**，即：

```
OS = np.array([398,1840,2238,425,1513,1938,498,1268,1766,1321,
               4621,5942]).reshape(4,3)
OS
ES = np.zeros(6).reshape(3,2)
for i in range(3):
    for j in range(2):
        ES[i,j] = OS[3,j]*OS[i,2]/OS[3,2]
np.round(ES,2)
```

讀者可檢視 OS，其即表示表 1-2 的結果用矩陣的型態表示；另一方面，檢視上述指令的最後一行，可得：

$$\mathbf{E} = \begin{bmatrix} 497.54 & 1740.46 \\ 430.85 & 1507.15 \\ 392.61 & 1373.39 \end{bmatrix}$$

因此，進一步可得檢定統計量 CHI 約爲 62.09。若 $\alpha = 0.05$，因臨界值 $\chi^2_{0.95,2}$ 約爲 5.99，故拒絕 H_0。同理，上述結果的 Python 指令爲：

```
chiS = np.zeros(6).reshape(3,2)
for i in range(3):
    for j in range(2):
        chiS[i,j] = (OS[i,j]-ES[i,j])**2/ES[i,j]
CHIS = np.sum(chiS.reshape(6))
CHIS # 62.08851861186693
alpha = 0.05
```

```
df = (3-1)*(2-1) # 2
chi2.ppf(1-alpha,df) # 5.991464547107979
1-chi2.cdf(CHIS,df) # 1.0553780072086738e-12
```

可以注意上述臨界值是以自由度爲 2 計算，其次因檢定統計量對應的 p_{value} 接近於 0，故結論爲拒絕 H_0。

8.2 變異數分析

前述的獨立性檢定雖可檢定二種「變數」之間是否相互獨立，但是該檢定卻有一個明顯的缺點，即若檢視出二種「變數」之間不獨立或屬於相依情況，我們並無法進一步得知上述二變數的因果關係；換言之，獨立性檢定並無法用於檢視變數之間的因果關係。

於本節，我們介紹 ANOVA。ANOVA 具有下列特色：

(1) 雖說 ANOVA 稱爲「變異數」分析，但是其卻是用於檢定下列的假設：

$$H_0 : \mu_1 = \mu_2 = \cdots = \mu_k = \mu \text{ vs. } H_a : H_0 \text{ 不成立}$$

換句話說，ANOVA 可用於檢定 k 種獨立母體平均數是否相等的情況。

(2) 於 ANOVA 內，所檢視的標的是因變數或稱爲反應變數，我們可以進一步找出影響反應變數的因子（factor）（即獨立變數）。因此，ANOVA 竟有點分析因果關係的味道。

(3) 於底下與下一章的迴歸分析內，我們發現迴歸分析內有 ANOVA 的影子，故迴歸分析與 ANOVA 的關係相當密切。

(4) ANOVA 有牽涉到所謂的「實驗設計」（experimental design），於底下自然可看出。

本節我們將介紹單因子與二因子的 ANOVA，其可分成三部分：2.1 節將先用一個直覺的想法以瞭解 ANOVA 的原理；2.2 節與 2.3 節則分別介紹單因子與二因子的 ANOVA。

8.2.1 一種直覺的想法

首先檢視表 8-4 內的情況。該表是公司因有 A、B 與 C 三種新的裝配方法，爲了瞭解三種裝配方法對公司產出的影響，從現有的員工中隨機抽取 15 位員工，以 5 位員工爲一組，分別使用 A、B 與 C 方法所得出的產出結果。當然，利用表 8-4 的結果，上述公司欲知是三種方法的產出平均數是否相等，故其相當於欲檢定下列的假設：

$$H_0: \mu_1 = \mu_2 = \mu_3 = \mu \text{ vs. } H_a: H_0 \text{ 不成立}$$

即三種方法的產出水準可視爲三種母體平均數未知的獨立母體，其中 μ_1、μ_2 與 μ_3 分別表示 A、B 與 C 方法的母體產出平均數。

表 8-4　15 位員工的生產數量

	方法		
	A	B	C
	58	58	48
	64	69	57
	55	71	59
	66	64	47
	67	68	49
樣本平均數	62	66	52
樣本變異數	27.5	26.5	31
樣本標準差	5.244	5.148	5.568

理論上，表 8-4 內的結果可以視爲一種完全的隨機設計（completely randomized design）。套用 ANOVA 的術語，公司的產出水準爲反應變數而裝配方法可視爲影響產出水準的因子；另一方面，抽取出的員工可視爲實驗單位，而此處的「隨機性」指的是抽出的員工隨機地被分配使用 A、B 或 C 方法。

從事 ANOVA 應注意其背後有三個假定，其分別爲：

(1) k 種反應變數皆屬於常態分配，於表 8-4 的例子內，$k = 3$。

(2) 每一常態分配的變異數皆相同，即 $\sigma_1^2 = \sigma_2^2 = \cdots = \sigma_k^2 = \sigma^2$。

(3) 抽出員工的產出之間相互獨立。

根據上述假定，因母體變異數只有一個，即 σ^2，透過 σ^2 的估計，我們可以從事 ANOVA。有意思的是，ANOVA 是透過 σ^2 估計值的檢視來檢定不同母體平均數是否相等，此大概是使用「變異數分析」名稱的由來。

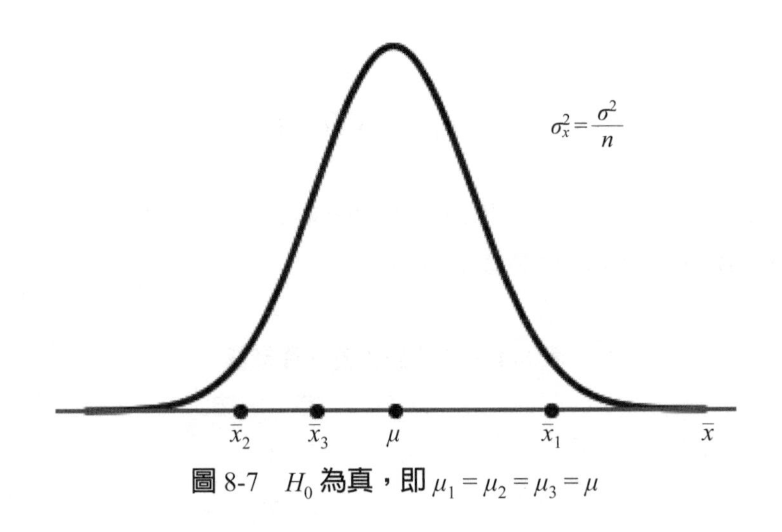

圖 8-7 H_0 **為真，即** $\mu_1 = \mu_2 = \mu_3 = \mu$

根據上述的例子如表 8-4，我們先來看 H_0 或 H_a 爲眞的情況，可以參考圖 8-7 與 8-8，其中前者繪製 H_0 爲眞而後者則繪製 H_a 爲眞的情況。因 $\sigma_1^2 = \sigma_2^2 = \sigma_3^2 = \sigma^2$，從上述二圖內可看出有二種方法可以估計 σ^2，其一是因 $\sigma_{\bar{x}}^2 = \dfrac{\sigma^2}{n} \Rightarrow n\sigma_{\bar{x}}^2 = \sigma^2$，故估計 σ^2 相當於估計 $n\sigma_{\bar{x}}^2$。通常我們使用 $ns_{\bar{x}}^2$ 估計 $n\sigma_{\bar{x}}^2$，其中 $s_{\bar{x}}^2 = \dfrac{\sum_{i=1}^{k}\left(\bar{x}_i - \bar{\bar{x}}\right)^2}{k-1}$ 即 $\bar{x}$ 的樣本變異數，而 $\bar{\bar{x}} = \dfrac{\sum_{i=1}^{k}\bar{x}_i}{k}$ 表示總平均數。

另外一種方法則是使用類似於第 7 章的 s_p^2 估計 σ^2，其中 s_p^2 可寫成：

$$s_p^2 = \frac{(n_1-1)s_1^2 + \cdots + (n_k-1)s_k^2}{(n_1+n_2+\cdots+n_k)-k} = \frac{\sum_{i=1}^{k}(n_i-1)s_i^2}{n_T - k} \tag{8-4}$$

其中 $n_T = n_1 + \cdots + n_k$。雖然，$ns_{\bar{x}}^2$ 與 s_p^2 二估計式皆可用於估計 σ^2，但顯然二估計式於 H_0 或 H_a 爲眞的情況下並不相同。s_p^2 可用於估計單一母體變異數，即 s_p^2 是 σ^2

的不偏估計式[5]，故 s_p^2 的計算並不受 H_0 或 H_a 爲眞的影響；反觀 $ns_{\bar{x}}^2$ 就不同，從圖 8-8 內就可看出於 H_a 爲眞之下，$ns_{\bar{x}}^2$ 值會變大[6]，不過於 H_0 爲眞之下，$ns_{\bar{x}}^2$ 則接近於 s_p^2。因此，令檢定統計量 $F=\frac{ns_{\bar{x}}^2}{s_p^2}$，即若 F 值變大，我們倒是懷疑 H_0 的可信度。直覺而言，上述 F 值會接近於分子與分母自由度分別爲 $k-1$ 與 n_T-k 的 F 分配。

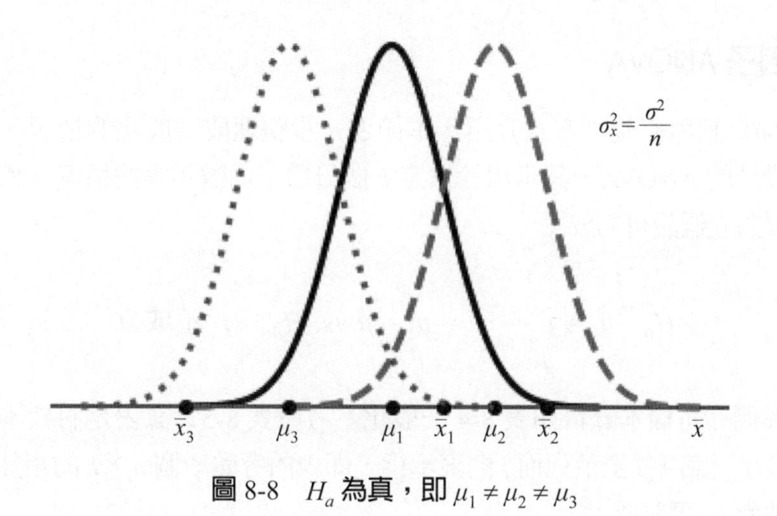

圖 8-8　H_a 為真，即 $\mu_1 \neq \mu_2 \neq \mu_3$

就表 8-4 的例子而言，可知 $k=3$、$n_1=n_2=n_2=n=5$ 與 $n_T=15$，根據（8-4）式，可得 s_p^2 值約爲 28.33；另一方面，因 $ns_{\bar{x}}^2$ 值約爲 260，故檢定統計量 F 值約爲 9.18，我們進一步計算對應的 p_{value}，該值約爲 0.0038。若 $\alpha=0.05$，因屬於右尾檢定（F 不爲負值），故我們的結論是拒絕 H_0 爲三個母體平均數皆相等的情況。

上述例子屬於單因子實驗（one-factor experiment），利用 Python，倒也容易計算上述的檢定統計量 F 與對應的 p_{value}，可檢視下列指令：

```
import scipy.stats as stats
import pandas as pd
df1 = pd.DataFrame({'A':[58,64,55,66,67],'B':[58,69,71,64,68],'C':[48,57,59,47,49]})
df1
```

[5] 如前所述，s_p^2 可視爲 $s_1^2, s_2^2, \cdots, s_k^2$ 的加權平均數，因 $s_i^2 (i=1,2,\cdots,k)$ 皆是 σ^2 的不偏估計式，故 s_p^2 亦是 σ^2 的不偏估計式。

[6] 畢竟，可 $s_{\bar{x}}^2$ 用於計算 $\bar{x}$ 的離散程度，從圖 8-7 內可看出該圖之 $s_{\bar{x}}^2$ 值較小。

```
fvalue, pvalue = stats.f_oneway(df1['A'],df1['B'],df1['C'])
print(fvalue, pvalue) # 9.176470588235295 0.0038184120755124806
```

其中 df1 表示表 8-4 內的資料用 DataFrame 的型態呈現。我們可以利用 scipy.stats 模組內的函數指令 stats.f_oneway() 執行單因子 ANOVA。

8.2.2 單因子 ANOVA

8.2.1 節是利用直覺的方式介紹，本節進一步整理成一般化的情況。考慮一個完全實驗設計的 ANOVA，其可用於檢定 k 個母體平均數相等的情況。如前所述，虛無假設與對立假設可寫成：

$$H_0：\mu_1 = \mu_2 = \cdots = \mu_k = \mu \text{ vs. } H_a：H_0 \text{ 不成立}$$

接下來，我們亦將樣本資料如表 8-4 一般化。考慮表 8-5，該表是將樣本資料以矩陣的型態表示，其中 i 表示列而 j 則表示行，即表內考慮一個 $n_j \times k$ 的矩陣。首先，樣本的總個數 n_T 可寫成：

$$n_T = n_1 + n_2 + \cdots + n_k$$

即每行的樣本個數 n_j 未必相等；換言之，套用 ANOVA 的術語，單因子的第 j 個處理（treatment）個數未必相等，即 n_j 未必等於 n_h，其中 $j \neq h$。

表 8-5　表 8-4 的一般化表示

	j			
i	x_{11}	x_{12}	$\cdots$	x_{1k}
	x_{21}	x_{22}	$\cdots$	x_{2k}
	$\vdots$	$\vdots$	$\ddots$	$\vdots$
	$x_{n_1 1}$	$x_{n_2 1}$	$\cdots$	$x_{n_k k}$
$\bar{x}_j$	$\bar{x}_1$	$\bar{x}_2$	$\cdots$	$\bar{x}_k$
s_j^2	s_1^2	s_2^2	$\cdots$	s_k^2

面對表 8-5 的資訊，第 j 個處理（或稱第 j 組）的樣本平均數與變異數分別可

寫成：

$$\bar{x}_j = \frac{\sum_{i=1}^{n_j} x_{ij}}{n_j} \text{ 與 } s_j^2 = \frac{\sum_{i=1}^{n_j}\left(x_{ij}-\bar{x}_j\right)^2}{n_j-1}$$

即 $\bar{x}_j$ 與 s_j^2 分別表示處理內（或組內）的平均數與變異數。因此，簡單地說，單因子的 ANOVA，是先挑出一個影響反應變數的因子，然後再將該因子分成 k 個處理（組）。

有了 $\bar{x}_j$，我們可以進一步計算「處理間」（或稱組間）的變異（mean square due to treatments, MSTR），即：

$$MSTR = \frac{\sum_{j=1}^{k} n_j\left(\bar{x}_j-\bar{\bar{x}}\right)^2}{k-1} \tag{8-5}$$

其中總平均數 $\bar{\bar{x}}$ 亦可寫成 $\bar{\bar{x}} = \frac{\sum_{j=1}^{k}\sum_{i=1}^{n_j} x_{ij}}{n_T}$。若 $n_1 = n_2 = \cdots = n_k = n$，根據（8-5）式，$MSTR$ 亦可寫成 $ns_{\bar{x}}^2$，即 $MSTR$ 只是計算 k 個處理（組）的樣本變異數而已；換言之，（8-5）式是 8.2.1 節內 $ns_{\bar{x}}^2$ 的一般化表示。

同理，有了 s_j^2，我們亦可以計算「處理內」（或稱組內）變異（mean square due to error, MSE），即：

$$MSE = \frac{\sum_{j=1}^{k}(n_j-1)s_j^2}{n_T-k} \tag{8-6}$$

即 MSE 就是 8.2.1 節內的 s_p^2。如同 8.2.1 節，定義上述假設的檢定統計量為：

$$F = \frac{MSTR}{MSE} \sim F_{k-1,n_T-k} \tag{8-7}$$

即 F 的抽樣分配會接近於分子與分母自由度分別為 $k-1$ 與 n_T-k 的 F 分配。

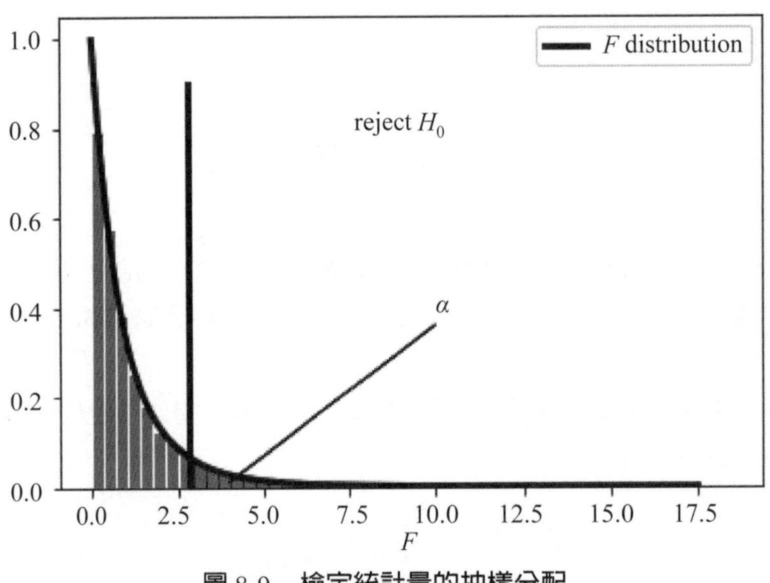

圖 8-9　檢定統計量的抽樣分配

（8-7）式的結果並不難用模擬的方式說明。令 $k = 3$、$\mu_1 = \mu_2 = \mu_3 = 1$、$\sigma^2 = 1$ 與 $n_1 = n_2 = n_3 = n = 5$，故 $n_T = nk = 15$。我們分別從 $N(\mu_i, \sigma^2)$（$i = 1, 2, 3$）內抽取 n 個觀察值後，再分別計算 $MSTR$、MSE 與 F。如此的動作重複 $M = 5000$ 次，自然可以得出 F 的抽樣分配如圖 8-9 內的直方圖所示，其中曲線爲分子與分母自由度分別爲 2 與 12 的 F 分配的 PDF。我們從圖 8-9 內可看出 F 的抽樣分配的確會接近於 F 分配。

因 $MSTR$ 與 MSE 皆是變異數（畢竟二者皆可用於估計未知的 σ^2），故 F 值爲正數值；另一方面，如同 2.1 節所述，當 H_0 不爲眞時，$MSTR$ 會大於 MSE，使得 F 值變大，故可使用右尾檢定檢視上述假設，即於 ANOVA 內皆屬於右尾檢定。圖 8-9 內的直方圖或曲線亦可提供用於將平面分割成拒絕與接受二區。

若仔細思索 ANOVA，應可發現 ANOVA 竟可將反應變數的變異分成「可以解釋」與「無法解釋」二部分，即考慮下列式子：

$$x_{ij} - \bar{\bar{x}} = \left(x_{ij} - \bar{x}_j\right) + \left(\bar{x}_j - \bar{\bar{x}}\right) \tag{8-8}$$

將（8-8）式「平方後加總」可得：

$$\sum_{j=1}^{k}\sum_{i=1}^{n_j}\left(x_{ij} - \bar{\bar{x}}\right)^2 = \sum_{j=1}^{k}\sum_{i=1}^{n_j}\left(x_{ij} - \bar{x}_j\right)^2 + \sum_{j=1}^{k}\sum_{i=1}^{n_j}\left(\bar{x}_j - \bar{\bar{x}}\right)^2 \tag{8-9}$$
$$\Rightarrow SST = SSE + SSTR$$

其中 SST 爲總平方和（total sum of squares, SST），其可表示 x_{ij} 的總變異；SSE 是誤差平方和（sum of squares due to error, SSE），其可表示 x_{ij} 自身的變異[7]；最後，$SSTR$ 爲處理間平方和（sum of squares due to treatments, SSTR），其是來自處理間（組間）的變異。

因 $s_j^2 = \sum_{j=1}^{k}\left(x_{ij} - \bar{x}_j\right)^2 / (n_j - 1)$，故 SSE 可改寫成 $\sum_{j=1}^{k}(n_j - 1)s_j^2$，其恰爲 MSE 如（8-6）式的分子部分；另一方面，SSTR 亦可改寫成 $\sum_{j=1}^{k} n_j\left(x_j - \bar{\bar{x}}\right)^2$，其亦爲 MSTR 如（8-5）式的分子部分[8]。因此，我們重新檢視（8-9）式，若改成均方（即變異數），可得 $s_x^2 = \dfrac{SST}{n_T - 1}$，其中自由度爲 $n_T - 1$，至於 $MSTR$ 與 MSE 的自由度則分別爲 $k - 1$ 與 $n_T - k$，後二者的自由度加總恰爲 $n_T - 1$。

是故，ANOVA 的特色是總變異數 $s_x^2 = \dfrac{SST}{n_T - 1}$ 的分子與分母部分竟皆可拆成由 $MSTR$ 與 MSE 的分子與分母部分加總而成，其中分子部分如（8-9）式所示，即 $SST = SSTR + SSE$[9]；至於分母部分，加總 $MSTR$ 與 MSE 的自由度就是 s_x^2 內的自由度。上述結果可編製成 ANOVA 表如表 8-6 所示，其中小括號內之值係根據表 8-4 所計算的結果（8.2.1 節）。根據表 8-6，可知 ANOVA 具有將反應變數之變異數拆解的性質。

---

[7] 可想成 $\bar{\bar{x}} = x_{ij} + \varepsilon_i$，其中 ε_i 是一個誤差項。

[8] 可注意 $\sum_{j=1}^{k}\sum_{i=1}^{n_j}\left(x_j - \bar{\bar{x}}\right)^2$ 項，因 $\left(x_j - \bar{\bar{x}}\right)^2$ 項無下標 i，故 $\sum_{j=1}^{k}\sum_{i=1}^{n_j}\left(x_j - \bar{\bar{x}}\right)^2 = \sum_{j=1}^{k} n_j\left(x_j - \bar{\bar{x}}\right)^2$。

[9] 若檢視（8-9）式內 $\sum_{j=1}^{k}\sum_{i=1}^{n_j}\left(x_{ij} - \bar{\bar{x}}\right)^2$ 項展開後的「交叉項」，即：

$$\sum_{j=1}^{k}\sum_{i=1}^{n_j}\left(x_{ij} - \bar{x}_j\right)\left(\bar{x}_j - \bar{\bar{x}}\right)$$

而該項可改寫成 $\sum_{i=1}^{n_j}\left(x_{ij} - \bar{x}_j\right)\sum_{j=1}^{k}\left(\bar{x}_j - \bar{\bar{x}}\right)$，因 $\bar{\bar{x}} = \dfrac{\sum_{j=1}^{k}\bar{x}_j}{k} \Rightarrow k\bar{\bar{x}} = \sum_{j=1}^{k}\bar{x}_j$，故上述「交叉項」等於 0，隱含著 $SST = SSTR + SSE$。

表 8-6　ANOVA 表的編製

變異來源	平方和	自由度	均方	F	p_{value}
處理（組）	$SSTR$ (520)	$k-1$ (2)	$MSTR$ (260)	$F = MSTR / MSE$ (9.1765)	(0.0038)
誤差	SSE (340)	$n_T - k$ (12)	MSE (28.3333)		
總和	SST (860)	$n_T - 1$ (14)			

例 1　ANOVA 與迴歸分析

如前所述，ANOVA 與迴歸分析相當密切，試下列的 Python 指令：

```
import statsmodels.api as sm
from statsmodels.formula.api import ols
# reshape the df1 dataframe suitable for statsmodels package
df1_m = pd.melt(df1.reset_index(), id_vars=['index'], value_vars=['A', 'B', 'C'])
# replace column names
df1_m.columns = ['index', 'treatments', 'outputs']
# OLS model
results1 = ols('outputs ~ treatments', data=df1_m).fit()
results1.summary()
anova_table1 = sm.stats.anova_lm(results1, typ=2) # typ 2: ANOVA DataFrame
anova_table1
```

讀者可先檢視 df1_m 變數，該變數是透過 pd.melt() 函數指令將 df1 檔案轉換成迴歸分析資料的型態（即相當於將 df1 檔案的資料「行堆積」）；接下來，使用模組 statsmodels.formula.api 內的 ols 函數指令（該指令類似於 R 語言內的 lm() 指令）估計迴歸式，其結果命為 results1。檢查 results1 內的結果可用 results1.summary() 指令。最後，取得 ANOVA 表，如最後二行所示。從上述指令可看出，可以從迴歸模型內建立 ANOVA 表。

例 2 類別變數（或虛擬變數）

若讀者有檢視 df1_m 變數的內容，應可以發現類別變數已轉換成虛擬變數，有關於虛擬變數於迴歸模型的應用，下一章我們會說明，不過目前倒是可以先檢視下列的 Python 指令：

```
outputs = df1_m['outputs']
e0 = [0,0,0,0,0];e1 = [1,1,1,1,1]
x2 = np.array(e1+e0+e0) # A
x3 = np.array(e0+e1+e0) # B
x4 = np.array(e0+e0+e1) # C
Data1 = pd.DataFrame({'outputs':outputs,'x2':x2,'x3':x3,'x4':x4})
results2 = ols('outputs~x3+x4',data=Data1).fit()
results2.summary()
anova_table2 = sm.stats.anova_lm(results2, typ=2)
anova_table2
```

先檢視 x2、x3 與 x4 變數，其分別可對應至 A、B 與 C 方法，該變數的設定方式類似於迴歸分析內虛擬變數的設定方式（例如：x2 表示輪到 A 時設爲 1 其餘爲 0，其餘 x3 與 x4 變數可類推）。接下來，估計因變數爲 outputs 與自變數分別爲 x3 與 x4 的迴歸模型，其估計結果稱爲 results2。下列的估計迴歸式爲 results2 的估計結果，即：

$$\hat{y} = 62 + 4x_3 - 10x_4$$

其中 $\hat{y}$ 爲 outputs 的預測值。比較 results1 與 results2，應可發現二結果完全相同。透過 results2 應可知道 results1 的意思。從上述結果可發現 ANOVA 內的因子，相當於迴歸模型內因變數的解釋變數。比較上述 anova_table1 與 anova_table2，二者的結果並不相同，下一章自然會解釋。

例 3 費雪的 LSD 過程

我們繼續考慮表 8-4 的例子。我們已經知道結論爲拒絕 H_0 爲三種方法之母體平均產出水準相等，那接下來呢？似乎可以進一步執行所謂的「多重的比較過程」

（multiple comparison procedures）；換言之，於前述的例子內，我們可以繼續執行下列的檢定，即存在三種情況：

$$(1):\begin{cases}H_0:\mu_1=\mu_2\\H_a:\mu_1\neq\mu_2\end{cases}、(2):\begin{cases}H_0:\mu_1=\mu_3\\H_a:\mu_1\neq\mu_3\end{cases}與\ (3):\begin{cases}H_0:\mu_2=\mu_3\\H_a:\mu_2\neq\mu_3\end{cases}$$

即執行三種二母體平均數差異檢定。直覺而言，本節得出的 MSE 應該較第 7 章的 s_p^2 值合理，畢竟前者是使用 k 種而後者卻只使用 2 種 s_i^2 的資訊；因此，若要執行上述檢定，第 7 章所使用 $s^2_{\bar{x}_i-\bar{x}_j}=s_p^2\left(\frac{1}{n_i}+\frac{1}{n_j}\right)$ 可改成用 $s^2_{(\bar{x}_i-\bar{x}_j)}=MSE\left(\frac{1}{n_i}+\frac{1}{n_j}\right)$ 取代。改用 $s^2_{(\bar{x}_i-\bar{x}_j)}$ 取代可稱爲費雪的最低顯著差異（least significance difference, LSD）過程。我們舉一個例子說明。利用表 8-4 的例子，考慮上述情況 (1)，即：

$$H_0:\mu_1=\mu_2\ \text{vs.}\ H_a:\mu_1\neq\mu_2$$

因檢定統計量 $t_{12}=\frac{\bar{x}_1-\bar{x}_2}{s_{(\bar{x}_1-\bar{x}_2)}}$ 值約爲 −1.19，我們可預期 t_{12} 的抽樣分配會接近於自由度爲 $n_T-k=12$ 的 t 分配，即若 $\alpha=0.05$，因臨界值 $t_c=-t_{\alpha/2,n_T-k}$ 約爲 −2.18，故不拒絕 H_0。讀者可以練習其他情況。

例 4 Bonferroni 調整

續例 3，於上述情況 (1) 內，我們是使用 $\alpha=0.05$，不過因多重的比較過程會連續使用 k 種檢定，顯然使用 $\alpha=0.05$ 太高了，故可以使用 Bonferroni 調整來事先決定顯著水準。Bonferroni 調整是事先建議使用 α/k，即於上述的例子內可知顯著水準事先可設爲 $\alpha/k=0.05/3\approx0.017$[10]。

8.2.3 二因子 ANOVA

前二節的實驗設計所檢視的是屬於單因子的統計推論，我們當然嘗試將其擴充至檢視多因子的情況，此時可稱爲因子實驗（factorial experiment）。因子實驗的特

[10] 例如：$\alpha=0.05$ 對應的可信度爲 0.95，於我們的例子內會連續執行 $k=3$ 次的檢定，故可信度會降至 $(1-\alpha)^k=(0.95)^3\approx0.8574$；換言之，若可信度欲維持爲 0.95，則 α 值事先須設爲 $0.95=(1-\alpha_n)^3\Rightarrow\alpha_n\approx0.017$，該值接近於 Bonferroni 調整。

色是須考慮到所有因子的組合實驗。例如：除了須考慮 A 因子與 B 因子之外，尚須考慮交叉因子 AB 的實驗。本節將介紹二因子的因子實驗，我們發現用迴歸模型來分析反而比較簡易；當然，我們不難將本節的結果擴充至分析多因子的情況。

表 8-7 GMAT 成績

		Factor B		
		B	E	A
Factor A	Three	500	540	480
		580	460	400
	One	460	560	420
		540	620	480
	Ten	560	600	480
		600	580	410

說明：1. B、E 與 A 分別表示商科、理（工）科與文科。

2. Three、One 與 Ten 分別表示 3 小時、1 日與 10 週的訓驗課程。

某大學欲針對 GMAT 考試提供一系列密集訓練課程的檢視。考慮表 8-7 的結果[11]。該大學參與GMAT考試的學生來源可分成商科、理（工）科與文科三種背景，同時該校內亦有三種密集準備課程，其分別爲 3 小時、1 日與 10 週課程，故表 8-7 係隨機抽取曾經參與上述課程學生的 GMAT 成績。

就表 8-7 內的資料而言，其屬於二因子 ANOVA，即因子 A 與 B 皆可能影響 GMAT 分數；換言之，從事二因子 ANOVA 的目的是欲解釋下列的可能：

(1) 主要效果（因子 A）：事前的密集課程是否會影響 GMAT 成績？
(2) 主要效果（因子 B）：不同學生背景是否會影響 GMAT 成績？
(3) 因子 A 與 B 的交叉效果：不同學生背景的 GMAT 成績是否會受到事前密集課程的影響？

換言之，於二因子 ANOVA 內，我們多考慮一項交叉因子效果，若該效果是顯著的，我們反而認爲事前的密集課程是否有用係取決於學生的背景。

類似於（8-9）式，二因子 ANOVA 可將反應變數的總平方和 *SST* 拆成四個部

[11] 表 8-4 與 8-7 內的例子皆取自 Anderson et al.(2017)。

分：即因子 A 的平方和（SSA）、因子 B 的平方和（SSB）、交叉因子的平方和（$SSAB$）與誤差的平方和（SSE）；換言之，類似於（8-9）式的導出過程可得：

$$SST = SSA + SSB + SSAB + SSE \tag{8-10}$$

如前所述，（8-10）式亦可視爲一種變異數拆解。

表 8-8　二因子 ANOVA 表

變異來源	平方和	自由度	均方	F	p_{value}
因子 A	SSA	$a-1$	MSA	MSA/MSE	
因子 B	SSB	$b-1$	MSB	MSB/MSE	
交叉因子	$SSAB$	$(a-1)(b-1)$	$MSAB$	$MSAB/MSE$	
誤差	SSE	$ab(r-1)$	MSE		
總和	SST	n_T-1			

類似於表 8-6，我們亦可以編製二因子的 ANOVA 表如表 8-8 內所示。於表 8-8 內，a 與 b 分別表示因子 A 與 B 內的「類別」個數，至於 r 則表示因子 A 內類別變數的重複個數；最後，n_T 表示總樣本個數，即 $n_T = abr$。我們仍使用 F 檢定以檢視因子 A、因子 B 以及交叉因子的影響差異，即分別需要計算均方值例如 $MSA = SSA/(a-1)$、$MSB = SSB/(b-1)$、$MSAB = SSAB/[(a-1)(b-1)]$ 以及 $MSE = SSE/ab(r-1)$ 等值。同理，對應的檢定統計量 F 值如表 8-8 內所示。

爲了計算平方和，我們先定義下列的變數：

x_{ijk}：因子 A 第 i 個處理、因子 B 第 j 個處理與第 k 個重複的觀察值。例如：就表 8-7 而言，$x_{212} = 540$ 表示學生背景爲商科，其有參與 1 日密集課程的第 2 人的 GMAT 成績爲 540 分，其餘可類推。

$\bar{x}_{i.}$：因子 A 第 i 個處理的平均數。

$\bar{x}_{.j}$：因子 B 第 j 個處理的平均數。

$\bar{x}_{ij}$：因子 A 的第 i 個處理與因子 B 第 j 個處理的平均數。

$\bar{\bar{x}}$：n_T 個觀察值的平均數。

接下來，我們分成 5 個步驟計算：

步驟 1：計算 SST 爲：

$$SST = \sum_{i=1}^{a}\sum_{j=1}^{b}\sum_{k=1}^{r}\left(x_{ijk} - \bar{\bar{x}}\right)^2$$

步驟 2：計算 SSA 爲：

$$SSA = br\sum_{i=1}^{a}\left(\bar{x}_{i.} - \bar{\bar{x}}\right)^2$$

步驟 3：計算 SSB 爲：

$$SSB = ar\sum_{j=1}^{b}\left(\bar{x}_{.j} - \bar{\bar{x}}\right)^2$$

步驟 4：計算 $SSAB$ 爲：

$$SSAB = r\sum_{i=1}^{a}\sum_{j=1}^{b}\left(\bar{x}_{ij} - \bar{x}_{i.} - \bar{x}_{.j} + \bar{\bar{x}}\right)^2$$

步驟 5：計算 SSE 爲：

$$SSE = SST - SSA - SSB - SSAB$$

根據上述步驟自然可以得出平方和，我們不難完成表 8-8 內的其他值。

上述計算自然需要使用電腦，我們嘗試利用 Python 來完成。就表 8-7 內的資料而言，首先建立於 Python 內建立列聯表如 df，即：

```
FactorA = ['Three','Three','One','One','Ten','Ten']
B = [500,580,460,540,560,600]
E = [540,460,560,620,600,580]
A = [480,400,420,480,480,410]
df = pd.DataFrame({'Prepare':FactorA,'B':B,'E':E,'A':A})
df
```

我們再將 df 轉換成類似於 8.2.2 節例 1 的型態，即：

```
df_m = pd.melt(df.reset_index(), id_vars=['index','Prepare'], value_vars=['B', 'E', 'A'])
# replace column names
df_m.columns = ['index','factorA','factorB','GMAT']
df_m
df_m.to_excel('F:/stat/ch8/data/GMAT1.xlsx')
```

讀者可檢視 df_m 或該檔案已轉存爲 GMAT1.xlsx，可檢視後者的內容。

接下來試試下列的 Python 指令：

```
data = pd.read_excel('F:/Stat/ch8/data/GMAT1.xlsx')
data
data.factorB
data[data.factorB=='B'].GMAT.mean() # 540.0
data[data.factorA=='Ten'].GMAT.mean() # 538.3333333333334
sum([data[data.factorA==i].GMAT.mean() for i in data.factorA]) # 9270.0
```

讀者若有執行上述指令應知其意思。上述指令是練習如何叫出 GMAT1.xlsx 並令之爲 data 以及練習如何找出部分的 data 資料並計算對應的平均數。

我們開始根據上述步驟計算平方和，即：

```
grand_mean = data['GMAT'].mean() # 510.55555555555554.
# step 1
SST = sum((data.GMAT - grand_mean)**2) # 82450.0
# step 2
SSA = sum([(data[data.factorA ==i].GMAT.mean()-grand_mean)**2 for i in data.factorA])
# 6100.000000000015
# step 3
SSB = sum([(data[data.factorB ==i].GMAT.mean()-grand_mean)**2 for i in data.factorB]) # 45300.0
# step 4
BB = data[data.factorB == 'B']
BE = data[data.factorB == 'E']
```

```
BA = data[data.factorB == 'A']
BB_factorA_means = [BB[BB.factorA == d].GMAT.mean() for d in BB.factorA]
BE_factorA_means = [BE[BE.factorA == d].GMAT.mean() for d in BE.factorA]
BA_factorA_means = [BA[BA.factorA == d].GMAT.mean() for d in BA.factorA]
SSAB1 = (sum((BB.GMAT - BB_factorA_means)**2) + sum((BE.GMAT - BE_factorA_means)**2) +
         sum((BA.GMAT - BA_factorA_means)**2))
SSAB = SST-SSA-SSB-SSAB1 # 11199.999999999985
# step 5
SSE = SST-SSA-SSB-SSAB # 19850.0
```

再計算其餘部分，即：

```
# degrees of freedom
N = len(data.GMAT) # 18
df_A = len(data.factorA.unique())-1 # 2
df_B = len(data.factorB.unique())-1 # 2
df_AB = df_A*df_B # 4
df_SSE = N - (len(data.factorA.unique())*len(data.factorB.unique())) # 9
# MS
MSA = SSA/df_A
MSB = SSB/df_B
MSAB = SSAB/df_AB
MSE = SSE/df_SSE
# F test statistics
FA = MSA/MSE
FB = MSB/MSE
FAB = MSAB/MSE
# p_value
pA = 1-f.cdf(FA,df_A,df_SSE) # 0.29943610857246195
pB = 1-f.cdf(FB,df_B,df_SSE) # 0.004756718049371056
pAB = 1-f.cdf(FAB,df_AB,df_SSE) # 0.35032776932521015
# anova_table
Anova_Table = pd.DataFrame({'SOURCE':['Factor A','Factor B','Interaction','Error','Total'],
```

```
                                'DF':[df_A,df_B,df_AB,df_SSE,N-1],
                                'SS':[SSA,SSB,SSAB,SSE,SST],
                                'MS':[MSA,MSB,MSAB,MSE,'--'],
                                'F':[FA,FB,FAB,'--','--'],
                                'p_value':[pA,pB,pAB,'--','--']})
Anova_Table
```

Anova_Table 的內容可重寫如表 8-9 所示。於該表內，不難看出檢定統計量 F 的抽樣分配會接近於 F 分配，其中自由度如表內所示。例如：交叉因子的檢定統計量 F 抽樣分配會接近於分子與分母自由度分別為 4 與 9 的 F 分配，其餘可類推。若 $\alpha = 0.05$，從表 8-9 內可看出只有因子 B 會拒絕虛無假設為母體平均數皆相等的情況。換句話說，事前的密集課程看不出有何顯著的影響。

表 8-9　二因子 ANOVA 表

變異來源	平方和	自由度	均方	F	p_{value}
因子 A	6100	2	3050	1.3829	0.2994
因子 B	45300	2	22650	10.2695	0.0048
交叉因子	11200	4	2800	1.2695	0.3503
誤差	19850	9	2205.56		
總和	82450	17			

例 1　二因子 ANOVA 與迴歸分析

類似於 8.2.2 節，二因子 ANOVA 亦可以用迴歸模型估計。考慮下列的迴歸式：

$$GMAT = \beta_1 + \beta_2 factorA + \beta_3 factorB + u$$

即利用表 8-7 內的資料，上述迴歸式可用下列的 Python 指令估計：

```
formula = 'GMAT ~ factorA + factorB + factorA:factorB'
model = ols(formula, data).fit()
model.summary()
```

```
aov_table = sm.stats.anova_lm(model, typ=2) # typ 2: ANOVA DataFrame
aov_table
```

若檢視 aov_table 內容應可發現其與表 8-9 相同；因此，用迴歸分析來從事 ANOVA 的操作似乎比較容易。

例 2 隨機區塊設計

我們先舉一個例子。某航管站爲了降低航管控制人員的疲勞與壓力，研發三套新的系統。該航管站隨機抽取 6 位控制人員以瞭解新系統的影響，其壓力測試結果列於表 8-10[12]。比較表 8-7 與 8-10 二表，應可發現後者反而類似於表 7-1 的成對樣本；另一方面，因表 8-10 內只有一個影響因子（即不同系統），故若欲使用 ANOVA，其乃屬於單因子 ANOVA。不過，若與 8.2.1 或 8.2.2 節比較，表 8-10 又有些不同。

表 8-10 壓力測試

		處理		
		系統 A	系統 B	系統 C
區塊	控制員 1	15	15	18
	控制員 2	14	14	14
	控制員 3	10	11	15
	控制員 4	13	12	17
	控制員 5	16	13	16
	控制員 6	13	13	13

換句話說，表 8-10 並不屬於完全實驗設計結果，即其並不是隨機抽取控制人員去測試上述三套系統。由於是使用相同的控制人員分別去測試三套系統，故表 8-10 是屬於一種稱爲隨機區塊設計（randomized block design）結果，其中隨機抽取的控制人員可稱爲區塊（blocks）。爲何會使用隨機區塊設計？原來就是想降低 SSE，因後者會影響 F 檢定統計量的準確度，即 SSE 愈大，F 值愈低；或者

[12] 表 8-10 的例子亦取自 Anderson et al. (2017)。

說，上述設計是希望再從 SSE 內找出可以解釋的成分。隨機區塊設計如表 8-10 的 ANOVA 類似於前述二因子的 ANOVA，只不過因前者屬於單因子，故後者的交叉因子可省略。

我們來看隨機區塊設計 ANOVA 的計算過程。首先，其是將總平方和 SST 拆成處理間平方和 $SSTR$、區塊平方和 $SSBL$ 與誤差平方和 SSE 三部分，即：

$$SST = SSTR + SSBL + SSE$$

可以參考表 8-11。令：

表 8-11　隨機區塊設計的 ANOVA 表

變異來源	平方和	自由度	均方	F	p_{value}
處理	$SSTR$ (21)	$k-1$ (2)	$MSTR$ (10.5)	$MSTR/MSE$ (5.5263)	(0.0242)
區塊	$SSBL$ (30)	$b-1$ (5)	$MSBL$ (6)		
誤差	SSE (19)	$(k-1)(b-1)$ (10)	MSE (1.9)		
總計	SST (70)	n_T-1 (17)			

說明：1. 小括號內之值是利用表 8-10 的計算結果。
　　　2. k 與 b 分別表示處理與區塊內的「變數」個數，而 n_T 則表示總樣本個數。

x_{ij}：第 j 個處理與第 i 個區塊的觀察值

$\bar{x}_{.j}$：第 j 個處理的樣本平均數

$\bar{x}_{i.}$：第 i 個區塊的樣本平均數

$\bar{\bar{x}}$：總樣本平均數

我們亦分成四個步驟計算：

步驟 1：計算 SST 爲：

$$SST = \sum_{i=1}^{b}\sum_{j=1}^{k}\left(x_{ij} - \bar{\bar{x}}\right)^2$$

步驟 2：計算 $SSTR$ 爲：

$$SSTR = b\sum_{j=1}^{k}\left(\bar{x}_{.j} - \bar{\bar{x}}\right)^2$$

步驟 3：計算 $SSBL$ 爲：

$$SSBL = k\sum_{i=1}^{b}\left(\bar{x}_{i.} - \bar{\bar{x}}\right)^2$$

步驟 4：計算 SSE 爲：

$$SSE = SST - SSTR - SSBL$$

利用上述平方和，可以進一步計算隨機區塊設計的檢定統計量 $F = MSTR/MSE$，其中 $MSTR = SSTR/k - 1$ 與 $MSE = SSE/[(k-1)(b-1)]$。同理，F 的抽樣分配接近於分子與分母自由度分別爲 $k - 1$ 與 $(k-1)(b-1)$ 的 F 分配。畢竟只有單因子，故其假設爲：

$$H_0：\mu_A = \mu_B = \mu_C \text{ vs. } H_a：H_0 \text{ 不成立}$$

其中 μ_A、μ_B 與 μ_C 分別表示系統 A、系統 B 與系統 C 的母體平均數。

利用表 8-10 內的資料，可以編製對應的 ANOVA 表，該表的結果亦列於表 8-11 內。由於隨機區塊設計的 ANOVA 計算非常類似於前述的二因子 ANOVA 計算，讀者可參考所附的 Python 指令；換言之，根據表 8-11 內的結果，若 $\alpha = 0.05$，則結論爲拒絕 H_0。我們也可以從表 8-11 內看出，其相當於 SSE 內再找出 $SSBL$，因此前者可縮小。

習題

(1) 爲何獨立性檢定可用適合度檢定？試解釋之。

(2) 試解釋表 8-1 與 8-2。

(3) 利用第 1 章內的 TWI 日波動率與日報酬率資料，若將上述資料皆分成小於等於第 10 個百分位數、介於第 10 個與第 90 個百分位數之間以及大於第 90 個百分位數三部分，試編製日波動率與日報酬率的列聯表。

(4) 續上題，於 $\alpha = 0.05$ 之下，試檢定日波動率與日報酬率之間是否互相獨立。該檢定統計量的 p_{value} 爲何？

(5) 何謂 ANOVA？其背後有何假定？試解釋之。

(6) 何謂完全實驗設計與隨機區塊設計？試解釋之。

(7) 於 Python 內，本章所使用的 LS 估計方式與第 2 章所使用的方式有何不同？

(8) 試解釋迴歸分析與 ANOVA 的關係。

(9) 試將表 8-12 內的結果以 pd.DataFrame 的形式表示。

表 8-12

處理		
A	B	C
126	107	92
120	114	82
113	125	85
107	104	101
131	107	89
114	109	117
129	97	110
102	114	120
	104	98
	89	106

提示：可執行下列 Python 指令：

```
d = dict(A = np.array([126,120,113,107,131,114,129,102]),
         B = np.array([107,114,125,104,107,109,97,114,104,89]),
         C = np.array([92,82,85,101,89,117,110,120,98,106]))
df3 = pd.DataFrame(dict([(k,pd.Series(v)) for k,v in d.items()]))
df3
df3['A']
A = df3.dropna()['A'] # remove Nan
A
```

(10) 續上題，於 $\alpha = 0.05$ 之下，試檢定三處理的母體平均數是否相等。

(11) 續上題，試編製對應的 ANOVA 表。

(12) 表 8-13 列出不同廠牌之汽車等級（Class）與動力來源（Type）（油電與傳統汽油）的每加侖英哩數（MPG）。試以 $\alpha = 0.05$ 檢定不同廠牌之 MPG 是否來自於等級或動力來源或其交互影響。提示：

```
import statsmodels.api as sm
from statsmodels.formula.api import ols
CARS = pd.read_excel('F:/Stat/ch8/data/CARS.xlsx')
formula = 'MPG ~ Class + Type + Class:Type'
model = ols(formula, CARS).fit()
model.summary()
aov_table = sm.stats.anova_lm(model, typ=2) # typ 2: ANOVA DataFrame
aov_table
```

表 8-13

Model	Class	Type	MPG
Honda Civic	Small Car	Hybrid	37
Honda Civic	Small Car	Conventional	28
Toyota Prius	Small Car	Hybrid	44
Toyota Corolla	Small Car	Conventional	32
Chevrolet Malibu	Midsize Car	Hybrid	27
Chevrolet Malibu	Midsize Car	Conventional	23
Nissan Altima	Midsize Car	Hybrid	32
Nissan Altima	Midsize Car	Conventional	25
Ford Escape	Small SUV	Hybrid	27
Ford Escape	Small SUV	Conventional	21
Saturn Vue	Small SUV	Hybrid	28
Saturn Vue	Small SUV	Conventional	22
Lexus RX	Midsize SUV	Hybrid	23
Lexus RX	Midsize SUV	Conventional	19
Toyota Highlander	Midsize SUV	Hybrid	24
Toyota Highlander	Midsize SUV	Conventional	18

資料來源：Anderson et al.（2017）

(13) 續上題，試說明如何編製對應的 ANOVA 表。

(14) 何謂二因子 ANOVA？試解釋之。

(15) 學術能力測驗（scholastic aptitude test, SAT）包括批判性閱讀，數學以及寫作三大部分。表 8-14 列出 6 位學生的成績。試以 $\alpha = 0.05$ 之下檢定學生於三大部分的表現是否有差異。哪一部分最引起學生的困擾？爲什麼？

(16) 續上題，試編製對應的 ANOVA 表。

(17) 續上題，是否可用迴歸分析？爲什麼？

(18) 續上題，可否使用第 2 章所介紹的迴歸模型方法？爲什麼？

表 8-14

Student	Reading	Mathematics	Writing
1	526	534	530
2	594	590	586
3	465	464	445
4	561	566	553
5	436	478	430
6	430	458	420

(19) 何謂費雪的 LSD 過程？試解釋之。

Chapter 9

簡單的線性迴歸分析

於第 2 章內我們曾利用 LS 方法估計簡單的線性迴歸與複迴歸式，由於迴歸分析相當重要，我們將分二章介紹，即本章將詳細介紹簡單的線性迴歸模型，至於下一章則介紹複迴歸模型以及其他與迴歸分析有關的觀念。

有了第 6 章的統計推論觀念，我們可以進一步將其擴充。考慮下列的母體迴歸式：

$$y_i = \beta_1 + \beta_2 x_i + u_i,\ i = 1, 2, \cdots \tag{9-1}$$

其中 y_i 與 x_i 皆爲隨機變數，而 β_1 與 β_2 則爲未知的參數；至於 u_i 則稱爲未知的誤差項。因（9-1）式爲母體，即若 β_1、β_2、x_i 與 u_i 值爲已知數值，則我們可以透過模擬的方式模擬出 y_i 值，故（9-1）式可視爲一種 DGP。當然，面對（9-1）式，我們有興趣的是如何估計出 β_1、β_2 與 u_i 值？首先，我們可以先模仿（9-1）式，即對應的樣本迴歸式可寫成：

$$y_i = b_1 + b_2 x_i + e_i,\ i = 1, 2, \cdots, n \tag{9-2}$$

其中 b_1 與 b_2 分別爲 β_1 與 β_2 的估計式，而 e_i 則稱爲殘差值，e_i 可用於估計 u_i；是故，（9-2）式相當於抽取 n 組 (x_i, y_i) 的觀察值用於估計（9-1）式。或者說，於迴歸分析內，我們依舊是面臨到由「樣本」推論「母體」的情況。

9.1 迴歸模型的意義與 OLS

首先必須瞭解迴歸模型的意義，我們將於 9.1.1 節說明；另一方面，第 2 章所使用的 LS 方法，亦可以稱爲普通最小平方法（ordinary least square, OLS），9.1.2 節將介紹如何導出例如（9-1）式的 OLS 估計式。

9.1.1 迴歸模型的意義

有關於迴歸模型的意義可以分述如下：

(1) 如前所述，迴歸模型如（9-1）式有分析因果關係，其中 x_i 爲因而 y_i 爲果；因此，從事迴歸分析，首先需判斷何者爲因何者爲果。上述因果關係的選定，通常可利用理論或透過直覺的判斷。例如：考慮廣告支出與銷售量變數，透過直覺，自然視廣告支出變數爲 x_i，而視銷售量變數爲 y_i。又例如：考慮通貨膨脹率與失業率變數，透過理論如菲力普曲線（Phillips curve）的關係，有可能視失業率變數爲 x_i，而視通貨膨脹率變數爲 y_i。

(2) 事實上，（9-1）式內的 y_i 可有下列的稱呼：因變數（dependent variable）、被解釋變數（explained variable）、目標變數、反應變數、內生變數（endogenous variable）或迴歸值（regressand）；至於對應的 x_i 則可稱爲自變數（independent variable）、解釋變數（explanatory variable）、預測變數、控制變數、外生變數（exogenous variable）或迴歸因子（regressor）。因此，從上述 y_i 與 x_i 的稱呼，不難看出迴歸模型可以用於何處。

(3) 其實，我們對於迴歸模型如（9-1）式並不陌生。想像 y_i 表示例如蘋果的需求量，基本的經濟學觀念已經提醒我們有哪些因素會影響蘋果的需求量，例如：蘋果的價格、其他水果的價格、所得或財富水準、他人的消費行爲或偏好等等；因此，影響蘋果的需求量的因素內存在有些無法觀察到或量化的變數如嗜好等，故（9-1）式內自然會包括誤差項 u_i。

(4) 事實上，誤差項 u_i 亦可包括出乎意料之外的衝擊或「無知」（即對 y_i 不清楚或感到陌生）。讀者自然可以多思考爲何多考慮了誤差項 u_i。

(5) 就（9-1）式而言，若對其取條件期望值[①]，即 $E(y_i \mid x_i) = \beta_1 + \beta_2 x_i$ 可以稱爲迴歸

[①] 類似於之前介紹過的條件機率如 $P(A \mid B)$，我們亦可將其擴充至條件 PDF $f(y \mid x)$ 的存在；換言之，$E(y \mid x) = \sum yf(y \mid x)$ 的計算方式類似於 $E(y) = \sum yf(y)$。有關於條件期望值的進一步說明，有興趣的讀者可參考《財時》的附錄 2。

函數（regression function）。

(6) 最簡單的迴歸函數當然是一種線性函數型態如（9-1）式所示，而迴歸式亦可能設爲例如 $y_i = \gamma_1 + \gamma_2 / x_i + u_i$ 或 $y_i = Ae^{x_i} + u_i$ 等。當然，我們先從最簡單的設定如（9-1）式著手。

(7) 還有更簡單的就是令（9-1）式內的 x_i 爲控制變數，即此時 x_i 不再是隨機變數而是屬於確定性變數。

(8) 考慮（2-12）式如 $y_t = \beta_1 + \beta_2 y_{t-1} + u_t$，其中下標 t 可表示時間，即上式類似於（9-1）式。此時 y_{t-1} 可稱爲預定變數（predetermined variable）。畢竟於 t 期下，y_{t-1} 值爲已知，故可將 y_{t-1} 視爲一種外生變數。

(9) 有了誤差項，我們反而更能解釋（9-1）式內參數值例如 β_2 的意義。如前所述，$\beta_2 = \partial y_i / \partial x_i$ 可解釋成其他會影響 y_i 變數的因素不變，即其他情況不變（ceteris paribus），x_i 的變動引起 y_i 變數的變動。倘若（9-1）式無誤差項，因（9-1）式內只有一個自變數，我們如何合理化上述其他情況不變情況？

(10) 第 2 章所介紹的是非條件平均數的計算，而迴歸分析卻是計算條件平均數（可參考 9.1.2 節的說明），顯然前者有可能以直覺的方式計算，但是後者卻不易用直覺想像。

(11) 迴歸模型如（9-1）式是一個統計模型（有誤差項存在就稱爲統計模型）。

如前所述，（9-1）式可視爲迴歸函數加上誤差項。也許迴歸函數可視爲理論的具體實現（即其可用數學式表示），例如凱因斯的消費函數相當於令 y_i 與 x_i 分別表示消費水準與可支配所得變數，若不包括誤差項，我們看不出 y_i 與 x_i 之間的不確定，因此必須加上誤差項；換言之，（9-1）式就是一個統計模型，其構成成分簡單地可分成理論與誤差項二部分。

我們舉二個例子說明。至主計總處下載臺灣的實質消費與實質 GDP 季資料（1981/1～2018/2）（單位：新臺幣百萬元），我們分別考慮下列的二個迴歸式：

模型 1　　　　　　　　模型 2

$$Y_t = \gamma_1 + \gamma_2 X_{t-1} + \varepsilon_t \text{ 與 } \log(Y_t) = \beta_1 + \beta_2 \log(X_{t-1}) + u_t$$

其中 Y_t 與 X_t 分別表示 t 期實質消費與實質 GDP，而 ε_t 與 u_t 則分別表示對應的誤差項。上述模型 1 與 2 皆使用落後 1 期的實質 GDP 爲實質消費的解釋變數。圖 9-1 分別繪製出於上述樣本期間模型 1 與 2 內自與因變數之間的散佈圖，其中直線爲對應的迴歸函數。我們從圖 9-1 內可看出實際的實質消費與實質 GDP 變數之間的關係雖說相當密切，但是絕非存在明確的關係，因此僅考慮迴歸函數（如消費函數）是不夠的，即於（9-1）式內必須加進誤差項；換句話說，也許我們可以將迴歸模型視爲一種理論模型但是其卻以統計模型的型態表示。

事實上，圖 9-1 亦透露出一個訊息，即若變數的觀察值數值若太大，我們可以透過變數的轉換如模型 2 所示，我們從圖 9-1 內可看出二圖的走勢相當類似；因此，本書有時會使用對數值表示的變數。當然，模型 1 與 2 的參數值的意義並不相同，即模型 2 內的參數 β_2 是表示彈性。

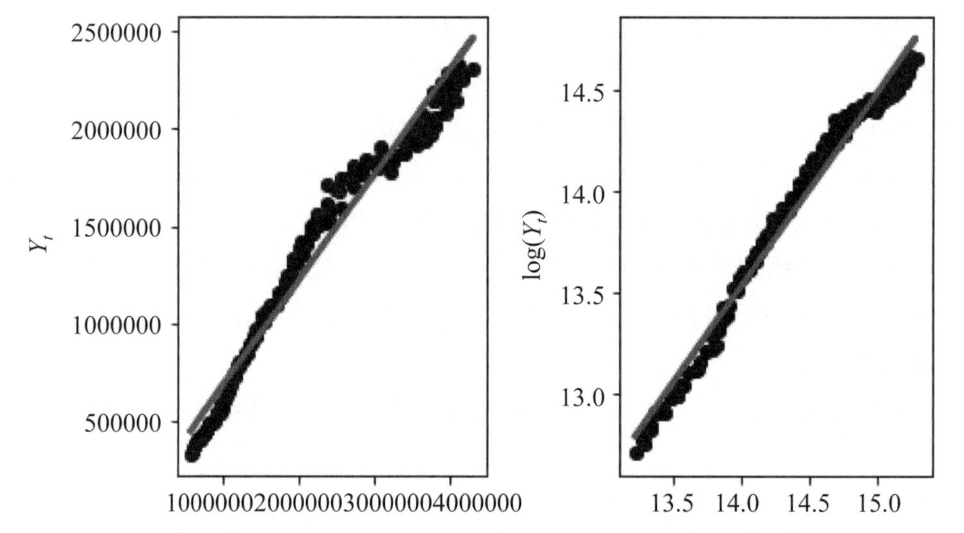

圖 9-1　Y_t 與 X_{t-1}（左圖）以及 $\log(Y_t)$ 與 $\log(X_{t-1})$（右圖）之間的散佈圖，其中 X_1 表示 X_{t-1}

我們再舉另外一個例子。上述迴歸函數寫成條件期望值的型態是讓人印象深刻的，可以參考圖 9-2。該圖相當於考慮（9-1）式，其中 $\beta_1 = 0$、$\beta_2 = \rho$ 與 u_i 爲 *IID* 的標準常態隨機變數②。我們可將 x_i 視爲一種控制變數，故 y_i 反而成爲一種反應變數。透過上述 u_i 的假定爲標準常態分配的隨機變數，連帶地亦使 y_i 亦爲常態分配的隨機變數，可以注意的是，y_i 的實際觀察值（以黑正方形表示）未必落於迴歸函數內；換言之，迴歸分析除了可表示控制變數與反應變數之間的關係外，當然亦可使用 x_i 用於預測 y_i 變數。

---

② *IID* 是指獨立且相同分配。若寫成 $u \sim NID$ 表示 u 是獨立常態分配的隨機變數。

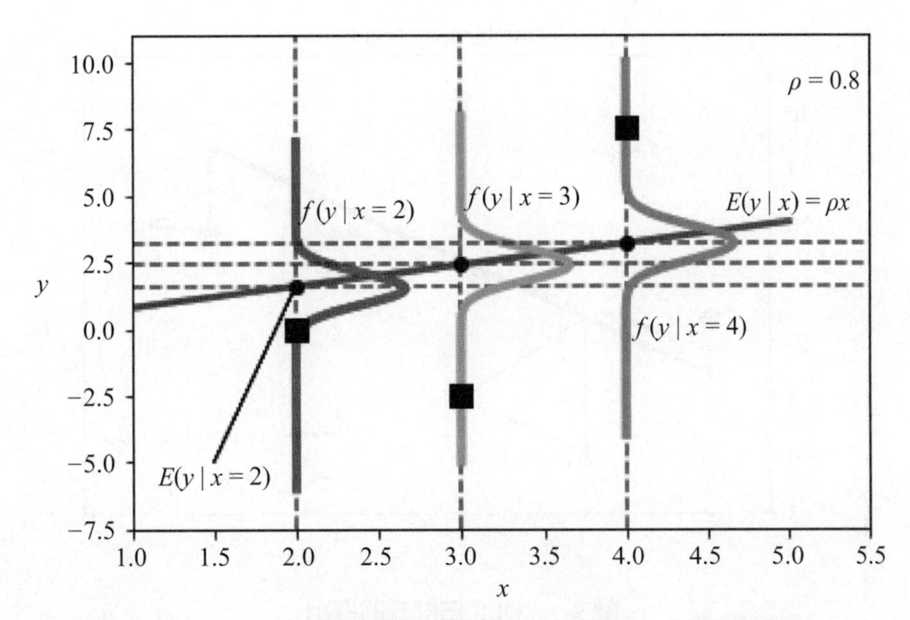

圖 9-2　$y = \rho x + u$ 的走勢圖，其中黑正方形表示 y_i 的實際觀察值

9.1.2 OLS

接下來，我們來看如何找出前述的迴歸函數。令 $\beta_1 = 2$、$\beta_2 = 5$、$u_i \sim NID(0, 100)$ 以及 $x = 1, 2, 3, 4, 5$，根據（9-1）式，分別可得相關的資訊而列於表 9-1。根據表 9-1 的結果，母體迴歸式與樣本迴歸式的關係則繪製於圖 9-3。於實際上，母體迴歸式當然是未知的，本節的目的就是欲找出樣本迴歸式，然後以樣本迴歸式估計對應的母體迴歸式。

表 9-1　一個簡單的線性迴歸

x	y	Ey	$\hat{y}$	u	e	$x-\bar{x}$	$y-\bar{y}$	$(x-\bar{x})^2$	a
1	11.71	7	9.37	4.71	2.34	−2	−4.65	4	9.29
2	0.09	12	12.87	−11.91	−12.78	−1	−16.27	1	16.27
3	31.33	17	16.36	14.33	14.97	0	14.97	0	0
4	18.87	22	19.85	−3.13	−0.98	1	2.51	1	2.51
5	19.79	27	23.35	−7.21	−3.55	2	3.43	4	6.87
				−3.21	0	0	−0.01	10	34.94

說明：1. $E_y = E(y \mid x) = \beta_1 + \beta_2 x$
2. $\hat{y} = 5.88 + 3.49x$
3. $a = (x - \bar{x})(y - \bar{y})$

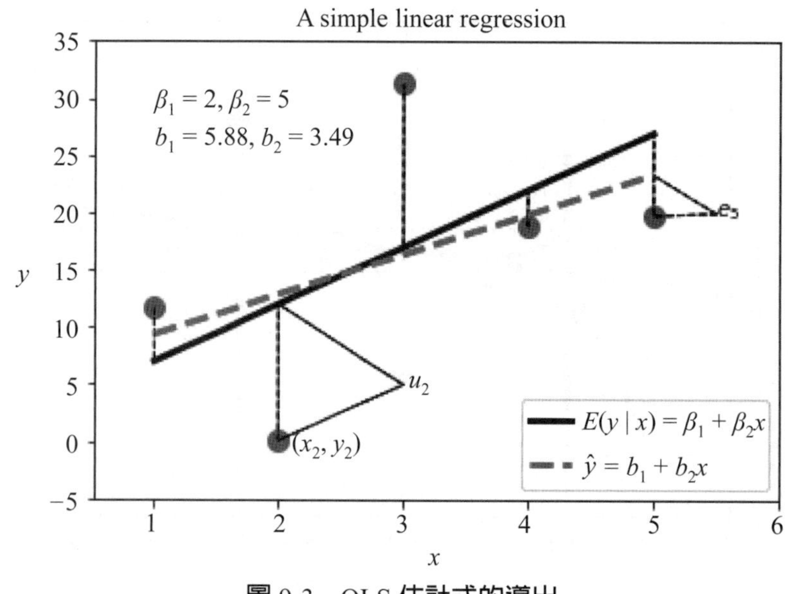

圖 9-3 OLS 估計式的導出

根據上述假定，不難得出圖 9-3 或表 9-1 內的母體迴歸式 $E(y \mid x)$；不過，究竟我們如何得出圖內的樣本迴歸式 $\hat{y}$ 呢？換言之，（9-1）與（9-2）二式分別可再改寫成：

$$y_i = \beta_1 + \beta_2 x_i + u_i = E\left(y_i \mid x_i\right) + u_i, i = 1, 2, \cdots \tag{9-3}$$

與

$$y_i = b_1 + b_2 x_i + e_i = \hat{y}_i + e_i, i = 1, 2, \cdots, n \tag{9-4}$$

其中 $\hat{y}_i = b_1 + b_2 x_i$ 以及 $E(y_i \mid x_i) = \beta_1 + \beta_2 x_i$。理所當然，我們是用 $\hat{y}$ 估計對應的 $E(y \mid x)$，因後者有「平均數」的意思，故 $\hat{y}$ 亦可用「平均數或期望值」解釋；換言之，簡單地說迴歸分析如簡單迴歸式，就是要找出於 x_i 的條件下，y_i 的條件平均數③。或者說，實際的觀察值 y_i 可以拆成二部分，其一是 y_i 的條件平均數而另一則爲殘差值。

③ 原來，迴歸分析（或統計學）內的預期值指的就是平均數。換句話說，迴歸分析是將「非條件的平均數（如第 2 章）」擴充至計算「於 x 的條件下，y 的條件平均數」。

其實，若再仔細檢視圖 9-3 的結果，應可發現一些端倪，即實際上我們只能看到點 (x_i, y_i)，至於 $E(y \mid x)$ 與 $\hat{y}$ 直線則是隱藏於圖內。由於 $\hat{y}$ 是利用樣本資料 (x_i, y_i) 所計算的，一個直覺的想法是圖 9-3 內的所有點 (x_i, y_i) 是否可用一條直線表示？或者說，表 9-1 內的 x 與 y 值的趨勢爲何？如此皆需要能於圖 9-3 內找出一條直線，而該直線能最接近圖內的所有點 (x_i, y_i)；或者說，圖內任何一點如 (x_i, y_i) 與找到的直線之間的距離最小，由於距離不爲負值，故以平方表示距離。上述的想法，就是 OLS 的由來。

我們再進一步釐清觀念。根據（9-3）與（9-4）二式，我們自然可以分別出 u_i 與 e_i 的不同。例如：圖 9-3 內分別繪製出 u_2 與 e_5 的位置；同理，其餘的 u_i 與 e_i 的位置自然可類推。因 u_i 無法觀察到，故以可觀察到的 e_i 取代，即理論上 OLS 是指 $\sum u^2$ 最小，而實際上我們只能以 $\sum e^2$ 最小取代；換言之，根據（9-4）式，OLS 的操作是指：

$$\min_{b_1, b_2} L(b_1, b_2) \tag{9-5}$$

其中 $L(b_1, b_2) = \sum_{i=1}^{n} e_i^2 = \sum_{i=1}^{n} (y_i - \hat{y}_i)^2 = \sum_{i=1}^{n} (y_i - b_1 - b_2 x_i)^2$。我們的目的是欲找出一條直線如 $\hat{y} = b_1 + b_2 x$。由於不同的直線的選取取決於不同的截距（即常數項）與斜率，故於（9-5）式內，L 爲 b_1（截距）與 b_2（斜率）的函數。利用求極小值的方式，可得第一階必要條件④爲：

$$\frac{\partial L}{\partial b_1} = 2\sum_{i=1}^{n} (y_i - b_1 - b_2 x_i)(-1) = \sum_{i=1}^{n} y_i - n b_1 - b_2 \sum_{i=1}^{n} x_i = 0 \tag{9-6}$$

與

$$\frac{\partial L}{\partial b_2} = 2\sum_{i=1}^{n} (y_i - b_1 - b_2 x_i)(-x_i) = \sum_{i=1}^{n} y_i x_i - b_1 \sum_{i=1}^{n} x_i - b_2 \sum_{i=1}^{n} x_i^2 = 0 \tag{9-7}$$

根據（9-6）與（9-7）二式，進一步可得：

④ 求極值之第一階與第二階條件可以參考《財數》。

$$\begin{cases} nb_1 + \sum_{i=1}^{n} x_i b_2 = \sum_{i=1}^{n} y_i \\ \sum_{i=1}^{n} x_i b_1 + \sum_{i=1}^{n} x_i^2 b_2 = \sum_{i=1}^{n} x_i y_i \end{cases} \tag{9-8}$$

求解（9-8）式，可得：

$$b_1 = \bar{y} - b_2\bar{x} \text{ 與 } b_2 = \frac{\sum_{i=1}^{n}(x_i - \bar{x})(y_i - \bar{y})}{\sum_{i=1}^{n}(x_i - \bar{x})^2} \tag{9-9}$$

其中 b_1 與 b_2 分別爲 β_1 與 β_2 的 OLS 估計式[⑤]。換句話說，表 9-1 或圖 9-3 內的 b_1 與 b_2 值就是利用（9-9）式求得。

值得注意的是，（9-8）式可稱爲簡單線性迴歸模型的標準方程式（normal equations），其具有下列的特色：

(1) 因 b_1 與 b_2 就是利用（9-8）式求得，即 OLS 估計式背後隱含著二個限制式，即（9-6）與（9-7）二式。
(2) 就（9-6）式而言，其背後隱含著 $\sum_{i=1}^{n} e_i = 0$，我們從表 9-1 內亦可看出端倪。有意思的是，$\sum_{i=1}^{n} u_i \neq 0$。
(3) 同理，就（9-7）式而言，其背後隱含著 $\sum_{i=1}^{n} e_i x_i = 0$，讀者可以利用表 9-1 內的結果檢視看看。
(4) 事實上，於《財時》一書內有說明透過「外生性（exogenity）」即 $E(u \mid x) = 0$ 的假定，可得出 $E(ux) = 0$ 與 $E(u) = 0$ 的結果，其中 $E(ux) = 0$ 隱含著 $Cov(u, x) = 0$。是故，$\sum_{i=1}^{n} e_i = 0$ 與 $\sum_{i=1}^{n} e_i x_i = 0$ 竟類似於上述的假定。也就是說，OLS 的使用竟將被解釋變數 y 拆成 $\hat{y} = b_1 + b_2 x$ 與 e 二部分，其中解釋變數 x 與（無法解釋變數）e 無關；因此，若從此觀點來看，相對上 $\hat{y}$ 較有脈絡可循，但是 e 則較偏向於「雜亂無章」。或者說，使用 OLS 方法，竟將 y 分成系統與非系統二成分，其中後者就是 e。

⑤ 可以利用克雷姆法則（Cramer's rule）得出（9-9）式，克雷姆法則可參考《財數》。

於實際的操作上，我們當然不會像表 9-1 的方式計算，參考下列的 Python 指令：

```
from statsmodels.formula.api import ols
data1 = pd.DataFrame({'x':x,'y':y})
result1 = ols('y~x',data1).fit()
result1.summary()
dir(result1)
yhat = result1.fittedvalues
b = result1.params
```

上述指令是仍使用模組 statsmodels.formula.api 內的 ols() 函數指令。我們將 x 與 y 值合併成 data1。我們可以利用 dir() 指令檢視迴歸估計結果內有哪些可以單獨列出。讀者可以檢視 yhat 與 b。接下來，再試下列指令：

```
ystar = y-np.mean(y)
xstar = x-np.mean(x)
result2 = ols('ystar~xstar-1',data1).fit()
result2.summary()
result2.params # 3.494276
```

上述指令是令 $y^* = y - \bar{y}$ 與 $x^* = x - \bar{x}$，然後使用 OLS 估計不含常數項的迴歸式，可以注意不含常數項是用 -1（與 R 語言的使用相同），讀者可練習看看。上述 result1 與 result2 的結果頗爲類似，下一章我們會解釋。

例 1 b_1 與 b_2 皆是隨機變數

如前所述，b_1 與 b_2 如（9-9）式皆是一種估計式，即若 y 與 x 爲未知數值，b_1 與 b_2 亦爲未知數。通常我們會抽取一組 y 與 x 的觀察值，代入（9-9）式內後可得 β_1 與 β_2 的估計值，因此不易發覺其實 b_1 與 b_2 皆是一種隨機變數。換句話說，利用模擬的方式，我們分別可以得出 b_1 與 b_2 的抽樣分配，即該分配可視爲 CLT 於迴歸模型內的延伸。

於（9-1）式內令 $\beta_1 = 2$、$\beta_2 = 5$、$u \sim NID(0, 100)$、$n = 100$ 以及 x 屬於均等分配

隨機變數的觀察值（介於 0 與 1 之間），透過上述的假定，我們自然可以模擬出 y 的觀察值；另一方面，利用上述的 x 與 y 觀察值，根據（9-9）式，分別可得出 b_1 與 b_2 值。重複上述動作 $M = 5000$ 次，自然可以得出各 M 個 b_1 與 b_2 值，整理後可得直方圖如圖 9-4 所示，其中黑點表示上述 b_1 與 b_2 值的平均數。

因 b_1 與 b_2 值的平均數分別約爲 1.99 與 5.04 非常接近於上述 β_1 與 β_2 值，故 OLS 估計式即 b_1 與 b_2 具有不偏估計式的性質，當然上述性質取決於 u 與 x 的假定[⑥]。

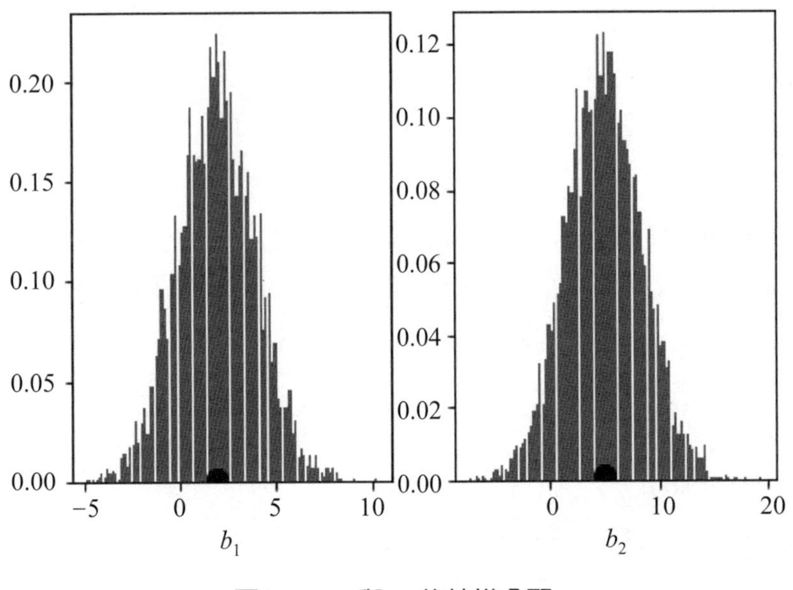

圖 9-4　b_1 與 b_2 的抽樣分配

例 2　合理的估計式

續例 1，透過（9-8）式可得（9-9）式，即透過一連串的導出過程才得到 OLS 的估計式具有不偏的性質。如前所述，我們的目的是找出一條直線，國中數學已教過我們任意兩點可繪製出一條直線，讀者倒是可以練習看看任意一條直線與上述以 OLS 得出的 $\hat{y}$ 直線有何不同？另一方面，若檢視（9-9）式，可知所抽取的解釋變數 x 的變異數不能太小或太大，即 x 的觀察值若愈集中，b_2 值愈大；同理，若 x 的觀察值的離散程度愈太，則 b_2 值愈接近於 0。

我們再來看另一個直覺的想法。如前所述，OLS 估計式需選擇適當的截距 b_1

⑥ b_1 與 b_2 亦可能爲 β_1 與 β_2 的偏估計式，可以參考下一章或《財統》的討論。

與斜率 b_2，若迴歸式的設定不包括常數項，相當於限制 $b_1 = 0$，即迴歸式必須通過原點，如此未必符合「最小平方」的要求，因此通常迴歸式的估計會（自動）包括常數項如上述 Python 的 ols() 指令。若懷疑 $\beta_1 = 0$，自然可以用統計推論的方式檢定 β_1 是否等於 0。因此，習慣上我們皆會包括常數項。

例 3　臺灣的消費函數

利用圖 9-1 右圖的資料，使用 OLS 方法，可得估計的迴歸式為：

$$\hat{y}_t = 0.14 + 0.96 x_{t-1}$$

其中 $y_t = \log(Y_t)$ 與 $x_{t-1} = \log(X_{t-1})$。圖 9-1 右圖內的直線就是上述 $\hat{y}_t$。通常我們可以藉由檢視殘差值的時間走勢瞭解迴歸式的設定是否恰當；換言之，圖 9-5 的左圖繪製出對應的殘差值時間走勢，可看出該走勢並沒有出現如前所述的「雜亂無章」的情況，顯示出上述迴歸式的設定未必恰當。也許，我們應該看看殘差值的走勢出現「雜亂無章」或「亂七八糟」的樣子，可以參考圖 9-5 的右圖，該圖係取自圖 9-4 內的其中一種結果。有關於圖 9-5 的繪製可參考所附的 Python 指令。

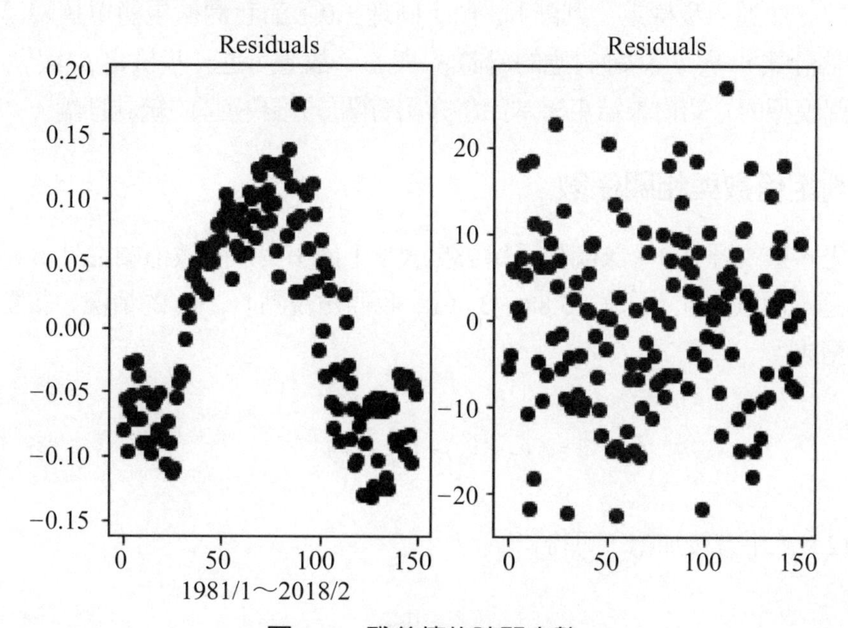

圖 9-5　殘差值的時間走勢

例 4　非線性迴歸函數

於例 2 內，我們是使用取過對數後的變數，若將其還原，可寫成：

$$Y_t = AX_{t-1}^{\beta_2}e^{u_t} \quad (9\text{-}10)$$

即對（9-10）式取對數值，可得：

$$\log(Y_t) = \log(A) + \beta_2\log(X_{t-1}) + u_t \quad (9\text{-}11)$$

即若與 9.1.1 節內的模型 2 比較，可知 $\log(A) = \beta_1$。因此，雖說（9-11）式是屬於線性的，但是其背後的迴歸函數卻屬於非線性的函數；也就是說，本章所謂的「線性」迴歸模型，其實包括的範圍還頗大的⑦。

9.2 統計推論

圖 9-4 的結果是讓人印象深刻的，因爲其讓人聯想到於第 6 章內我們曾用例如 $\bar{x}$ 估計 μ 並進一步檢定（判斷）μ 值；同理，9.1 節我們檢視簡單迴歸模型並用 OLS 的估計式 b_1 與 b_2 估計對應的母體 β_1 與 β_2，故應可進一步檢定 β_1 與 β_2 值。顯然，迴歸模型的介紹尚未結束，本節將介紹有關於迴歸模型的統計推論。

9.2.1 判定係數與相關係數

首先，檢視圖 9-6。該圖除了繪製出表 9-1 內 x 與 y 的散佈圖之外，亦繪製出 OLS 的迴歸函數估計，即 $\hat{y} = 5.88 + 3.49x$。我們檢視點 (x_2, y_2) 的情況。該點的變異其實可寫成：

$$y_2 - \bar{y} = (y_2 - \hat{y}_2) + (y_2 - \bar{y}) \quad (9\text{-}12)$$

將（9-12）式平方後加總，可得：

⑦ 若將（9-10）式改成 $Y_t = AX_{t-1}^{\beta_2} + u_t$，則並不屬於線性迴歸模型的範圍。

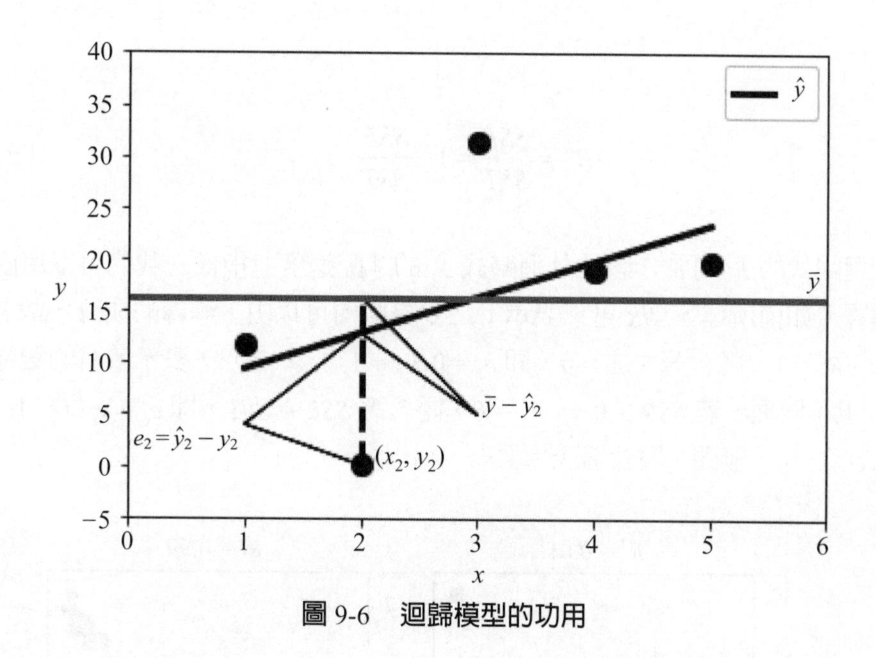

圖 9-6 迴歸模型的功用

$$\sum_{i=1}^{n}(y_i-\bar{y})^2=\sum_{i=1}^{n}(y_i-\hat{y}_i)^2+\sum_{i=1}^{n}(y_i-\bar{y})^2 \Rightarrow SST=SSE+SSR \tag{9-13}$$

其中 SST 仍稱爲總變異（即 y 變異數的分子部分），SSR 與 SSE 則分別稱爲迴歸的變異（sum of squares due to regression）與誤差的變異（sum of squares due to error）[8]。值得提醒的是，SSE 亦可寫成 $\sum_{i=1}^{n}e_i^2$。

（9-13）式非常類似於（8-9）式，其亦隱含著可將因變數 y 的變異數拆成可以解釋與無法解釋的成分，其中前者爲 SSR 而後者則爲 SSE。直覺而言，上述的拆解是可能的，原因就在於迴歸模型內，y 的某些部分可用 x 來解釋。我們亦可以用下列的方式來看。若不使用迴歸模型，習慣上是用 $\bar{y}$ 來當作 y_i 的預期值，故其預期誤差爲 $y_i-\bar{y}$。現在使用迴歸模型，y_i 的預期值已改成用 $\hat{y}_i$，故誤差爲 $e_i=y_i-\hat{y}_i$，其中 $y_i-\bar{y}$ 與 $e_i=y_i-\hat{y}_i$ 的差距，根據（9-12）式，就是 $\hat{y}_i-\bar{y}$。我們從圖 9-6 內亦可看出上述結果。因此，（9-13）式代表的是一種變異數拆解；也就是說，迴歸分析說明了因變數 y 的部分可由自變數 x 來解釋，結果自然造成 y 之變異數內無法解釋的部分縮小了。

根據（9-13）式，我們進一步定義「判定係數（coefficient of determination）」

[8] 讀者可練習證明（9-13）式（利用標準方程式）。

R^2 爲：

$$R^2 = \frac{SSR}{SST} = 1 - \frac{SSE}{SST} \tag{9-14}$$

通常，迴歸式的 R^2 可當作該估計迴歸式 $\hat{y}_i$ 的「配適度」指標。我們可以用直覺的方式解釋。如前所述，SSR 可以表示 y 之變異數內可以由 x 解釋的成分，故若 $SSR = SST \Rightarrow R^2 = 1$，隱含著 $SSE = 0$，即 $e_i = 0$（$i = 1, 2, \cdots, n$），表示所有的觀察值皆位於 $\hat{y}_i$ 上；同理，若 $SSR = 0 \Rightarrow R^2 = 0$，隱含著 $SSE = SST$，即 $e_i = y_i$（$i = 1, 2, \cdots, n$），表示 x 與 y 無關，隱含著 $\hat{y}_i = \overline{y}$。

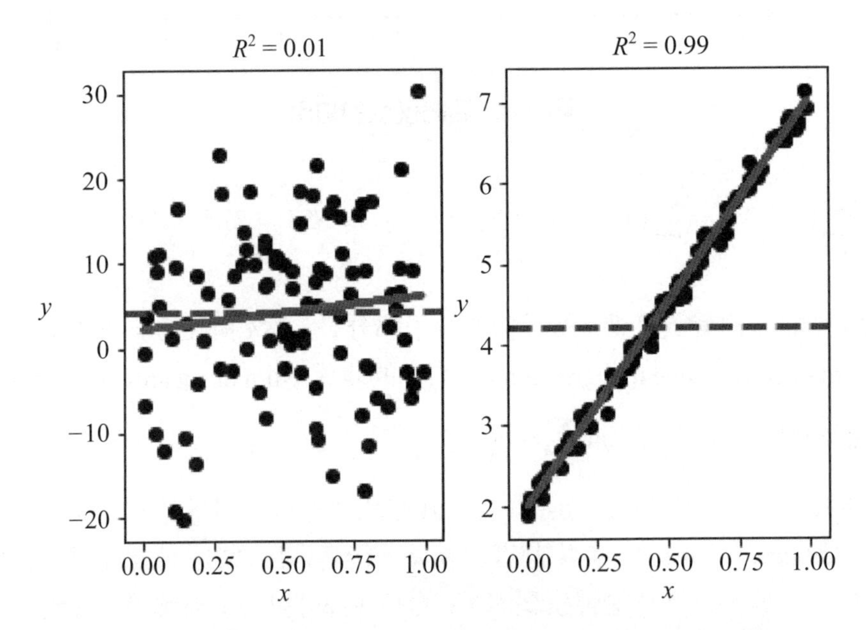

圖 9-7　二個簡單迴歸式的例子，其中直線為 $\hat{y}$ 而水平虛線則為 $\overline{y}$

是故，R^2 可當作判斷實際觀察值落於估計迴歸式 $\hat{y}_i$「附近」的「比重」，可以參考圖 9-7。該圖繪製出二個簡單迴歸式的例子，其中左圖對應的迴歸式 R^2 值約爲 0.01，而右圖所對應的迴歸式 R^2 值則約爲 0.99。我們從圖 9-7 左圖內可看出於低 R^2 值下，估計迴歸式 $\hat{y}$ 接近於 $\overline{y}$ 線，顯示出 y 與 x 之間的關係並不明顯；至於右圖則顯示出 R^2 值愈大，實際觀察值離估計迴歸式 $\hat{y}$ 愈近[9]。因此，若 $R^2 = 1$ 可

[9] 讀者若檢視所附的 Python 指令，應可知因誤差項標準差 σ_u 的不同而造成圖 9-7 內二圖的

解釋成所有的實際觀察值皆位於估計迴歸式 $\hat{y}$ 上，那例如 $R^2 = 0.3$ 與 $R^2 = 0.8$ 則分別可解釋成約有 30% 與 80% 的觀察值位於估計迴歸式 $\hat{y}$ 附近，隱含著後者較前者的觀察值愈靠近估計迴歸式 $\hat{y}$。

利用 Python，不難計算估計迴歸式的 R^2 值，即：

```
SST = n*np.var(y) # 528.4109313886323
e = result1.resid
SSE = np.sum(e**2) # 406.3112834379965
SSR = SST-SSE # 122.09964795063581
R2 = SSR/SST # 0.23106949666950538
# dir(result1)
result1.rsquared # 0.23106949666950538
```

即上述指令是利用表 9-1 內的資料計算，其中 result1 是取自 9.1.2 節。可注意如何從 result1 內找出 R^2 值；因此，就表 9-1 內的例子而言，其對應的 R^2 值約爲 23%，即 (x, y) 的資料分佈的情況約有 23% 像一條直線。

既然 R^2 值的解釋像是形容資料分佈的線性程度，故 R^2 值應該與第 2 章所介紹的樣本相關係數 r 有關；換言之，就 (x, y) 的資料而言，根據（2-9）式，r_{xy} 亦可寫成：

$$r_{xy} = \frac{\sum_{i=1}^{n}(x_i - \overline{x})(y_i - \overline{y})}{\sqrt{\sum_{i=1}^{n}(x_i - \overline{x})^2}\sqrt{\sum_{i=1}^{n}(y_i - \overline{y})^2}} \tag{9-15}$$

因此，根據（9-9）、（9-14）與（9-15）三式，我們不難證明出 r_{xy} 與 R^2 之間的關係爲：

$$r_{xy} = sign(b_2)\sqrt{R^2} \tag{9-16}$$

差異；換言之，二圖皆假定 $\beta_2 = 5$，其中左圖使用 $\sigma_u = 10$ 但是右圖卻使用 $\sigma_u = 0.1$。

其中 $sign(b_2)$ 表示 OLS 估計式 b_2 的「正負號」。因 r_{xy} 與 b_2 皆可用於判斷 x 與 y 之間的正向或負向的直線關係，故二者的「正負號」一致。（9-16）式亦容易使用 Python 指令操作，即：

```
r = np.corrcoef(x,y)[0,1] # 0.48069688647785674
b = result1.params
b1 = b[0] # 5.87702360273158
b2 = b[1] # 3.494276004419741
np.sign(b2)*np.sqrt(R2) # 0.48069688647785663
np.sign(-2) # -1
```

即仍延續表 9-1 內的例子，上述指令計算出 r_{xy} 值約為 0.48。可注意 np.sign() 函數指令的使用。

例 1　不含常數項的 R^2 值

若讀者有練習證明（9-13）式應會發現需要用到（9-6）與（9-7）二式；換言之，若缺乏後二式，（9-13）式並不能成立，連帶地（9-14）式內 R^2 的定義就不存在。我們可以模擬看看會有何結果。於（9-1）式內令 $\beta_1 = 2$、$\beta_2 = 5$、$n = 100$、$u \sim NID(0, 1)$ 以及 x 屬於均等分配的隨機變數觀察值（介於 0 與 1 之間）。利用上述假定可以模擬出 y 的觀察值。接下來，分別以 OLS 估計含常數項與不含常數項的簡單迴歸式後，再分別計算對應的 R^2 值。重複上述動作 $M = 5000$ 次，分別可得出 R^2 值的次數分配如圖 9-8 所示。該圖內的二種 R^2 值的次數分配何者較為合理？

如前所述，不含常數項 OLS 估計式的導出，並不會產生（9-6）式，即其對應的標準方程式只有（9-7）式，故於此情況下 R^2 並不存在，即圖 9-8 內右圖的結果並無意義；換言之，圖 9-8 內的結果顯示出若使用「不含常數項」的 OLS，此時不僅 R^2 值無意義，而且該值會高估真實值。

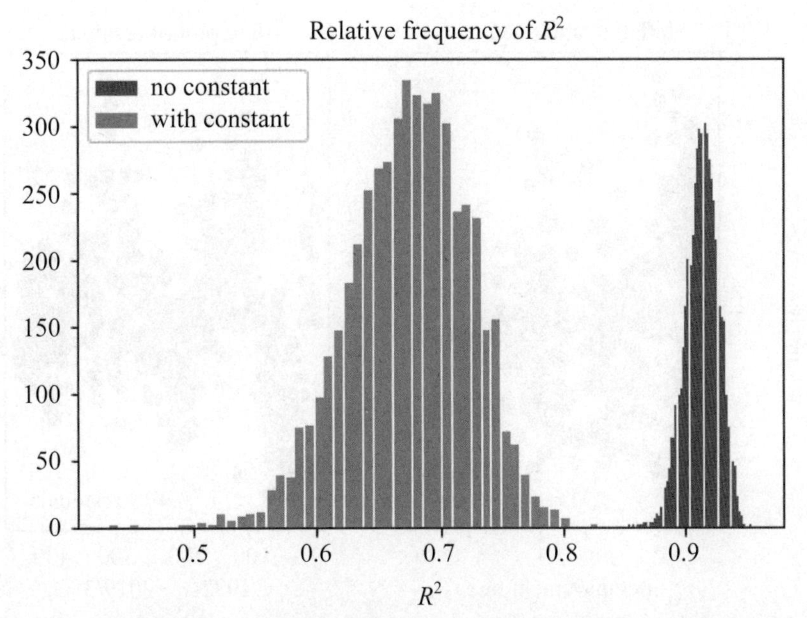

圖 9-8　含常數項與不含常數項迴歸式（左圖與右圖）的 R^2 的次數分配

例 2　菲力普曲線的估計

利用圖 8-5 的通貨膨脹率與失業率資料，我們使用 OLS 方法估計簡單的線性迴歸模型，其結果可爲（單位：%）：

$$\hat{y}_t = 3.98 - 0.74 x_t$$

其中 y_t 與 x_t 分別表示通貨膨脹率與失業率。從上述的估計結果可知，若 $x_t = 0$ 則 $\hat{y}_t = 3.98$；另一方面，$\partial \hat{y}_t / \partial x_t = -0.74$ 表示平均失業率上升 1%，則通貨膨脹率平均約下降 0.74%。我們進一步計算迴歸的 R^2 值約爲 26.7%。圖 9-9 的左圖繪製出通貨膨脹率與失業率之間的散佈圖，其中直線爲上述 $\hat{y}_t$，右圖則繪製出對應的殘差值之時間走勢。雖說上述估計結果乍看之下尚稱合理，不過因 R^2 值太低，顯示出通貨膨脹率與失業率之間的關係用 $\hat{y}_t$ 來表示似乎說服力仍不夠。

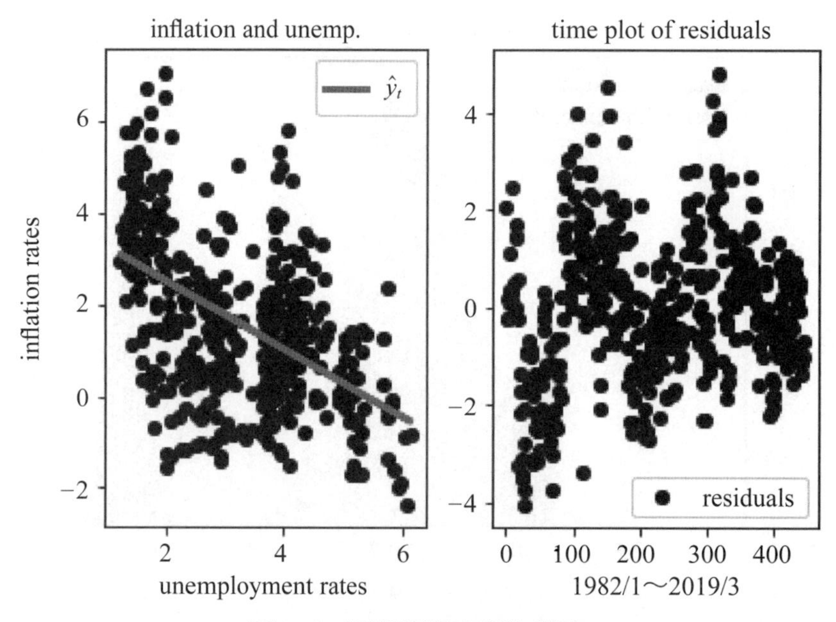

圖 9-9　通貨膨脹率與失業率

例 3　非線性迴歸函數

圖 9-9 內的散佈圖（左圖）似乎顯示出通貨膨脹率與失業率之間存在著非線性的關係；另一方面，例 2 內迴歸式皆使用「同時期的變數」似乎也說不過去[10]，故我們嘗試下列的多項式迴歸式，即：

$$y_t = \beta_0 + \beta_1 x_{t-1}^1 + \beta_2 x_{t-1}^2 + \cdots + \beta_k x_{t-1}^k + u_t$$

若 y_t 與 x_t 仍表示通貨膨脹率與失業率變數，根據例 2 內的資料與使用 OLS，其結果可寫成：

$$\hat{y}_t = 13.59 - 10.53x_{t-1} + 2.91x_{t-1}^2 - 0.26x_{t-1}^3$$

而 $\hat{y}_t$ 的形狀則繪製於圖 9-10。從該圖內可看出其「配適度」似乎優於圖 9-10。當然，上述複迴歸式，我們下一章會解釋，不過可以先看看下列的 Python 指令：

[10] 有可能通貨膨脹率與失業率「整理登錄」的時間未必一致。

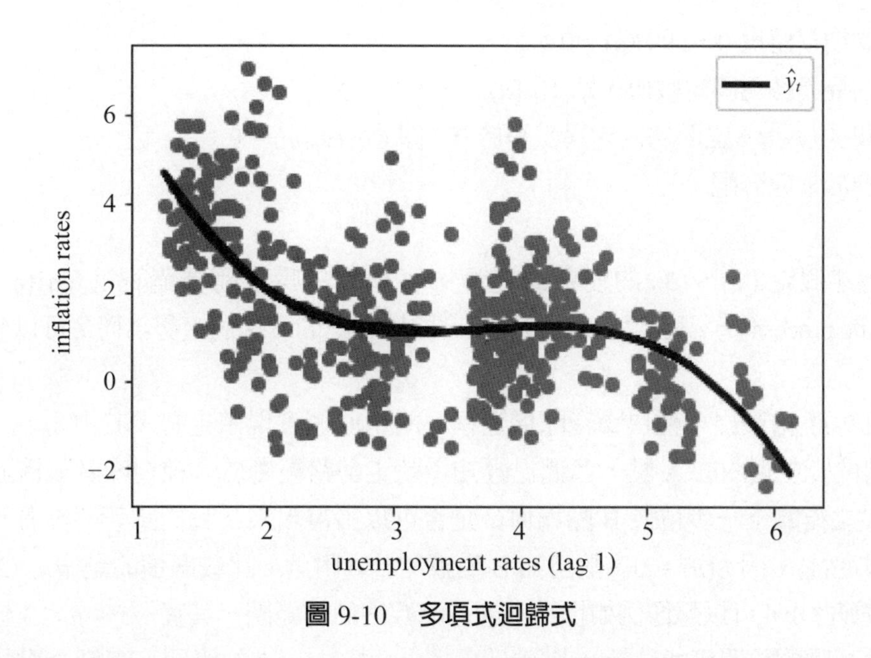

圖 9-10 多項式迴歸式

```
infl1 = infl[1:]
un1 = un.shift(1)[1:]
un12 = un1**2;un13 = un1**3
data1 = pd.DataFrame({'infl1':infl1,'un1':un1})
model2 = ols('infl1~un1+un12+un13',data1).fit()
model2.summary()
yhat1 = model2.fittedvalues
```

其中 infl 與 un 分別表示通貨膨脹率與失業率資料。由於使用落後 1 期失業率變數，故通貨膨脹率變數亦隨之調整。可以留意複迴歸的表示方式。使用上述迴歸式的缺點是其背後缺乏經濟理論的支撐，即不同樣本資料可能會有不同的結果。

9.2.2 模型的假定與顯著性的檢定

9.2.1 節的例 3 提醒我們必須檢定 β_i（$i = 1, 2, \cdots, k$）的顯著性，畢竟 k 的選擇與 β_i 是否顯著異於 0 有關。因此，我們必須思考如何檢定迴歸模型內參數的顯著性。其實，圖 9-2 與 9-4 二圖已經透露出一些訊息，即可從迴歸模型如（9-1）式的誤差項 u 的假定著手。通常，迴歸模型誤差項的假定可以爲：

(1) u_i 的期望值爲 0，即 $E(u) = 0$；
(2) u_i 的變異數爲固定數值，即 $Var(u) = \sigma_0^2$；
(3) u_i 與 u_j（$i \neq j$）之間的共變異數等於 0，即 $Cov(u_i, u_j) = 0$；
(4) u_i 屬於常態分配。

符合上述假定 (1)～(3) 的變數或過程，可稱爲白噪音隨機過程（white noise stochastic process）[11]。我們可以想像白噪音隨機過程的實現值走勢爲何？可以參考圖 9-11。

圖 9-11 繪製出一種白噪音隨機過程 u 的 100 個實現值走勢，其中 $\sigma_0 = 1$。想像我們位於左圖內的 A 點，我們已經知道該走勢路徑屬於一種白噪音隨機過程，那 A 點之後的下一步位置 B 點爲何？是否可以猜得出來？我們試著解釋看看。首先看假定 (1)，因 $E(u) = 0$，故可知 B 點應位於 0 附近。比較麻煩的是假定 (2)，因變異數等於 1，可以想像例如標準常態分配觀察值的範圍，其實 $-3 \leq u \leq 3$ 皆有可能，故 B 點的位置可能位於 A 點額外再加上 $-3 \leq u \leq 3$ 的範圍，實際 B 點的位置可參考圖 9-11 的中圖。最後，假定 (3) 是指 u 的走勢「毫無章法」或「毫無系統」

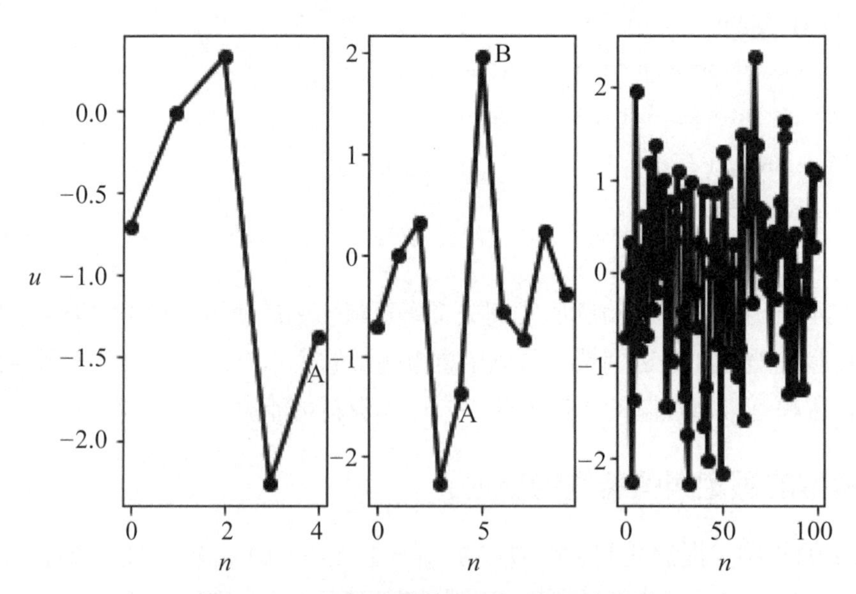

圖 9-11　白噪音隨機過程的實現值走勢

[11] 若 $i = t$ 表示時間，故一種隨機過程相當於隨時間經過的隨機變數；另一方面，若違反假定 (3)，即 $Cov(u_i, u_s) \neq 0$，則稱 u_t 序列存在序列相關（series correlation）。

可言，由於 u_{i+1} 與 u_i 無關，故無法用後者預測前者。最後，我們來看白噪音過程的實現值走勢，可以參考圖 9-11 內的右圖；原來，三圖只繪製出一種白噪音過程的實現值走勢，其中左圖與中圖分別只檢視到第 5 與 10 個觀察值而已。讀者有無發現白噪音過程的實現值走勢其實有點「亂七八糟」。

爲何我們需要詳細解釋白噪音過程？再檢視圖 9-5 的情況，即迴歸模型大多假定誤差項屬於白噪音過程，若模型沒有「誤設」（misspecified），其對應的殘差值序列應該不會出現圖 9-5 左圖內的走勢；換言之，若 y 已經透過多個適當的解釋變數 x_i 過濾了，剩下的自然只是白噪音過程的實現值，故以殘差值序列估計上述實現值，該殘差值序列的走勢應該會類似於白噪音過程。因此，於迴歸模型內，「模型設置正確」的目標是非常重要的，一旦達到此一目標，透過迴歸分析，我們豈不是可以將因變數 y 拆成「可以解釋」與「無法解釋」二成分，其中前者就是迴歸函數，而後者就是白噪音過程；或者說，簡單來講，迴歸分析是將因變數 y 拆成「系統」與「非系統」二成分。

相對於白噪音過程的假定，上述誤差項屬於常態分配的假定，即假定 (4)，就不是那麼重要。不過，於尚未介紹前，我們先來看如何估計圖 9-4 內 b_2 抽樣分配的標準誤。首先，我們需要估計誤差項的標準差 σ_0。我們可以將前述的 SSE 改成均方的型態，即令：

$$MSE = s^2 = \frac{SSE}{n-2} = \frac{\sum_{i=1}^{n}(y_i - \hat{y}_i)^2}{n-2} = \frac{\sum_{i=1}^{n} e_i^2}{n-2} \tag{9-17}$$

可以留意 SSE 其實就是「殘差值平方和」。因 $\hat{y}_i$ 的取得需要使用前述的「標準方程式」，故（9-17）式內的自由度等於 $n-2$。理所當然，我們是以 s 估計 σ_0，故 s 亦可稱爲迴歸估計的標準誤。

接下來，根據例如 Anderson et al.（2017）可知 b_2 的標準誤可寫成[12]：

$$\sigma_{b_2} = \frac{\sigma_0}{\sqrt{\sum_{i=1}^{n}(x_i - \bar{x})^2}} \tag{9-18}$$

[12] 於下一章我們會使用矩陣的型態表示。於《財統》或《財時》內，我們曾使用矩陣的方式證明（9-18）式（最大概似估計法）。當然，讀者亦可嘗試證明（9-18）式。

理所當然，我們以 $s_{b_2} = \dfrac{s}{\sqrt{\sum_{i-1}^{n}(x_i - \bar{x})^2}}$ 估計 σ_{b_2}。根據（9-1）與（9-18）二式，可以進一步定義 t 檢定統計量爲：

$$t = \frac{b_2 - \beta_2}{s_{b_2}} \sim t_{n-2} \tag{9-19}$$

即上述 t 檢定統計量屬於自由度爲 $n-2$ 的 t 分配。明顯地，（9-19）式的 t 檢定統計量可用於檢定：

$$H_0 : \beta_2 = 0 \text{ vs. } H_0 : \beta_2 \neq 0 \tag{9-20}$$

換言之，迴歸模型內參數的檢定方式類似於第 6 章。

如前所述，上述誤差項屬於常態分配的假定相對上較不重要，我們可以試著以模擬的方式檢視看看。根據（9-1）式，令 $\beta_1 = 2$、$\beta_2 = 5$、$n = 10$ 與 x 屬於均等分配的隨機變數（介於 0 與 1 之間）。我們分別考慮二種情況，就是誤差項 u 分別屬於均等分配的隨機變數（介於 0 與 1 之間）與標準常態分配的隨機變數，如此自然可以得到因變數 y 的模擬值。接下來，再使用 OLS 估計取得 b_2 以及（9-19）式的 t 檢定統計量。重複上述動作 $M = 1000$ 次，自然可以得到 t 檢定統計量的抽樣分配（直方圖）如圖 9-12 所示，其中曲線爲自由度爲 $n-2$ 的 t 分配之 PDF。我們從圖 9-12 內可看出 t 檢定統計量的抽樣分配的確接近於對應的 t 分配，其中誤差項未必需要屬於常態分配。當然，就迴歸分析而言，誤差項若屬於白噪音過程與常態分配會有較佳的性質[13]。

延續 9.2.1 節的例 2，前述臺灣的通貨膨脹率與失業率資料，以 OLS 估計簡單的線性迴歸式如（9-1）式可爲：

$$\hat{y}_t = 3.979 - 0.738x_t$$
$$(0.201)(0.058)$$
$$[19.79][-12.74]$$

[13] 就迴歸分析而言，若誤差項屬於白噪音過程，則 OLS 估計式具有最佳線性不偏估計式（best linear unbiased estimator, BLUE）的性質；另外，若誤差項屬於白噪音過程且屬於常態分配，則 OLS 估計是具有最佳不偏估計式的性質。上述性質亦可稱爲高斯—馬可夫定理（Gauss-Markov theorem）。

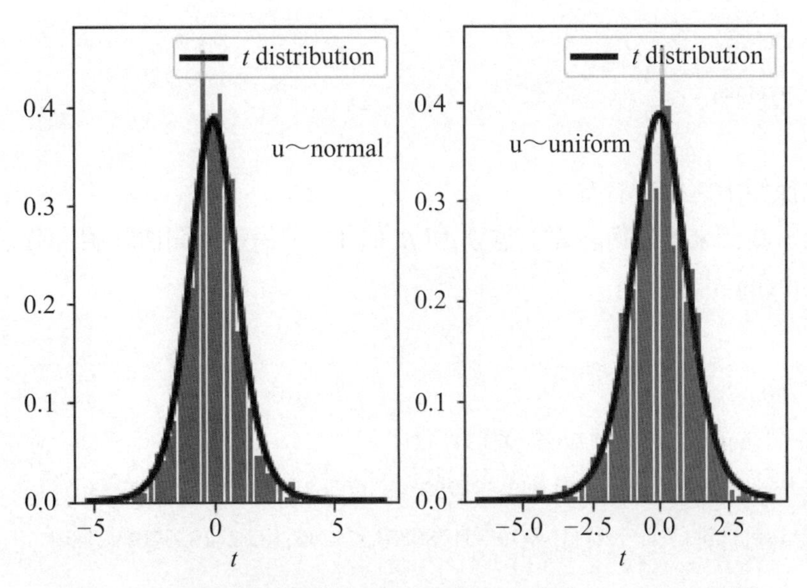

圖 9-12　t 檢定統計量的抽樣分配與自由度為 $n-2$ 的 t 分配

其中小與中括號內之值爲對應的標準誤與 t 檢定統計量；因此，根據（9-19）與（9-20）二式，可知對應的 b_2 的 t 檢定統計量約爲 -12.74。我們可以檢視下列的 Python 指令：

```
model1 = ols('infl~un',INFLUN).fit()
model1.summary()
b = model1.params
bse = model1.bse
b[1]/bse[1] # -12.741374548179213
b[0]/bse[0] # 19.793323217672185
model1.tvalues
```

可以注意如何於 model1 內找出 b_1、b_2 以及對應的標準誤。我們進一步計算二參數 t 檢定統計量的 p_{value}，即：

```
n = len(un) # 447
2*t.cdf(b[1]/bse[1],n-2) # 6.419233981078796e-32
2*(1-t.cdf(b[0]/bse[0],n-2)) # 0
```

```
# dir(model1)
model1.pvalues
```

讀者可以操作上述指令看看。

最後，我們來看如何計算上述 β_1 與 β_2 的 $1-\alpha$ 信賴區間估計值。令 $\alpha = 0.05$，試下列的 Python 指令：

```
alpha = 0.05
tc = t.ppf(1-alpha/2,n-2) # 1.965309213413216
[b[0]-tc*bse[0],b[0]+tc*bse[0]] # [3.5837505493500688, 4.373875346372307]
[b[1]-tc*bse[1],b[1]+tc*bse[1]] # [-0.851788831574743, -0.624133370192189]
```

例 1　一個例子

若 x 與 y 的資料爲：

x	1	2	3	4	5
y	3	7	5	11	14

試以（9-1）式回答下列問題：

(1) 以 OLS 估計，其迴歸函數爲何？
(2) R^2 爲何？
(3) 迴歸式的標準誤爲何？
(4) b_2 抽樣分配的標準誤爲何？
(5) 若欲檢定（9-20）式，t 檢定統計量爲何？
(6) 計算對應的 p_{value}。
(7) 試計算 β_2 之 95% 信賴區間估計值。
(8) 就（9-20）式而言，結論爲何？

解：可參考所附的 Python 指令。

例 2 臺灣的消費函數？

利用第 2 章的臺灣實質 GDP 與實質消費季資料，令 y 與 x 分別表示實質消費與實質 GDP 的對數值，使用 OLS 方法，可得：

$$\hat{y} = 0.02 + 0.96x$$
$$(0.17)(0.01)$$
$$[0.91][0.00]$$
$$s = 0.29$$
$$R^2 = 0.98$$

其中小括號與中括號內之值分別表示對應的標準誤與 p_{value}。習慣上，迴歸的估計結果可寫成如上式所示。

例 3 季實質消費與其預期值時間走勢

續例 2，我們亦可以分別繪製出季實質消費與其預期值的時間走勢如圖 9-13 所示，讀者自然可以看出其間之差異；另一方面，圖 9-13 內亦繪製出季實質消費的確定性趨勢之時間走勢，讀者亦可參考所附的 Python 指令得知如何用 OLS 方法估計出季實質消費的確定性趨勢。

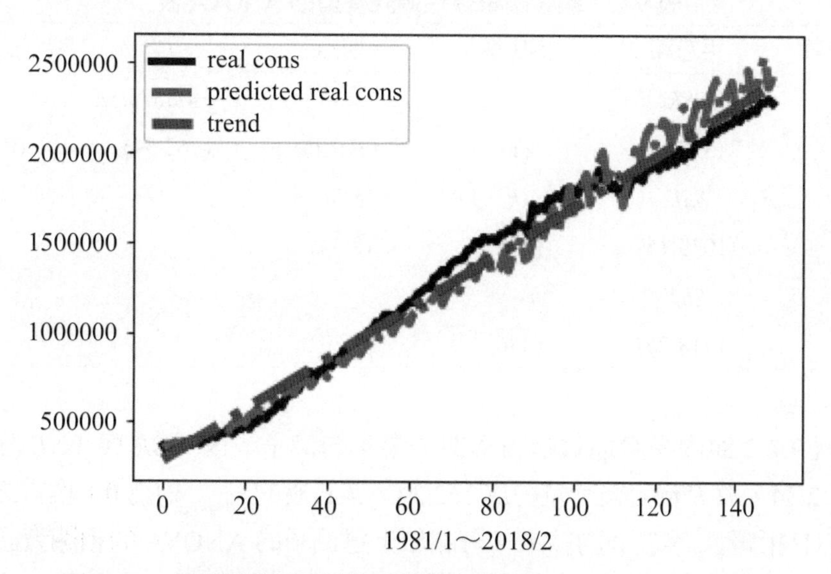

圖 9-13 季實質消費與其預期值時間走勢（1981/1～2018/2）

9.2.3 F 檢定與 ANOVA

繼續延續 9.2.2 節內簡單線性迴歸的情況，我們發現迴歸模型亦可使用 F 檢定並進一步編製 ANOVA 表；換言之，根據（9-13）式，因變數 y 內的（總）變異可以拆成「可以解釋」與「無法解釋」的二成分，其中前者若寫成「均方」的形式，則為 MSR，至於後者則為 MSE，即（9-17）式。MSR 可以定義為：

$$MSR = \frac{SSR}{k} \tag{9-21}$$

其中 k 為迴歸模型內解釋變數的個數，其亦可稱為迴歸的自由度（regression degrees of freedom）。於簡單的線性迴歸模型內，$k = 1$。因此，類似於第 8 章，可以定義 F 檢定統計量為；

$$F = \frac{MSR}{MSE} \sim F_{k,n-(k+1)} \tag{9-22}$$

即上述 F 檢定統計量會接近於分子與分母自由度分別為 k 與 $n-(k+1)$ 的 F 分配。值得注意的是，上述 F 檢定統計量是用於檢定（9-20）式。類似於表 8-6，我們亦可以編製簡單線性迴歸模型的 ANOVA 表如表 9-2 所示。

表 9-2　編製簡單線性迴歸模型的 ANOVA 表

變異來源	平方和	自由度	均方	F	p_{value}
迴歸	SSR (379.1)	k (1)	MSR (379.1)	$F = MSR/MSE$ (162.34)	 (0.00)
誤差	SSE (1039.15)	$n-(k+1)$ (445)	MSE (2.34)		
總和	SST (1418.25)	$n-1$ (446)			

延續 9.2.2 節內臺灣通貨膨脹率與失業率的例子。因 MSR 與 MSE 分別約為 379.1 與 2.34，故 F 檢定統計量約為 162.34，其對應的 p_{value} 約為 0；換言之，利用 F 檢定亦有拒絕 β_2 等於 0 的結果。有關於上述例子的 ANOVA 的相關資訊，亦列於表 9-2 內的小括號內。可以參考所附的 Python 指令，即：

```
model1 = ols('infl~un',INFLUN).fit()
import statsmodels.api as sm
anova_table1 = sm.stats.anova_lm(model1, typ=2) # typ 2: ANOVA DataFrame
anova_table1
```

我們可以看出 anova_table1 的結果恰等於表 9-2。

敏感的讀者應該有發現我們分別可以使用 t 與 F 檢定檢視（9-20）式內的假定，此表示 t 與 F 檢定統計量存在一定的關係，即試下列的 Python 指令：

```
t2 = model1.tvalues[1] # -12.741374548179213
t2**2 # 162.34262537698905
t_pvalues = model1.pvalues
t_pvalues[1] # 6.419233981078796e-32
```

即 t 與 F 檢定統計量存在著 $t_v^2 = F_{1,v}$ 的關係[14]。不過於迴歸分析內，上述關係僅限於簡單線性迴歸模型內；換言之，考慮一個線性迴歸模型如：

$$y = \beta_1 + \beta_2 x_2 + \cdots + \beta_k x_k + u \tag{9-23}$$

我們可以使用上述的 F 檢定統計量檢定下列的假設：

$$H_0 : \beta_2 = \beta_3 = \cdots = \beta_k = 0 \text{ vs. } H_a : H_0 \text{ 不成立} \tag{9-24}$$

即（9-24）式內的虛無假設相當於假定複迴歸式內的所有自變數與因變數無關，故其屬於迴歸式的全體的「配適度」檢定；此時，F 檢定統計量對應的是一種「聯合」檢定而非單一檢定，故該檢定統計量接近於分子與分母自由度分別爲 $k-1$ 與 $n-k$ 的 F 分配，因此前述 t 與 F 檢定統計量之間的關係不再存在。有關於複迴歸模型的統計推論，我們將於下一章介紹。

[14] 有關於常態、t、卡方與 F 分配的關係可參考《財時》。

例 1 **9.2.2 節的例 1**

延續 9.2.2 節的例 1，我們亦可以使用 F 檢定以檢視估計迴歸式的配適度；其次，亦可編製 ANOVA 表如表 9-3 所式，可以參考所附的 9.2.2 節例 1 的 Python 指令。就表 9-3 而言，可知於 $\alpha = 0.05$ 之下會拒絕虛無假設爲 $\beta_2 = 0$。讀者可與 t 檢定比較。

表 9-3　9.2.2 節例 1 的 ANOVA 表

變異來源	平方和	自由度	均方	F	p_{value}
迴歸	67.6	1	67.6	16.35	0.027
誤差	12.4	3	4.13		
總和	80	4			

例 2 **F 檢定的應用**

就（9-1）式而言，若 $\beta_2 = 0$，可得：

$$y_i = \beta_1 + u_i,\ i = 1, 2, \cdots \tag{9-25}$$

根據（9-9）式，n 個 y 的觀察值，若使用 OLS 方法估計可得 $b_1 = \bar{y}$，即若迴歸式只有常數項，OLS 估計式就是因變數的樣本平均數。比較（9-1）與（9-25）二式，可知後者包含於前者；或者說，（9-1）式是一個不受限的（unrestricted）迴歸模型而（9-25）式卻可視爲一個受限制的（restricted）迴歸模型，其中限制的條件爲 $\beta_2 = 0$。因此，令受限制的誤差平方和爲 $SSRr = \sum_{i=1}^{n}(y_i - \bar{y})^2$ 而不受限誤差的平方和爲 $SSRu = \sum_{i=1}^{n}(y_i - \hat{y}_i)^2$，其中 $\hat{y}_i$ 爲以 OLS 估計（9-1）式的估計迴歸式，則 F 檢定統計量可寫成：

$$F = \frac{(SSRr - SSRu)/q}{SSRu/(n-\gamma-1)} \tag{9-26}$$

其中 q 表示限制的個數而 γ 表示自變數的個數。於上述的例子內 $q = \gamma = 1$。

我們可以重新檢視（9-26）式。直覺而言，$SSRr \geq SSRu$（即 x 若無任何解釋 y

的能力，則 $SSRr = SSRu$；但是，若 x 能解釋 y，則 $SSRr > SSRu$），故上述 F 檢定統計量為正數值；另一方面，根據上述 $SSRr$ 與 $SSRu$ 的定義，不就是分別為（9-13）式的 SST 與 SSE 嗎？因此，（9-26）式其實就是（9-22）式的另外一種表示方式。

仍使用上述臺灣通貨膨脹率與失業率的例子，檢視下列的 Python 指令，即：

```
yhatr = np.mean(infl)
SSEr = np.sum((infl-yhatr)**2) # 1418.2519181208052
SSEun = SSE # 1039.153316749354
F = (SSEr-SSEun)/(SSEun/(n-2)) # 162.34262537698882
```

可知上述 F 值與表 9-2 內的 F 值相同。

例 3 F 與 t 檢定

續例 2，利用上述通貨膨脹率與失業率的簡單迴歸估計結果（即 model1），我們亦可以直接執行 F 與 t 檢定，試下列的 Python 指令：

```
dir(model1)
model1.f_test('un=0')
b2 = model1.params[1] # -0.737961100883466
model1.t_test('un=0')
```

上述指令相當於分別使用 F 與 t 檢定檢視 $H_0: \beta_2 = 0$ 的情況，即若有執行上述指令，應可知每一指令的意思。

9.2.4 預測

首先我們來看圖 9-15 的情況。圖內的 x 與 y 係模擬的資料，即令 $\beta_1 = 5$、$\beta_2 = 0.5$、$n = 50$、$x = \log(x_1)$、$\sigma = 0.3$ 以及 $y = \beta_1 + \beta_2 x + \sigma z$，其中 z 為標準常態分配的隨機變數，而 x_1 為介於 [0.1, 20] 的觀察值[15]。上述 y 內的誤差項我們將其拆成擴散（diffusion）參數 σ 與 z 二個部分。利用 OLS，可得估計的迴歸式。上述結果可以

---

[15] 即 x_1 可為介於 [0.1, 20] 區間的一個等差級數，其中期初與期末值分別為 0.1 與 20，而公差約為 0.4061。

參考下列的 Python 指令：

```
n = 50
sigma = 0.3
x1 = np.linspace(0.1,20,n)
x = np.log(x1)
X = sm.add_constant(x)
beta = [5, 0.5]
y_true = np.dot(X,beta)
np.random.seed(1234);u = sigma*norm.rvs(0,1,n)
y = y_true+u
resulta = sm.OLS(y,X).fit()
ypred = resulta.predict(X)
yhat = resulta.fittedvalues
```

可以留意上述指令是以 resulta.predict(X) 指令取得估計的迴歸式，即可檢查 ypred 與 yhat 二變數，二者的結果是完全相同；另一方面，我們是使用 sm.OLS(y, X).fit() 函數指令，即該指令較易取得預測值。

如前所述，雖說圖 9-14 內的 x_1 與 x 變數之間是非線性的，但是只要經過適當的轉換，其結果仍是屬於線性迴歸的範圍[16]。爲何要使用上述 resulta.predict(X) 指令？原因就在於利用該指令，我們可以進行樣本外的預測（out-of-sample prediction），不過於尚未介紹之前，我們倒是可以先介紹如何建立預測區間。

利用圖 9-14 內的模擬資料，若使用 OLS 方法估計，可得估計迴歸式約爲：

$$\hat{y} = 5.01 + 5.1\log(x_1) \tag{9-27}$$

利用（9-27）式，可以得到不同 x_1 下的預期值 $\hat{y}$，可記得後者可用於估計 $E(y \mid x_1)$。例如：令 $x_1^* = 10$ 代入（9-27）式內可得預期值 $\hat{y}^*$ 約爲 6.18，該值的位置可以參考圖 9-15 的 A 點。因 $\hat{y}^*$ 與 y^* 皆爲隨機變數，根據 Anderson et al.（2017），我

[16] 即圖 9-15 內的迴歸式可爲 $y = \beta_1 + \beta_2 \log(x_1) + u$，其中 $\beta_2 = \dfrac{\partial y}{\partial \log(x_1)} = \dfrac{\partial y}{\partial x_1} x_1$。我們可以將 β_2 轉換成彈性的型態。

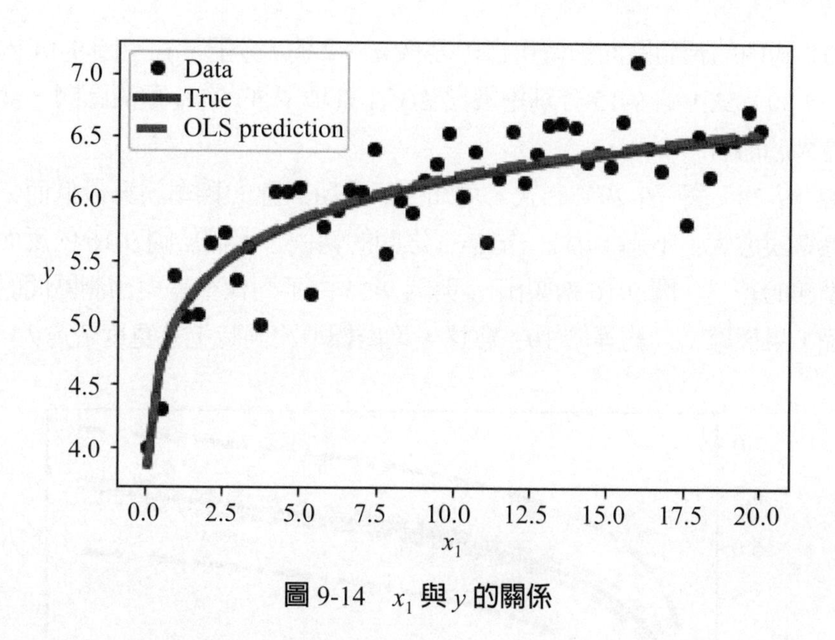

圖 9-14 x_1 與 y 的關係

們可以進一步取得 $\hat{y}^*$ 的平均值與個別的標準誤分別爲：

$$s_{\hat{y}^*} = s\sqrt{\frac{1}{n}+\frac{(x^*-\overline{x})^2}{\sum_{i=1}^{n}\left(x_i-\overline{x}\right)^2}} \tag{9-28}$$

與

$$s_{y_i^*} = s\sqrt{1+\frac{1}{n}+\frac{(x^*-\overline{x})^2}{\sum_{i=1}^{n}\left(x_i-\overline{x}\right)^2}} \tag{9-29}$$

（9-28）與（9-29）二式的區別是前者是表示估計迴歸式 $\hat{y}_i$ 的標準誤，而後者則爲個別觀察值 $y_i=\hat{y}_i+e_i$ 的標準誤，顯然二者的差距爲 s（即 σ 的估計值是 s）。利用（9-28）與（9-29）二式，我們可以進一步計算 $E(y^*\mid x_1)$ 與 y^* 的 $1-\alpha$ 的預測區間分別爲：

$$\hat{y}_i^* \pm t_{\alpha/2,n-2}s_{\hat{y}^*} \text{ 與 } \hat{y}_i^* \pm t_{\alpha/2,n-2}s_{y_i^*} \tag{9-30}$$

即（9-30）式內的預測區間仍使用自由度為 $n-2$ 的 t 分配。利用圖 9-14 內的資料與使用（9-30）式，圖 9-15 分別繪製出 $E(y^* \mid x)$ 與 y^* 的 95% 預測區間，當然後者的寬度會大於前者。

根據（9-28）與（9-29）二式，可知 $x^* = \bar{x}$ 所對應的標準誤為最低而 x^* 距離 $\bar{x}$ 愈遠則標準誤愈大；不過，因 $x = \log(x_1)$ 之間的轉換，我們於圖 9-16 內反而看不出上述標準誤的差異。圖 9-16 繪製出 x_1 與圖 9-15 內不同標準差與預測區間的寬度之間的關係，果然離 $\bar{x}_1$（約等於 10）愈遠，不僅標準誤同時上述寬度皆愈大。

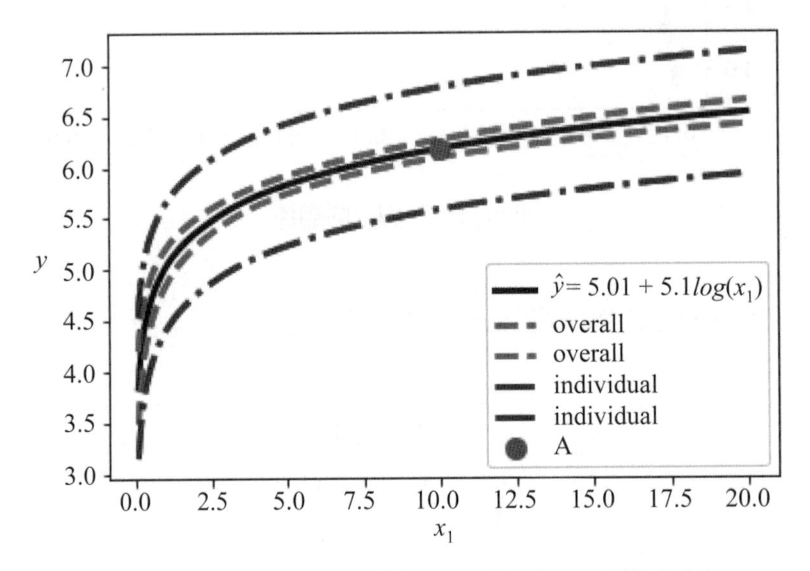

圖 9-15　y 之平均值與個別的 95% 預測區間（樣本內）

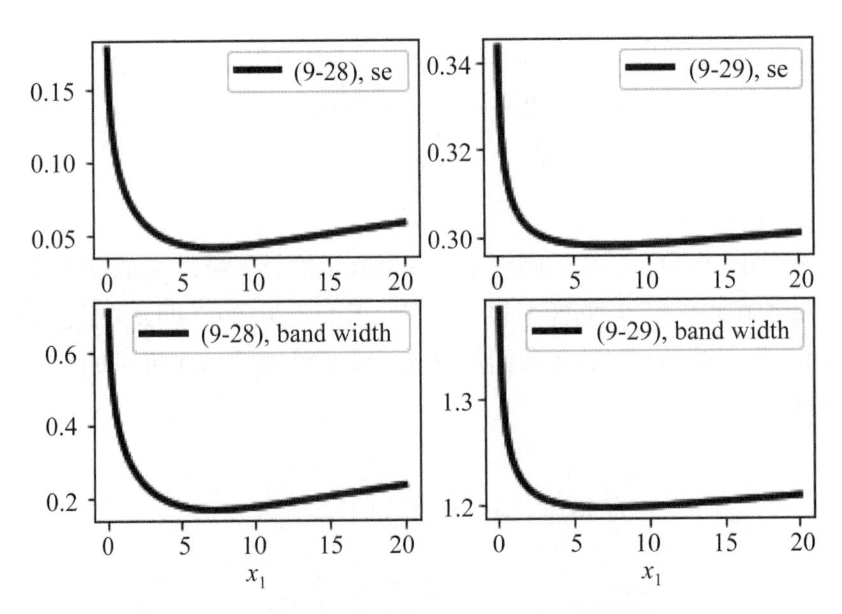

圖 9-16　不同 x_1 下的 $\hat{y}$ 標準誤與預測區間寬度

上述的結果屬於樣本內（in-sample）的預期，我們繼續考慮樣本外的預測情況，可以參考圖 9-17。於該圖內，我們將 x_1 的範圍擴充至 25，不過因屬於「未來」[17]，y 爲未知，故圖內並未繪製出 y 的資料（即虛垂直線的右側）。倘若我們繼續沿用（9-27）式預測未來 y 的走勢，於我們的例子內，$\hat{y}$ 與對應的預測區間將延續圖 9-15 的結果，不過圖 9-17 只繪製出 y 之平均數預測的情況。

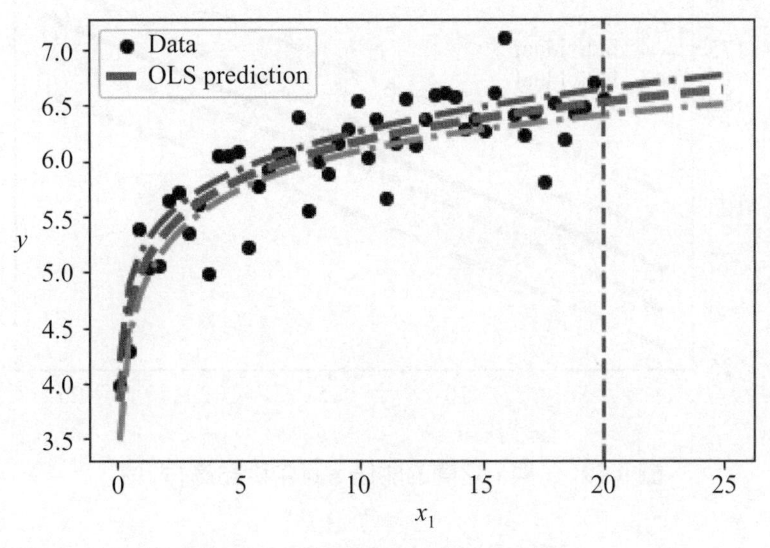

圖 9-17　樣本外的預期（平均數）

例 1　一個簡單的例子

考慮下列的資料：

x	2	6	8	8	12	16	20	20	22	26
y	58	105	88	118	117	137	157	169	149	202

我們以 OLS 估計（9-1）式，可得 $\hat{y} = 60 + 5x$。我們進一步計算 $E(y \mid x)$ 與 y 的樣本內之 95% 預測區間，其結果則繪製如圖 9-18 所示。我們從上述圖內可看出於 $x^* = \bar{x}$ 處，對應的預測區間最短；相反地，若 x^* 離 $\bar{x}$ 愈遠，則對應的預測區間愈大。此

[17] 當然，若 y 的 DGP 維持不變，我們仍可模擬出 y 的資料，只是「明日」是否與「今日」相同？

例說明了若欲使用估計的迴歸式預測因變數 y 值，x^* 離 $\bar{x}$ 愈近，其準確度愈高。

於上述的計算過程內，（9-28）與（9-29）二式的計算較為繁雜，可用我們自行設計的 Python 函數指令計算，即：

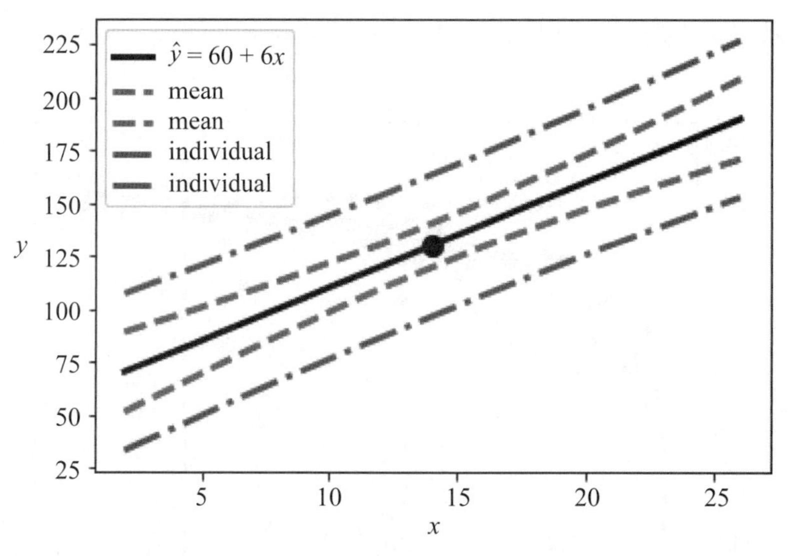

圖 9-18　x 與 y 之間的關係，其中黑點為 $(\bar{x}, \bar{y})$

```
def syhat(result,x,xstar):
    e = result.resid
    n = result.nobs;k = len(result.params)
    SSE = np.sum(e**2);s = np.sqrt(SSE/(n-k))
    xbar = np.mean(x);SSx = np.sum((x-xbar)**2)
    syhatstar = s*np.sqrt((1/n+(xstar-xbar)**2/SSx))
    spred = s*np.sqrt((1+1/n+(xstar-xbar)**2/SSx))
    return [syhatstar,spred]
```

其中 result 是 OLS 方法的估計結果。可以參考圖 9-15 與 9-18 所附的 Python 指令得知上述函數指令的用法。

例 2　再談菲力浦曲線的估計

利用前述臺灣的通貨膨脹率與失業率資料，我們嘗試估計下列式子：

$$y_t = \beta_1 + \beta_2 \frac{1}{x_{t-1}} + u_t$$

其中 y_t 與 x_{t-1} 分別表示通貨膨脹率與失業率。利用 OLS 估計上述式子，可得 $\hat{y}_t = -0.56 + 5.79\frac{1}{x_{t-1}}$，讀者可以嘗試解釋 $\frac{\partial \hat{y}_t}{\partial x_t} = -5.79\frac{1}{x_{t-1}^2}$ 的意義（可將其轉成彈性）。我們進一步繪製出 x_{t-1} 與 $\hat{y}_t$ 之間的關係如圖 9-19 所示，其中虛線表示對應的 95% 預測區間。讀者可以評估圖 9-19 內的結果。

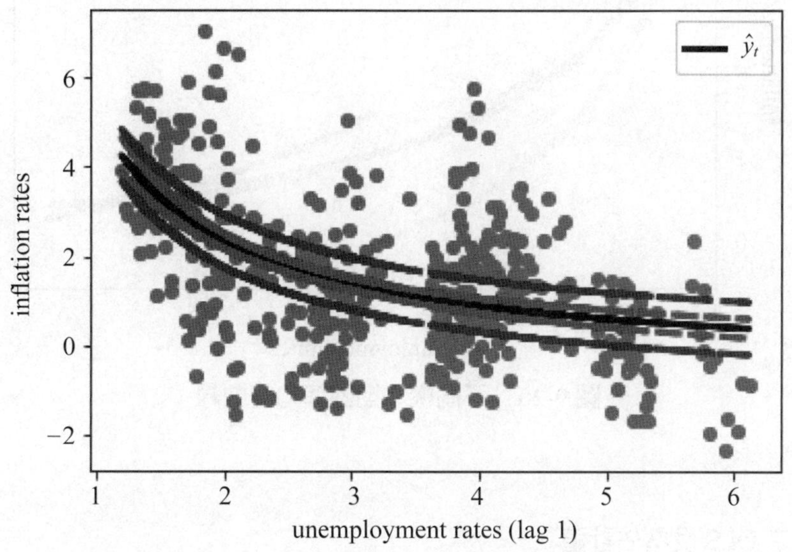

圖 9-19　通貨膨脹率與失業率的關係，估計迴歸式為 $\hat{y}_t = -0.56 + 5.81\frac{1}{x_{t-1}}$

例 3　不同樣本期的估計迴歸式

續例 2，圖 9-17 的樣本外預測是假定估計迴歸式的穩定性。為了檢視上述的穩定性，我們嘗試使用不同的樣本期間已取得估計迴歸式。考慮下列的樣本期間：

樣本 1（1982/2～1990/5）

$$\hat{y}_t = -2.23 + 7.62\frac{1}{x_{t-1}}$$

(0.58) (1.15)

[0.00] [0.00]

樣本 2（1990/6～2007/1）

$$\hat{y}_t = -0.96 + 7.15\frac{1}{x_{t-1}}$$

(0.23) (0.52)

[0.00] [0.00]

樣本 3（2007/2～2019/3）

$$\hat{y}_t = -1.81 + 12.29\frac{1}{x_{t-1}}$$

(0.9) (3.7)

[0.05] [0.00]

其中小與中括號內之值分別表示對應的標準誤與 p_{value}。我們從上述三個樣本期間可發現 β_2 皆能顯著地異於 0，不過顯然地 β_2 的 OLS 估計值未必皆相同。圖 9-20 分別繪製出上述子樣本與整個樣本期間的估計迴歸式，我們可以比較其間的差異。

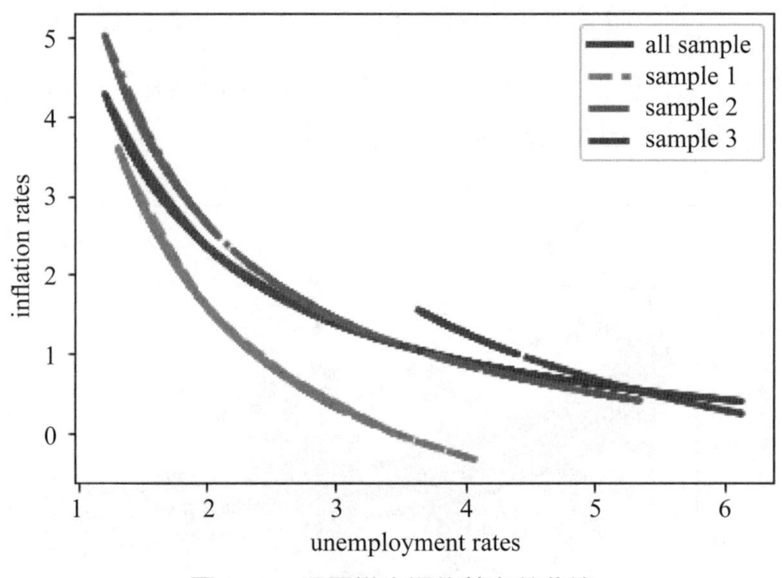

圖 9-20　不同樣本期的菲力普曲線

例 4　**β_2 之 OLS 反覆估計值**

續例 3，為了檢視估計迴歸式的穩定性，我們也可以一種反覆的（recursive）的方式取得 b_2；也就是說，從樣本數為 10 開始至樣本數為 446 為止，我們逐一以 OLS 估計例 2 內 β_2 值與其對應的 95% 信賴區間，其結果則繪製如圖 9-21 所示，其中水平虛線為整個樣本期間的估計值。我們從圖 9-21 內可看出 β_2 的估計值（即 b_2）並不穩定。

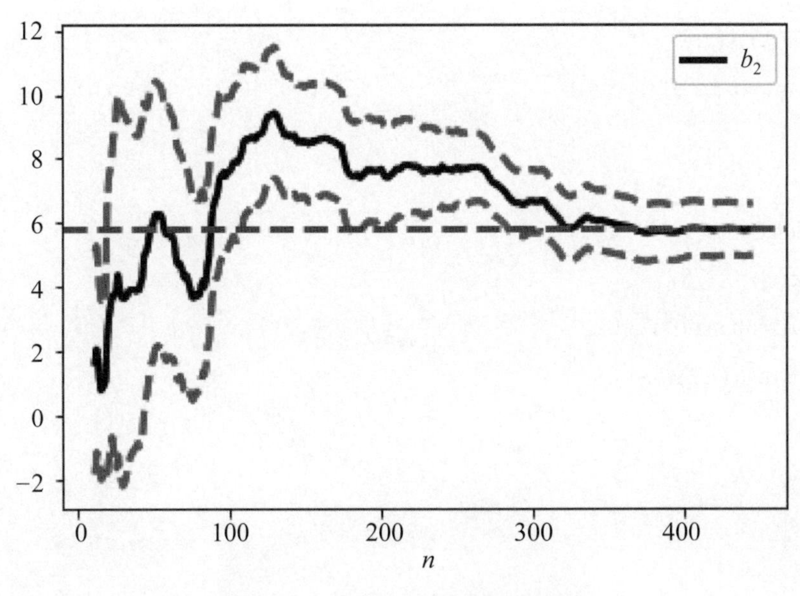

圖 9-21 β_2 之 OLS 反覆估計值

9.3 矩陣的操作

迴歸模型亦可以使用矩陣的型態表示；或者說，習慣用矩陣的型態來操作反而較為簡潔明瞭。本節將使用矩陣的型態來說明簡單的線性迴歸模型，下一章自然可以擴充至分析複迴歸模型的情況，至於迴歸模型用矩陣型態的較完整表示方式，則可參考《財時》[18]。

首先，我們可以練習矩陣的表示方式。考慮 **A** 與 **B** 二矩陣如：

$$\mathbf{A}=\begin{bmatrix}2 & 3\\ 3 & 5\end{bmatrix} \text{與 } \mathbf{B}=\begin{bmatrix}1 & 2 & 3\\ 5 & -1 & 4\end{bmatrix}$$

其中 **A** 是一個 2×2（2 by 2）而 **B** 則是一個 2×3 矩陣。可以試下列的 Python 指令：

```
A = np.array(((2,3),(3,5)))
A
```

[18] 於此處我們就不再複習矩陣或向量的意義與操作，不熟悉的讀者可參考筆者之前的著作或上網查詢。

```
np.shape(A) # (2, 2)
B = np.array((((1,2,3),(5,-1,4)))
B
A*B
C = A.dot(B)
np.shape(C) # (2, 3)
np.mat(A)*np.mat(B)
D = np.array((((1,2),(5,-1)))
D
A+D
A*D
```

於上述指令內，可知 **A** 與 **B** 二矩陣如何「建立」，我們可以進一步利用 np.shape() 指令得知矩陣的維度（dimension）。接下來，來看矩陣的加法與乘法。顯然矩陣的維度不同，我們無法操作矩陣內「元素對元素」的加法與乘法，不過後者卻存在另外一種「矩陣的相乘」，即若 **H** 是一個 $k\times m$ 矩陣，其亦可寫成 $\mathbf{H}=\left(h_{ij}\right)_{i=1,2,\cdots,k,\,j=1,2,\cdots,m}$；同理，$\mathbf{Q}=\left(q_{ij}\right)_{i=1,2,\cdots,m,\,j=1,2,\cdots,n}$ 爲一個 $m\times n$ 矩陣，則 $\mathbf{D}=\mathbf{HQ}=\left(d_{ij}\right)_{i=1,2,\cdots,m,\,j=1,2,\cdots,n}$ 爲一個 $k\times n$ 矩陣，其內之元素可寫成：

$$d_{ij}=\sum_{l=1}^{m}h_{il}q_{lj}$$

即上述「矩陣的相乘」會存在，必須是 **H** 的行數與 **Q** 的列數一致。讀者可以留意上述「矩陣的相乘」於 Python 內如何操作〔即使用 A.dot(B) 或 np.mat(A)*np.mat(B) 指令〕。至於 A+D 與 A*D 的意義，則指「元素對元素」的加法與乘法。

我們利用前述菲力普曲線的估計來說明如何使用矩陣操作。簡單的線性迴歸模型如（9-1）式若寫成矩陣的型態可爲：

$$\mathbf{y}=\mathbf{X}\beta+\mathbf{u} \tag{9-31}$$

其中 **y** 與 **u** 皆是一個 $n\times 1$ 矩陣（或稱爲向量），而 **X** 與 $\beta=\begin{bmatrix}\beta_1\\ \beta_2\end{bmatrix}$ 分別是一個 $n\times 2$ 與 2×1 矩陣。可以注意的是，**X** 矩陣可寫成：

$$\mathbf{X} = \begin{bmatrix} 1 & x_1 \\ 1 & x_2 \\ \vdots & \vdots \\ 1 & x_n \end{bmatrix}$$

換言之，（9-31）式亦可寫成：

$$\begin{cases} y_1 = \beta_1 + \beta_2 x_1 + u_1 \\ y_2 = \beta_1 + \beta_2 x_2 + u_2 \\ \vdots \\ y_n = \beta_1 + \beta_2 x_n + u_n \end{cases} \quad (9\text{-}32)$$

可以試下列的指令：

```
n = len(x)
X_mat = np.vstack((np.ones(n), x))
np.shape(X_mat) # (2, 446)
X = X_mat.T # tranpose
np.shape(X) # (446, 2)
# try
ones = np.ones(n)
X1 = np.column_stack((ones,x))
np.shape(X1) # (446,2)
# try
X2 = sm.add_constant(x)
np.shape(X2) # (446, 2)
```

即至少有三種方式可以得到 **X** 矩陣，其中 X_mat.T 爲 X_mat 的轉置矩陣（transpose matrix），讀者可以比較二矩陣的關係。

於《財統》或《財時》內，我們已經知道 β 的 OLS 估計式 $\hat{\beta}$ 可寫成：

$$\hat{\beta} = \left(\mathbf{X}\ \mathbf{X}\right)^{-1}\mathbf{X}\ \mathbf{y} \quad (9\text{-}33)$$

其中 $\mathbf{X}^T$ 為 $\mathbf{X}$ 的轉置矩陣。利用前述的通貨膨脹率與失業率資料（即 $n = 446$），我們來看如何取得 $\hat{\beta}$ 值，即：

```
XX = X.T.dot(X)
np.shape(XX) # (2, 2)
# inverse matrix
invXX = np.linalg.inv(XX)
# OLS results
result = sm.OLS(y,X).fit()
# b
betahat = invXX.dot(X.T).dot(y)
result.params
```

首先 XX 表示 $(\mathbf{X}^T\mathbf{X})$，而其逆矩陣（inverse matrix）的求得可用 np.linalg.inv() 函數指令，故根據（9-33）式可進一步取得 betahat 值，其內有 b_1 與 b_2 二個元素。

接下來，檢視下列指令：

```
# yhat
yhat = np.dot(X,betahat)
yhat[:5]
X.dot(betahat)[:5]
# residuals
e = y-yhat
SSE = e.T.dot(e) # 970.6187894191971
result.ssr # 970.6187894191971
# SSR
ybar = np.mean(y)
SSR = (yhat-ybar).T.dot((yhat-ybar)) # 435.76512739694385
result.ess # 435.76512739694635
# SST
SSR+SSE # 1406.383916816141
SST = (y-ybar).T.dot((y-ybar)) # 1406.3839168161435
result.centered_tss # 1406.3839168161435
```

讀者若有操作上述指令，應可知其意思。值得注意的是，迴歸估計結果 result 內的 SST、SSR 與 SSE 與我們使用的名稱並不相同。

習題

(1) 試解釋迴歸分析爲何可將因變數 y 拆成「系統」與「非系統」二成分。
(2) 何謂條件期望值？試解釋之。爲何迴歸函數可用條件期望值表示？
(3) 令 $n = 50$、$\beta_1 = 0.5$、$\beta_2 = 2$、$x \sim N(0, 2)$、$\sigma_0 = 5$ 與 $z \sim N(0, 1)$，試模擬出 y 值，其中 $y = \beta_1 + \beta_2 x + \sigma_0 z$。
(4) 續上題，試繪製出 x 與 y 的散佈圖、$E(y \mid x)$ 與 OLS 之估計迴歸式 $\hat{y}$ 的走勢。
(5) 續上題，試繪製出殘差值的走勢。其有何特色？
(6) 續上題，試計算 SST、SSR、SSE、R^2、s 以及 x 與 y 的相關係數。
(7) 續上題，試檢定 H_0：$\beta_2 = 0$（$\alpha = 0.05$）。
(8) 續上題，試檢定 H_0：$\beta_2 = 2$（$\alpha = 0.05$）。
(9) 續上題，試編製 ANOVA 表。
(10) 續上題，試繪製出 $E(y \mid x)$ 與 y 的 95% 預測區間。提示：可以參考圖 9-a。

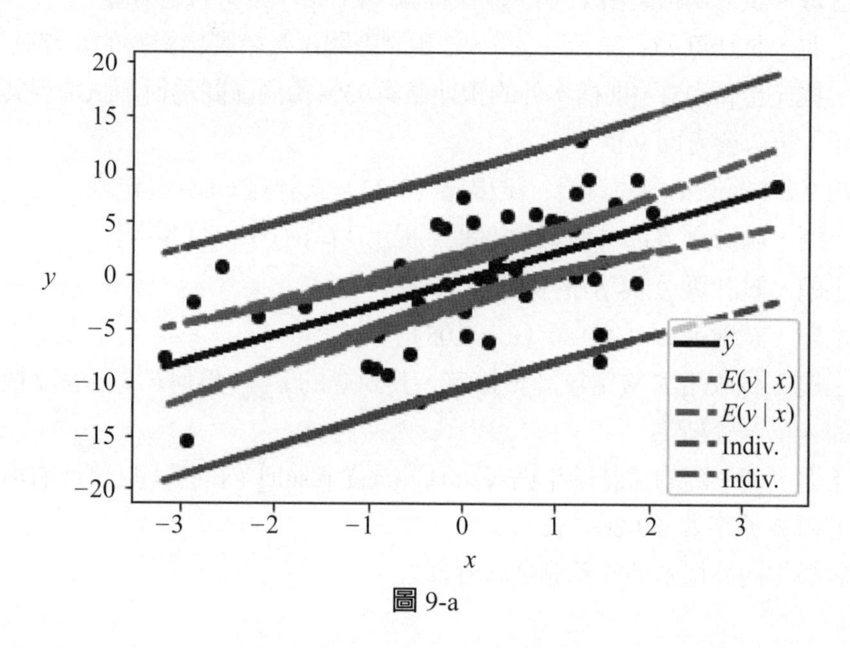

圖 9-a

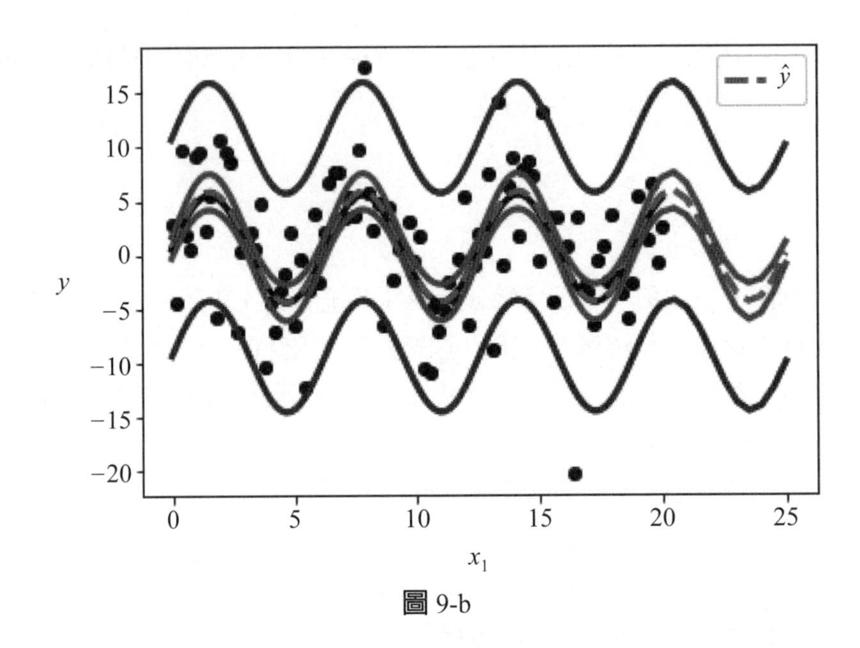

圖 9-b

(11) 令 $n = 100$、$\beta_1 = 0.5$、$\beta_2 = 5$、$x = \sin(x_1)$、$\sigma_0 = 5$ 與 $z \sim N(0, 1)$，試模擬出 y 值，其中 $y = \beta_1 + \beta_2 x + \sigma_0 z$ 與 x_1 平均分佈於 [0, 20] 之間。試以 OLS 取得估計之迴歸函數。試分別繪製出 x_1 與 y 的散佈圖、$E(y \mid x)$ 與 $\hat{y}$ 的走勢圖。

(12) 續上題，試計算 $E(y \mid x)$ 與 y 之 95% 預測區間以及繪製出對應的走勢圖。

(13) 若 x_1 擴充至 [0, 25]，則樣本外的預期值與 95% 預測區間為何？試繪製其圖形。提示：可以參考圖 9-b。

(14) 利用 9.2.4 節例 1 內的資料，試根據（9-33）式計算 OLS 估計值。

(15) 續上題，試計算 $\hat{\beta}$ 的共變異數矩陣。提示：$Cov(\hat{\beta}) = s^2\left(\mathbf{X}^T\mathbf{X}\right)^{-1}$。

(16) 續上題，試計算 $\hat{\beta}_1$ 與 $\hat{\beta}_2$ 的標準誤。

(17) 續上題，試檢定 $H_0: \beta_2 = 0$（$\alpha = 0.05$）。

(18) 續上題，試改用 F 檢定統計量檢定，其對應的 p_{value} 為何？是否與 t 檢定統計量的 p_{value} 一致？

(19) 續上題，若迴歸的估計結果為 result1，試從 result1 內回答題 (14)～(18)。

(20) 試解釋 F 檢定如（9-26）式。

(21) 何謂樣本內與樣本外的預測？試解釋之。

Chapter 10

線性迴歸模型

本章將延伸第 9 章的內容，即將簡單的線性迴歸模型擴充至檢視線性的複迴歸模型；換言之，於本章，我們分別將（9-1)～(9-4）四式改爲：

$$y = \beta_1 x_1 + \beta_2 x_2 + \cdots + \beta_k x_k + u = E(y) + u \quad (10\text{-}1)$$

與

$$y = b_1 x_1 + b_2 x_2 + \cdots + b_k x_k + e = \hat{y} + e \quad (10\text{-}2)$$

爲了書寫方便上述變數省略下標；另一方面，若 x_i（$i = 2, \cdots, k$）爲隨機變數，則迴歸函數應寫爲條件期望値的型態如 $E(y \mid x_2, \cdots, x_k)$，但是爲了表示方便起見故簡寫成 $E(y)$。於 9.3 節內，我們已經知道 x_1 內的元素皆爲 1，故常數項以 x_1 表示反而較爲一致。如前所述，（10-1）與（10-2）二式分別可視爲母體與樣本，故後者是我們實際遇到的模型而前者卻是我們想像出來的。

畢竟因變數 y 並不會只受到單一解釋變數的影響，故複迴歸模型反而較爲實際；另一方面，若（10-1）或（10-2）式爲「眞實的模型」，則迴歸式的參數值例如 $\beta_i = \partial y / \partial x_i$ 的解釋反而較爲直接，即 β_i 可解釋成：於其他變數如 x_j（$j \neq i$）與 u 不變下，（平均）x_i 的變動引起 y（平均）的反應。換句話說，透過迴歸分析可將許多理論模型實際化。

於本章除了檢視線性複迴歸模型的估計與檢定之外，我們亦會進一步從事殘差值分析。最後，我們會介紹間斷的因變數迴歸模型。

10.1 線性複迴歸模型的估計與檢定

雖說線性複迴歸模型內參數的估計與第 9 章類似，不過因有多個解釋變數，我們反而須注意解釋變數之間的關係；另一方面，就參數的統計檢定而言，其當然較單獨只使用 t 檢定複雜且多元，還好我們可以使用 F 檢定取代。

10.1.1 OLS

我們仍使用 OLS 估計線性複迴歸模型內的參數值，即根據（10-2）式，（9-5）式可以擴充而寫成：

$$\min_{b_1,\cdots b_k} L(b_1,\cdots,b_k) \tag{10-3}$$

其中 $L(b_1,\cdots,b_k)=\sum_{i=1}^{n}e_i^2=\sum_{i=1}^{n}(y_i-\hat{y}_i)^2=\sum_{i=1}^{n}(y_i-b_1x_{i1}-\cdots-b_kx_{ik})^2$。極小化（10-3）的第一階條件爲：

$$\frac{\partial L}{\partial b_j}=2\sum_{i=1}^{n}(y_i-b_1x_{i1}-\cdots-b_kx_{ik})(-x_{ij})=0 \tag{10-4}$$

其中 $j = 1, 2, \cdots, k$。是故，若使用 OLS 估計線性複迴歸模型如（10-1）式，我們反而有 k 條「標準方程式」，隱含著 OLS 估計式背後有 k 條限制式。

當然亦可使用類似於（9-8）式的求解方式取得 OLS 估計式如 b_j，不過於此處，我們自然可以看出使用矩陣的型態來表示反而比較簡易。因此，（10-1）式若改寫成矩陣的型態可爲：

$$\mathbf{y}=\mathbf{X}\beta+\mathbf{u} \tag{10-5}$$

其中 $\mathbf{y}$ 與 $\mathbf{u}$ 皆爲一個 $n\times 1$ 向量而 β 亦是一個 $k\times 1$ 向量；不過，$\mathbf{X}$ 卻是一個 $n\times k$ 的矩陣，其可寫成：

$$\mathbf{X}=\begin{bmatrix} x_{11} & x_{12} & \cdots & x_{1k} \\ x_{21} & x_{22} & \cdots & x_{2k} \\ \vdots & \vdots & \ddots & \vdots \\ x_{n1} & x_{n2} & \cdots & x_{nk} \end{bmatrix}=\begin{bmatrix} 1 & x_{12} & \cdots & x_{1k} \\ 1 & x_{22} & \cdots & x_{2k} \\ \vdots & \vdots & \ddots & \vdots \\ 1 & x_{n2} & \cdots & x_{nk} \end{bmatrix}$$

可記得 $x_{i1}=1$（$i=1,2,\cdots,n$）。類似於（9-33）式，以 OLS 估計（10-5）式可得：

$$\hat{\beta}=\left(\mathbf{X}^T\mathbf{X}\right)^{-1}\mathbf{X}^T\mathbf{y} \tag{10-6}$$

於（10-6）式內可看出 $\hat{\beta}$ 的存在必須 $(\mathbf{X}^T\mathbf{X})$ 是一個非奇異矩陣（nonsingular matrix）[①]。

我們舉一個例子說明，可以試下列的 Python 指令：

```
n = 50;sigma = 0.25
x1 = np.linspace(0, 20, n)
X = np.column_stack((x1, np.sin(x1), (x1-5)**2))
X1 = sm.add_constant(X);beta = [5., 0.5, 0.5, -0.02]
y_true = np.dot(X1, beta)
np.random.seed(1234);y = y_true + sigma*norm.rvs(0,1,n)
result = sm.OLS(y, X1).fit()
XX = X1.T.dot(X1)
np.linalg.matrix_rank(XX) # 4
betahat = np.linalg.inv(XX).dot(X1.T).dot(y)
# array([ 4.96535282,    0.50875528,    0.56514197, -0.02061515])
b = result.params # array([ 4.96535282,    0.50875528,    0.56514197, -0.02061515])
```

上述指令的 **X1** 是一個 50×4 的矩陣，我們進一步計算 $(\mathbf{X1}^T\mathbf{X1})$ 的「秩」等於 4，上述結果可用 np.linalg.matrix_rank() 函數指令檢視。根據（10-6）式，可知 $\hat{\beta}$ 與 b 的結果相同，二者皆爲 OLS 的估計值。

例 1　估計迴歸式會通過點 $(\bar{x}_2,\bar{x}_3,\cdots,\bar{x}_k,\bar{y})$

類似於（9-9）式，我們從（10-4）式內可看出 $b_1=\bar{y}-b_2\bar{x}_2-\cdots-b_kx_k$ 代入（10-2）式的 $\hat{y}$ 內，可得：

$$\hat{y}=b_1+b_2x_2+\cdots+b_kx_k \Rightarrow y-\bar{y}=b_2(x_2-\bar{x}_2)+\cdots+b_k(x_k-\bar{x}_k)$$

---

① 非奇異矩陣指的是 **X** 矩陣內的行向量之間彼此獨立或該矩陣的「秩」（rank）等於 k，可以參考《財時》。

故估計迴歸式 $\hat{y}$ 會通過點 $(\bar{x}_2, \bar{x}_3, \cdots, \bar{x}_k, \bar{y})$。

例 2

類似於例 1，因 $b_1 = \bar{y} - b_2\bar{x}_2 - \cdots - b_k\bar{x}_k$ 代入（10-2）式內，可得：

$$y = b_1 + b_2x_2 + \cdots + b_kx_k + e \Rightarrow y - \bar{y} = b_2(x_2 - \bar{x}_2) + \cdots + b_k(x_k - \bar{x}_k) + e$$

上述結果隱含著若分別以 OLS 估計，使用原始資料如 $y, x_2, \cdots, x_k$ 與使用調整後的資料如 $y - \bar{y}, x_2 - \bar{x}_2, \cdots, x_k - \bar{x}_k$ 的結果是一致的，其中後者爲不含常數項的線性迴歸式；換言之，仍延續前述之 Python 指令：

```
Xbar = np.mean(X,axis=0)
Xstar = X-Xbar;ystar = y-np.mean(y)
result1 = sm.OLS(ystar,Xstar).fit()
result1.params # array([ 0.50875528,    0.56514197, -0.02061515])
```

可以注意如何計算 **X** 矩陣內的行平均數。

例 3　四種指數報酬率的迴歸式

利用第 2 章的 NASDAQ、N225、SSE 與 TWI 月股價指數資料，轉換成月報酬率資料後，以下列的複迴歸模型表示，即：

$$y = \beta_1 + \beta_2x_2 + \beta_3x_3 + \beta_4x_4 + u$$

其中 y、x_2、x_3 與 x_4 分別表示 TWI、NASDAQ、N225 與 SSE 的月報酬率。我們以 OLS 估計上式，參考下列的 Python 指令：

```
Four = pd.read_excel('F:/Stat/ch2/data/fmindex.xlsx')
Fourr = 100*np.log(Four/Four.shift(1))[1:]
X1 = np.column_stack((Fourr['NASDAQ'],Fourr['N225'],Fourr['SSE']))
X = sm.add_constant(X1)
y = Fourr['TWI']
```

```
betahat = np.linalg.inv(X.T.dot(X)).dot(X.T).dot(y)
# array([-0.11650809,   0.38737889,   0.22284906,   0.11680466])
b = sm.OLS(y,X).fit().params
np.mat(b) # matrix([[-0.11650809,   0.38737889,   0.22284906,   0.11680466]])
```

可以注意如何取得 **X1**。

例 4 β_i 的意義

續例 3，若我們想要知道例如 OLS 估計值 b_4 的意思，可使用下列的步驟：

步驟 1：除去 x_2 與 x_3 對 y 的影響力，即以 OLS 估計 $y = \beta_1 + \beta_2 x_2 + \beta_3 x_3 + u$ 迴歸式得出殘差值 e_1。

步驟 2：除去 x_2 與 x_3 對 x_4 的影響力，即以 OLS 估計 $x_4 = \beta_1 + \beta_2 x_2 + \beta_3 x_3 + u$ 迴歸式得出殘差值 e_2。

步驟 3：以 OLS 估計 $e_1 = \gamma_1 + \gamma_2 e_2 + u$，則 OLS 估計值 $\hat{\gamma}_2$ 等於 b_4。

上述步驟的 Python 指令爲：

```
X1 = np.column_stack((Fourr['NASDAQ'],Fourr['N225']))
X = sm.add_constant(X1)
betahat = np.linalg.inv(X.T.dot(X)).dot(X.T).dot(y)
e1 = y-X.dot(betahat)
x4 = Fourr['SSE']
betahat1 = np.linalg.inv(X.T.dot(X)).dot(X.T).dot(x4)
e2 = x4 - X.dot(betahat1)
sm.OLS(e1,e2).fit().params # 0.116805
```

讀者可以嘗試用中文解釋上述步驟，應可瞭解其內之意思。同理，b_i $(i \neq 4)$ 的意義可類推。

例 5 調整的多元判定係數

續例 3。分別考慮：

模型 1：$y = \beta_1 + \beta_2 x_2 + \beta_3 x_3 + u$ 與模型 2：$y = \alpha_1 + \alpha_2 x_2 + \alpha_3 x_3 + \alpha_4 x_5 + u$

其中 x_5 爲標準常態分配的隨機變數。可以預期的是 $\alpha_4 \approx 0$。我們分別計算模型 1 與 2 的 R^2 值分別約爲 0.3395 與 0.3403；不過，因屬於複迴歸模型，此時 R^2 可稱爲多元判定係數（multiple coefficient of determination）。於線性迴歸模型內，只要多增加自變數的個數，即使額外增加的自變數對因變數沒有解釋能力，其 R^2 值仍會增加（即對應的 SSE 會減少）；是故，於複迴歸模型分析內，我們反而不用上述的 R^2 值而以調整的（adjusted）R^2（或寫成 $\bar{R}^2$ 或 R_a^2）值取代，作爲判斷估計迴歸式「配適度」的依據。調整的 R^2 可寫成：

$$R_a^2 = 1 - \left(1 - R^2\right)\frac{n-1}{n-k}$$

即調整的 R^2 相當於額外再考慮 SSR 與 SST 的自由度（即 $R^2 = SSR/SST$）。換句話說，上述模型 1 與 2 所對應的 R_a^2 值分別約爲 0.3326 與 0.3298，即根據 R_a^2 值，額外增加的 x_5 變數並沒有什麼吸引力。我們可以利用下列指令取得 R_a^2 值，即：

```
result2.rsquared_adj # 0.3325606913695477
result3.rsquared_adj # 0.3298308803228652
```

其中 result2 與 result3 分別表示上述模型 1 與 2 的 OLS 估計結果。

10.1.2 檢定

現在我們來看如何檢定線性複迴歸模型內參數的顯著性。考慮下列的迴歸式：

$$y = \beta_1 + \beta_2 x_2 + \beta_3 x_3 + u$$

類似於第 9 章，根據上述式子，可以定義 t 檢定統計量分別爲：

$$t_1 = \frac{b_1 - \beta_1}{\sigma_{b_1}}、t_2 = \frac{b_2 - \beta_2}{\sigma_{b_2}} 與 t_3 = \frac{b_3 - \beta_3}{\sigma_{b_3}}$$

其中 b_i（$i = 1, 2, 3$）為 OLS 的估計式。若 u 屬於白噪音過程，則上述三種 t 檢定統計量皆接近於自由度為 $n - 3$ 的 t 分配。當然，若 σ_{b_i} 為未知，我們以 s_{b_i} 取代。

我們倒是可以利用模擬的方式說明上述的結果。令 $n = 100$、$\sigma = 2$、$\beta_1 = 0.3$、$\beta_2 = 0.5$、$\beta_3 = 2$、$x_2 \sim N(0, 16)$、$x_3 \sim t_{10}$（自由度為 10 的 t 分配）與 $u = \sigma z$，其中 z 為標準常態分配的隨機變數。根據上述假定，自然可以模擬出 x_2、x_3 與 y 的觀察值。利用上述模擬值，使用 OLS 亦可得出 b_i 與 s_{b_i} 值。若重複上述的動作 $M = 5000$ 次，可分別得出 M 個 t_2 與 t_3 值，整理後可繪製對應的直方圖如圖 10-1 所示，其中曲線為對應的 t 分配之 PDF。從圖 10-1 的結果可看出上述 t 檢定統計量的確趨向於對應的 t 分配，即其可用於檢定 $H_0：\beta_i = 0$ vs. $H_a：\beta_i \neq 0$。

利用 10.1.1 節例 3 內的月報酬率資料，以 OLS 估計可得：

$$
\begin{aligned}
\hat{y} = -0.12 + &0.39x_2 + 0.22x_3 + 0.12x_4 \\
(0.39)\ (0.07)& \quad (0.09)\ (0.05) \\
[0.77]\ [0.00]& \quad [0.01]\ [0.02]
\end{aligned}
$$

其中小與中括號內之值為對應的標準誤與 p_{value}。因此，於 $\alpha = 0.05$ 之下，我們皆會拒絕虛無假設為 $\beta_i = 0$ 的結果。

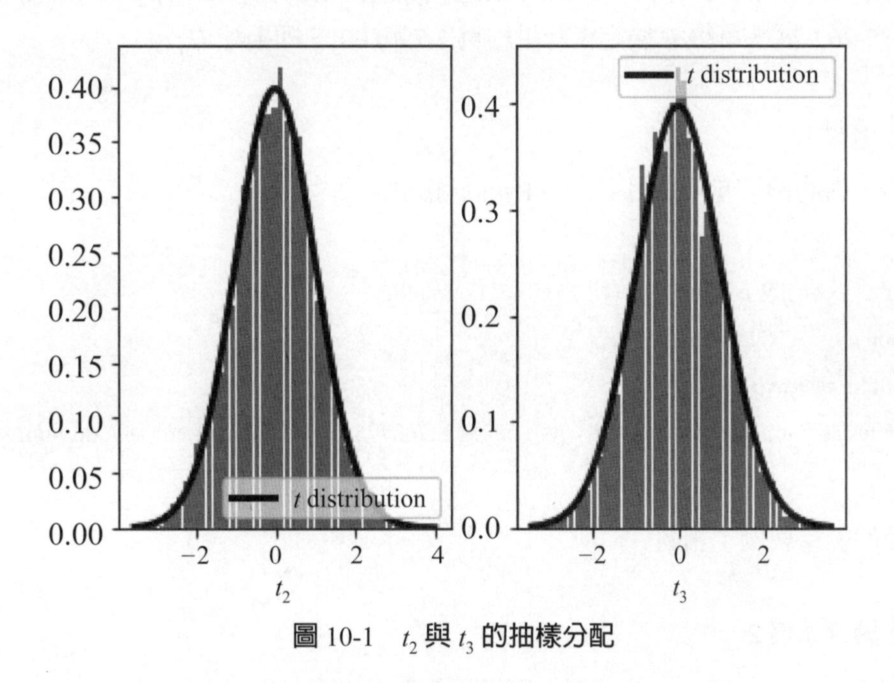

圖 10-1　t_2 與 t_3 的抽樣分配

除了個別參數的 t 檢定統計量之外，如第 9 章所述，我們亦可以使用 F 檢定統計量檢定估計迴歸式的「配適度」之聯合檢定，即：

$$H_0：\beta_2 = \beta_3 = \cdots = \beta_k = 0 \text{ vs. } H_a：H_0 \text{ 不成立}$$

就上述 TWI 的複迴歸模型而言，上述聯合檢定相當於欲檢定 $k = 3$ 的情況，其對應的爲 F 檢定統計量約爲 35.13 [0.00]，因對應的 p_{value} 接近於 0，故亦拒絕上述的 H_0。上述結果可檢視下列指令：

```
result1 = sm.OLS(y,X).fit()
result1.summary()
```

例 1　F 檢定的應用

仍使用上述 TWI 的複迴歸模型，若欲檢定 $H_0：\beta_3 = \beta_4 = 0$ 的情況，我們倒是可以利用（9-26）式，即視 $y = \beta_1 + \beta_2 x_2 + \beta_3 x_3 + \beta_4 x_4 + u$ 爲不受限的模型，而視 $y = \beta_1 + \beta_2 x_2 + u$ 爲受限制的模型；因此，上述 H_0 相當於限制 $\beta_3 = 0$ 與 $\beta_4 = 0$，故 $q = 2$。根據（9-26）式，可得 F 檢定統計量約爲 7.79[0.00]，即拒絕 H_0。

例 2　續例 1

例 1 內的例子亦可使用下列的 Python 指令，即：

```
result2 = ols('TWI~NASDAQ+N225+SSE',Fourr).fit()
hypotheses = 'N225=SSE=0'
result2.f_test(hypotheses)
# <F test: F=array([[7.78588568]]), p=0.0005632760775610411, df_denom=189, df_num=2>
```

即上述的結果與例 1 相同。

例 3　續例 1 與 2

若欲檢定 $H_0：\beta_3 = \beta_4$ 的情況，可採用類似的指令，即：

```
hypotheses = 'N225=SSE'
result2.f_test(hypotheses)
# <F test: F=array([[0.95592036]]), p=0.32946667929912365, df_denom=189, df_num=1>
```

即於 $\alpha = 0.05$ 之下不拒絕 H_0，即 N225 與 SSE 的月報酬率對 TWI 月報酬率的影響差異不大。

表 10-1　TWI 複迴歸模型的 ANOVA 表

	平方和	自由度	均方	F	p_{value}
迴歸	851.89	3	1021.85	35.13	0.00
誤差	5498.36	189	29.09		
總和	8563.92	192			

例 4 ANOVA

仍使用上述 TWI 複迴歸模型的例子，我們可以編製對應的 ANOVA 表如表 10-1 所示。可以參考所附的 Python 指令。

10.1.3 虛擬變數

第 8 章我們有遇到虛擬變數，其實於迴歸分析內虛擬變數（或類別變數）的使用頗爲廣泛，我們先來看 9.1.1 節內模型 2 的情況。重寫模型 2：

模型 2

$$\log(Y_t) = \beta_1 + \beta_2 \log(X_{t-1}) + u_t$$

我們使用臺灣的實質消費與實質 GDP 季資料（1981/1～2018/2）（單位：新臺幣百萬元）。由於是使用季資料，難免會有季節性（seasonality）的考量。通常我們會使用季節的虛擬變數來處理，其中季節的虛擬變數可設爲例如：

$$Q_1 = [1,0,0,0,1,0,0,0,1,0,\cdots]$$
$$Q_2 = [0,1,0,0,0,1,0,0,0,1,\cdots]$$
$$\vdots$$

其中 Q_1 表示第 1 季的虛擬變數，即第 1 季爲 1 而其他季爲 0；同理，Q_2 表示第 2 季的虛擬變數。至於第 3 與 4 季的虛擬變數可類推。讀者倒是可以想像若是月資料，對應的月虛擬變數如何設定。

上述季虛擬變數於 Python 內如何操作？檢視下列的 Python 指令：

```
# 1981/1~2018/2
GDPCon = pd.read_excel('F:/Stat/ch8/data/GDPCon.xlsx')
X = GDPCon['GDP'];Y = GDPCon['Consum']
X1 = X.shift(1)[1:];Y1 = Y[1:]
ly = np.log(Y1);lx = np.log(X1)
n = len(ly)
data = pd.DataFrame({'ly':ly,'lx':lx})
dates = pd.date_range('19810101', periods=n, freq='Q')
data.index = dates
seasNames = ['Q1','Q2','Q3','Q4']
seas = pd.get_dummies(data.index.quarter)
seas.columns = seasNames
```

因我們的檔案資料內並無時間日期，故可注意如何於 Python 內建立「時間」。接下來使用 pd.get_dummies() 指令取得季虛擬變數，讀者操作上述指令後，應知如何建立。

取得季虛擬變數後，使用上述資料而以 OLS 估計二模型：模型 3 與 4。可得：

模型 3

$$\begin{array}{l} \hat{y} = 0.14Q_1 + 0.13Q_2 + 0.10Q_3 + 0.10Q_4 + 0.96x \\ \quad\;\; (0.15) \quad (0.16) \quad (0.16) \quad (0.16) \quad (0.01) \\ \quad\;\; [0.38] \quad [0.40] \quad [0.51] \quad [0.52] \quad [0.00] \end{array}$$

與

模型 4

$$\hat{y} = 0.14 - 0.01Q_2 - 0.03Q_3 - 0.04Q_4 + 0.96x$$
$$(0.15)(0.02) \quad (0.02) \quad (0.02) \quad (0.01)$$
$$[0.38][0.70] \quad [0.06] \quad [0.05] \quad [0.00]$$

其中 $y = \log(Y_t)$ 與 $x = \log(X_{t-1})$。顯然模型 3 與 4 的結果並不一致，究竟何模型較合理？

若仔細思考模型 3 的估計結果，應可發現該結果並沒有包括常數項，即虛擬變數無法取代常數項。如前所述，估計迴歸式若無常數項，其相當於強迫估計迴歸式必須通過「原點（0,0）」，其結果未必與符合「最小平方」的要求；換言之，模型 3 的估計結果是較無效的。反觀，模型 4 的估計結果就無上述的缺點，試下列 Python 指令：

```
X = np.column_stack((seas,lx))
seas1 = seas.drop(['Q1'],axis=1)
X1 = np.column_stack((seas1,lx));X2 = sm.add_constant(X);X3 = sm.add_constant(X1)
np.linalg.matrix_rank(X) # 5
np.linalg.matrix_rank(X2) # 5
np.linalg.matrix_rank(X1) # 4
np.linalg.matrix_rank(X3) # 5
```

其中 seas 內有 Q_1～Q_4 四個季虛擬變數而 seas1 內則有 Q_2～Q_4 三個季虛擬變數。從上述指令內可看出 **X** 與 **X2**（**X2** 是 **X** 與常數項的合併）矩陣的「秩」皆等於 5，表示 **X2** 矩陣的行向量之間並非獨立，故根據（10-6）式，隱含著其無法取得 OLS 估計值；另一方面，若使用 **X3** 矩陣，則可得出 OLS 估計值。因此，簡單地說，若有 s 個虛擬變數，於迴歸模型內只需使用 s － 1 個虛擬變數如上述模型 4 所示。因此，應該模型 4 的估計結果較為合理。根據上述模型 4 的估計結果可知，若 α = 0.1，我們發現 Q_3 與 Q_4 存在著顯著的季節性。

虛擬變數未必只應用於模型化季節性，考慮表 10-2 的情況。表 10-2 列出一個虛構的資料，為了能與 Python 的表示一致，故以英文表示。從表 10-2 內可看出「Gender」、「Job」與「Classification」皆是屬於類別變數（即虛擬變數）。試下列的 Python 指令：

表 10-2　工資類別的分佈

Age	Gender	Wage	Job	Classification
32	Male	250	Administrative	low
33	Male	500	Assistant	medium
45	Female	700	Professor	high
47	Female	200	Administrative	low
53	Male	650	Assistant	high
28	Female	275	Administrative	low
53	Female	680	Professor	high
26	Female	500	Assistant	medium
55	Male	715	Professor	high
50	Male	650	Assistant	high
38	Female	550	Assistant	medium
30	Female	300	Administrative	low
49	Male	650	Assistant	high
52	Male	680	Professor	high

表 10-3　表 10-2 的 OLS 估計結果

	coef	Std err	t	P > | t |	[0.025	0.975]
Intercept	467.9	51.64	9.061	0.000	348.819	586.981
C(Gender)[T.Male]	−4.0346	18.496	−0.218	0.833	−46.686	38.617
C(Job)[T.Assistant]	284.5679	29.422	9.672	0.000	216.72	352.416
C(Job)[T.Professor]	327.4339	28.551	11.469	0.000	261.596	393.272
C(Classification)[T.low]	−144.102	12.543	−11.489	0.000	−173.025	−115.178
C(Classification)[T.medium]	−171.64	37.369	−4.593	0.002	−257.814	−85.467
Age	−1.9428	1.509	−1.287	0.234	−5.424	1.538

```
Data = pd.read_excel('F:/Stat/ch10/data/Wage.xlsx')
result3 = ols('Wage~Age+C(Gender)+C(Job)+C(Classification)',Data).fit()
result3.summary()
```

上述指令是利用表 10-2 內的資料而以 OLS 估計迴歸式，其中因變數爲 Wage，而自變數分別爲 Gender、Job、Classification 與 Age，因前三者皆屬於類別變數，故變數名稱前加上 C(.)。表 10-3 列出 OLS 的估計結果，因屬於類別變數，故表內分別只列出 $s-1$ 個類別變數的結果。例如：Gender 只有二種可能，故只需要使用其中一種。又例如：Job 有三種可能，故仍只需要使用其中二種。其餘類推。面對表 10-3 的結果，我們可以令表 10-3 內的類別變數爲 0，分別可得 Female、Administrative 且 high 的結果。

若 $\alpha = 0.05$，從表 10-3 內的 t 檢定可看出 Gender 與 Age 二變數皆不顯著異於 0。至於 F 檢定呢？試下列指令：

```
hypotheses1 = 'C(Gender)[T.Male]=0'
result3.f_test(hypotheses1)
# <F test: F=array([[0.04758331]]), p=0.8327845806503364, df_denom=8, df_num=1>
hypotheses2 = 'C(Job)[T.Assistant]=C(Job)[T.Professor]=0'
result3.f_test(hypotheses2)
# <F test: F=array([[69.55153288]]), p=8.747280481592771e-06, df_denom=8, df_num=2>
hypotheses3 = 'C(Classification)[T.low]=C(Classification)[T.medium]=0'
result3.f_test(hypotheses3)
# <F test: F=array([[68.77091244]]), p=9.128694724186988e-06, df_denom=8, df_num=2>
```

上述 hypotheses1 是欲檢定「C(Gender)[T.Male]」的係數是否等於 0，我們可看出其 F 檢定的結果與表 10-3 內的結果相同（可檢視 p_{value}）。至於 hypotheses2 與 hypotheses3 因皆屬於「聯合檢定」，故表 10-3 內看不出來，不過我們可以從下列的指令得知：

```
anova_table = sm.stats.anova_lm(result3, typ=2)
anova_table
```

上述 hypotheses1～ hypotheses3 與 anova_table 內的結果相同。至於所有解釋變數的配適度檢定，亦可參考下列的指令：

```
SSE = result3.ssr # 6549.6533137131055
```

```
SSR = result3.ess # 451171.7752577155
SST = result3.centered_tss # 457721.4285714286
SSE+SSR # 457721.4285714286
result3.df_resid # 8
result3.df_model # 5
result3.nobs # 14
result3.mse_model # 90234.3550515431
MSR = SSR/result3.df_model # 90234.3550515431
result3.mse_resid # 818.7066642141382
MSE = SSE/result3.df_resid # 818.7066642141382
result3.fvalue # 110.2157329306186
F = MSR/MSE # 110.2157329306186
result3.f_pvalue # 3.7182695149281067e-07
1-f.cdf(F,result3.df_model,result3.df_resid) # 3.7182695145077105e-07
```

利用上述指令結果，讀者應能編製對應的 ANOVA 表。

10.2 殘差值分析

接下來，我們來檢視殘差值以瞭解我們的「實證」結果是否符合迴歸分析的假定②。如前所述，迴歸式的誤差項通常假定屬於白噪音過程，此種假定是否成立容易於時間序列分析偵測。例如：重新檢視圖 9-5 的左圖，我們發現該圖的殘差值序列之間應存在序列相關；換言之，根據該圖的結果，我們當然會懷疑模型的設定，即後者若無誤的話，殘差值序列的走勢應該會接近於白噪音過程。

除了圖 9-5 之外，我們也可以先檢視圖 10-3 的結果。明顯地，圖 10-3 繪製出一種殘差值的走勢（可檢視所附的 Python 指令得知其並不屬於時間序列），我們從圖內可看出隨著樣本數 n 的提高，殘差值的變異竟加大了，隱含著違反誤差項的變異數爲一個固定數値的假定。因此，圖 9-5 的左圖與圖 10-3 二圖反而比較容易判斷迴歸估計結果是否有違反誤差項爲白噪音的假定。

---

② 理所當然，若違反迴歸分析的假定，則上述的 t 或 F 檢定將不適用，因爲透過（我們的）模擬已經知道 t 或 F 分配的導出是建立在白噪音的假定上。

比較麻煩的是圖 10-2 的結果。於該圖內，我們分別假定 x_2、x_3 與 z 屬於均等分配（介於 0 與 1 之間）、自由度爲 10 的 t 分配與標準常態分配的觀察值，即 y 的 DGP 爲 $y = 0.3 + 2x_2 + 0.7x_3 + 5z$ 而我們卻忽略包括 x_3 的估計，即右上圖爲誤差項的一種觀察值走勢，而左上圖則爲 $y - \hat{y}$ 的殘差值走勢，其中 $\hat{y} = b_1 + b_2x_2$。因誤差項 $u = 5z$，故將上述誤差項與殘差值走勢「標準化」而分別繪製於下圖。因此，簡單地說，圖 10-2 的左圖繪製出忽略包括 x_3 估計的殘差值走勢。我們從圖 10-2 的結果可發現左圖與右圖的差異並不大。是故，除了檢視殘差值走勢的重要性之外，我們的確需要多對因變數 y 有進一步的瞭解與認識，方能避免模型的誤設。

本節我們將透過殘差值的檢視介紹三種方法，其一是異常值或具影響力的觀察值（influential observations）的偵測，另一則是自我相關函數（autocorrelation function, ACF）與偏自我相關（partial autocorrelation function, PACF）的介紹。最後，介紹 Durbin-Watson 檢定。

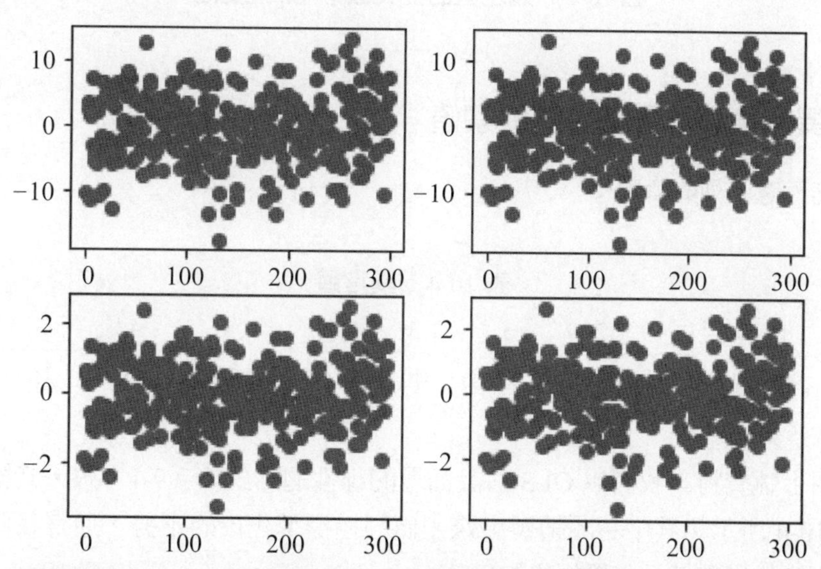

圖 10-2　右圖為誤差項，而左圖為忽略一個解釋變數的殘差值；上圖是原始殘差值資料而下圖則為殘差值經過標準化後的資料

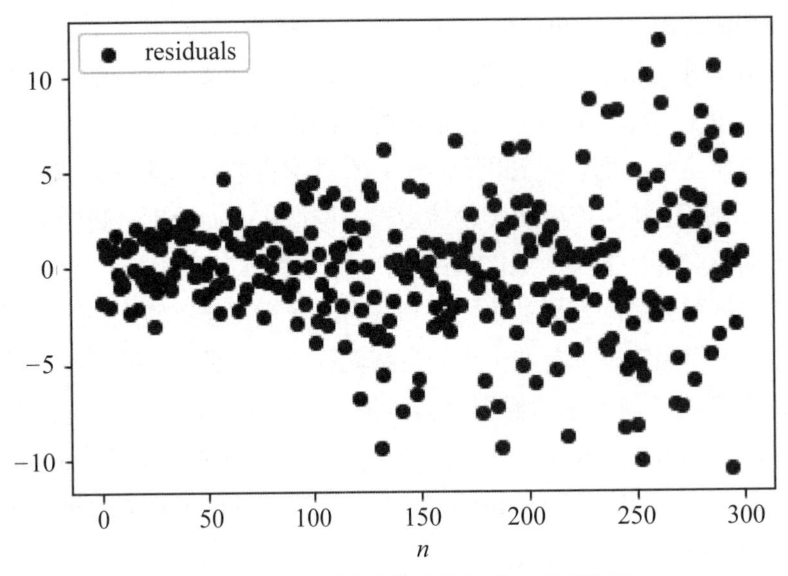

圖 10-3　殘差值的變異數不為固定數值

10.2.1 異常值與具影響力的觀察值

首先考慮下列的資料：

表 10-4　異常值

x	1	1	2	3	3	3	4	4	5	6
y	45	55	50	75	40	45	30	35	25	15

利用上述資料，我們以 OLS 估計簡單的線性迴歸式如（9-1）式，其結果則繪製如圖 10-4 所示，其中右圖繪製出殘差值經過標準化後的走勢。通常我們會利用「標準化後的殘差值」來檢視異常值③。

直覺而言，若檢視圖 10-4 內的 A 與 A_1 二點，的確會發現該二點有些異常，使得我們必須重新檢視該二點，而該二點其實就是對應至表 10-4 內的第 4 個位置：

(1) 若與表 10-4 的其他點比較，第 4 點內之 y 值的確有些異常，此時可以重新檢視表 10-4 內資料的登錄來源是否有錯。例如：有可能是輸入錯誤所造的，即 y 值

③ 即因根據標準常態分配可知「標準化後的殘差值」約位於 [−3, 3] 區間之外的機率值約爲 0.3%，是故觀察值位於上述區間之外可稱爲異常值。

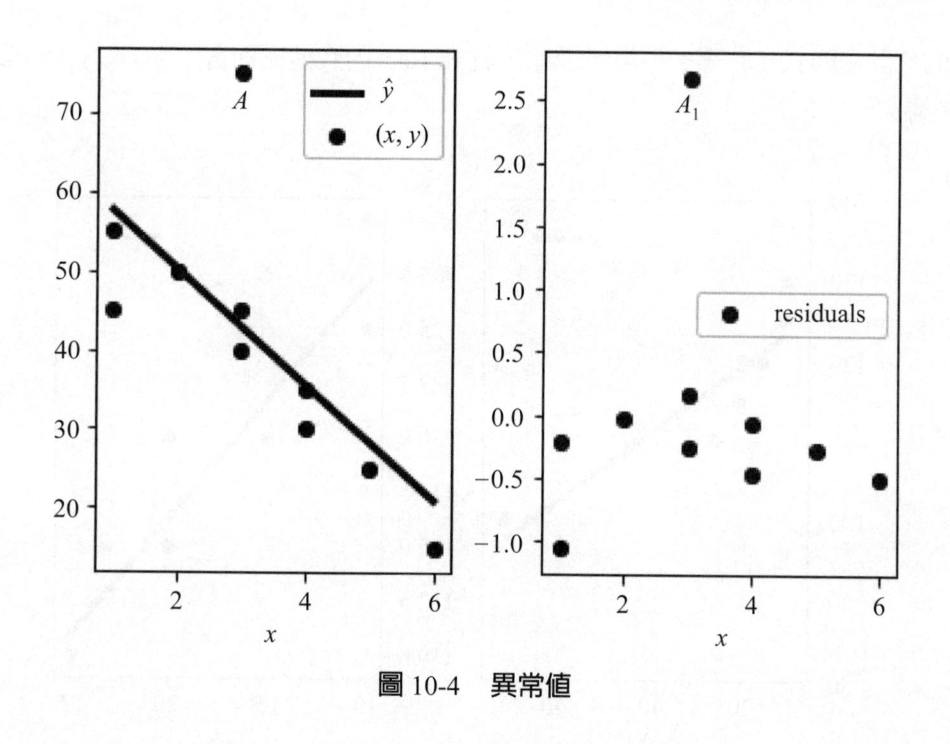

圖 10-4　異常值

原本爲 30 但誤植爲 75。若能糾正錯誤，當然估計的迴歸結果並不相同，即 R^2 值可由 0.497 提高至 0.838。

(2) 倘若登錄無誤，則應檢視第 4 點內之 y 值爲何異常？若是偶發情況所造成的，未來應不會再出現，故可考慮是否可將其移除，畢竟若將其移除，估計的 R^2 值可提高至 0.891。

(3) 有可能上述異常值的出現是因資料的檢視數量太低了，故可考慮提高樣本數量。

表 10-5　高槓桿與具影響力的觀察值

x	10	10	15	20	20	25	70
y	125	130	120	115	120	110	100

接下來，我們來檢視表 10-5 的情況，其對應的 x 與 y 之間的散佈圖與（OLS）估計的迴歸式則繪製於圖 10-5 的左圖。不同於圖 10-4 內的異常值，圖 10-5 卻出現具影響力的觀察值。換句話說，從圖 10-5 的左圖可看出點 (x_7, y_7) 扮演著重要的角色，即有與無考慮該點，OLS 的估計值 b_2 卻約從 -0.43 降至 -1.09，我們從圖 10-5 內亦可看出該轉變，即有包括點 (x_7, y_7) 的估計迴歸式（左圖）較沒有包括點 $(x_7,$

y_7) 的估計迴歸式（右圖）平坦。因此，就表 10-5 內其他點而言，點 (x_7, y_7) 的確較具影響力。

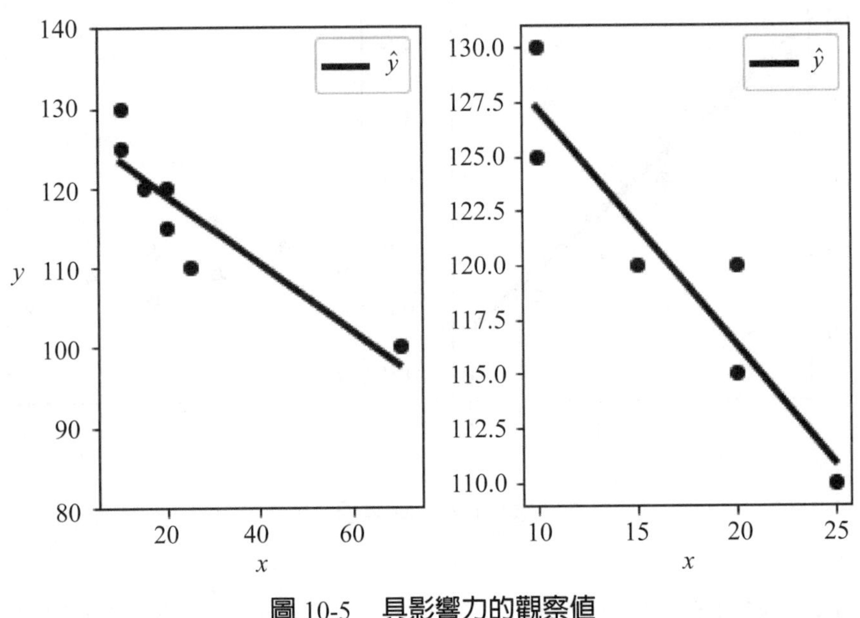

圖 10-5　具影響力的觀察值

就表 10-5 內點 (x_7, y_7) 而言，其與表 10-4 內的異常值最大的區別就是自變數 x_7 出現極端值的情況，我們可以稱該點爲高槓桿點（high leverage point），即具影響力的觀察值如點 (x_7, y_7) 自身具有高槓桿點的特徵。通常，我們以觀察值與其平均數的距離作爲判斷（高）槓桿程度的依據；也就是說，就簡單的線性迴歸模型而言，第 i 個觀察值的槓桿程度 h_i 可藉由（10-7）式計算，即：

$$h_i = \frac{1}{n} + \frac{x_i - \bar{x}}{\sum_{i=1}^{n}\left(x_i - \bar{x}\right)^2} \qquad (10\text{-}7)$$

其中 n 爲樣本個數。事實上，我們對於（10-7）式並不陌生，因爲該式是（9-28）或（9-29）式的一部分，即距離 $\bar{x}$ 愈遠，預測誤差愈大。

利用（10-7）式，我們計算表 10-5 內各觀察值的槓桿程度，其結果則繪製如圖 10-6 所示；也就是說，從圖內可看出觀察值 (x_7, y_7) 的槓桿程度竟高達 0.94，的確較爲突出。通常判斷高槓桿程度的「門檻」爲 $s_h = 3(k + 1)/n$，其中 k 與 n 分別表示自變數個數與樣本個數，即根據表 10-5 內的資料，可知 $k = 1$、$n = 7$ 與 $s_h = 3(k +$

1)/n = 6/7 ≈ 0.86，故觀察值 (x_7, y_7) 屬於高槓桿點。

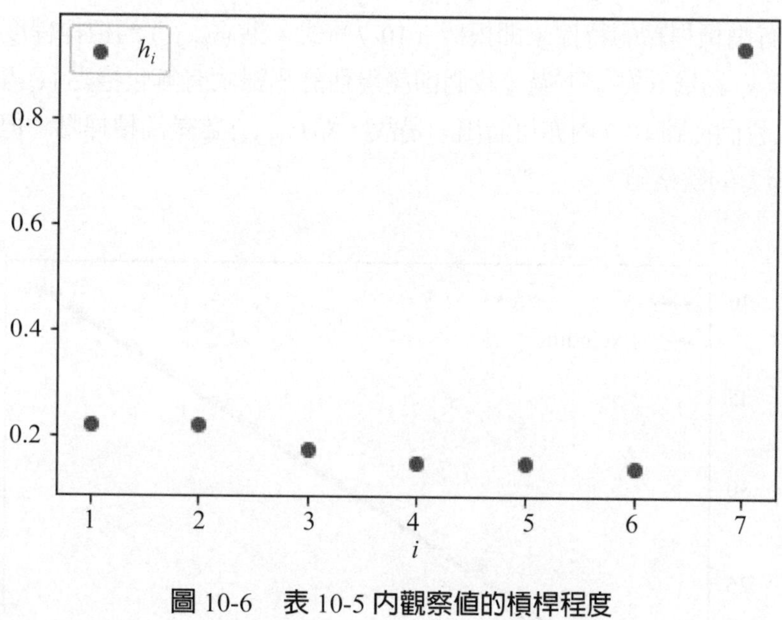

圖 10-6　表 10-5 內觀察值的槓桿程度

根據（10-7）式，我們不難設計一個函數指令如：

```
def lever(n,x0,x):
    h = (1/n) + (x0-np.mean(x))**2/np.sum((x-np.mean(x))**2)
    return h
x1 = [10,10,15,20,20,25,70]
n = len(x1)
lever(n,x1[6],x1) # 0.9400544959128065
sh = 3*(1+1)/n # threshold
hi = lever(n,x1,x1) > sh # array([False, False, False, False, False, False, True])
```

即x1爲表10-5內的x值。利用我們自行設計的lever()函數指令自可找出高槓桿點。

表 10-6　高槓桿與不具影響力的觀察值

x	1	1	2	3	4	4	5	15
y	18	21	22	21	23	24	26	39

最後，再檢視表10-6的情況。圖10-7繪製出表10-6內x與y的散佈圖與（OLS）估計迴歸式，其中虛線爲除去點 (x_8, y_8) 的估計迴歸式。從圖 10-7 內可發現點 (x_8, y_8) 可能具有高槓桿點的特性，即根據（10-7）式，點 (x_8, y_8) 的槓桿程度約爲 0.91 大於門檻值 s_h 約爲 0.75；不過，我們卻發現估計迴歸式有無包括點 (x_8, y_8) 的差異並不大[④]，我們從圖 10-7 內亦可看出。是故，點 (x_8, y_8) 雖是高槓桿點，但是其未必是具有影響力的觀察值。

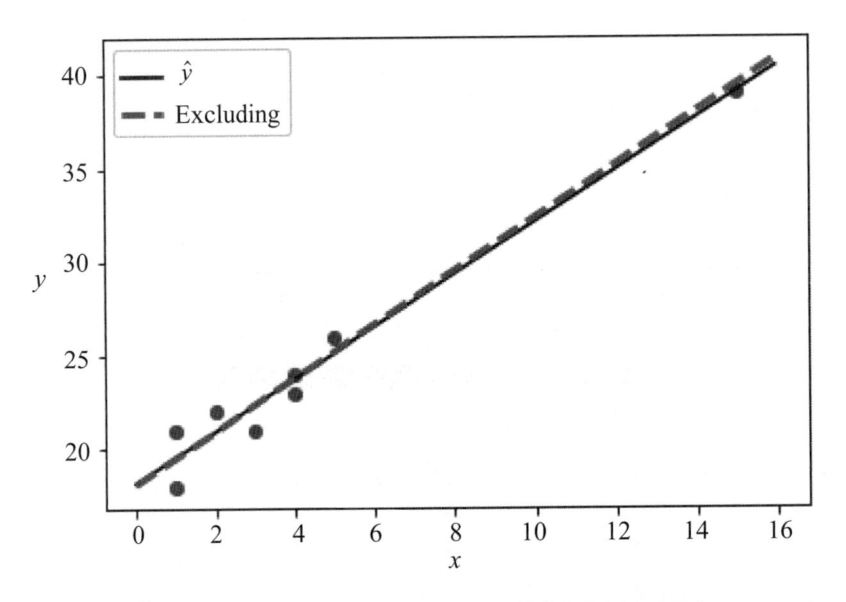

圖 10-7　表 10-6 內 x 與 y 的散佈圖與估計迴歸式

上述表 10-6 的例子提醒我們並無法單獨只靠槓桿程度的計算如（10-7）式來判斷觀察值是否具有影響力；或者說，利用（10-7）式可能會誤判具有影響力的觀察值。底下我們介紹「庫克距離衡量」（Cook's distance measure），其可用於判斷觀察值是否具有影響力。根據 Anderson et al.（2017），庫克距離衡量可定義爲：

$$D_i = \frac{(y_i - \hat{y}_i)^2}{(k+1)s^2}\left[\frac{h_i}{(1-h_i)^2}\right] \tag{10-8}$$

其中 $\hat{y}_i$、k 與 s 與分別表示第 i 個迴歸估計值、自變數的個數與迴歸式之估計標準

④ 即有包括點 (x_8, y_8) 的估計迴歸式之斜率值約爲 1.39，而沒有包括點 (x_8, y_8) 的估計迴歸式之斜率值則約爲 1.42。

誤，而 h_i 則取自（10-7）式。習慣上，若 $D_i > 1$，則對應的第 i 個觀察值可能為具有影響力的觀察值，值得我們進一步檢視上述第 i 個觀察值。

類似於（10-7）式，我們不難根據（10-8）式設計一個 D_i 函數（讀者可嘗試看看），不過於上述的 Python 估計迴歸結果內，已有內建的庫克距離衡量指令，即：

```
influence = result6.get_influence()
# c is the distance and p is p-value
(c, p) = influence.cooks_distance
print(c)
```

其中 result6 為根據表 10-6 內的觀察值所計算的迴歸估計結果；換言之，因表 10-6 內觀察值所對應的庫克距離衡量值皆沒有超過 1，故並不存在具有影響力的觀察值。

例 1 t 化殘差值與 t 化刪除殘差值

圖 10-4 內的標準化殘差值的計算有一個缺點，就是其並沒有考慮到觀察值的個數大小；或者說，我們是依經驗法則（即假定其屬於標準常態分配）來區分異常值與非異常值，此種區分方式於小樣本數下容易失真。取代的是，t 化殘差值（studentized residuals）可用於取代上述標準化殘差值的計算；換言之，t 化殘差值可寫成：

$$t_i = \frac{e_i}{s\sqrt{1-h_i}} \tag{10-9}$$

其中 s 仍表示估計迴歸式的標準誤。（10-9）式原來就是根據（9-28）式而來，即其只不過是將殘差值標準化過程所使用的標準差改用 $s_{\hat{y}^*}$ 值取代；換言之，若使用（10-9）式取代上述標準化殘差值的計算，我們進一步可以使用 t 分配的臨界值來區分異常值與非異常值⑤。

雖說如此，（10-9）式的使用仍有缺點。即若存在多個異常值，其會提高 s 值，根據（10-9）式，反而會降低 t_i 值，隱含著不易利用 t 化殘差值來偵測異

⑤ 例如：就表 10-4 內的資料而言，因自由度為 8 而又因 $t_{0.975,8} \approx 2.306$，即 t 化殘差值落於 $[-2.036, 2.306]$ 區間之內的機率值約為95%，故 t 化殘差值位於上述區間之外可稱為異常值。

常值。為了避免上述的困境，我們可以使用 t 化刪除殘差值（studentized deleted residuals）取代。根據（10-9）式，t 化刪除殘差值可定義為：

$$t_i^* = t_i\sqrt{\frac{n-k-2}{n-k-1-t_i^2}} \qquad (10\text{-}10)$$

其中 k 仍表示自變數的個數。我們不易從（10-10）式看出 t 化刪除殘差值的意思，其實該式是表示若刪除第 i 個觀察值，利用剩下的 $n-1$ 個觀察值重新估計迴歸式可得新的迴歸式標準誤 $s_{(i)}$。於（10-9）式內以 $s_{(i)}$ 取代 s 可得 t_i^*。若上述第 i 個觀察值為異常值，則 $s_{(i)}$ 會小於 s，使得 t_i^* 的絕對值會大於 t_i 的絕對值，此隱含著前者可用於偵測異常值而後者則未必。當然，我們不會證明（10-10）式，取代的是以一個例子說明，可以參考表 10-7。

例 2　表 10-7 內的例子

利用表 10-7 內的資料，可知估計的複迴歸式為：

$$\hat{y} = -0.87 + 0.06x_2 + 0.92x_3$$

表 10-7　t 化殘差值與 t 化刪除殘差值

x_2	x_3	y	e_1	h	D	t_1	t_2
100	4	9.3	0.7153	0.3517	0.111	0.7834	0.7594
50	3	4.8	−0.3132	0.3759	0.0245	−0.3496	−0.3265
100	4	8.9	−0.0761	0.3517	0.0013	−0.0833	−0.0772
100	2	6.5	−1.1704	0.3785	0.3479	−1.3093	−1.3949
50	2	4.2	0.3267	0.4302	0.0367	0.3817	0.3571
80	2	6.2	0.6550	0.2206	0.0404	0.6543	0.6252
75	3	7.4	1.8069	0.11	0.1176	1.6892	2.0319
65	4	6	−1.5802	0.3827	0.65	−1.7737	−2.2131
90	3	7.6	0.3884	0.1291	0.0067	0.3670	0.3431
90	2	6.1	−0.7523	0.2697	0.0742	−0.7764	−0.7519

說明：1. y 為因變數而 x_2 與 x_3 皆為自變數。

2. e_1、h 與 D 分別表示標準化殘差值、槓桿程度與庫克距離衡量。

3. t_1 與 t_2 分別表示 t 化殘差值與 t 化刪除殘差值。

4. 資料來源：Anderson et al.(2017)。

表 10-7 內第 4～8 欄的結果可用下列的 Python 指令計算，即：

```
e = result7.resid
stand_e = (e-np.mean(e))/statistics.stdev(e)
np.round(stand_e,4)
n = len(y)
infl = result7.get_influence()
dir(infl)
infl.hat_matrix_diag # leverage points
np.round(infl.hat_matrix_diag,4)
result7.get_influence().cooks_distance[0] # Cook's distance
np.round(result7.get_influence().cooks_distance[0],4)
infl.resid_studentized # t 化殘差值
np.round(infl.resid_studentized,4)
infl.resid_studentized_external # t 化刪除殘差值
np.round(infl.resid_studentized_external,4)
t1 = infl.resid_studentized
t2 = t1*np.sqrt((n-4)/(n-3-t1**2))
np.round(t2,4)
```

其中 result7 表示上述 OLS 的估計結果。利用 result7，可以留意如何分別找出 h_i、D_i、標準化殘差值、t 化殘差值與 t 化刪除殘差值的結果。最後，利用（10-10）式可知 t1 與 t2 之間的關係，其中後者就是 t 化刪除殘差值。

最後，我們可以利用 t 分配來檢定 t 化刪除殘差值的顯著性。就表 10-7 而言，可知 $n = 10$ 與 $k = 2$，根據（10-10）式因刪除一個觀察值，故可知 t_i^* 的自由度爲 6（$n - 1 - 2 - 1$）。若 $\alpha = 0.05$，其對應的臨界點約爲 −2.45 與 2.45，因表 10-7 內的 t 化刪除殘差值（第 8 欄）皆位於上述臨界點之間，故我們的結論爲並沒有出現異常值；另一方面，也因 D_i 值皆沒有超過 1（第 6 欄），故表 10-7 內亦沒有出現具影響力的觀察值。

10.2.2 自我相關檢定

若重新檢查例如圖 2-25 內各圖的結果，應可以發現該圖內變數的實現值走勢出現若干程度的持續性，即 y_t 與 y_{t-j}（$j = \pm 1, \pm 2, \cdots$）之間存在正的相關（正的序列相關）。此種現象容易出現在財金（經）變數的時間序列資料內，不過其卻與第 9 章所述迴歸模型內的誤差項屬於白噪音過程假定衝突；換言之，實際上我們反而不容易觀察到變數的實現值走勢像白噪音過程。

於本節，我們將介紹 ACF 與 PACF 的估計方法以檢視迴歸模型內的殘差值走勢是否符合白噪音過程。本節的第二部分將介紹 Durbin-Watson 檢定，該檢定可用於檢視上述殘差值走勢是否爲第一階自我相關。

10.2.2.1 ACF 與 PACF 的估計方法

於第 2 章內，我們曾介紹 $AR(1)$ 模型如（2-12）式。根據（2-12）式，考慮圖 10-8 內的二種 $AR(1)$ 模型的實現值走勢，其中 $x_t = 0.05 + 0.9x_{t-1} + z_t$ 與 $y_t = 0.05 - 0.9y_{t-1} + z_t$ ($z_t \sim NID(0, 1)$)。顯然，x_t 隱含著 x_t 與 x_{t-1} 之間存在著正的相關而其對應的 $AR(1)$ 模型的實現值走勢與圖 2-25 內各圖的結果較爲一致；反觀 y_t 的實現值走勢就較爲奇特，因其隱含著 y_t 與 y_{t-1} 之間存在著負的相關現象，而此種現象反而不易於實際上觀察到。

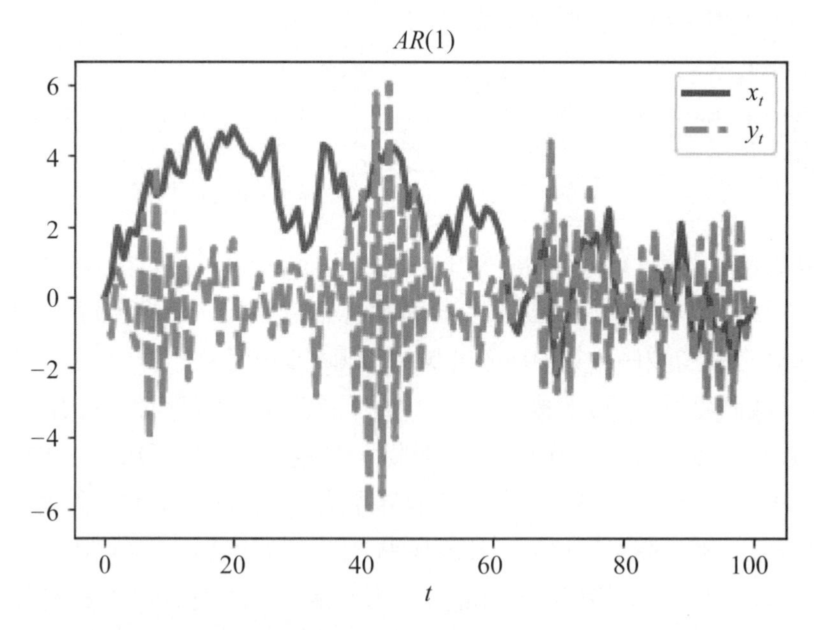

圖 10-8　二種 $AR(1)$ **模型的實現值走勢，其中** $x_t = 0.05 + 0.9x_{t-1} + z_t$ **與** $y_t = 0.05 - 0.9y_{t-1} + z_t$ ($z_t \sim NID(0, 1)$)

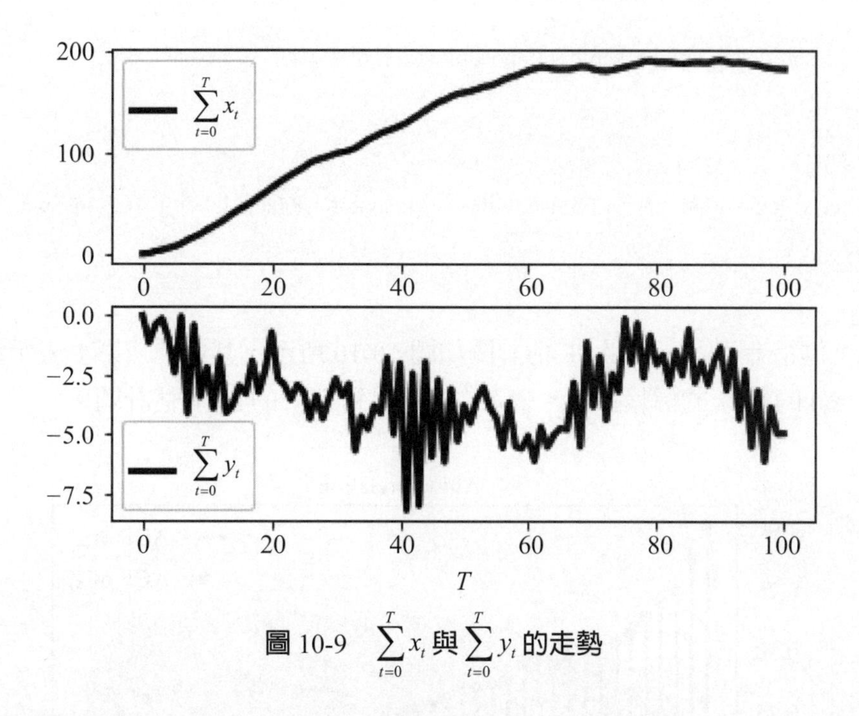

圖 10-9　$\sum_{t=0}^{T} x_t$ 與 $\sum_{t=0}^{T} y_t$ 的走勢

根據圖 2-25 內的實質 GDP 與經濟成長率以及 CPI 與通貨膨脹率之間的關係，也許我們可將圖 10-8 內的 x_t 與 y_t 的觀察值「累積加總」，即圖 10-9 分別繪製出 $\sum_{t=0}^{T} x_t$ 與 $\sum_{t=0}^{T} y_t$ 的走勢⑥，從圖內可看出前者的形狀較平滑，但是後者的走勢卻崎嶇不平。因此，從圖 10-7 與 10-8 二圖可看出似乎 x_t 的走勢較符合實際。

接下來，我們來看 x_t 或 y_t 的 ACF 估計。顧名思義，x_t 的 ACF 估計只不過是分別計算 x_t 與 x_{t-j}（$j = 0, 1, 2, \cdots$ ）之間的相關係數。利用 Python 的指令倒是容易估計，即：

```
from statsmodels.tsa.stattools import acf, pacf
acf1 = acf(xt);acf2 = acf(yt)
pacf1 = pacf(xt);pacf2 = pacf(yt)
```

即使用 statsmodels.tsa.stattools 模組內的 acf() 與 pacf() 函數指令可得 x_t 或 y_t 的 ACF 與 PACF 估計，讀者可分別檢視 acf1～pacf2 等值；另一方面，x_t 或 y_t 的 ACF 與 PACF 估計亦可繪製成圖形顯示，再試下列的指令：

⑥ 圖 10-8 內的 x_t 與 y_t 觀察值的模擬係分別令 $x_0 = 0$ 與 $y_0 = 0$。

```
from statsmodels.graphics.tsaplots import plot_acf, plot_pacf
# 圖 10-10
plt.figure()
plot_acf(xt,lags=40,alpha = 0.05,use_vlines=True,color = 'black',label=r'ACF of $x_t$')
plt.legend()
```

即按照上述指令可得 x_t 的 ACF 估計圖如圖 10-10 所示，其中「灰影」表示自我相關係數為 0 的 95% 的信賴區間。讀者亦可嘗試繪製 y_t 的 ACF 估計圖。

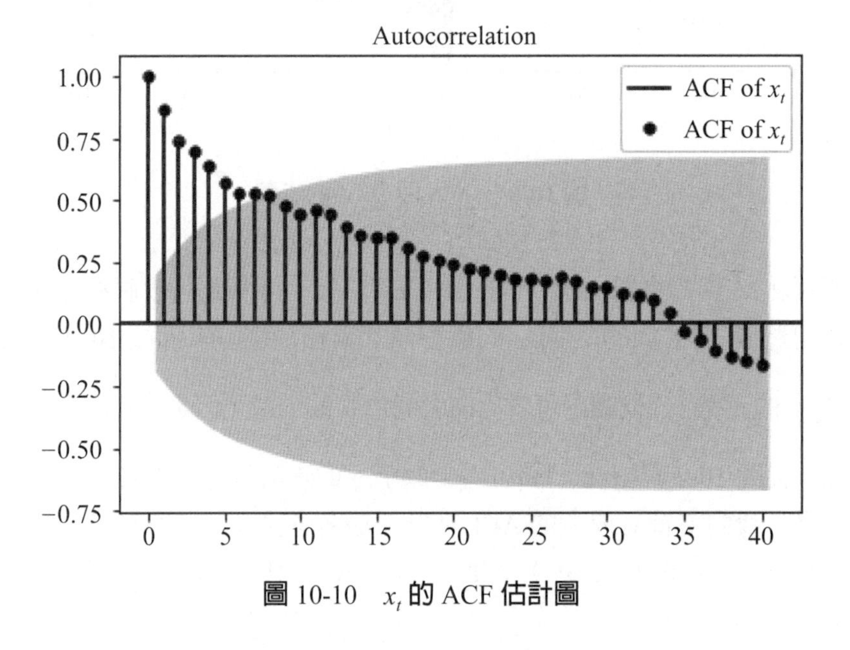

圖 10-10　x_t 的 ACF 估計圖

圖 10-10 內的結果並不難理解。回想 $AR(1)$ 模型可設為 $x_t = \beta_1 + \beta_2 x_{t-1} + u_t$，使用遞迴替代的方式[7]，可得：

$$x_t = \beta_1 \frac{1-\beta_2^t}{1-\beta_2} + \beta_2^t x_0 + \sum_{i=0}^{t} \beta^i u_{t-i} \qquad (10\text{-}11)$$

因此圖 10-10 內的結果可與（10-11）式對照。於上述的例子內，可知 $\beta_2 = 0.9$，此隱含著 x_t 與愈遠落後期的 x_{t-j} 的關係愈不明顯。

---

⑦ 遞迴替代的方式是指分別令 $t = 0, 1, 2, \cdots$ 代入 x_t 內。

從圖 10-10 或（10-11）式可看出 x_t 與 x_{t-i}（$i > 1$）的關係是透過上述 $AR(1)$ 模型（或過程）所造成的；換言之，上述 x_t 與 x_{t-i}（$i > 1$）的「眞實」關係應該爲「毫不相關」，即於 $AR(1)$ 模型內，x_t 與 x_{t-i}（$i > 1$）的偏相關係數應接近於 0。我們可以進一步推廣，想像若是 $AR(2)$ 模型呢？即於 $AR(2)$ 模型內，x_t 與 x_{t-i}（$i > 2$）的偏相關係數應接近於 0，依此類推。因此，我們可以計算 PACF。試下列指令：

```
# 圖 10-11
plt.figure()
plot_pacf(xt,lags=40,alpha = 0.05)
```

果然，於圖 10-11 內，除了 x_t 與 x_{t-i} 的偏相關係數不等於 0 之外，其餘的的偏相關係數皆接近於 0[⑧]。

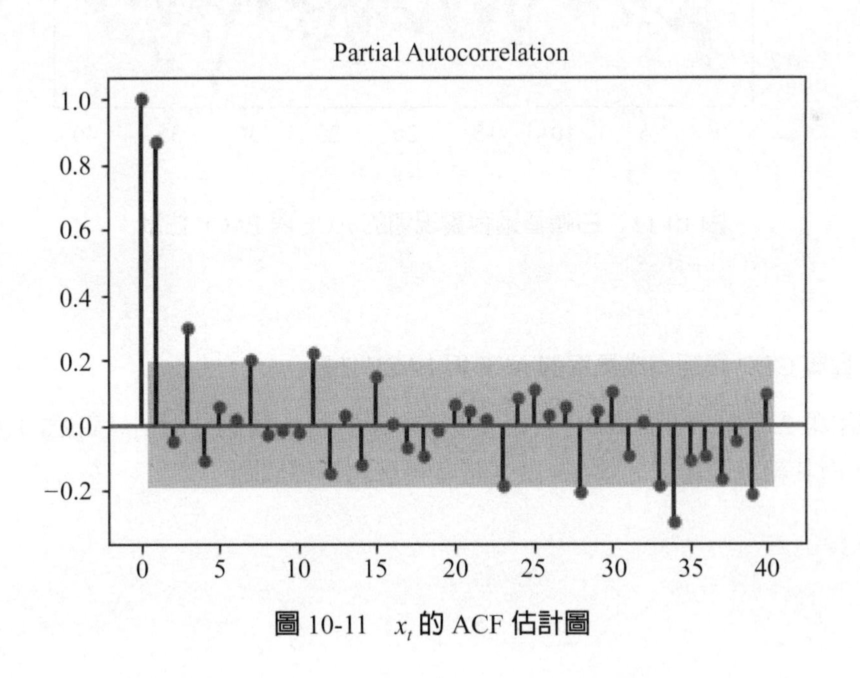

圖 10-11　x_t 的 ACF 估計圖

⑧ 畢竟我們只模擬出 100 個觀察值，故難免有些誤差。例如：於圖 10-11 內有些偏相關係數會顯著地異於 0，其實只要提高模擬的觀察值個數，上述偏相關係數即會不顯著。

例 1 白噪音過程的 ACF 與 PACF 估計

若 $y_t \sim NID(0, 1)$，則 y_t 是一種白噪音過程的（隨時間經過的）隨機變數，我們可以事先預期 y_t 的實現值之估計的 ACF 與 PACF 形狀為何？答案就繪製於圖 10-12 內，即白噪音過程的 ACF 與 PACF 估計應會皆接近於 0。

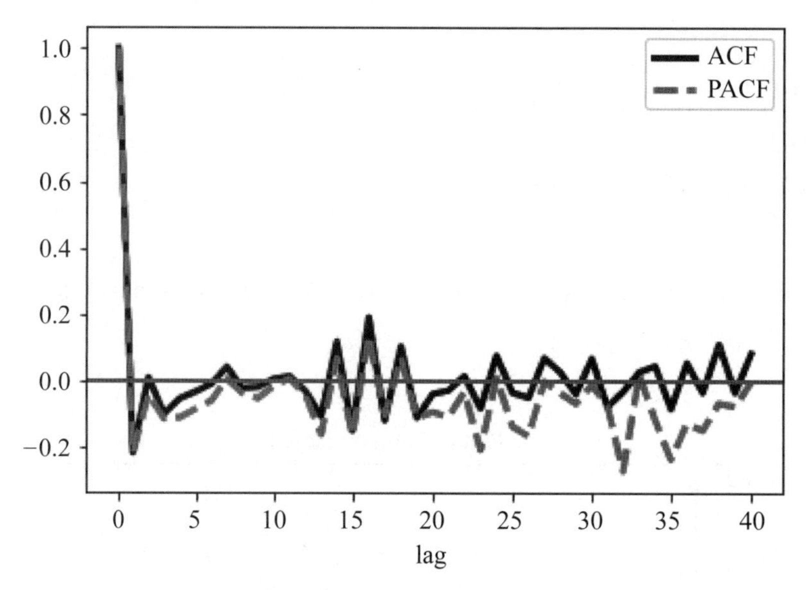

圖 10-12　白噪音過程實現值的 ACF 與 PACF 估計

例 2 實質 GDP 與經濟成長率的 ACF 與 PACF 估計

利用第 2 章內的實質 GDP 與經濟成長率季資料，我們分別估計對應的 ACF 與 PACF，而其結果則繪製於圖 10-13。讀者可嘗試解釋該圖。

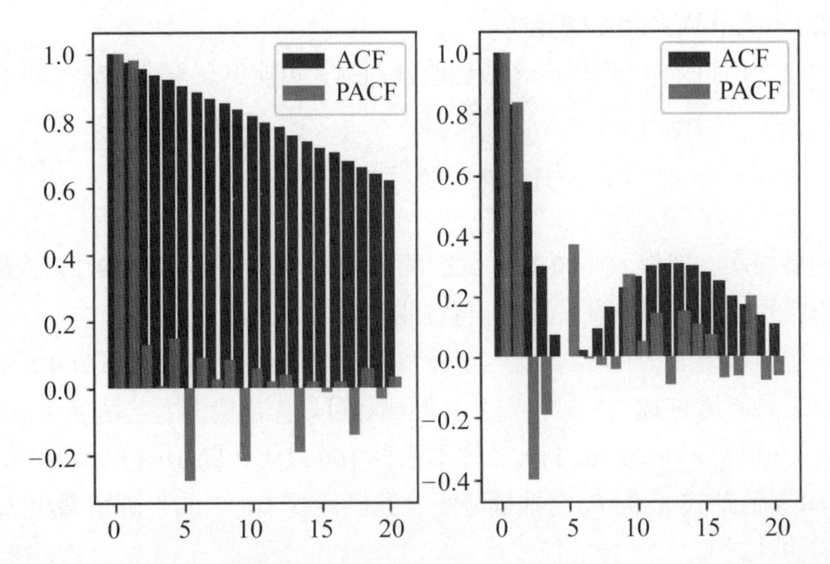

圖 10-13　實質 GDP（左圖）與經濟成長率（右圖）的 ACF 與 PACF 估計

例 3　臺灣的消費函數

我們可以估計圖 9-5 左圖的殘差值時間走勢的 ACF 與 PACF，其結果如圖 10-14 所示。從圖內可看出 ACF 的估計接近於 $AR(1)$ 模型；換言之，9.1.2 節例 3 所使用的估計迴歸式有可能違反迴歸模型的假定，隱含著 OLS 估計值會失真，值得進一步檢視。

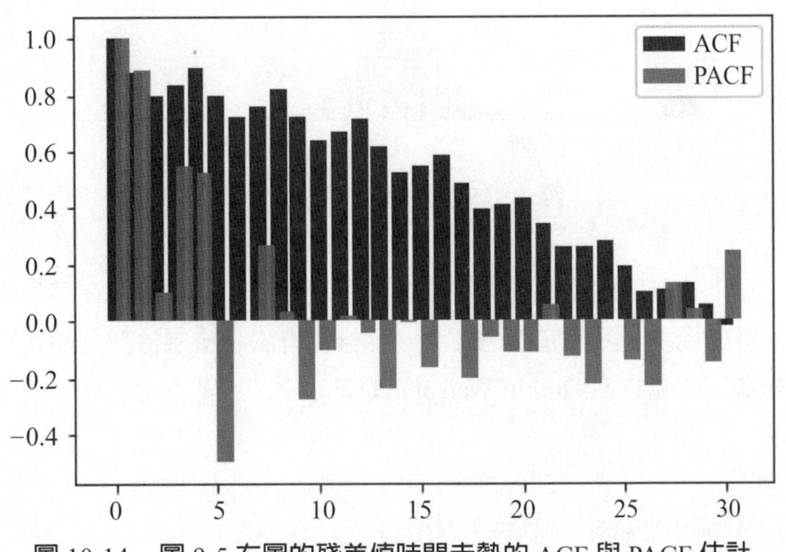

圖 10-14　圖 9-5 左圖的殘差值時間走勢的 ACF 與 PACF 估計

10.2.2.2 Durbin-Watson 檢定

於 10.2.2.1 節例 3 的例子內，我們懷疑迴歸式可能具有下列形態，即：

$$y_t = \beta_1 + \beta_2 x_{t-1} + u_t,\ u_t = \rho u_{t-1} + \varepsilon_t \tag{10-12}$$

其中 ε_t 屬於白噪音過程。（10-12）式與簡單的線性迴歸模型如（9-1）式最大的差別在於前者的誤差項 u_t 存在一階的自我相關，其中 $|\rho| \leq 1$。

面對迴歸模型如（10-12）式，首先我們擔心的是 β_1 與 β_2 值的 OLS 估計式是否仍具有之前所述的 BLUE 的性質？我們倒是可以先模擬看看。令 $\beta_1 = 0.05$、$\beta_2 = 0.9$、$\rho = 0.9$ 以及 $\varepsilon_t \sim NID(0, 1)$，於樣本數爲 100 之下，圖 10-15 分別繪製出 β_1 與 β_2 值的 OLS 估計式 b_1 與 b_2 之抽樣分配。我們從圖 10-15 的下圖可看出 b_2 並不是 β_2 的不偏估計式。

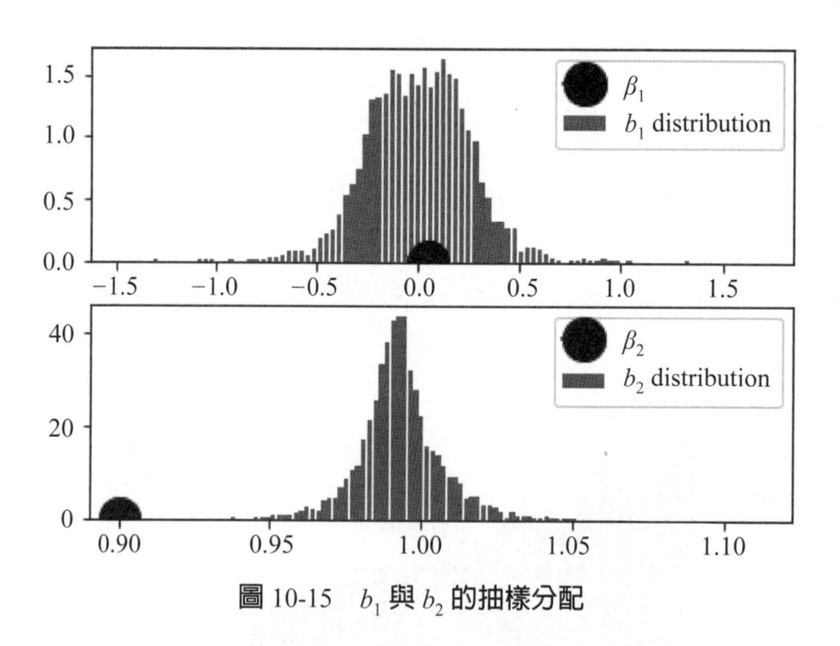

圖 10-15　b_1 與 b_2 的抽樣分配

因此，從上述例子內可發現誤差項屬於白噪音或誤差項不存在序列相關的假定尤其重要。針對後者，我們當然需要有一種檢定方法來檢視估計迴歸式殘差值是否存在序列相關。此處介紹 Durbin-Watson（DW）檢定。基本上，DW 檢定具有下列特色：

(1) DW 檢定只適用於檢定一階的序列相關。

(2) 如《財時》一書內所述，DW 檢定統計量可用於偵測「虛假迴歸式」（spurious regression）。

現在我們來檢視 DW 檢定統計量 d，其可定義為：

$$d = \frac{\sum_{t=2}^{T}(e_t - e_{t-1})^2}{\sum_{t=1}^{T} e_t^2} \approx 2(1-\hat{\rho}) \tag{10-13}$$

其中 e_t 表示估計迴歸的殘差值序列，而 $\hat{\rho} = \frac{\sum_{t=2}^{T} e_t e_{t-1}}{\sum_{t=1}^{T} e_t^2}$ 相當於 ρ 的 OLS 估計式。就（10-13）式而言，我們可以分成三種情況檢視：

情況 1：若 $\hat{\rho} = 0$，則 $d = 2$；換言之，若 d 位於 2 附近，隱含著誤差項不存在序列相關。

情況 2：若 $\hat{\rho} = 1$，則 $d = 0$；換言之，若 d 值較小且大於 0，隱含著誤差項存在正的序列相關。

情況 3：若 $\hat{\rho} = -1$，則 $d = 4$；換言之，若 d 值接近於 4，隱含著誤差項存在負的序列相關。

我們並未打算繼續檢視 DW 檢定，有興趣的讀者可參考例如 Griffiths et al.（1993）或 Gujarati（2004）等書籍；不過，透過模擬的方式，倒是可以看出 DW 檢定的用處。例如：利用圖 10-15 內的假定與（10-13）式，圖 10-16 繪製出 d 的次數分配（抽樣分配），我們從該圖內可看出 d 值大概介於 0～1 之間，故符合上述的情況 2。

於 Python 內，DW 檢定統計量 d 值倒是容易計算，試下列指令：

```
from statsmodels.stats.stattools import durbin_watson
durbin_watson(e)
```

讀者當然也可以自訂計算 d 的函數指令。試試看。

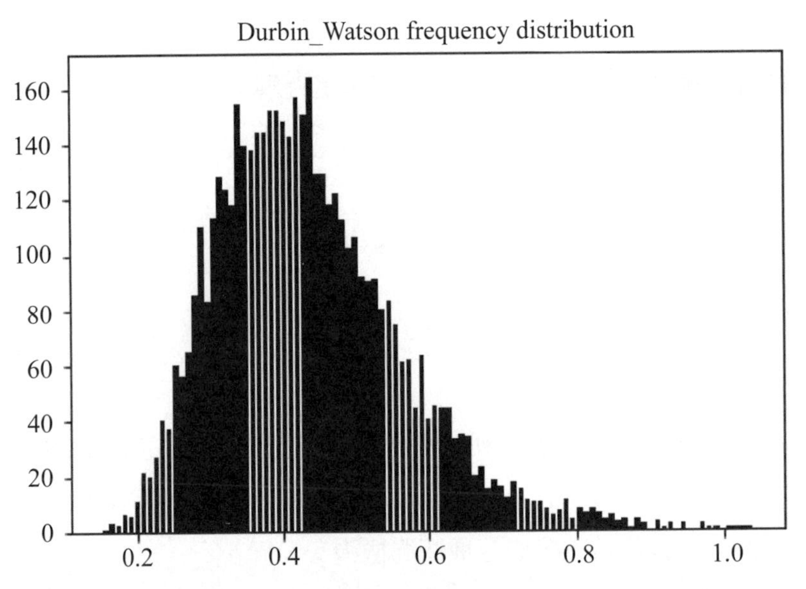

圖 10-16　DW 檢定統計量的抽樣分配（使用圖 10-15 內的假定）

例 1　臺灣的消費函數

就 10.2.2.1 節例 3 的例子而言，可以計算估計迴歸式的 d 值約為 0.23，故該估計迴歸式有可能是一種虛假迴歸式的結果。

例 2　菲力普曲線

重新計算 9.2.1 節例 3 的估計的非線性迴歸函數，不過其對應的 d 值約為 0.6，故該估計迴歸式亦有可能是一種虛假迴歸式的結果。

10.3 間斷因變數模型

至目前為止我們所檢視的迴歸模型的因變數皆屬於量化變數，其實我們也可以進一步檢視因變數屬於類別變數的迴歸模型；或者說，簡單的線性迴歸模型如（9-1）式亦可應用擴充至因變數屬於一種虛擬變數的情況。此種擴充的例子還頗多的。例如：「詢問高中畢業生是否願意繼續升學」、「調查車主是否願意換電動車」、「是否願意搭捷運上班」或是「家庭主婦是否願意進入就業市場」等等。

因迴歸模型的因變數亦可稱爲反應變數，而於上述例子內，反應變數的實現值可能就是「願意、不願意或是再等等」等答案，故因變數反而是一種間斷的類別隨機變數。因此，簡單地說，本節我們將重新檢視（9-1）式，不過因變數的結果卻只有0或1二種可能。

假定因變數 y_i（$i = 1, 2, \cdots, n$）的反應只有上述的0或1二分法，我們進一步稱1表示成功而0表示失敗事件，則可定義 $P(y_i = 1) = p_i$ 與 $P(y_i = 0) = 1 - p_i$ 分別表示第 i 個觀察值出現「成功」與「失敗」的機率，因此上述間斷隨機變數的PMF可寫成：

$$f(y_i) = p_i^{y_i}(1 - p_i)^{1 - y_i}, y_i = 0,1 \tag{10-14}$$

直覺而言，（10-14）式還頗類似於（4-1）式，我們可以檢視看看該式的意義，即 $f(1) = p_i$ 與 $f(0) = 1 - p_i$。

根據（10-14）式，我們進一步可以證明間斷隨機變數 y_i 的期望值與變異數分別爲：

$$E(y_i) = p_i \text{ 與 } Var(y_i) = p_i(1 - p_i) \tag{10-15}$$

即 y_i 的機率分配完全取決於 p_i。我們重新檢視上述的情況。假定我們詢問 n 位上班族的交通工具，其可有自駕車與非自駕車二種選擇，前者令爲1而後者令爲0。每位上班族的答案「不是1就是0」，其背後隱含的統計意義竟然就是（10-14）與（10-15）二式；換言之，我們有興趣想要知道上班族回答1的機率爲何？或者說，於尚未回答之前，上述上班族究竟有考慮哪些因素？若每位上班族回答的結果與考慮的因素分別用 y_i 與 x_j 表示，其中 $y_i = 0, 1$ 與 $j = 2, 3, \cdots, k$，則不就是可以寫成一種迴歸模型嗎？底下，我們分別分成三個模型檢視。

10.3.1 線性機率模型

線性機率模型（linear probability model）可寫成：

$$y_i = E(y_i \mid x_{i2}, \cdots, x_{ik}) + u_i \tag{10-16}$$

其中

$$E(y_i \mid x_{i2}, \cdots, x_{ik}) = p_i = \beta_1 + \beta_2 x_{i2} + \cdots + \beta_k x_{ik} \tag{10-17}$$

類似於之前介紹的迴歸模型，因變數 y_i 可以拆成系統與非系統二成分如（10-16）式所示，其中誤差項 u_i 亦可假定屬於白噪音過程。有意思的是，因變數 y_i 因屬於間斷的隨機變數如（10-14）式，此隱含著 y_i 的系統成分如 $E(y_i \mid x_{i2}, \cdots, x_{ik})$ 竟然就是機率值 p_t，故 $0 \le E(y_i \mid x_{i2}, \cdots, x_{ik}) \le 1$；另一方面，根據（10-17）式，若 $x_{i2} = \cdots = x_{ik} = 0$，則 $\beta_1 = p_i$ 隱含著 β_1 必須介於 0 與 1 之間。因此，線性機率模型與線性迴歸模型如（10-1）式仍有所不同，即前者多了一些限制。

雖說如此，那我們是否可以使用 OLS 估計線性機率模型內的參數呢？仍使用上述上班族交通工具選擇的例子，表 10-8 列出 $n = 21$ 個資料。直覺而言，根據表 10-8，因 x 表示搭大眾運輸工具所需的「淨時間」而 $y = 1$ 表示選擇自駕車，故可預期 $\beta_2 > 0$。圖 10-17 繪製出表 10-8 內 x 與 y 之間的散佈圖，其中 OLS 的估計迴歸式為 $\hat{y}_i = 0.48 + 0.01x_i$。圖 10-17 繪製出線性機率模型或間斷因變數模型內資料位置的特色。

表 10-8　上班族交通工具選擇的資料

y	0	0	1	0	0	1	1	0	0	0	0
x	−48.5	24.4	82.8	−24.6	−31.6	91	52.1	−87.7	−17	−51.5	−90.7
y	1	1	0	1	1	0	1	1	0	1	
x	65.5	−44	−7	51.6	32.4	−61.8	34	27.9	−72.9	49.9	

說明：1. y 為 1 或 0 分別表示自駕車或搭大眾運輸工具。
2. x 表示搭大眾運輸工具與自駕車時間的差距。
3. 資料來源：Griffiths et al. (1993)。

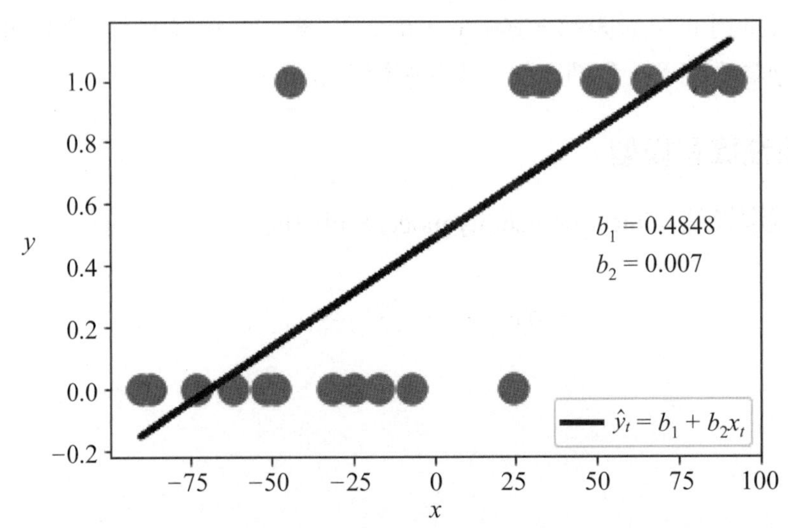

圖 10-17　表 10-8 內 x 與 y 之間的散佈圖以及 OLS 的估計迴歸式

爲了進一步說明，我們將圖 10-17 內的估計迴歸式 $\hat{y}_i$ 繪製於圖 10-18。根據圖 10-18，我們倒是可以檢視一些情況。因 $\hat{y}_i$ 可用於估計 $E(y_i \mid x_{i2}) = p_i$，故 $\hat{y}_i$ 值相當於機率值的估計 $\hat{p}_i$。例如：檢視圖 10-18 內的 A 點，其相當於檢視於 $x_i = 50$ 下，$\hat{y}_i = 0.4848 + 0.007(50) \approx 0.83$，此可解釋成於 $x_i = 50$ 的條件下，上班族願意選擇自駕車的機率約爲 83%；是故，$\hat{y}_i$ 線上每點皆可用機率值解釋。可惜的是，若再檢視圖 10-18 內的 B 與 C 點，可以發現對應的估計機率值分別約爲 1.12 與 −0.04。換句話說，以 OLS 估計線性機率模型，並不能保證所估計到的機率值皆介於 0 與 1 之間。

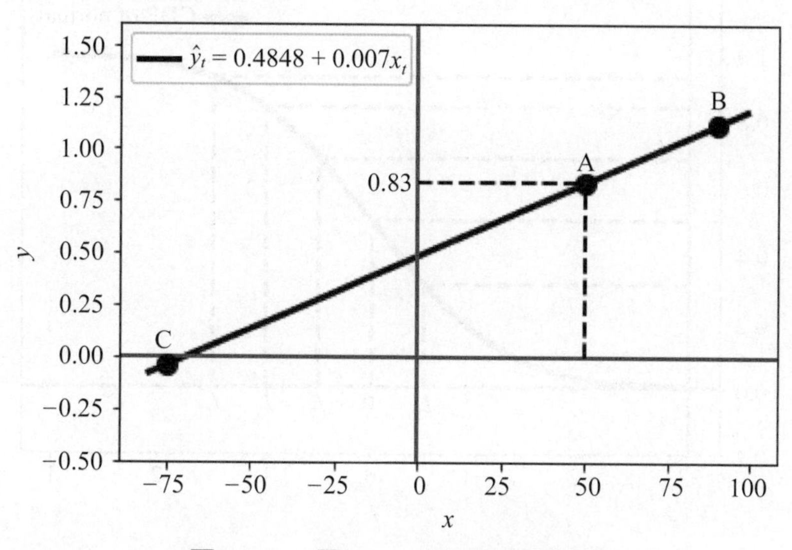

圖 10-18　圖 10-17 內的估計迴歸式

10.3.2 多元概率比模型

多元概率比模型（probit model）又稱爲常態機率模型。多元概率比模型可說是針對上述機率線性模型的缺點所發展出來的。重新檢視圖 10-18 的結果，我們發現當 x 趨向於 ∞ 或 $-\infty$，$\hat{y}$ 未必會局限於 0 與 1 之間；換言之，當 $\hat{y} \rightarrow \pm\infty$，我們倒是需要一個函數能將 $\hat{y}$ 轉換成機率值，而多元概率比模型就是考慮利用標準常態分配的 CDF 轉換，有關於後者的形狀倒是可以先參考圖 4-13 的左下圖。

根據（10-17）式，令迴歸函數爲：

$$I_i = \beta_1 + \beta_2 x_{i2} + \cdots + \beta_k x_{ik} \quad (10\text{-}18)$$

多元概率比模型內的機率值可設為：

$$P_i = F(I_i) = P\left(z \le I_i\right) = \int_{-\infty}^{I_i} (2\pi)^{-1/2} e^{-z^2/2} dz \qquad (10\text{-}19)$$

其中 z 為標準常態分配的隨機變數，而 $F(\cdot)$ 則為 z 之 CDF。有關於多元概率比模型的特色，可以分述如下：

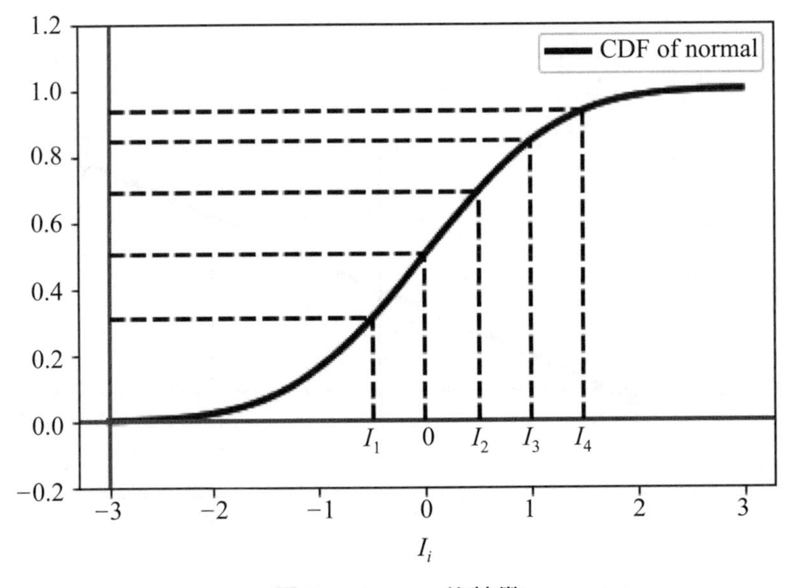

圖 10-19　$F(\cdot)$ 的特徵

(1) 圖 10-19 繪製出 $F(\cdot)$ 的特徵，從該圖內可看出不同的 I_i 值對應的（累積）機率並不相同。若以 $I_i = 0$ 為基準（對應的機率值為 0.5），隱含著 $y = 1$ 或 $y = 0$ 的機率值相等。另一方面，若 $I_i > 0$ 表示 $y = 1$ 的機率會上升，不過增加的幅度會遞減，例如：比較 I_2 與 I_3 以及 I_3 與 I_4 之間的機率差距；同理，若 $I_i < 0$ 表示 $y = 1$ 的機率會下降隱含著 $y = 0$ 的機率會上升，而上升的幅度亦會遞減。

(2) 根據（10-18）與（10-19）二式，可知 P_i 與 x_{ij}（第 j 個自變數）之間是間接的關係，即：

$$\frac{\partial P_i}{\partial x_{ij}} = \frac{\partial F(I_i)}{\partial x_{ij}} = F'(I_i) = f(I_i)\beta_j \qquad (10\text{-}20)$$

其中 $f(I_i)$ 是常態分配的 PDF（CDF 與 PDF 之間的關係可參考第 3 章）。（10-20）

式是表示 x_{ij} 的變動會引起機率值的變動，而後者則爲 β_j 與 $f(I_i)$ 之乘積。

(3)（10-18）式內的參數值 β_j 不再直接解釋成自變數與因變數之預期值的關係，反而是自變數與 P_i 的關係；換言之，因 $f(I_i)$ 皆爲正數值，故根據（10-20）式，可知若 $\beta_j > 0$，則 x_{ij} 的增加（減少）會提高（降低）$y_i = 1$ 的機率；同理，若 $\beta_j < 0$，則 x_{ij} 的增加（減少）會降低（提高）$y_i = 1$ 的機率。

(4) 根據（10-18）與（10-19）二式，因迴歸函數 I_i 透過 $F(\cdot)$ 的轉換而以機率值表示，故多元概率比迴歸模型的「標準方程式」不再可以推導出明確的數學公式表示的 OLS 估計式；也就是說，於多元概率比迴歸模型內，我們無法使用 OLS 估計迴歸模型內的參數。

上述特色 (4) 式是我們所關心的，還好可以使用最大概似估計法（method of maximum likelihood estimation, MLE）估計多元概率比迴歸模型內的參數。

我們當然不會介紹 MLE [9]，於 Python 內倒是容易估計多元概率比迴歸模型，試下列指令：

```
y = [0,0,1,0,0,1,1,0,0,0,0,1,1,0,1,1,0,1,1,0,1]
x = [-48.5,24.4,82.8,-24.6,-31.6,91,52.1,-87.7,-17,-51.5,-90.7,65.5,
     -44,-7,51.6,32.4,-61.8,34,27.9,-72.9,49.9]
X = sm.add_constant(x)
model1 = sm.Probit(y,X).fit()
model1.summary()
```

即上述指令是利用表 10-8 內的資料而以多元概率比迴歸模型估計。可以注意的是，上述 sm.Probit(.) 函數指令的使用方式類似於已經多次使用的 sm.OLS(.) 函數指令，讀者可以試試。

以多元概率比迴歸模型估計表 10-8 內的資料，其結果可爲：

$$\hat{I}_i = -0.06 + 0.03x_i$$
$$(0.4) \quad (0.01)$$
$$[0.87] \; [0.00]$$

[9] 有興趣的讀者可參考《財統》。於《財統》內，我們除了曾介紹如何使用 MLE 估計多元概率比迴歸模型外，還有介紹如何計算該估計模型的 R^2。

可以發現 β_2 的估計式 $\hat{\beta}_2$ 值約為 0.03，其可用於檢定 H_0：$\beta_2 = 0$ 的情況。$\hat{\beta}_2$ 值對應的 t 檢定統計量為 $t = \dfrac{0.03}{0.01} \approx 3\,[0.00]$，故拒絕 H_0；換言之，於估計的多元概率比迴歸模型內，我們也可以執行 t 檢定與 F 檢定，試下列的指令：

```
model1.t_test('x1=0')
model1.f_test('x1=0')
```

即於上述的 model1 內，x 是以 x1 表示。

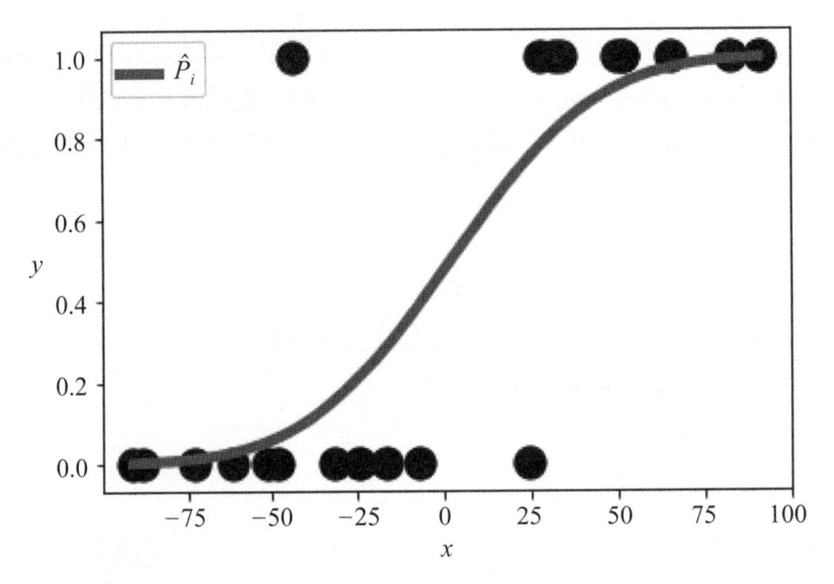

圖 10-20　以多元概率比迴歸模型估計表 10-8 內的資料

有了上述的 $\hat{I}_i$，我們可以利用標準常態分配的 CDF 將 $\hat{I}_i$ 轉換成 $\hat{P}_i$，其結果就繪製如圖 10-20 所示。不同於圖 10-17，多元概率比估計的迴歸線是以標準常態分配的 CDF 如（10-19）呈現，隱含著 x 內每個樣本所對應的機率值並不同。利用上述 $\hat{I}_i$，我們可以假定 x 屬於 R（實數）以取得更多的資訊。例如：根據圖 10-20 的結果，我們可以計算 $x = 30$ 所對應的（累積）機率值約為 0.7983，當 x 值增加 0.1，對應的（累積）機率值約升至 0.7991，增加的幅度約為 0.0008。讀者可以嘗試解釋並計算其他 x 值。

例 1 其他 Python 的估計方式

試下列的 Python 指令：

```
from statsmodels.formula.api import probit
import pandas as pd
data = pd.DataFrame({'y':y,'x':x})
model2 = probit('y~x',data).fit()
model2.summary()
```

model2 與上述 model1 的估計結果相同；換言之，我們也可以利用類似於 OLS 的指令估計。

例 2 AR(1) 模型的估計

利用第 2 章內的臺灣通貨膨脹率資料，我們以 OLS 估計 $AR(1)$ 模型，其結果可爲：

$$\hat{y}_t = 0.19 + 0.8 y_{t-1}$$
$$(0.08)(0.05)$$
$$[0.02][0.00]$$

其中 y_t 表示第 t 期的通貨膨脹率。從上述的估計結果可發現通貨膨脹率的持續性力道約爲 0.8 且能顯著地異於 0；另一方面，因 R^2 約爲 0.64，故上述通貨膨脹率資料以 AR(1) 模型估計，結果並不差。圖 10-21 繪製出 y_{t-1} 與 y_t 之間的散佈圖，其中直線表示估計的迴歸式。從圖內可看出透過 y_{t-1}，我們可以預期 y_t。

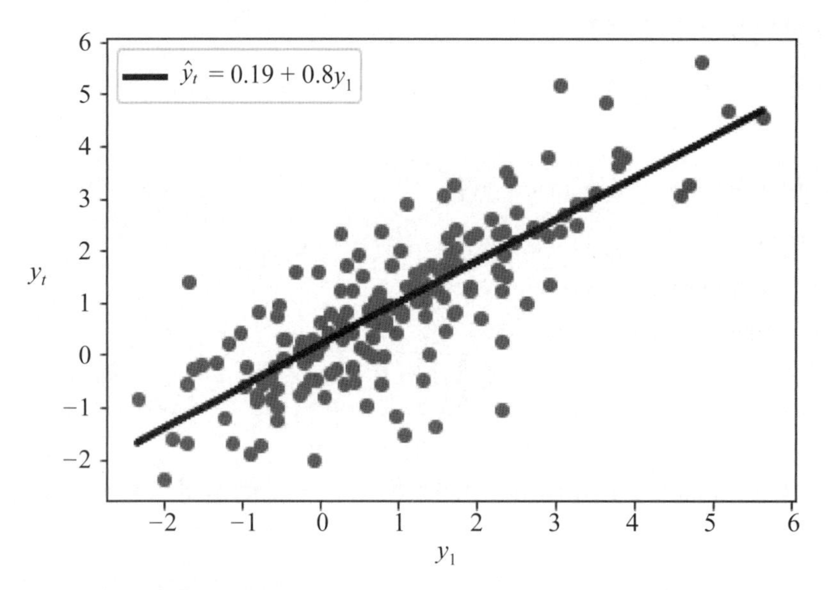

圖 10-21　臺灣通貨膨脹率資料而以 OLS 估計 AR(1) 模型，其中 $y_1 = y_{t-1}$

例 3　多元機率比迴歸模型

續例 2，前述的通貨膨脹率資料亦可以多元機率比迴歸模型估計。首先，當然須先將 y_t 轉換成 0 或 1 資料型態，考慮下列指令：

```
ya1 = (Iry >= 1)*1
```

其中 Iry 表示 y_t。上述指令是將 y_t 大於等於 1（%）視爲 1，其餘爲 0。透過上述轉換，以多元機率比迴歸模型估計可得：

$$\hat{I}_i = -0.96 + 0.94y_{t-1}$$
$$(0.16)\ \ (0.13)$$
$$[0.00]\ \ [0.00]$$

從上述的估計結果可發現迴歸式內的參數值皆能顯著地異於 0；其次，R^2 值[10]約爲 0.4，算是差強人意。當然，上述估計結果需用標準常態分配的 CDF 轉換，其結果

[10] 多元概率比迴歸模型的 R^2 值的意義可參考《財統》。

則繪製如圖 10-22 所示。根據圖 10-22 內的估計結果 $F(\hat{I}_i)$，我們可以進一步計算例如 y_{t-1} 值約為 0 所對應的機率值約為 0.1680，又例如 y_{t-1} 值約為 1（%）所對應的機率值約為 0.4922。

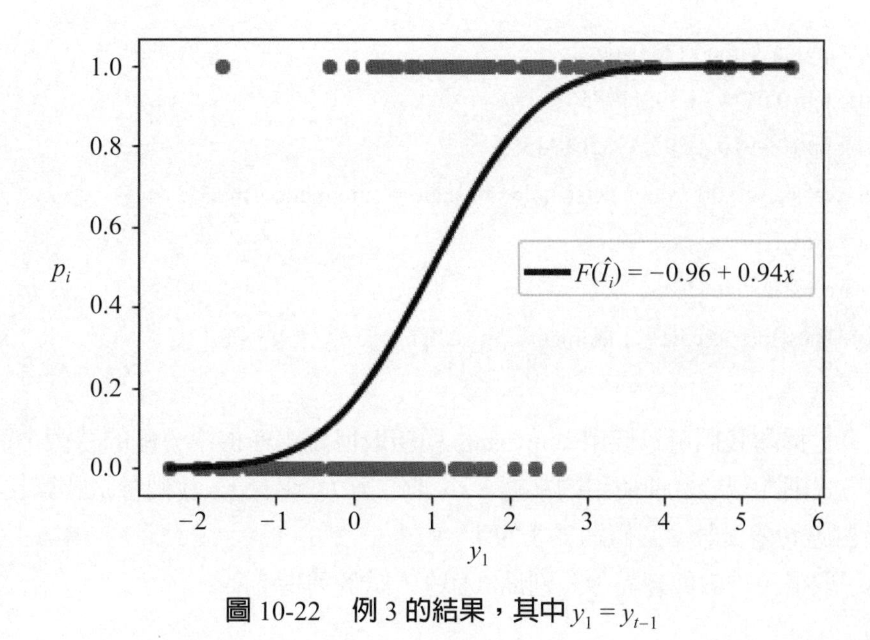

圖 10-22　例 3 的結果，其中 $y_1 = y_{t-1}$

10.3.3 羅吉斯迴歸模型

現在我們介紹另外一種用於模型化因變數為間斷隨機變數的迴歸模型，該模型可稱為羅吉斯迴歸模型（logistic regression model）。羅吉斯迴歸模型亦是一種常用的迴歸模型，其特色是以羅吉斯分配（logistic distribution）的 CDF 取代多元概率比迴歸模型內的標準常態分配的 CDF。羅吉斯分配的 PDF 可寫成：

$$f(x;\mu,s) = \frac{e^{-(x-\mu)/s}}{s\left(1+e^{-(x-\mu)/s}\right)^2}, -\infty < x < \infty \tag{10-21}$$

其中 μ 與 s 分別表示位置與尺度參數。令 $\mu = 0$ 與 $s = 1$，（10-21）式可改寫成：

$$f(x;0,1) = \frac{e^{-x}}{\left(1+e^{-x}\right)^2}, -\infty < x < \infty \tag{10-22}$$

即（10-22）式是羅吉斯分配的一個特例，其對應的 CDF 可稱爲羅吉斯函數卻常用於上述的羅吉斯迴歸模型。類似於 t 分配（第 4 章），s 參數並不是表示變異數，先試下列的 Python 指令：

```
from scipy.stats import logistic
logistic.ppf(0.01) # -4.59511985013459
logistic.ppf(0.99) # 4.595119850134589
mean, var, skew, kurt = logistic.stats(loc=0,scale = 1,moments='mvsk')
mean # array(0.)
var # array(3.28986813)
logistic.stats(loc=0,scale = 1,moments='mvsk')[1] # array(3.28986813)
```

上述指令是提醒我們可以使用 scipy.stats 模組取得羅吉斯機率分配的特徵，而後者的使用方式則類似於之前使用的常態、t、卡方與 F 等分配。我們嘗試計算 $\mu = 0$ 與 $s = 1$ 所對應的變異數，其值約爲 3.29。

爲了取得平均數與變異數分別爲 0 與 1，試下列指令：

```
scale = np.arange(0.01,1,0.00001)
var = logistic.stats(loc=0,scale = scale,moments='mvsk')[1]
```

上述 scale 與 var 之間的關係繪製如圖 10-23 所示，故利用該圖可找出變異數 $\sigma^2 = 1$ 所對應的 s 值約爲 0.5513⑪。

利用 $\mu = 0$ 與 s 值約爲 0.5513，我們就可以比較標準常態、t 與羅吉斯分配的差異，其結果就繪製如圖 10-24 所示，其中三個分配的平均數與變異數皆爲 0 與 1⑫。從圖 10-24 內可看出羅吉斯分配大致位於標準常態分配與 t 分配之間，即就常態分配而言，羅吉斯分配屬於高峰且厚尾的分配。

---

⑪ 羅吉斯分配的變異數可寫成 $s^2\pi^2/3$。

⑫ 其中 t 分配的位置、尺度與自由度分別爲 0、0.7746 與 5。

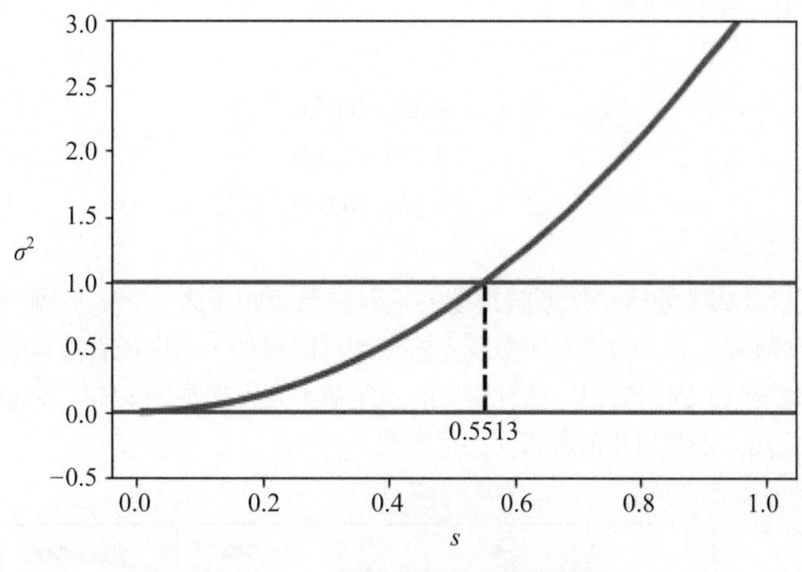

圖 10-23　s 與變異數 σ^2 之間的關係

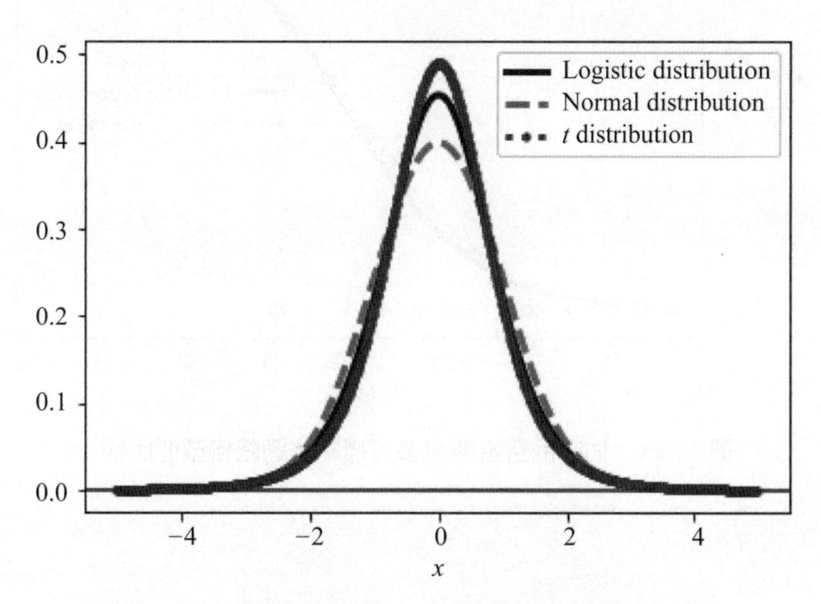

圖 10-24　標準常態分配、t 分配與羅吉斯分配之比較

羅吉斯迴歸模型的估計類似於多元概率比迴歸模型，仍使用表 10-8 內的資料，試下列的 Python 指令：

```
resuLogit = sm.Logit(y,X).fit()
resuLogit.summary()
```

其估計結果可爲：

$$\hat{I}_i = -0.24 + 0.05x$$
$$(0.75)\ \ (0.02)$$
$$[0.75]\ \ [0.01]$$

上述結果其實與多元概率比迴歸模型的估計結果差距不大。類似於圖 10-20，圖 10-25 分別繪製出估計的羅吉斯與多元概率比迴歸模型，其中後者取自圖 10-20。我們的確從圖 10-25 內看出二估計模型的差距並不大；換言之，前述多元概率比迴歸模型的應用，應也可用於羅吉斯迴歸模型。

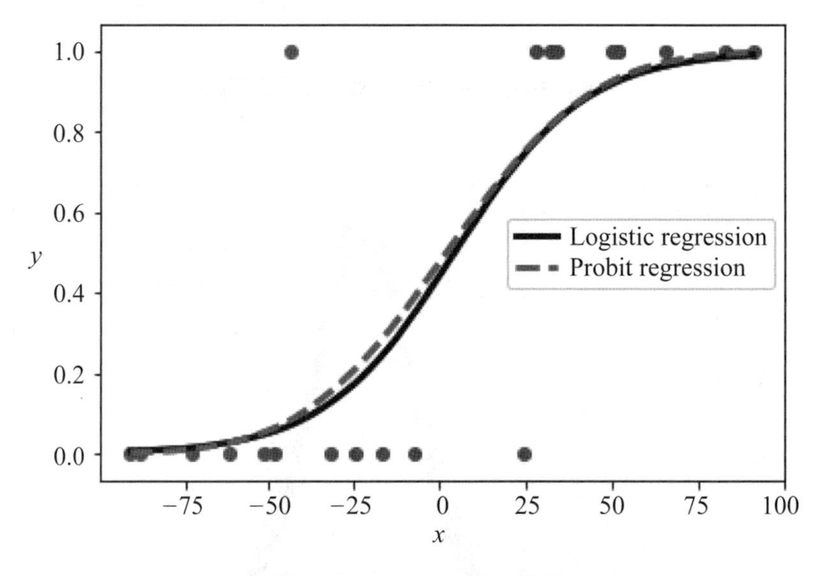

圖 10-25　估計的羅吉斯與多元概率比迴歸模型的比較

習題

(1) 試解釋 10.1.1 節的例 4。

(2) 何謂調整的多元判定係數？試解釋之。

(3) 試編製 8.2.2 節內例 2 的 ANOVA 表。

(4) 試於 10.1.1 節例 2 內的 TWI 月報酬率複迴歸式內省略常數項後，再加入 12 個月虛擬變數。若以 OLS 估計，其結果爲何？

(5) 續上題，若保留 TWI 月報酬率複迴歸式內的常數項後，再加入 11 個月虛擬變數。若以 OLS 估計，其結果又爲何？
(6) 續上題，試檢定 NASDAQ、N225 與 SSE 的影響力加總等於 1。
(7) 續上題，試檢定所有的自變數參數値皆爲 0，$\alpha = 0.05$。其對應的 p_{value} 爲何？
(8) 續上題，殘差值的 DW 值爲何？是否出現一階自我相關？
(9) 續上題，試分別繪製出殘差值的估計 ACF 與 PACF。
(10) 續上題，試繪製出殘差值的槓桿點。
(11) 續上題，我們如何於迴歸估計結果內找出 t 化殘差值？
(12) 續上題，試利用（10-9）式計算 t 化殘差值。
(13) 續上題，計算 t 化刪除殘差值。是否有出現異常值？
(14) 續上題，試計算庫克距離衡量。是否有出現具影響力的觀察值？
(15) 利用第 2 章的臺灣 CPI 與通貨膨脹率資料，試分別計算對應的 ACF 與 PACF。
(16) 續上題，試分別繪製其對應的圖形。
(17) 利用第 8 章的實質 GDP 資料，轉換成經濟成長率資料後，試以 $AR(1)$ 模型估計，其結果爲何？
(18) 續上題，若因變數定義爲經濟成長率大於等於 2（%）爲 1 其餘爲 0，將上述 AR(1) 模型改以多元概率比模型估計，其結果爲何？當經濟成長率約爲 1.7946（%），則下一期經濟成長率大於等於 2 的機率爲何？
(19) 續上題，若改用羅吉斯迴歸模型估計，其結果又爲何？
(20) 續上題，若改成 $AR(2)$ 模型估計，其結果又爲何？

Chapter 11

無母數統計方法

至目前爲止，我們所討論的大多建立在參數統計方法（parametric statistical methods）上，即母體的分配多少是與常態分配有關[①]；或者說，我們是使用常態、t、卡方或 F 分配來進行統計推論。本章將介紹非參數統計方法（nonparametric statistical methods），該方法的特色是不需要母體屬於何種分配；也就是說，非參數方法其實是一種無母數或無分配方法（distribution-free methods）。

我們可以回想如何使用上述的常態、t、卡方或 F 分配來進行統計檢定，不是需要先於虛無假設內假定母體平均數或變異數爲何數值，然後再進一步計算對應的樣本平均數或變異數嗎？因此，於統計推論過程中，我們的確將重心置於母體的參數上，此大概就是參數統計方法的特色。至於非參數統計方法呢？事實上，我們已經有接觸過非參數統計方法。例如：第 8 章的卡方檢定（配適度與獨立性檢定）並不需要事先知道母體參數值，故其屬於非參數統計方法。又例如：我們曾經多次使用長條圖估計機率分配，其亦不需要事先取得母體參數值，故該方法亦屬於非參數法。因此，非參數統計方法擺脫了母體參數值的限制，應用的空間反而擴大了。

參數統計方法與非參數統計方法最大的區別在於前者大多應用於定量性資料的處理，而後者則偏向於類別性資料的處理；尤其是定量性資料亦可轉換成類別性資料，此時可以訴諸於非參數統計檢定。非參數統計方法未必表示母體缺乏參數值，相反地其乃假定母體的參數個數不受限制。既然非參數統計方法所需要的假定較少，其結果的可信度自然較參數統計方法低，不過當我們所遇到的問題無法透過

① 我們所討論大多建立在 CLT 的結果上，即透過 CLT 我們所討論的母體大多屬於常態分配；另一方面，t、卡方或 F 分配也與常態分配有關。

參數統計方法取得答案，但是卻可透過非參數統計方法處理，此時就難以比較二種方法的優劣。因此，非參數統計方法可視爲一種新的統計方法。透過本章底下的介紹，應該會對非參數統計方法有進一步的認識。

11.1 二項式機率分配的應用

首先我們介紹二種非參數統計檢定方法分別是二項式檢定（binomial test）與符號檢定（sign test）。二種檢定方法皆是屬於二項式機率分配的應用（第 4 章）。符號檢定可說是一種「古老」的檢定，不過其卻屬於二項式檢定的一個特例。因此，若要認識符號檢定，我們就必須先知道二項式檢定。

11.1.1 二項式檢定

我們先檢視一個例子。某零件製造商認爲 5% 的不良率是可以被接受的，即不良率低於 5% 表示運作正常，但是不良率若高於 5%，即表示需要重新調整或整修。面對上述零件製造商的情況，我們可以幫其建立虛無與對立假設分別爲：

$$H_0\text{：運作正常 vs. } H_a\text{：重新調整}$$

或改成：

$$H_0：p \leq 0.05 \text{ vs. } H_a：p > 0.05$$

其中 p 表示不良率。

面對上述假設，其實我們可以幫上述零件製造商建立判斷決策準則；換言之，不良率出現的機率可用二項式機率分配計算，即根據（4-1）式，可得：

$$f(x) = \binom{n}{x} p^x (1-p)^{n-x} = \frac{n!}{(n-x)!x!} p^x (1-p)^{n-x}, x = 0, 1, \cdots, n \qquad (11\text{-}1)$$

其中 n 與 x 分別表示抽查的個數與不良品的個數。根據（11-1）式，若零件製造商抽出 $n = 100$ 個零件內有小於等於 5 個不良品即 $x \leq 5$，則當然不會懷疑運作是否不正常；但是，若 $x = 8$ 或 $x = 9$ 呢？上述結果就難以取捨。

面對上述情況應不會難倒我們，畢竟我們有學過統計推論（第 6 章）。首先，我們當然根據（11-1）式繪製出二項式機率分配的 PMF 如圖 11-1 所示，其中 $n = 100$ 與 $p = 0.05$。因上述的假設屬於右尾檢定，若令 $\alpha = 0.05$，我們可以計算出接受區與拒絕區的臨界點等於 $x_c = 9$（圖內的垂直虛線），即 x 值大於等於 x_c，我們的結論就是拒絕 H_0。

利用 Python，不難繪製出圖 11-1 與找出 x_c，試下列指令：

```
n = 100;p = 0.05
x = np.arange(binom.ppf(0.01, n, p),binom.ppf(0.99, n, p))
plt.plot(x, binom.pmf(x, n, p), 'bo', ms=8, label='binom PMF')
plt.bar(x, binom.pmf(x, n, p),color='red')
xc = binom.ppf(0.95,n,p) # 9
plt.axvline(x=xc,ls='--',lw=3,color='black')
plt.xlabel('x');plt.ylabel('Probability')
plt.text(9.2,0.15,r'reject $H_0$')
plt.text(7,0.16,r'$\alpha = 0.05$')
plt.legend()
```

即根據圖 11-1 的結果可知 $x = 8$ 爲不拒絕 H_0，但是 $x = 9$ 卻拒絕 H_0。

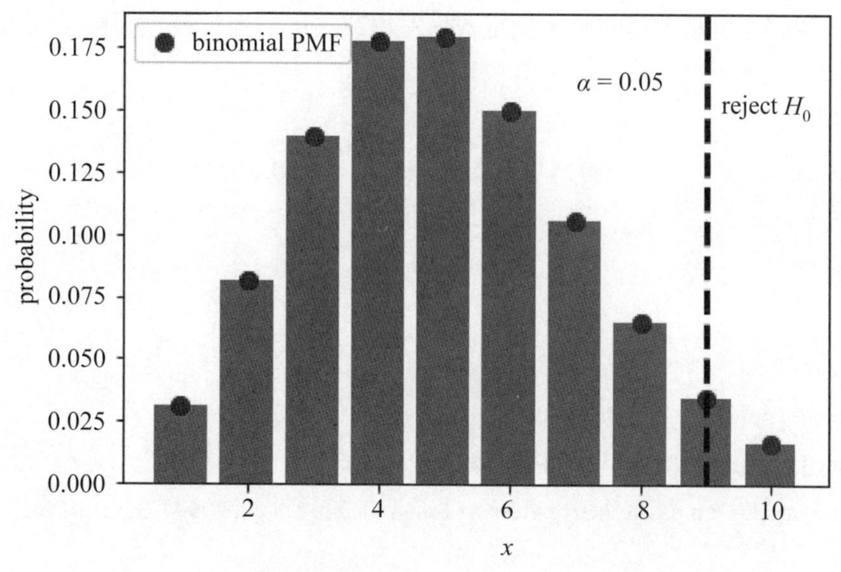

圖 11-1　零件製造商的例子，其中 $n = 100$ 與 $p = 0.05$

上述例子說明了二項式檢定的用處。其實，讀者應該有意識到二項式檢定的應用層面相當廣泛。例如：檢視某檔股票 $n = 20$ 次，我們有興趣想要知道該檔股票價格上升或下降的機率是否爲 0.5。當然欲回答上述問題，我們必須假定該檔股價上升或下降的過程符合二項式實驗，則對應的假設爲：

$$H_0：p = 0.5 \text{ vs. } H_a：p \neq 0.5$$

其中 p 表示股價上升的機率。明顯地，上述假設屬於雙尾檢定，我們仍使用二項式機率分配取得二個臨界值，試下列的 Python 指令：

```
n = 20;p = 0.5;alpha = 0.05
xc1 = binom.ppf(alpha/2,n,p) # 6
xc2 = binom.ppf(1-alpha/2,n,p) # 14
x = 5
2*binom.cdf(x,n,p) # 0.04138946533203125
stats.binom_test(x, n, p, alternative='two-sided') # (two-tailed test) # 0.04138946533203125
```

上述指令是指於 $n = 20$ 與 $p = 0.5$ 之下，二個臨界值分別爲 6 與 14 次；換言之，若 $x = 5$ 則於 $\alpha = 0.05$ 之下拒絕 H_0。值得一提的是，$x = 5$ 的 p_{value} 可用 stats 模組下的 binom_test(.) 函數指令計算而得。

當然我們亦可將上述的雙尾檢定改爲左尾或右尾檢定。就左尾檢定而言，其假設爲：

$$H_0：p \geq 0.5 \text{ vs. } H_a：p < 0.5$$

試下列指令：

```
# H0:p >= 0.5
xc = binom.ppf(alpha,n,p) # 6
binom.cdf(x,n,p) # 0.020694732666015625
stats.binom_test(x,n,p, alternative='less') # (one-tailed test) # 0.020694732666015625
```

顯然，上述左尾檢定於 $n = 20$ 與 $p = 0.5$ 之下臨界點仍爲 6，而 $x = 5$ 的 p_{value} 則約爲 0.02；同理，上述 p_{value} 值亦可使用 stats 模組下的 binom_test(.) 函數指令計算而得。

比較麻煩的是右尾檢定，其假設可寫成：

$$H_0：p \leq 0.5 \text{ vs. } H_a：p > 0.5$$

試下列指令：

```
xc = binom.ppf(1-alpha,n,p) # 14
x = 13
1-binom.cdf(x,n,p) # 0.057659149169921875
binom.sf(x-1,n,p) # 0.13158798217773435
stats.binom_test(x,n,p, alternative='greater') # 0.13158798217773435
```

換言之，於 $n = 20$、$p = 0.5$ 與 $\alpha = 0.05$ 之下，上述右尾檢定的臨界點亦爲 14。若 $x = 13$，利用 1-binom.cdf(x,n,p) 指令計算可能會失眞。此時可使用 binom.sf(x-1,n,p) 函數指令計算②，而其結果與 stats.binom_test(.) 函數指令結果一致。

再舉一個例子。擲一個骰子 6000 次，其中出現 6 點的次數爲 1100 次，問上述是否是一個公正的骰子？欲回答上述問題，我們的假設可爲：

$$H_0：p = 0.5 \text{ vs. } H_a：p \neq 0.5$$

換言之，若不拒絕 H_0 則我們的結論爲該骰子是公正的。試下列指令：

```
n = 6000;p = 1/6
x = 1100
```

② binom.sf(x-1,n,p) 函數指令用是計算存活函數（survival function）$S(t)$，即令 $F(t)$ 表示 CDF，則 $S(t)$ 可定義成：

$$S(t) = P(\{T > t\}) = \int_t^{\infty} f(u)du = 1 - F(t)$$

顧名思義，$S(t)$ 可用於計算 $1 - F(t)$。

```
2*(1-binom.cdf(x,n,p)) # 0.00065732521247732
2*binom.sf(x-1,n,p) # 0.00065732521247732
stats.binom_test(x, n, p, alternative='two-sided') # 0.0006036652306992744
mu = n*p;sigma = np.sqrt(n*p*(1-p))
2*(1-norm.cdf(x-0.5,mu,sigma)) # 0.0005673080272301512
```

從上述指令可看出 p_{value} 的計算，使用 2*(1-binom.cdf(x,n,p)) 與 2*binom.sf(x-1,n,p) 指令的結果一致，而上述結果亦與 stats.binom_test(x, n, p, alternative='two-sided') 指令的結果差距不大；比較重要的，上述結果亦可以使用常態分配計算，其中後者的平均數與變異數則取自（4-2）式。眼尖的讀者應會發現常態分配機率的計算有加上一個校正因子 −1/2，可參考例 1。

例 1　二項式機率分配的極限是常態分配

通常若 $np \geq 5$ 與 $n(1-p) \geq 5$，我們亦可以使用常態分配取代二項式機率分配以計算機率。早期我們並沒有使用電腦計算，用常態分配取代二項式機率分配計算機率當然較為便利，不過現在已經使用電腦（程式）計算機率，故上述用常態分配取代二項式機率分配已經不重要了。舉例來說，圖 11-2 繪製出 $n = 600$ 與 $p = 1/6$ 的二項式機率分配的 PMF，我們從圖內可看出 PMF 的形狀已接近於常態分配，其中後者的平均數與標準差分別約為 100 與 9.1287。試下列的 Python 指令：

```
binom.cdf(98,n,p) # 0.4394312057642361
norm.cdf(98,mu,sigma) # 0.4132903507196785
norm.cdf(98+0.5,mu,sigma) # 0.43474089136908084
binom.cdf(97,n,p) # 0.3964616885173611
norm.cdf(98-0.5,mu,sigma) # 0.39209561470080956
```

即若使用二項式機率分配計算小於等於 98 的機率值約為 0.4394。利用上述的平均數與標準差而以常態分配計算小於等於 98 的機率值則約為 0.4133，顯然與上述機率值有差距，不過因二項式機率分配屬於間斷的機率分配而常態分配卻屬於連續的機率分配，以後者取代前者需要考慮一種稱為「連續的校正因子」（continuity correction factor）。也就是說，如前所述（第 3 章），若以面積代表機率值，二項式機率分配的隨機變數如 $x = 98$，可對應至 [97.5, 98.5]（寬度等於 1），故若以常態分配取代，則相當於應計算至 98.5；同理，若二項式機率分配的隨機變數為 $x <$ 98，則以常態分配取代應計算至 97.5（不包含 98）。

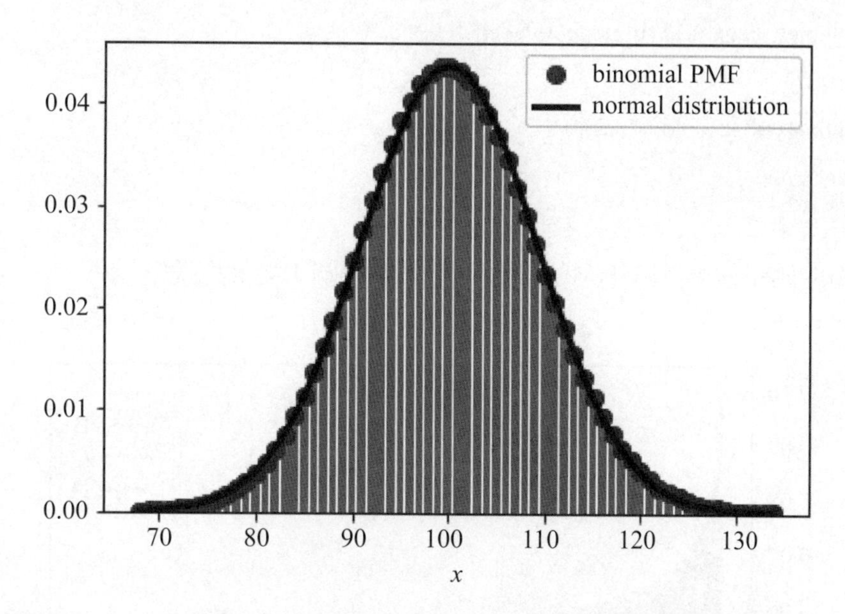

圖 11-2 $n = 600$ 與 $p = 1/6$ 的二項式機率分配的 PMF 與常態分配的 PDF

例 2 續例 1

試下列指令：

```
p = 0.05
n = np.arange(100,10000,1)
m = len(n)
P = np.zeros(m*4).reshape(m,4)
for i in range(m):
    xc = binom.ppf(0.95,n[i],p)
    P[i,0] = 1-binom.cdf(xc,n[i],p)
    P[i,1] = binom.sf(xc-1,n[i],p)
    mu = n[i]*p;sigma = np.sqrt(n[i]*p*(1-p))
    P[i,2] = 1-norm.cdf(xc,mu,sigma)
    P[i,3] = 1-norm.cdf(xc-0.5,mu,sigma)
```

```
label = ['A','B','C','D']
for i in range(4):
    plt.plot(range(m),P[0:,i],label=label[i])
plt.legend()
plt.axhline(y=0.05,color='black')
plt.xlabel('n')
```

上述指令的結果繪製於圖 11-3。讀者可嘗試解釋圖 11-3 的意思。

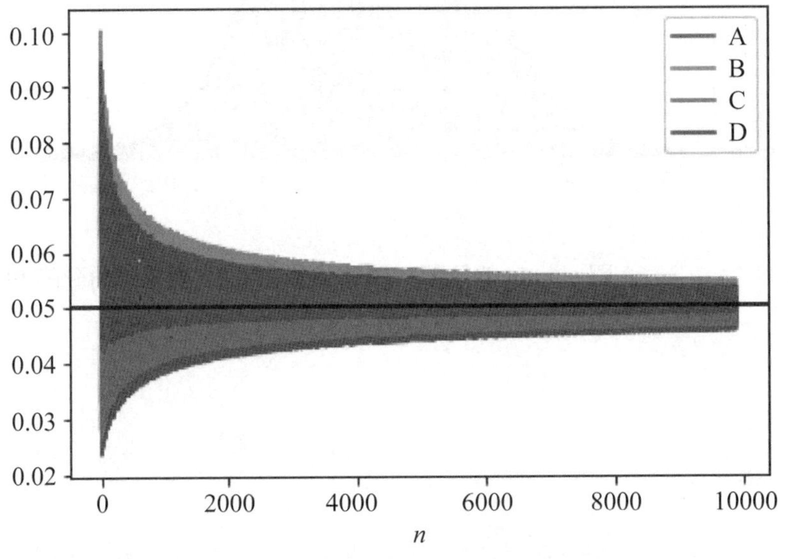

圖 11-3　於 $p = 1/6$ 之下二項式機率分配右尾機率值的計算

例 3　二項式檢定的應用

一家汽車製造商宣稱其所生產的車子的不良率低於 10%。檢視 19 台該製造商生產的車子發現有 4 台是有瑕疵的。試下列指令：

```
stats.binom_test(4,19,0.1, alternative='greater') # 0.11499755780436081 (p 值)
```

於 $\alpha = 0.05$ 之下，上述指令指出無法拒絕虛無假設爲不良率低於 10%。

11.1.2 符號檢定

如前所述，符號檢定爲二項式檢定的一個特例。我們先看表 11-1 的例子。表 11-1 列出 10 家超商某產品的週銷售量。該產品的銷售經理想要知道上述週銷售量是否符合中位數週銷售量爲 450 的事前資訊；換言之，該經理欲檢定下列的假設：

$$H_0：中位數爲 450 \text{ vs. } H_a：中位數不等於 450$$

表 11-1　符號檢定

x	485	562	415	860	426
符號	+	+	−	+	−
x	474	662	380	515	721
符號	+	+	−	+	+

因中位數是將資料拆成二半，故上述假設相當於欲檢定：

$$H_0：p = 0.5 \text{ vs. } H_a：p \neq 0.5$$

因此，上述檢定其實就是一種二項式檢定，只不過如何將表 11-1 內的資料轉成二項式機率分配的隨機變數實現値？

符號檢定的用法其實頗爲簡易，即將表 11-1 內的資料逐一與中位數 450 比較，若資料大於 450 則用「+」而若資料小於 450 則用「−」表示，當然若資料若等於 450 則予以捨棄（畢竟只有二種結果）。是故，符號檢定相當於二項式檢定內欲檢定 $p = 0.5$。上述將定量性資料轉換成類別性變數的方式我們曾經使用過，試下列的 Python 指令：

```
x = [485,562,415,860,426,474,662,380,515,721]
mu0 = 450
samp = np.asarray(x)
pos = np.sum(samp > mu0) # 7
neg = np.sum(samp < mu0) # 3
p = stats.binom_test(min(pos,neg), pos+neg, .5) # 0.34374999999999999
stats.binom_test(min(pos,neg), pos+neg, 0.5, alternative='two-sided') # 0.34374999999999999
2*binom.cdf(3,10,0.5) # 0.34374999999999999
```

因屬於雙尾檢定，故若使用 stats.binom_test(min(pos, neg), pos+neg, .5) 函數指令計算 p_{value}，該函數指令若無 alternative 項相當於執行雙尾檢定。

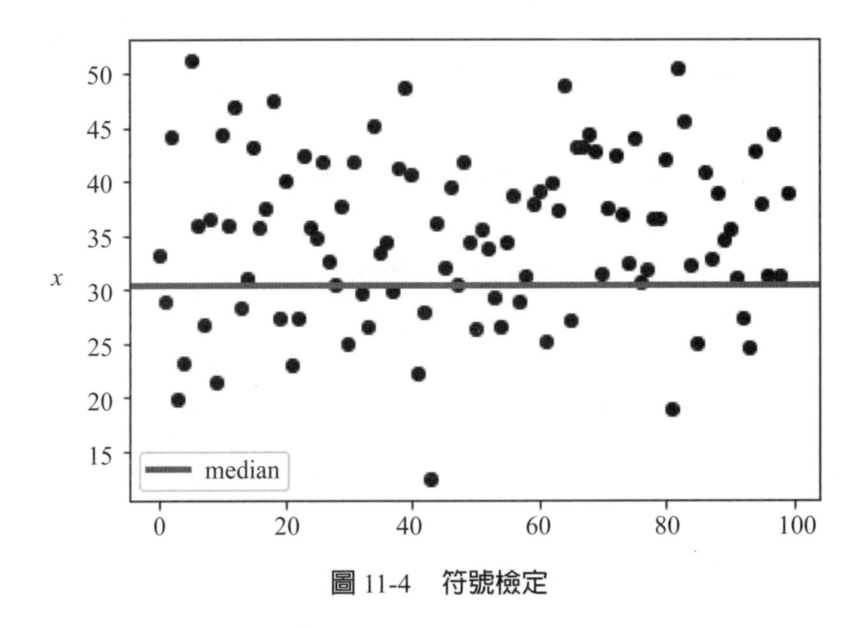

圖 11-4　符號檢定

再舉一個例子。圖 11-4 繪製出 x 的 100 個觀察值，其中水平線爲宣稱的中位數約爲 30.51。我們分成三種情況檢視，即分別檢定 H_0：$p = 0.5$、H_0：$p \geq 0.5$ 與 H_0：$p \leq 0.5$ 三種情況。參考下列的 Python 指令：

```
pos = np.sum(x > median0) # 72
neg = np.sum(x < median0) # 28
stats.binom_test(min(pos,neg), pos+neg, 0.5) # 1.2579150016678854e-05
2*binom.cdf(min(pos,neg), pos+neg, 0.5) # 1.2579150016678854e-05
n = pos+neg;p = 0.5
mu = n*p;sigma = np.sqrt(n*p*(1-p))
2*norm.cdf(min(pos,neg)+0.5,mu,sigma) # 1.707981094198359e-05
stats.binom_test(min(pos,neg), pos+neg, 0.5,alternative='less') # 6.289575008339427e-06
binom.cdf(min(pos,neg), pos+neg, 0.5) # 6.289575008339427e-06
norm.cdf(min(pos,neg)+0.5,mu,sigma) # 8.539905470991794e-06
stats.binom_test(max(pos,neg), pos+neg, 0.5,alternative='greater') # 6.289575008339427e-06
binom.sf(max(pos,neg)-1, pos+neg, 0.5) # 6.289575008339427e-06
1-norm.cdf(max(pos,neg)-0.5,mu,sigma) # 8.539905471005582e-06
```

上述指令指出 x 內大於與小於中位數的個數分別爲 72 與 28，然後再分別檢視上述三種情況。除了使用 stats.binom_test(.) 計算 p_{value} 外，上述指令亦使用常態分配檢視。讀者可以嘗試解釋上述指令的意思。

11.2 成對與獨立樣本

7.1.2 節我們曾討論過小樣本下二獨立樣本的母體平均數差異的假設檢定，其中於例 1 內我們曾檢視過成對樣本的情況，不管是獨立樣本或是成對樣本，我們皆須假定二母體平均數差異屬於 IID 常態分配，然後再利用 t 分配從事二母體平均數差異的假設檢定。本節我們將介紹二種無母數統計方法，其分別稱爲 Wilcoxon 符號等級檢定（sign-ranked test）與 Wilcoxon 等級和檢定（rank-sum test），其中前者適用於成對樣本而後者則用於檢定獨立樣本的情況。上述二種檢定亦皆不需要假定二母體參數差異屬於 IID 常態分配。

11.2.1 Wilcoxon 符號等級檢定

如前所述，Wilcoxon 符號等級檢定是一種用於檢視成對樣本實驗的非參數檢定方法，其不須假定二母體差異屬於 IID 常態分配而只需要二母體差異爲對稱的分配。通常，我們可以注意二母體之中位數差異。底下，我們利用表 11-2 來說明 Wilcoxon 符號等級檢定。

考慮一家製造商有 A 與 B 二種方法。爲了瞭解上述方法的完成時間差距，該製造商隨機挑選 11 位工人分別使用 A 與 B 二種方法並且記錄完成時間，其結果分別列於表 11-2 內的第 2 與 3 欄。顯然，表 11-2 是屬於一種成對樣本實驗，因爲相同的工人分別使用方法 A 與方法 B。表內第 4 欄列出方法 A 與 B 的完成時間差距。例如：若該差距爲正數值隱含著方法 A 所使用的時間大於方法 B 的完成時間。

面對表 11-2 的結果，一個自然的反應是：方法 A 與 B 的完成時間是否相等？若假定方法 A 與 B 的完成時間差距屬於對稱的分配，則我們可以使用 Wilcoxon 符號等級檢定。Wilcoxon 符號等級檢定的假設可寫成：

$$H_0：M_A = M_B \text{ vs. } H_0：M_A \neq M_B$$

其中 M_A 與 M_B 分別表示方法 A 與 B 完成時間的（母體）中位數。顯然，上述假設屬於雙尾檢定，於此可看出非參數檢定方法的確脫離出參數檢定方法。

我們進一步來看如何執行 Wilcoxon 符號等級檢定。首先，除去如第 8 位工人之差距爲 0 的情況；接下來，取差距的絕對值，其結果則列於表 11-2 的第 5 欄。表內第 6 欄將第 5 欄內的結果「由小至大」排序，因第 3 與 5 位工人的絕對差距相等，故分別以 3.5 表示；同理，第 4 與 10 位工人皆以 5.5 取代。最後，按照差距的「正或負號」分成「負或正」符號等級，其分別列於表 11-2 的第 7 與 8 欄。

表 11-2　Wilcoxon **符號等級檢定**

工人	方法		差距	絕對差距	排序	符號等級	
	A	B				負	正
1	10.2	9.5	0.7	0.7	8		8
2	9.6	9.8	−0.2	0.2	2	−2	
3	9.2	8.8	0.4	0.4	3.5		3.5
4	10.6	10.1	0.5	0.5	5.5		5.5
5	9.9	10.3	−0.4	0.4	3.5	−3.5	
6	10.2	9.3	0.9	0.9	10		10
7	10.6	10.5	0.1	0.1	1		1
8	10.0	10.0	0				
9	11.2	10.6	0.6	0.6	7		7
10	10.7	10.2	0.5	0.5	5.5		5.5
11	10.6	9.8	0.8	0.8	9		9
							49.5

我們亦可以使用 Python 指令得出表 11-2 內的結果，參考下列指令：

```
A = np.array([10.2,9.6,9.2,10.6,9.9,10.2,10.6,10.0,11.2,10.7,10.6])
B = np.array([9.5,9.8,8.8,10.1,10.3,9.3,10.5,10.0,10.6,10.2,9.8])
d1 = A-B
d = d1[np.not_equal(d1,0)]
abd = np.round(abs(d),1)
r = stats.rankdata(abd)
r_plus = np.sum((d > 0) * r, axis=0) # 49.5
r_minus = np.sum((d < 0) * r, axis=0)    # 5.5
```

讀者可檢視 r 內之值，其恰爲表 11-2 內的第 6 欄。

因差距屬於對稱的分配，故我們只檢視「正」符號等級的情況。令 T^+ 表示「正」符號等級的加總，根據表內可知 $T^+ = 49.5$。就 Wilcoxon 符號等級檢定而言，T^+ 就是其對應的檢定統計量。Anderson et al.（2017）曾指出只要 $n \geq 10$，T^+ 的抽樣分配會接近常態分配，其中平均數與標準差分別爲：

$$\mu_{T^+} = \frac{n(n+1)}{4} \text{ 與 } \sigma_{T^+} = \sqrt{\frac{n(n+1)(2n+1)}{24}} \qquad (11\text{-}2)$$

延續上述 Python 指令，參考下列指令：

```
n = len(d) # 10
mu_plus = n*(n+1)/4 # 27.5
sigma_plus = np.sqrt(n*(n+1)*(2*n+1)/24) # 9.810708435174291
2*(1-norm.cdf(r_plus-0.5,mu_plus,sigma_plus)) # 0.028416864174863665
2*norm.cdf(r_minus+0.5,mu_plus,sigma_plus) # 0.02841686417486375
```

即根據（11-2）式可得平均數與標準差分別約爲 27.5 與 9.8107；另一方面，考慮連續校正因子，故根據常態分配可得 T^+ 所對應的 p_{value} 約爲 0.0284。有意思的是，若根據 T^- 所計算的 p_{value} 亦約爲 0.0284，表示（11-2）式亦適用於 T^- 檢定統計量。

於 Python 的 stats 模組內，亦可使用 Wilcoxon 符號等級檢定的函數指令，試下列指令：

```
stats.wilcoxon(d) # statistic=6.0, pvalue=0.028314054945765665
stats.wilcoxon(d,alternative='greater') # statistic=49.0, pvalue=0.014157027472882833
stats.wilcoxon(d,alternative='less') # statistic=49.0, pvalue=0.9858429725271172
```

除了雙尾檢定外，stats.wilcoxon(.) 函數指令亦可執行單尾檢定，可留意。

11.2.2 Wilcoxon 等級和檢定

接下來，我們來看 Wilcoxon 等級和檢定。Wilcoxon 等級和檢定亦可稱爲 Mann-Whitney 檢定，或直接稱爲 Mann-Whitney-Wilcoxon（MWW）檢定。如前所述，MWW 檢定可用於檢視二獨立樣本的情況，其中二母體的分配未必需要屬於常態分配。MWW 檢定的假設可設爲：

$$H_0\text{：二母體分配相等 vs. } H_a\text{：二母體分配不相等}$$

理所當然，根據上述假設，若結論爲拒絕 H_0，則 H_a 的結果未必能掌握。例如：圖 11-5 繪製出二個母體分配不相等的情況，其中母體 1 雖說絕大部分小於母體 2，不過母體 1 的右尾仍可能大於母體 2；另一方面，二個母體分配不相等亦有可能出現在其他分配的特徵，例如於圖 11-5 內，母體 1 與 2 的峰態並不相等。雖說如此，MWW 檢定只是用於檢視母體 1 與 2 的「位置」不同，對於母體 1 與 2 的「型態」倒是沒有論及。

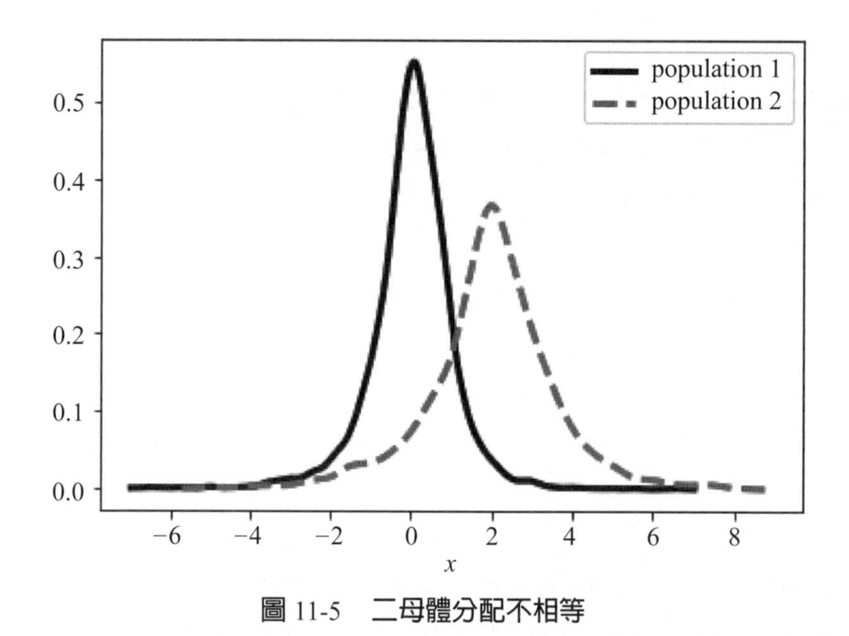

圖 11-5　二母體分配不相等

我們利用表 11-3 內的例子來說明 MWW 檢定。一家銀行的管理者面對表 11-3 的獨立樣本資料思索是否可以利用 MWW 檢定以檢視二家分行的帳戶金額母體分配是否相等。根據表 11-3，分行 1 與 2 分別抽取 $n_1 = 12$ 與 $n_1 = 10$ 個帳戶金額。MWW 檢定的首要步驟是將分行 1 與 2 的帳戶金額合併，然後再依金額大小由小至大排序，其結果則分列於表 11-3 內的第 3 與 6 欄。例如：金額最低與最高分別出現在分行 2 內的第 6 個帳戶以及分行 1 內的第 3 個帳戶，故其排序等級分別爲「1」與「22」；另一方面，因分行 1 內的第 6 個帳戶與分行 2 內的第 4 個帳戶的金額相等，故其排序等級皆為「12.5」。

接下來，分別加總分行 1 與 2 的排序等級，其分別為 169.5 與 83.5。我們挑較大的加總排序等級為 MWW 檢定的檢定統計量，即令 $W = 169.5$，而其對應的平均數與標準差分別為：

$$\mu_W = \frac{n_1(n_1+n_2+1)}{2} \text{ 與 } \sigma_W = \sqrt{\frac{n_1 n_2(n_1+n_2+1)}{12}} \quad (11\text{-}3)$$

根據 Anderson et al.（2017），只要 $n_1, n_2 \geq 7$，則 W 會接近於常態分配，其中平均數與標準差如（11-3）式所示。

表 11-3　Wilcoxon 等級和檢定

分行 1			分行 2		
帳戶	金額	排序	帳戶	金額	排序
1	1095	20	1	885	7
2	955	14	2	850	4
3	1200	22	3	915	8
4	1195	21	4	950	12.5
5	925	9	5	800	2
6	950	12.5	6	750	1
7	805	3	7	865	5
8	945	11	8	1000	16
9	875	6	9	1050	18
10	1055	19	10	935	10
11	1025	17			83.5
12	975	15			
		169.5			

表 11-3 內的結果亦可利用下列的 Python 指令取得，即：

```
x = [1095,955,1200,1195,925,950,805,945,875,1055,1025,975]
y = [885,850,915,950,800,750,865,1000,1050,935]
```

```
n1 = len(x) ;n2 = len(y)
alldata = np.concatenate((x, y)) ;ranked = stats.rankdata(alldata)
x1 = ranked[:n1];y1 = ranked[n1:]
sx1 = np.sum(x1, axis=0) # 169.5
sy1 = np.sum(y1, axis=0)   # 83.5
W = sx1;muW = n1*(n1+n2+1)/2.0 # 138
sigmaW = np.sqrt(n1*n2*(n1+n2+1)/12.0) # 15.165750888103101
z = (W-muW)/sigmaW # 2.077048491196729
2*(1-norm.cdf(z)) # 0.037797083908718054
2*norm.sf(z) # 0.03779708390871803
```

讀者可檢視 ranked 內的元素得知如何取得排序資料。最後，因屬於雙尾檢定，可知 W 所對應的 p_{value} 約爲 0.0378。同理，於 Python 內，我們亦可以使用 stats 模組內的 ranksums(.) 函數指令取得類似的結果，即：

```
stats.ranksums(x,y) # statistic=2.077048491196729, pvalue=0.03779708390871803
```

上述檢定統計量約爲 2.077 爲標準化的結果。

其實，因 W 屬於間斷的而常態分配則屬於連續的分配，故上述檢定統計量可再加上連續校正因子的考慮，即：

```
z1 = (W-0.5-muW)/sigmaW # 2.04407946752694
2*norm.sf(abs(z1)) # 0.0409456971929358
```

換言之，考慮連續校正因子後的檢定統計量約爲 2.044，而其所對應的 p_{value} 值則約爲 0.0409，故於 $\alpha = 0.05$ 之下，我們的結論是拒絕 H_0 爲二母體分配相等的結果。

例 1 MWW 檢定的型 1 錯誤

令 x 與 y 皆屬於介於 0 與 1 之間的均等分配。若分別從 x 與 y 內抽取 $n_1 = 13$ 與 $n_1 = 12$ 個觀察值，利用 MWW 檢定 x 與 y 是否屬於相同分配。重複上述動作 5000 次，可得 MWW 檢定的檢定統計量（標準化後）抽樣分配繪製如圖 11-6 所示，其中曲線爲標準常態分配的 PDF。從圖內可看出上述檢定統計量的確接近於常態分配。令 $\alpha = 0.05$，我們進一步計算上述檢定統計量的型 1 錯誤，其值約爲 5.16% 與 α 值差距不大。

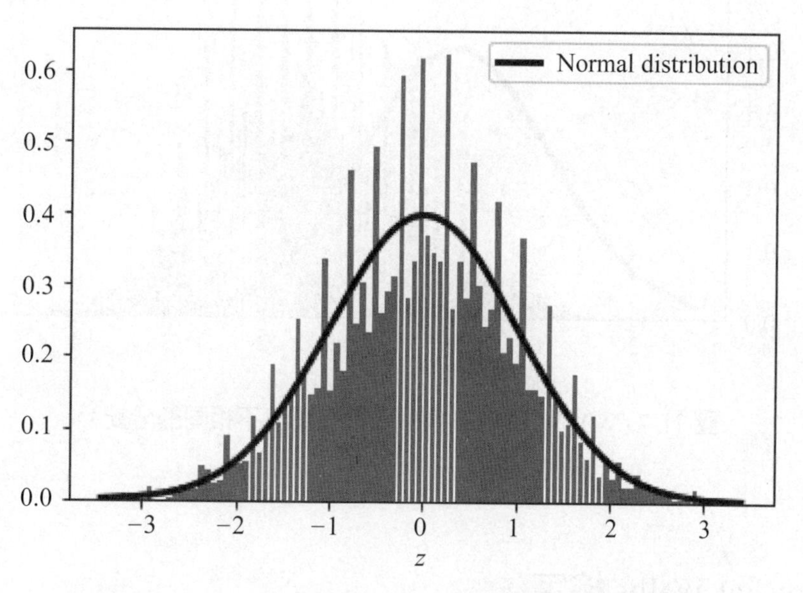

圖 11-6　MWW 檢定的模擬（母體屬於相同的分配）

例 2　MWW 檢定的型 2 錯誤

令 x 與 y 分別屬於介於 0 與 1 之間的均等分配與標準常態分配。若分別從 x 與 y 內抽取 $n_1 = 13$ 與 $n_1 = 12$ 個觀察值，利用 MWW 檢定 x 與 y 是否屬於相同分配。重複上述動作 5000 次，可得 MWW 檢定的檢定統計量（標準化後）抽樣分配繪製如圖 11-7 所示，其中曲線爲標準常態分配的 PDF。我們從圖內可看出檢定統計量的抽樣分配與標準常態分配之間存在差距。我們進一步計算上述檢定統計量接受 H_0 爲 x 與 y 屬於相同分配的機率（型 2 錯誤）約爲 0.7358，隱含著 MWW 檢定的檢定力並不高。

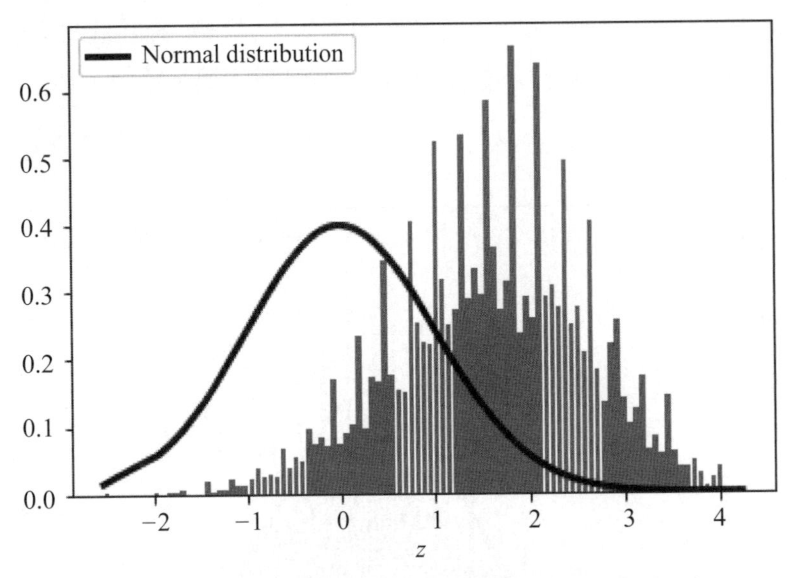

圖 11-7　MWW 檢定的模擬（母體屬於不相同的分配）

11.3 Kruskal-Wallis 檢定

本節我們擴充非參數過程至 k 種母體分配的假設檢定情況，其中 $k \geq 2$。其實，本節的內容類似於第 8 章。第 8 章我們曾介紹過變異數分析（ANOVA），該分析可說是 k 種母體分配的參數檢定過程，其中每一母體分配皆假定有相同變異數的常態分配。本節所介紹的 Kruskal-Wallis（KW）檢定卻是屬於一種非參數檢定過程，其用以檢視 k 種母體分配是否相等的情況；當然，KW 檢定亦不需要假定母體分配皆屬於有相同變異數的常態分配。

KW 檢定使用 k 種獨立樣本資料，後者亦可應用於檢視類別性資料。KW 檢定的假設可寫成：

$$H_0：k \text{ 種母體分配相等 vs. } H_a：k \text{ 種母體分配不相等}$$

類似於 MWW 檢定，若拒絕上述 H_0，其是表示 k 種母體分配的「位置」不相等，即「母體分配不相等」並不包括「母體分配的型態不相等」。

表 11-4 KW 檢定

A	排序	B	排序	C	排序
25	3	60	9	50	7
70	12	20	2	70	12
60	9	30	4	60	9
85	17	15	1	80	15.5
95	20	40	6	90	18.5
90	18.5	35	5	70	12
80	15.5		27	75	14
	95				88

我們利用表 11-4 內的例子說明 KW 檢定。表 11-4 列出某公司管理者的績效評比成績（0～100 分）。該公司的管理者是畢業於 A、B 與 C 三種學校。若從 A、B 與 C 三種學校畢業的管理者隨機分別抽出 $n_1 = 7$、$n_2 = 6$ 與 $n_3 = 7$ 人，故表 11-4 總共列出 $n_T = 20$ 位管理者的績效評比成績。利用 KW 檢定，我們的興趣在於想要檢定 A、B 與 C 三種學校畢業的管理者績效評比成績（母體）分配是否相等。

KW 檢定的執行步驟為首先仍合併表 11-4 內的成績後，再由小至大排列次序。例如：B 學校管理者的第 4 位分數最低，故其次序為「1」，另外 A 學校管理者的第 5 位分數最高，故其次序為「20」；其次，若成績相同，則取次序的平均，故表內有 15.5 與 18.5 的次序。

表 11-4 的結果亦可用 Python 指令取得，即：

```
A = [25,70,60,85,95,90,80]
B = [60,20,30,15,40,35]
C = [50,70,60,80,90,70,75]
args = (A,B,C)
num_groups = len(args) # 3
alldata = np.concatenate(args)
ranked = stats.rankdata(alldata)
```

讀者可檢視 ranked 的內容。

根據 Anderson et al.（2017），KW 檢定統計量可寫成：

$$H=\left[\frac{12}{n_T(n_T+1)}\sum_{i=1}^{k}\frac{R_i^2}{n_i}\right]-3(n_T+1) \qquad (11\text{-}4)$$

其中 k 表示母體的個數、n_i（$i = 1, 2, \cdots, k$）爲第 i 組的樣本個數、R_i 表示第 i 組次序總和以及 $n_T=\sum_{i=1}^{k}n_i$ 爲總樣本個數。同理，根據表 11-4 的結果，我們亦可以使用 Python 計算（11-4）式，其對應的指令爲：

```
n = np.asarray(list(map(len, args))) # array([7, 6, 7])
j = np.insert(np.cumsum(n), 0, 0) # array([ 0,   7, 13, 20], dtype=int32)
ssbn = 0
for i in range(num_groups):
    ssbn += np.sum(np.sum((ranked[j[i]:j[i+1]]))**2 / n[i] )
nT = np.sum(n, dtype=float)
H = 12.0 / (nT * (nT + 1)) * ssbn - 3 * (nT + 1) # 8.916326530612238
df = num_groups - 1   # 2
```

讀者可以逐一檢視上述指令內容，也許仍不習慣 Python 指令的使用方式，倒也可以試下列指令：

```
n1 = len(A);n2 = len(B);n3 = len(C)
A1 = ranked[:n1];B1 = ranked[n1:(n2+n1)];C1 = ranked[(n2+n1):]
R1 = np.sum(A1);R2 = np.sum(B1);R3 = np.sum(C1)
nT = n1+n2+n3
allsum = R1**2/n1 + R2**2/n2 + R3**2/n3
H = (12/(nT*(nT+1)))*allsum - 3*(nT+1) # 8.916326530612238
```

上述指令是直接翻譯（11-4）式。因此，檢定統計量 H 值約爲 8.916。

根據 Anderson et al.（2017），檢定統計量 H 接近於自由度爲 $k-1$ 的卡方分配，試下列指令：

```
alpha = 0.05
```

```
chi2.ppf(1-alpha,df) # 5.991464547107979
1-chi2.cdf(H,df) # 0.011583619796569855
```

即於 $\alpha = 0.05$ 之下，上述卡方分配的臨界值約爲 5.991；另一方面，上述 H 值對應的 p_{value} 約爲 0.0112，故結論爲拒絕 H_0。

例 1　使用 stats 模組

我們亦可使用 stats 模組內的函數指令執行 KW 檢定，即：

```
stats.kruskal(A,B,C) # statistic=8.983874458874453, pvalue=0.011198927889247982
```

即根據表 11-4 的結果，上述指令得出的 H 值約爲 8.984 而 p_{value} 約爲 0.0112。上述 H 值與我們的估計結果稍有差距，此乃因 stats.kruskal(.) 函數指令有使用 Bonferroni 調整，因後者有些複雜，我們並未介紹。

例 2　單因子 ANOVA

如前所述，若假定母體皆爲相同變異數的常態分配，其實表 11-4 的內容亦可使用單因子的 ANOVA 檢視，試下列的 Python 指令：

```
stats.f_oneway(A,B,C) # statistic=9.024647887323944, pvalue=0.0021332502865774572
```

即檢定統計量與 p_{value} 分別約爲 9.025 與 0.002，故結論爲拒絕虛無假設爲三個母體平均數皆相等的情況。

11.4 等級相關

第 2 章我們曾介紹樣本相關係數 r_{xy} 如（2-9）式的計算。r_{xy} 是用於檢視 x 與 y 之間的線性相關程度。重新檢視（2-9）式，可以發現 r_{xy} 有牽涉到 x 與 y 的第二級樣本動差的計算，故上述 r_{xy} 亦可稱爲皮爾森動差積相關係數（Pearson product-moment correction coefficient）。r_{xy} 的特色是 x 與 y 皆是屬於定量性資料。

於統計學內，樣本相關係數的計算未必只局限於定量性資料。若爲排序性或等級資料，我們亦可以計算對應的相關係數，該相關係數可稱爲斯皮爾曼等級相關係數（Spearman rank-correlation coefficient）。其實，皮爾森動差積相關係數與斯皮爾曼等級相關係數計算出來的結果是相同的，只不過前者所面對資料要改成等級資料。

表 11-5　斯皮爾曼等級相關係數

銷售人員	x	銷售額	y	$d=x-y$	d^2
A	2	400	1	1	1
B	4	360	3	1	1
C	7	300	5	2	4
D	1	295	6	-5	25
E	6	280	7	-1	1
F	3	350	4	-1	1
G	10	200	10	0	0
H	9	260	8	1	1
I	8	220	9	-1	1
J	5	385	2	3	9
					44

說明：1. x 表示潛在的排序。2. y 是按照銷售額排序。

斯皮爾曼等級相關係數 r_s 可寫成：

$$r_s = 1 - \frac{6\sum_{i=1}^{n} d_i^2}{n(n^2-1)} \tag{11-5}$$

其中 n 表示樣本個數，而 d_i 則表示第 1 與 2 個等級變數之差距。我們以表 11-5 的例子說明。該表列出某公司 10 位銷售人員潛在的等級排序 x（第 2 欄）。現在上述銷售人員有銷售額業績（第 3 欄），根據上述業績由大至小排序，其結果 y 則列於第 4 欄。例如：A 銷售人員的業績最高，故排序爲「1」，其次爲 J 銷售人員，故排序爲「2」，其餘類推。令 $d=x-y$，表內第 5 與 6 欄分別列出 d 與 d^2 結果。

表 11-5 的結果亦可使用 Python 指令取得，即：

```
Salesperson = ['A','B','C','D','E','F','G','H','I','J']
potential = [2,4,7,1,6,3,10,9,8,5]
sales = [400,360,300,295,280,350,200,260,220,385]
df = pd.DataFrame({'Salesperson':Salesperson,'Sales':sales})
df['Ranked'] = df['Sales'].rank()
a = df['Ranked'];n = len(a)
real = len(a) - stats.rankdata(a).astype(int) + 1
poten = np.array(potential)
d = poten-real
d**2
rs = 1 - 6*np.sum(d**2)/(n*(n**2-1)) # 0.7333333333333334
```

因 df['Sales'].rank() 的排序是按照由小至大，可以留意我們如何將其轉換成由大至小排序。最後，根據（11-5）式可得 r_s 值約爲 0.73。

r_s 值的意義類似於 r_{xy}，即 $-1 \leq r_s \leq 1$，其中 $r_s \approx 1$、$r_s \approx -1$ 與 $r_s \approx 0$ 分別表示排序資料（或等級資料）之間存在高度的正相關、高度的負相關與無關。換言之，上述 r_s 值約爲 0.73 表示表 11-5 內的 x 與 y 之間的關係約有 73% 像一條直線如圖 11-8 所示；因此，若使用皮爾森動差積相關係數計算表 11-5 內的 x 與 y 資料，試下列指令：

```
np.corrcoef(poten,real)[0,1] # 0.7333333333333332
```

即 r_{xy} 值亦約爲 0.73。是故，皮爾森動差積相關係數與斯皮爾曼等級相關係數計算出來的結果是相同的。

上述 r_s 值可用於估計對應的母體相關係數 ρ_s 值，因此對應的假設可爲：

$$H_0：\rho_s = 0 \text{ vs. } H_a：\rho_s \neq 0$$

根據 Anderson et al.（2017），只要 $n \geq 10$，於上述 H_0 下，r_s 的抽樣分配會接近於常態分配，其中平均數與標準誤分別爲：

$$\mu_{r_s} = 0 \text{ 與 } \sigma_{r_s} = \sqrt{\frac{1}{n-1}} \tag{11-6}$$

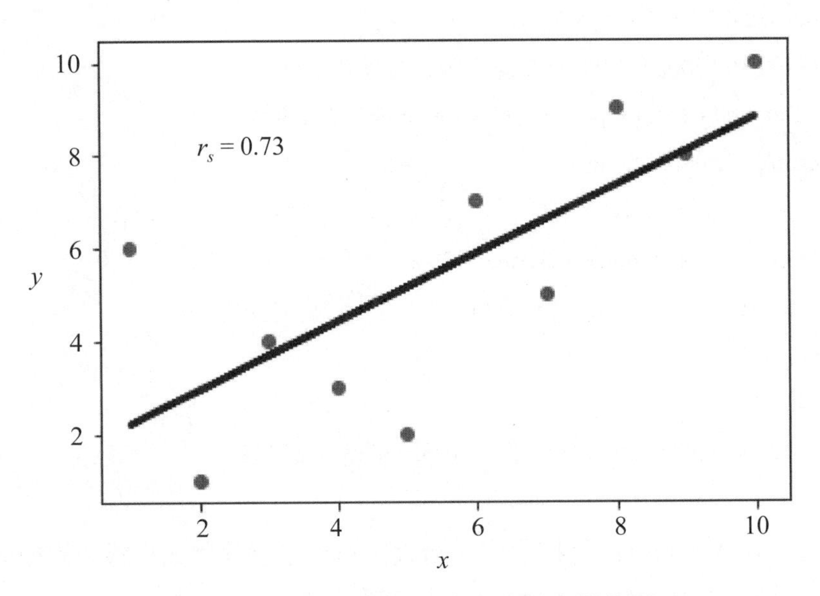

圖 11-8　表 11-5 內的 x 與 y 之間的散佈圖

根據（11-6）式，不難利用 Python 計算，即：

```
sigmars = np.sqrt(1/(n-1)) # 0.3333333333333333
z = rs/sigmars # 2.2
2*(1-norm.cdf(z)) # 0.02780689502699718
```

即若以常態分配估計其對應的 p_{value} 約為 0.028，故於 $\alpha = 0.05$ 之下，結論為拒絕 H_0 為 $\rho_s = 0$ 的情況。

上述結果亦可使用 stats 模組內的函數指令計算，試下列指令：

```
stats.spearmanr(poten,real) # correlation=0.7333333333333332, pvalue=0.01580059625057158
```

即使用 stats.spearmanr(.) 函數指令計算表 11-5 內的 x 與 y 的相關係數，其值仍約為 0.73，不過對應的 p_{value} 值則約為 0.016 與上述我們的估計結果稍有差距。原來，上

述函數指令是根據 t 分配計算而得[3]，即：

$$t = r\sqrt{\frac{n-2}{1-r^2}} \qquad (11\text{-}7)$$

其對應的假設仍爲 $H_0：\rho_s = 0$ vs. $H_a：\rho_s \neq 0$。試下列指令：

```
tstat = rs * np.sqrt((n-2) / ((rs+1)*(1-rs))) # 3.0508510792387606
2*(1-t.cdf(tstat,df = n-2)) # 0.015800596250571397
2*t.sf(tstat,n-2) # 0.015800596250571536
```

因此，不管是使用常態或 t 分配，於 $\alpha = 0.05$ 之下，我們的結論皆是 ρ_s 值顯著異於 0。

習題

(1) 何謂二項式檢定？試解釋之。

(2) 某 3C 產品的中位數售價爲新臺幣 22360 元。隨機抽取 61 個售價，其中一個售價爲新臺幣 22360 元、高於新臺幣 22360 元有 22 個以及低於新臺幣 22360 元有 38 個。試於 $\alpha = 0.05$ 之下，檢定 $H_0：p \geq 0.5$。

(3) 某家公司根據過去的經驗發現發票有錯的機率爲 10%。100 張發票內有 12 張有錯的機率爲何？低於等於 13 張的機率爲何？大於 15 張的機率爲何？

(4) 續上題，試用常態分配計算。

(5) 試解釋圖 11-3。

(6) 試解釋 Wilcoxon 符號等級檢定與 Wilcoxon 等級和檢定。

機場	1	2	3	4	5	6	7	8	9	10	11
前年	71.78	68.23	77.98	78.71	77.59	77.67	76.67	76.29	69.39	79.91	75.55
去年	69.69	65.88	78.4	75.78	73.45	78.68	76.38	70.98	62.84	76.49	72.42

[3]（11-7）式的取得可參考 Wiki。

(7) 上表是隨機抽出 11 個機場的飛機航班準時百分比，試以 $\alpha = 0.05$ 檢定去年與前年的飛機航班準時百分比的中位數是否相等。

(8) 下表隨機抽出相同教育水準的男女薪資。試以 $\alpha = 0.05$ 檢定男女薪資分配是否相等。

男	35.6	80.5	50.2	67.2	43.2	54.9	60.3
女	49.5	40.4	32.9	45.5	30.8	52.5	29.8

(9) 試解釋 11.2.2 節的例 1 與 2。

(10) 於 11.2.2 節的例 1 內，試重做 $n_1 = 130$ 與 $n_1 = 120$ 的情況。

(11) 下表列出 10 家公司的知名度排序與股票購買意願排序。計算知名度排序與股票購買意願排序的相關係數以及繪製其散佈圖。

公司	知名度排序	股票購買意願排序
Microsoft	1	3
Intel	2	4
dell	3	1
Lucent	4	2
Texas Instruments	5	9
Cisco Systems	6	5
Hewlett-packard	7	10
IBM	8	6
Motorola	9	7
Yahoo	10	8

(12) 續上題，試於 $\alpha = 0.05$ 之下檢定母體相關係數是否爲 0。

Chapter 12

Python的簡介

本書使用 Python3.8.2 以及 Spyder4.01 版本，前者可於 https://www.python.org/ 而後者則於 https://www.anaconda.com/products/individual 處下載。不過因後者對於初學者而言較爲簡易，故本書皆以 Spyder4.01 版本爲主。嚴格來說，相對於 R 語言來說，初期 Python 並不容易吸收或消化；也就是說，幾乎所有介紹 Python 的書籍皆會提到 Python 是一種簡單的程式語言，但是就初學者而言，若眞的能感受到 Python 的用處，可能仍有一段距離，尤其是對沒有資訊專業背景的讀者而言，該段距離是否容易跨過恐怕是一個未知數。因此，本書提出一種學習方法例如用 Python 來學習統計學；當然，除了統計學的知識之外，更重要的是，不要忘記其實我們的目的是欲學習 Python。

學習一種新的程式語言，首先不要忘記我們是學習一種「與電腦溝通的語言」，故初期一定有相當多的指令與用法，因此初學者可以量力而爲；或者說，也許讀者會先閱讀使用手冊或介紹 Python 的書籍，我們當然盡可能「閱讀下去」，不過看不下去也無所謂，因爲有需要的時候，再翻閱就好了。取而代之的是，本書反而有提供相當多的程式碼，此時筆者反而建議讀者應多實際操作、多思考以及多練習。當然遇到不懂的部分再翻閱書籍或上網查詢即可。因此，學習程式語言最重要的部分是一定要多查詢與多實際操作。

12.1 Python

現在我們來檢視 Python3.8.2。例如筆者已下載 python-3.8.2-amd64 執行檔。首先建議讀者先於 C:\Users\USER（筆者的電腦爲 C:\ 使用者 \USER）內建立一個子檔案例如爲 C:\Users\USER\Lin，即筆者欲將 Python3.8.2「安裝至」該子檔內。執行上述執行檔，會出現 Install Now 與 Customize installation 二種選項，筆者建議選擇第二項，然後更改安裝路徑爲 C:\Users\USER\Lin；換言之，讀者可於後者內看到「安裝」哪些檔案①。

爲了能安裝其他模組（即程式套件），我們可以先於電腦的桌面設置一個捷徑。設置步驟爲於電腦桌面按滑鼠的右鍵，隨即出現底下的畫面：

```
您要為哪個項目建立捷徑?
```

於輸入項目的位置（T）內輸入「cmd」後按「下一步」繼續，隨即出現：

```
您要將捷徑命名為何？
```

於輸入這個捷徑名稱（T）內輸入「python38」後，再按「完成」鍵。接下來，將滑鼠移至桌面的「python38」捷徑鍵後再按右鍵，選擇「內容」，隨即出現一個新視窗，於「開始位置」（S）處輸入「C:\Users\USER\Lin」後再按確定。

於桌面，以滑鼠按「python38」捷徑鍵，隨即出現黑底白字的視窗：

```
Microsoft Windows [版本 10.0.18362.592]
(c) 2019 Microsoft Corporation. 著作權所有，並保留一切權利。

C:\Users\USER\Lin>
```

換言之，上述「python38」捷徑鍵是讓我們直接進入 C:\Users\USER\Lin 內。試輸入下列指令：

```
C:\Users\USER\Lin>python --version
```

再按 enter，隨即出現：

① 若選擇 Install Now 項，讀者可能找不到安裝於何處。

```
Python 3.8.2
```

即 Python 3.8.2 已安裝至 C:\Users\USER\Lin 內。

於「開始」鍵內應可看到最近新增的「IDLE（Python 3.8 64-bit）」鍵（讀者可爲其另設一個捷徑鍵），點選後即進入 Python 內。其輸入點爲：

```
>>>
```

Python 當然可當作計算機使用。分別試下列的計算：

```
>>>5 + 5
>>>5 * 5
>>>5 / 5
>>>5 - 5
```

讀者可以嘗試看看。至於較複雜的計算，Python 通常訴諸於使用模組，分別試下列的指令：

```
>>> import math
>>> dir(math)
>>> math.log(10)
>>> x = math.log(10)
>>> math.exp(x)
```

其中第 1 個指令是使用 Python 內建的 math 模組，而第 2 個指令則檢視該模組內有哪些函數指令。第 3 個指令是計算 10 的自然對數值，而第 4 個指令則令上述對數值爲 x。第 5 個指令則計算 x 的指數值。

底下我們會使用許多模組必須自行安裝。先試下列指令：

```
>>> import numpy
```

其應出現無 numpy 模組。此時就必須使用上述「python38」捷徑鍵。於桌面點選「python38」捷徑鍵，然後分別輸入下列指令：

```
C:\Users\USER\Lin>python –m pip install numpy
C:\Users\USER\Lin>python –m pip install –U pip
```

即第 1 個指令是利用 pip 指令安裝 numpy 模組，而第 2 個指令則升級 pip 指令。

瞭解如何安裝不同的模組後，試下列的程式：

```
# ch54
import numpy as np
import matplotlib.pyplot as plt
import pandas as pd
from scipy.stats import chi2,f
import statistics
# 圖 5-23
nu1 = 10;sigma21 = 2*nu1 # 分子
nu2 = 8;sigma22 = 2*nu2 # 分母
M = 5000
fstat = np.zeros(M)
np.random.seed(1234)
for i in range(M):
    x1 = chi2.rvs(df=nu1,size=nu1+1);s21 = statistics.variance(x1)
    x2 = chi2.rvs(df=nu2,size=nu2+1);s22 = statistics.variance(x2)
    fstat[i] = ((s21)/sigma21)/((s22/sigma22))
fig = plt.figure()
plt.hist(fstat,bins=50,density=True,color='red',rwidth=0.85,label='Empirical distribution')
x = np.arange(0,18,0.01)
plt.plot(x,f.pdf(x,dfn=nu1,dfd=nu2),lw=3,c='black',label='F distribution')
plt.legend()
plt.show()
```

上述是（本書）5.4 節與繪製出圖 5-23 的部分指令。從上述指令可以看出事先必須先安裝下列的模組：

```
C:\Users\USER\Lin>python –m pip install matplotlib
C:\Users\USER\Lin>python –m pip install wheel
C:\Users\USER\Lin>python –m pip install statistics
C:\Users\USER\Lin>python –m pip install scipy
C:\Users\USER\Lin>python –m pip install pandas
```

上述指令置於本章的 Fig523 檔案內（光碟），可於 Python 內「open」後再按「run Module」鍵後，即可得圖 5-23。雖說如此，畢竟 Python 3.8.2 的使用可能較麻煩，比較簡易的還是使用 Spyder4.01。底下全部使用 Spyder4.01 版本。

12.2 Python 的操作

Spyder4.01 版本的執行檔爲 Anaconda3-2020-02-Windows-x86_64。點選該檔後欲安裝於何處並不重要。安裝後，可點選 Spyder（Anaconda3）鍵（讀者亦可建立一個捷徑），應該會出現三個子視窗，其中右下視窗有輸入點爲：

```
In [1]:
```

試輸入：

```
In [1]: conda update sypder
```

即可更新 Sypder，即可得 IPython 7.12.0 -- An enhanced Interactive Python 環境。透過上述環境，我們可以介紹並練習 Python 的語法；另一方面，亦可以開始練習寫程式。

12.2.1 基本的語法

通常我們並不會於右下視窗內直接輸入指令，不過其倒是可以用於簡單的計算。例如：逐一輸入下列指令按 enter 後應會得出結果來，先試試：

```
In[1]:2+2
In[2]:2**4
In[3]:6/(7-2)
```

其中第 2 個指令爲計算 2^4，即「次方」是用「**」表示。

上述逐一輸入指令的確有些麻煩，或者說輸錯了需再重新輸入更是累人，因此我們可以利用左視窗來寫程式。於左視窗內按「File」鍵後挑選「New file...」鍵後，應會出現下列畫面：

```
# -*- coding: utf-8 -*-
"""
Created on Tue May 12 15:26:05 2020

@author: USER
"""
```

第 1 行是 Python 編碼器的使用，其會自動顯示；其次，"""…"""，其內的文字只是提供注釋（解釋）之用。

底下我們介紹一些基本的語法，所有的指令皆以 ch1221.py 檔案存於本章內（光碟），可以留意 Python 的檔案可儲存而寫成 XXX.py。當然，因受限於篇幅，我們的介紹未必完整，可以隨時參考使用手冊或其他介紹 Python 的書籍如 Mckinney（2018）。

變數

試於左視窗內輸入下列指令：

```
# 變數
x = 12.5
y = 1
z = 1.0
x+y
```

輸入後，按滑鼠的左鍵從 # 變數（第 1 行）開始不放直至 x+y（第 5 行）為止，此時應會出現「藍色區塊」，再將滑鼠移至該區塊上再按右鍵，挑選「Run selection...」鍵，隨即會於左下視窗內看到 x+y 的結果（13.5）。其實，此時可以注意於左上視窗挑選「variable explorer」鍵，即可看到我們所設定的 x、y 與 z 三個變數，其中 x 與 z 屬於實數（float）而 y 為整數（int）。因此，用 Sypder 來寫程式相當方便，即「寫到何處，隨時可以檢視所定義的變數為何」。最後，值得一提的是，若一開始有「#」其只有注釋或提醒之用。例如：# 變數，電腦並不會閱讀該行。

字串（strings）

試於左視窗內輸入下列指令：

```
S = 'I am a student'
S3 = S*3
S4 = S+S3
len(S4) #56
len(str(1234)) # 4
help(len)
```

先執行第 1 行指令（即以滑鼠輕按 S 後再按右鍵選擇「run selection」），檢視右上視窗內的 S，即會顯示其屬於字串（str）；換言之，除了數字之外，Python 也可以處理文字，只不過後者須用「''」表示。繼續執行第 2～5 行指令，其中 len(.) 是 Python 的內建函數指令可用衡量「長度」（即第 7 行的指令就是詢問 len 為何意思）。第 2～5 行指令的結果應該一目了然，其中 str（1234）是將 1234 視為字串。

串列（lists）

首先我們來看串列的意思，試下列的指令：

```
X = [5,2,3,15]
Y = [1,2,3]
Z = X+Y
n = len(Z)
```

```
Z[0] # 5
Z[-1] # 3
Z[:2] # [5, 2]
Z[-2] # 2
Z[2:n] # [3, 15, 1, 2, 3]
```

可以逐一檢視上述指令的意思（用 run selection）。顧名思義，串列就是列出數字或字串，於底下就可看出利用串列可以「編製表」。因電腦大部分是從 0 開始數，即上述 Z 變數的第 1 個元素是 5，我們可用 Z[0] 得出。可以注意 Z[-1] 表示從後面數回來卻不是從 0 開始數；另一方面，Z[:2] 是找出 Z 變數內的第 1～2 個元素，而 Z[2:n] 卻是找出 Z 變數內的第 3～7 個元素。初期，我們的確會產生混淆，還好可以透過右上視窗檢視。若我們欲更改 Z 變數內的元素，可用：

```
Z[2] = 8
```

即 Z 變數內的第 3 個元素已改為 8。

字典（dictionaries）

字典簡稱為 dict。字典與串列很像，前者用「{ }」而後者用「[ ]」。先看下列指令：

```
country = ['USA','TAIWAN','Japan']
age = [23,21,25]
score = [80,85,75]
Table1 = {'Country':country,'Age':age,'Score':score}
Table1['Country'] # ['USA', 'TAIWAN', 'Japan']
Table1['Age'] # [23, 21, 25]
Table1['Score'][1] # 85
len(Table1) # 3
```

即第 4 行指令是將前面三個串列「合併」，然後用字典「定義」；或是，用字典可以編成一個稱爲 Table1 的表。於 Table1 內，我們可以得到其內的元素，可以參考上述第 5～7 行指令。

其實若檢視 Table1（右上視窗），可以發現其只是定義 Table1 內的名稱與內容，我們可以進一步將 Table1 寫成像 Excel 的型態，試下列指令：

```
import pandas as pd
Table2 = pd.DataFrame(Table1)
# save
Table2.to_excel('F:/stat/ch12/data/Table2.xlsx')
```

即第 1 行指令是使用 pandas 模組並簡稱其爲 pd。利用 pd 內的函數指令 DataFrame（資料結構）可將 Table1 改寫成 Table2 並儲存於本章的「data」檔內。讀者可以於 Excel 內檢視 Table2。

讀取與儲存資料

既然有辦法儲存資料，當然 Python 也可以讀取資料如 Excel 檔案，試下列指令：

```
# 2000/1/3~2019/10/2
VIXd = pd.read_excel('F:/Stat/ch7/data/VIXd.xlsx')
vixd = VIXd['VIX.Adjusted']
sp500p = VIXd['GSPC.Adjusted']
```

即依舊可以利用 pd 內的函數指令讀取稱爲 VIXd.xlsx，該資料已於本書第 7 章介紹。

比較

通常於電腦內判斷「對」（True）與「錯」（False）的結果可稱爲布爾值（Boolean），而我們可將上述的「對與錯」分別轉換成 1 與 0。試下列指令：

```
x1 = 3>5 # False
x11 = x1*1 # 0
x2 = 10 >= 9 # # True
```

```
x21 = x2*1 # 1
x3 = 10 == 10 # True
x31 = x3*1 # 1
x4 = (3>5)|(5>4) # True
x5 = ((3>5) & (5>4))*1 # 0
```

即 x1 是錯的，其可轉換成 0 如 x11（即布爾值 *1 可轉換成 1 或 0）。可以注意 x3，其是詢問 10 是否等於 10，我們應該用「==」而不是用「=」，因爲後者難以區別例如 x = 10。另一方面，「|」與「&」分別表示「or」與「and」。試解釋上述指令之結果。

迴圈

若有重複的動作，此時使用迴圈（loops）可能較爲省事。試下列指令：

```
x = [1,2,3,4,5]
x1 = x/2 # TypeError: unsupported operand type(s) for /: 'list' and 'int'
m = len(x)
y = [5,6]
for i in range(m):
    a = x[i]/2
    y.append(a)
print('y',y) #    y = [5, 6, 0.5, 1.0, 1.5, 2.0, 2.5]
```

第 2 行指令說明了串列不能用於計算，該計算底下自然會介紹或說明。第 5 行指令內的 range(m) 指令是列出 0, 1, 2, ⋯, $m-1$ 的整數；另外，上述第 7 行指令內的 y.append(a) 指令是於 y 內再列入 a 元素。上述第 5～7 行指令就是迴圈的表示方式是指 i 分別等於 0, 1, 2, ⋯, $m-1$（整數），依序於 y 內列入 $x[i]/2$ 元素。讀者可預期 y 內的元素爲何。值得注意的是，迴圈不能寫成：

```
for i in range(m):
a = x[i]/2
y.append(a)
```

自訂函數與 if 指令

有了布爾值的觀念，我們就可以使用條件指令 if ... elif ... else 了。試下列指令：

```
def myif(h,k):
    if h > k:
        return print('h > k')
    elif h < k:
        return print('h < k')
    else :
        return print('h==k')
# try
myif(3,4) # h < k
myif(4,4) # h==k
myif(5,4) # h > k
```

其中 elif 是 else if 的簡稱。於上述指令內，我們有自設一個稱爲 myif(.) 的函數指令，可以留意其設定方式。讀者可以嘗試解釋上述函數指令的意思（若…又若…否則）。

12.2.2 使用 math 模組

12.1 節我們曾使用過 math 模組，試下列 Python 指令。該指令可於 ch1222.py 檔案找到。每一指令讀者應知其意思（不懂可上網查），筆者就不再贅述。可以練習看看。

```
# Data analysis
# ch1222
# 使用 math
import math
my_list = [1,2,3,4,5,6,7,8,9,10]
print(len(my_list))
# python arithmetic
```

```
4+9
5-12
8*4
100/3
2**4
4**(1/2)
2+3*5**2
((2+3)*5)**2
# modulus
100%30
abs(-20)
math.sqrt(30)
math.log10(100)
# ln
math.log(100,math.e) # 4.605170185988092
math.e
math.exp(10)
math.pi
# 4 捨 5 入
round(234.433) # 234
round(234.877) # 235
round(234.152,1) # 234.2
round(233.234, -1)     # 230,10 的倍數
# 整數部分
math.floor(2.8) # 2
math.ceil(2.1) # 3
math.cos(0) # 1.0
math.tan(math.pi/4)    # 0.9999999999999999
# Inverse Sine
math.asin(1)       # 1.5707963267948966
# math.asin?
# Convert degrees to radians
```

```
math.radians(180) # 3.141592653589793
# Convert radians to degrees
math.degrees(math.pi/2) # 90.0
```

12.3 陣列、矩陣與繪圖

本節底下的所有指令存於 ch123.py。現在我們來檢視 numpy 模組。numpy 模組可說是 Python 的基本模組，先檢視下列指令：

```
import numpy as np
x = [1,2,3,4]
x*3 # [1, 2, 3, 4, 1, 2, 3, 4, 1, 2, 3, 4]
x/3 # TypeError: unsupported operand type(s) for /: 'list' and 'int'
x1 = np.array(x) # array([1, 2, 3, 4])
x1*3 # array([ 3,  6,  9, 12])
x1/3 # array([0.33333333, 0.66666667, 1.        , 1.33333333])
y = np.array([5,6,7,8])
x*y # array([ 5, 12, 21, 32])
x1+y # array([ 6,  8, 10, 12])
x+y # array([ 6,  8, 10, 12])
z = np.array([40,20])
z+y # ValueError: operands could not be broadcast together with shapes (2,) (4,)
z/y # ValueError: operands could not be broadcast together with shapes (2,) (4,)
x1/y # array([0.2       , 0.33333333, 0.42857143, 0.5       ])
dir(np)
```

上述指令內的 x1 是將串列轉換成數列（array），可注意 np.array(.) 函數指令的使用，讀者可以嘗試操作上述指令，記得可用 run selsection 檢視其結果。最後一個指令 dir（np）是檢視 numpy（簡稱爲 np）內有何函數指令。爲了減少負擔，讀者不需要逐一檢視 numpy 內有何函數指令，有用到再研究即可。

數列其實就像我們所蒐集的資料。再試下列的指令：

```
import pandas as pd
import matplotlib.pyplot as plt
# 2000/1/3~2019/10/2
VIXd = pd.read_excel('F:/Stat/ch7/data/VIXd.xlsx')
vixd = VIXd['VIX.Adjusted']
sp500p = VIXd['GSPC.Adjusted']
m = len(sp500p) # 4969
n = np.linspace(np.min(sp500p),np.max(sp500p),m)
plt.figure()# 新的繪圖視窗
plt.plot(n,sp500p,lw=3)
plt.xlabel('2000/1/3~2019/10/2')
```

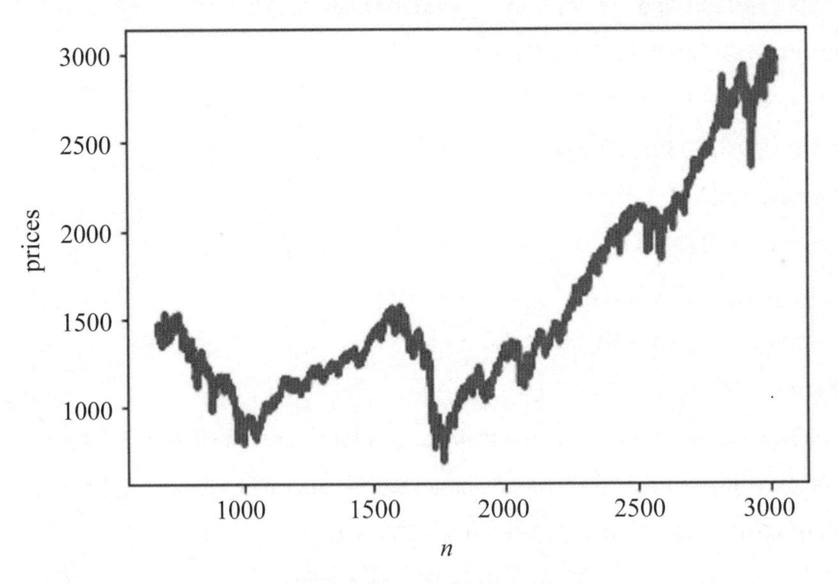

圖 12-1　SP500（**日收盤價**）**的走勢**（2000/1/3～2019/10/2）

上述指令有使用 pandas 與 matplotlib.pyplot 模組，我們可以發現使用 Spyder 與 12.1 節的 Python3.8.2 最大的不同，就是前者事先已經安裝一些常用的模組。檢視 n，即：

```
m = len(sp500p) # 4969
n = np.linspace(np.min(sp500p),np.max(sp500p),m)
```

可以發現內 sp500p 內總共有 4969 個日收盤價資料；因此，n 相當於 sp500p 的最大值與最小值之間分成 4969 個等分，可以注意最後一個指令皆使用 np.。其實，n 應該改寫成：

```
n1 = np.arange(0,m,1)
```

上述指令是指從 0 至 m 逐一增加 1。雖說 n 與 n1 的長度皆相同，讀者可檢視 n 與 n1 有何不同。np.linspace(.) 與 np.arange(.) 二指令我們會常用，多使用幾次，讀者應該就能瞭解二指令的用法。

其實於圖 12-1 內，若橫軸表示時間，則圖 12-1 不就是繪製出 sp500 日收盤價的時間走勢嗎？若再檢視右上視窗可以發現 x1 與 sp500p 的名稱雖有不同，即後者稱為序列（series），不過二者卻皆以陣列表示。另一方面，圖 12-1 亦顯示於右上視窗內的 plots 鍵內，讀者可以檢視看看。

陣列其實就是矩陣，再試下列指令：

```
A = [[1,2],[3,4]]
A1 = np.array(A)
A1[0,0] # 1, 第 1 列第 1 行
A1[0,1] # 2, 第 1 列第 2 行
A1[1,0] # 3, 第 2 列第 1 行
A1[1,1] # 4, 第 2 列第 2 行
A1[0][0] # 1
A1[0][0:] # array([1, 2])
A1[1][0] # 3
A1[1][1] # 4

B = [[1,2,3],[4,5,6]]
B1 = np.array(B)
print(B1)
```

讀者應該看得懂上述指令。即 A 與 B 分別可寫成：

$$\mathbf{A}=\begin{bmatrix}1 & 2\\ 3 & 4\end{bmatrix} \text{與 } \mathbf{B}=\begin{bmatrix}1 & 2 & 3\\ 4 & 5 & 6\end{bmatrix}$$

試著叫出 **B** 內的元素吧！最後，檢視一下我們的檔案資料 VIXd.xlsx，於上述 Python 程式內稱爲 VIXd，其爲資料結構（dataframe）的型態。可以注意其型態，我們不是也可用矩陣的方式視之嗎？

上述簡單介紹 Python 的使用，於本書第 1～11 章內自然會再遇到其他的應用。還是那句老話：「遇到時再研究其用法」，如此反而負擔較小。

參考文獻

Anderson, D.R., D.J. Sweeney, T.A. Williams, J.D., and Camm, J.J. Cochran (2017), *Statistics for Business & Economics*, 13e, Cengage Learning.

Efron, B. (1979), "Bootstrap methods: another look at the jackknife", *The Annals of Statistics*, 7 (1), 1-26.

Griffiths, W.E. (1993), *Learning and Practicing Econometrics*, John Wiley & Sons.

Gujarati, D.N. (2004), *Basic Econometrics*, fourth edition, The McGraw-Hill Company.

Mckinney, W. (2018), *Python for Data Analysis*, second edition, O'Reilly Media, Inc., 1005 Gravenstein Highway North, Sebastopol, CA 95472.

Merton, R.C. (1973), "Theory of rational option pricing", *Bell Journal of Economics and Management Science*, 4 (1), 141–183.

Merton, R.C. (1976), "Option pricing when underlying stock returns are discontinuous", *Journal of financial economics*, 3 (1-2), 125-144.

Moore, D.S., G.P. McCabe, L.C. Alwan, B.A. Craig, and W.M. Duckworth (2011), *The Practice of Statistics for Business and Economics*, third edition, W.H. Freeman and Company.

Ross, S.M. (1996), *Stochastic Processes*, second edition, John Wiley and Sons.

Wand, M.P. and M.C. Jones (1995), *Kernel Smoothing*, Chapman & Hall.

中文索引

六筆

七筆

八筆

九筆

十筆

十一筆

十二筆

十三筆

十四筆

十五筆

十六筆

十七筆

十八筆

十九筆

二十三筆

英文索引

國家圖書館出版品預行編目資料

統計學：使用Python語言（附光碟）／林進益著. -- 初版. -- 臺北市：五南, 2020.09
面； 公分
ISBN 978-986-522-266-6（平裝）

1.統計學 2.Python（電腦程式語言）

510 109013494

1H2Q

統計學：使用Python語言（附光碟）

作　　者 — 林進益
發 行 人 — 楊榮川
總 經 理 — 楊士清
總 編 輯 — 楊秀麗
主　　編 — 侯家嵐
責任編輯 — 鄭乃甄
封面設計 — 王麗娟
內文校對 — 許宸瑞
出 版 者 — 五南圖書出版股份有限公司
地　　址：106台北市大安區和平東路二段339號4樓
電　　話：(02)2705-5066　　傳　　真：(02)2706-6100
網　　址：http://www.wunan.com.tw
電子郵件：wunan@wunan.com.tw
劃撥帳號：01068953
戶　　名：五南圖書出版股份有限公司

法律顧問　林勝安律師事務所　林勝安律師

出版日期　2020年9月初版一刷
定　　價　新臺幣540元

行政院新聞局局版臺業字第1848號